中央高校基本科研业务费专项资金资助

政治学视野中的西北地区治理研究

丁志刚　侯选明　著

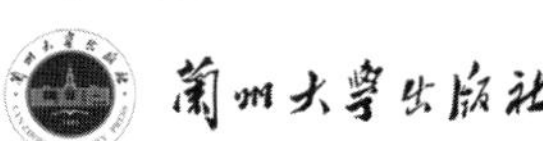
兰州大学出版社

图书在版编目(CIP)数据

政治学视野中的西北地区治理研究/丁志刚,侯选明著.—兰州:兰州大学出版社,2010.8

(中亚与西北边疆研究系列/汪金国主编)

ISBN 978-7-311-03584-6

Ⅰ.①政… Ⅱ.①丁… ②侯… Ⅲ.①公共管理—研究—西北地区 Ⅳ.①D674

中国版本图书馆CIP数据核字(2010)第151940号

责任编辑 高燕平 王晓芳
封面设计 张友乾

书　　名 政治学视野中的西北地区治理研究
作　　者 丁志刚 侯选明 著
出版发行 兰州大学出版社 (地址:兰州市天水南路222号 730000)
电　　话 0931-8912613(总编办公室) 0931-8617156(营销中心)
　　　　 0931-8914298(读者服务部)
网　　址 http://www.onbook.com.cn
电子信箱 press@lzu.edu.cn
印　　刷 兰州残联福利印刷厂
开　　本 710×1020 1/16
印　　张 24.5
字　　数 449千
版　　次 2010年12月第1版
印　　次 2010年12月第1次印刷
书　　号 ISBN 978-7-311-03584-6
定　　价 45.00元

目　录

导论……………………………………………………………………… 1

上篇　西北地区治理状况及其评估

第一章　制度、法律与政策……………………………………………… 11
一、制度、法律与政策的一般供给 …………………………………… 11
二、制度、法律与政策的特殊供给 …………………………………… 60
第二章　权威、合法性与秩序…………………………………………… 90
一、权威、合法性与秩序的确立 ……………………………………… 90
二、变动中的权威、合法性与秩序 …………………………………… 93
三、权威、合法性与秩序的转型 ……………………………………… 99
第三章　治理绩效评估…………………………………………………… 115
一、政治稳定与政治秩序 ……………………………………………… 115
二、政治制度化 ………………………………………………………… 118
三、权威理性化 ………………………………………………………… 119
四、政治参与水平 ……………………………………………………… 121
五、政治文化世俗化 …………………………………………………… 126
六、社会公共利益的增加 ……………………………………………… 129
七、政治运行的法治化 ………………………………………………… 133
八、政府效能 …………………………………………………………… 134

中篇　西北地区治理目标

第四章　政治稳定………………………………………………………… 143
一、维护西北地区政治稳定的重要性 ………………………………… 143

二、西北地区政治稳定的基本态势 …… 147
三、影响西北地区政治稳定的主要因素 …… 152
四、实现西北地区政治稳定的对策 …… 160
第五章　经济发展 …… 172
一、西北地区经济发展的基本状况 …… 172
二、西北地区经济发展的目标指向 …… 178
三、科学发展观指导下的经济发展 …… 182
四、民族经济的发展 …… 188
第六章　社会和谐 …… 195
一、社会和谐思想及其内在要求 …… 195
二、西北地区社会和谐状况 …… 199
三、建设和谐西北 …… 203
第七章　文化繁荣 …… 208
一、西北地区文化建设概况 …… 208
二、西北地区文化建设中存在的问题 …… 215
三、西北地区文化建设的任务 …… 219
四、繁荣西北地区文化的举措 …… 223
第八章　民族团结 …… 228
一、民族团结的目标要求与任务 …… 228
二、新时期影响西北地区民族团结的主要因素 …… 230
三、新时期维护西北地区民族团结的对策选择 …… 236

下篇　西北地区治理的特殊性

第九章　民族问题 …… 247
一、西北地区民族问题的现状、特征及发展趋势 …… 247
二、西北地区民族问题的现实特征 …… 253
三、西北地区民族问题的发展趋势 …… 256
四、在解决西北地区民族问题上存在的问题 …… 257
五、处理西北地区民族问题的原则 …… 262
六、解决西北地区民族问题的主要对策 …… 267
第十章　宗教问题 …… 276
一、西北地区宗教问题的主要表现 …… 276
二、在贯彻落实宗教信仰自由政策过程中存在的问题 …… 282

三、处理西北地区宗教问题的根本原则、基本原则及具体原则 …………… 284
四、积极引导宗教与社会主义社会相适应的主要举措 ………………… 293
第十一章 政治文化问题 ………………………………………… 300
一、西北地区政治文化的特征 ……………………………………… 301
二、西北地区政治文化建设的主要内容 …………………………… 309
三、推进政治社会化进程，加快西北地区现代政治文化建设 ……… 311
第十二章 经济问题 ……………………………………………… 331
一、西北地区经济发展现状 ………………………………………… 331
二、落后的经济状况对治理的影响 ………………………………… 334
三、加快政府治理改革，促进西北地区经济又好又快发展 ………… 338
第十三章 生态环境问题 ………………………………………… 347
一、西北地区生态环境的现状 ……………………………………… 347
二、西北脆弱生态对政府生态治理的挑战 ………………………… 355
三、西北地区生态环境治理中的政府角色现状 …………………… 356
四、政府治理生态环境的理性取径 ………………………………… 357
第十四章 西北地区治理方式及其创新(代结语) ……………… 363
一、明晰治理价值 …………………………………………………… 363
二、培育治理主体 …………………………………………………… 367
三、完善治理机制 …………………………………………………… 373
四、优化治理过程 …………………………………………………… 375
五、突出治理绩效 …………………………………………………… 377
六、降低治理成本 …………………………………………………… 379
主要参考文献 …………………………………………………… 384
后记 ……………………………………………………………… 387

导论

一、问题的提出与研究范围、研究方法

在漫长的历史长河中，受特定的生产方式、生存环境和政治统治模式等因素的影响，西北地区在很长的历史时期是中国历代封建王朝着力经营的战略区域。尤其是汉代以后，西北地区的治理状况特别是政治军事形势，对中原王朝的政治统治具有生死攸关的意义，西北地区成为中原王朝抵御外族侵犯并不断扩疆拓土、发展贸易的重点区域。周边少数民族政权也往往取道西北地区南下攻城略地，抢劫财物，威胁中原王朝。因而，西北地区长期以来就是中原王朝政治军事的重点着力区域。

然而，近代以降，西北地区在中国政治经济格局中的地位开始下降，西北地区与东部沿海地区的经济社会发展差距迅速拉大，到19世纪末20世纪初，已逐渐演变为中国政治经济格局中的“边缘地区”。20世纪中国的现代化进程，使西北地区的边缘地位进一步强化，制约西北地区现代化的因素凸现。但新中国成立前，由于受战乱的影响，大西北并没有引起高层统治者的高度重视，统治者事实上也无暇顾及西北问题，西北民众成为地方官僚和权贵任意蹂躏的对象。

新中国成立后，西北地区的面貌发生了很大变化。“三线”建设拉开了西北工业化、现代化建设的帷幕，在国家人力、物力和财力的支持下，西北的交通、工业和城市一时出现了迅速发展的势头，奠定了时今西北工业化的基础，形成了西北地区大中小城市的地域分布和基本格局。农牧业的社会主义改造和基本设施建设、生产工具的改进，一度改变了农牧民的生存状况。但是，由于受计划经济体制的影响，西北地区的工业呈现出畸形结构和粗放经营模式；农牧业本质上依旧是传统生产方式，加之人民公社的实践，到1970年代，西北地区特别是广大山村仍处于贫困落后境地，如甘肃的定西，宁夏的固原、海原等是全国有名的贫困地区。

改革开放以来，西北地区与全国一样进入了历史上少有的快速发展时期。

然而，由于地缘、自然条件和孱弱的经济基础，西北经济社会发展与东部沿海地区相比，还是落后了，东西北差距明显拉大。一个不争的事实是，在同样的政策效应下，由于西北地区发展基础的薄弱性、发展任务的艰巨性、发展条件的艰苦性、发展环境的严酷性、发展机遇的稀缺性，使得西北地区的发展更加困难，需要付出的成本和代价更高。一系列深刻影响西北地区政治经济社会发展和现代化的特有因素，以它特有的方式严峻地摆在人们面前，并由此产生了独特的“西北问题”。如何破解“西北问题”这一难题，加快西北地区经济社会发展，成为国家决策层、理论界乃至普通公众关心的问题。

所谓“西北问题”是指制约西北地区政治经济社会发展和现代化的具有复杂性、长期性、艰巨性、全局性、根本性的问题。这些问题既是历史性的，又在新的现实条件下以各种方式存续着；既是经济问题、生态问题，也是政治问题、民族问题、宗教问题和文化问题；既有客观自然条件形成的，也有主观原因造成的。虽然这些问题并非西北独有，但它们对于西北发展的影响更大，解决这些问题的难度更大。这是我们提出“西北问题”这一命题的主要原因。

西部大开发战略实施以来，理论界对“西北问题”的研究也进入了一个相对活跃期。由于“西北问题”的多维性，对这些问题的研究需要从不同学科的视角加以分析和探讨。不同学科如经济学、生态学、教育学、社会学、民族学等都从自己的角度对之加以研究，国家社科基金项目也加大了对西北问题研究的支持力度。在此基础上也产生了一批研究成果，这对我们进一步研究西北问题无疑是有很大帮助的，但从政治学的角度研究“西北问题”的成果相对较少。从已有成果来看，政治学者也主要侧重于从民族关系、政治稳定、基层民主建设等方面加以研究，但由于研究尚处于起步阶段，所以在研究的广度和深度上都还不够。

显然，其他学科对“西北问题”的探讨对政治学的研究有一定帮助，但毕竟不能代替政治学的研究。政治学理当全面介入对“西北问题”的研究之中，以自己特有的视角和方法研究“西北问题”，并力所能及地为相关部门的决策提出自己的政策性意见或建议，以实现对西北地区的有效治理，从而为西北地区政治稳定、经济发展、社会和谐、文化繁荣和民族团结提供良好的政治环境。

然而，“西北问题”又是一个十分宽泛的概念，政治学不可能对所有的“西北问题”展开研究，事实上也做不到这一点。政治学只能根据面对的实际情况，结合自己的学科特点和理论范式展开自己的研究。

由于政治学研究的是一定经济基础之上的社会公共权力的运行机制及其规律，具有全局性、根本性、综合性的学科特征和理论品性。并且，在某种意义上“西北问题”就是一个政治问题。因此，政治学对“西北问题”的研究具有其他学科不能代替的学科优势，在多学科研究的基础上，政治学理当全面介入对“西北问题”的研究之中,以自己特有的全局视角和综合方法来探究“西北问题”。

在研究方法上,基于我国社会整体转型的客观现实,政治现代化将成为我们借用的主要理论工具。同时,我国社会主义市场经济的建立、公民社会的成长、社会结构的变化和社会利益的调整,以及由此带来的社会价值观念的变迁,促使我们必须采取多元互动、过程整合的理念和方法去分析问题,从而,现代治理理论及其方法就成为本课题的又一重要分析范式。并且,由于西北地区的独特性以及与其他地区存在的明显差异,比较研究的方法将贯穿研究过程。此外,也应用系统论的相关理论,描述国家政权系统在治理“西北问题”上的动态运作过程,目的在于探寻国家政权系统的各个方面在“西北问题”治理上的合理搭配与协调方式。

依据对论域的界定和研究时所持的标准与方法,我们可以圈定以下几个主要方面:其一,国家政权系统对西北地区的治理状况及其评估;其二,西北地区治理的基本目标;其三,西北地区治理面临的特殊性;其四,西北地区治理方式及其创新。

用政治学的理论和方法研究“西北问题”,将是一个令人心动的宏伟计划,也是展示政治学作为科学的一个极佳机会。但这需要一批热心人从事长期的研究工作,否则,只靠几篇文章或几部专著并不能对西北政治问题做出全面而详尽的分析。本研究只是提出一个宏观的理论分析框架和研究重点,微观的分析只能通过许多学者合力进行大量的实证研究才能达致。

二、政治学视野下的治理理论

治理理论是国际社会科学的前沿理论之一。“治理”概念最早出现在 1989 年世界银行在概括当时非洲情况的报告中,所使用的“治理危机”(Crisis in governance)一词,在此后逐渐被发展为一个内涵丰富、适用广泛的理论,并在许多国家的政治、行政、社会管理和经济改革中得到广泛的运用。

治理理论的主要创始人之一詹姆斯 · 罗西瑙(J. N. Rosenau)在其代表作《没有政府的治理》和《21 世纪的治理》等文章中,将治理定义为一系列活动领域里的管理机制,它们虽未得到正式授权,却能有效发挥作用。治理与政府统治不是同义语,与统治不同,治理指的是一种由共同的目标支持的活动,这些管理活动的主体未必是政府,也无须依靠国家的强制力量来实现。[①] 治理理论的另

① 詹姆斯 · 罗西瑙:《没有政府的治理》,剑桥大学出版社,1995 年版,第 5 页;《21 世纪的治理》,《全球治理》杂志,1995 年创刊号,转引自俞可平《治理和善治引论》,载《马克思主义与现实》,1999 年第 5 期。

一位代表人物罗茨(R. Rhodes)概括了行政学界界定治理的六种涵义,即最低限度的国家干预、企业管理模式、新公共管理、好的治理、社会控制体制以及自组织网络。他认为治理意味着"统治"的含义有了变化,意味着一种新的统治过程,意味着有序统治的条件已经不同以前,或是以新的方法来统治社会。① 研究治理理论的另一位权威格里·斯托克(Gerry·S)对当时各种有关治理的概念作了一番整理后指出,各国学者们对治理理论大致有五种观点。分别是:1. 治理意味着一系列来自政府但又不限于政府的社会公共机构和行为者。2. 治理意味着在为社会和经济问题寻求解决方案的过程中存在着界限和责任方面的模糊性。3. 治理明确肯定了在涉及集体行为的各个社会公共机构之间存在着权力依赖。4. 治理意味着参与者最终将形成一个自主的网络。5. 治理意味着办好事情的能力并不仅限于政府的权力,不限于政府的发号施令或运用权威。②

在众多关于治理的定义中,联合国全球治理委员会的定义具有很大的代表性和权威性。该委员会于1995年发表了一份题为《我们的全球伙伴关系》的研究报告,该报告将治理定义为:治理是各种公共和私人机构管理其共同事务的诸多方式的总和,它是使相互冲突的或不同的利益得以调和,并且采取联合行动使之得以持续的过程。治理既包括有权迫使人们服从的正式制度和规则,也包括各种符合人们共同利益的非正式的制度安排。大体来说,治理具有如下四个特点:(1)治理不是一整套规则,也不是一种活动,而是一个过程;(2)治理过程的基础不是控制,而是协调;(3)治理既涉及公共部门,也包括私人部门;(4)治理不是一种正式的制度,而是持续的互动。③ 该委员会在报告中还列举了几个地方政府治理的实例,如市政府的废物回收利用工程、社区与消费者协会联合管理公共系统,等等。

从政治学的角度讲,所谓治理是国家政权系统按照某种既定的秩序和目标对社会进行自觉的、有计划的控制和引导的活动与过程,它包括必要的公共权威、管理规则、治理机制和治理方式。治理具有一些基本特征:

首先,治理有着鲜明的阶级性。尽管治理的对象既包括统治阶级也包括被统治阶级,但是,治理所依据的秩序和目标却是统治阶级意志的体现。因此,治理在本质上是要保证将政治权力和政治权利的行使纳入统治阶级的轨道,这就使治理具有鲜明的阶级性。

① 罗茨:《新治理:没有政府的管理》,《政治研究》,1996年第154期,转引自俞可平主编:《治理与善治》,社会科学文献出版社,2002年版。

② 格里·斯托克:《作为理论的治理:五个论点》,《国际社会科学杂志》(中文版),1999年第2期。

③ 全球治理委员会:《我们的全球伙伴关系》,牛津大学出版社,1995年版,第2-3页,转引自俞可平:《治理和善治引论》,载《马克思主义与现实》,1999年第5期。

其次，在作用方式上，治理是政府由上而下的一种支配活动，它以政策的制定、贯彻和执行为主要内容。在社会主义社会中，政府自上而下的支配活动则与人民群众自下而上的监督活动紧密结合。

再次，现代社会的治理是一种参与型的管理。在资本主义条件下，由于政治参与在本质上是一种资本的参与，因此，真正能够参与治理的只是少数有产者。而在社会主义国家中由于人民群众真正成了国家的主人，从而使社会主义的治理第一次真正成为由人民群众广泛参与的治理。

最后，现代治理是一种高度一体化的管理。现代化大生产日益将经济活动、政治活动和社会活动结合成有机联系的整体，从而也使得现代治理日益发展为社会性的系统工程，并日益趋向高度的一体化。这种治理要求治理的主体具备合理的结构、快速的反应能力、高效的管理能力和完善的自我调节能力。

任何现代社会都离不开国家层面的治理活动，国家政权系统的治理在政治形态发展和国家生活中有着重要的作用。治理的作用主要有：

首先，与政治形态的性质相适应，治理体现着国家政治生活的基本方向。一个国家总是要规定其国家性质、国家基本制度、政治生活的基本原则等，即国家政治生活的基本方向。这些国家政治生活的基本方向也总是通过国家的治理活动加以实现。如在阶级社会中，由于代表统治阶级意志和利益的政府与人民群众之间在根本利益上是对立的，因此，为了维护统治阶级的利益，政府总是通过确立各种政治生活的规范和准则，将广大人民群众的参与行为纳入"秩序"所允许的范围。而在社会主义社会，治理则主要是调动作为国家主人的人民群众的政治积极性，使其主动参与政治活动，发挥政治主体的作用，自觉地维护国家的政治秩序。而对被专政的对象，则采取强制手段剥夺或控制其参与政治的权利。因此，国家治理体现着国家政治生活的方向，同时也是保证国家政治生活按既定方向发展的重要条件。

其次，治理可以协调统治阶级内部的政治关系。统治阶级内部在根本利益上是一致的，但这并不排除统治阶级内部在诸多具体利益上存在着矛盾和冲突，协调这部分利益矛盾和冲突，是治理不可忽视的作用。特别是在现代社会条件下，随着经济市场化、文化多元化、社会分层化的发展，社会主体成员内部的矛盾和冲突不断出现并呈加剧化趋势，国家通过有效治理协调好统治阶级内部的政治关系，实现社会的整体和谐与稳定，是一项十分艰巨的任务。

再次，治理极大地影响着社会的政治秩序。一个社会的政治秩序状况直接反映着其治理水平，治理就是要实现其既定的秩序目标。一个国家的治理不能达到预期的政治秩序目标，这往往是国家衰败的重要原因。当今世界上很多所谓"失败的国家"其实就是治理的失败。因此，正确有效的治理是政治团结和安定的重要保证,而错误或低效能的治理是政治秩序不安定的重要根源。

最后,治理能够组织和管理社会经济生活。实践证明,类似传统社会主义国家通过计划经济体制全面控制经济社会的方式是行不通的,鼓吹完全放任自由的市场经济体制也会给经济社会发展带来灾难。因此,现代社会一体化的治理不能不涉及广泛的经济和社会生活,现代治理往往通过各种方针政策,自觉地、有计划地对社会经济生活进行管理,进而保证社会形成良好的经济秩序。

三、国家政权系统与西北地区治理

从政治学的角度探讨西北地区治理问题,主要关注的是国家政权系统运用国家权力对社会的治理问题。为此,首先应当弄清楚西北地区治理状况,主要从西北地区制度、法律与政策的形成与演变、权威、合法性与政治秩序状况、西北地区基本治理机制及其变迁、法治建设与政治建设状况等方面进行描述,并对其治理绩效进行评估。其次,应当明确西北地区治理的基本目标,包括政治稳定、经济发展、社会和谐、文化繁荣、民族团结等内容。再次,要分析西北地区治理的特殊性,这些特殊性主要是民族问题、宗教问题、相对落后的经济社会问题、政治文化问题和生态环境问题。最后,要探讨西北地区治理方式及其创新,主要涉及明晰治理价值、培育治理主体、完善治理机制、优化治理过程、突出治理绩效、减轻治理成本等。

由于我国是一个地域辽阔、人口众多、民族多样、经济社会文化存在较大差异的多民族国家,因此,国家政权系统进行治理时面临的问题更多,治理的难度也更大。当我们用区域性眼光认识这一问题时,西北地区便因其历史、民族、宗教、地缘、文化等特征而具有特殊性。尽管这是一个人口相对较少、经济规模在全国总量中所占比例相对较低的地区,但它在国家政治生活中的政治地位却远大于它的经济地位。因此,政治学加强对西北问题的研究就具有特别重要的意义。这种意义不仅仅在于实现国家对西北地区的有效治理,也在于西北地区的治理状况关系着国家的政治一体化,关系着国家政治稳定的大局,关系着中华民族的伟大复兴。进入21世纪以来,国家实施的一系列发展规划既给西北地区的政治经济社会发展提供了契机,也为实现西北地区的现代性治理提出了挑战。特别是2008年发生在西藏的“3·14”事件和2009年发生在新疆的“7·5”事件,将西北地区的安全稳定问题、民族宗教问题、国家统一问题震撼性地暴露在世人面前。可以这样说,不理解西北民族宗教问题,就不理解西北问题;不理解西北问题,就不理解中国问题。政治学如何利用自己的学科优势积极介入对西北问题的研究,无疑是一个极具挑战性也极具价值的领域。本研究旨在抛砖引玉,如果有更多的政治学者来关注西北问题、研究西北问题,我们就达到了最主要的目的。

本研究的理论意义就在于以政治学基本理论为框架，结合自己的学科特点和理论范式，通过梳理国家政权系统与“西北问题”的多维关系，在整合多学科研究成果的基础上，从全局性、整体性上来综合研究“西北问题”的治理，从而开辟研究“西北问题”的新视角。本研究的现实意义在于运用现代治理理论，在分析西北地区治理现状的基础上，提出西北地区治理目标，分析西北地区治理的特殊性，创新治理机制与方式，并力所能及地为相关部门的决策提出意见或建议，以实现对西北地区的有效治理，从而对西北地区政治稳定、经济发展、社会和谐、文化繁荣和民族团结，产生积极的推动作用。同时，从经济社会发展水平、民族宗教状况、地缘政治价值和国家长治久安的角度讲，西北地区是我国较为独特的一个区域。因此，研究西北地区的治理问题，对我国构建和谐社会，实现国家的长治久安和中华民族的和平崛起无疑具有重要的战略意义。

上篇

西北地区治理状况及其评估

从政治学的角度探讨西北地区治理问题，首先应当弄清楚西北地区治理状况。本篇主要对西北地区治理状况进行分析，从时间上是从新中国成立特别是改革开放以来作为维度，从内容上选取制度、法律、政策与权威、合法性、秩序作为考查对象，对西北地区治理状况进行系统梳理；最后选取政治秩序、政治制度化、权威理性化、政治参与水平、政治文化世俗化、社会公共利益的增加、政治运行法治化、政府效能等八个方面对其治理绩效进行了评估。

第一章　制度、法律与政策

制度、法律与政策是一个国家对社会进行治理的基本机制。任何国家政权要得以有效运行，除了在特殊情况下运用国家暴力机器外，主要是通过制度安排、法律规范和政策导向来进行。

新中国成立后，随着西北地区的全面解放，各项新的制度、法律法规和政策政令的颁布和实施，有力地支撑着新型国家政权对西北地区的治理，西北地区被有效地纳入到国家统一的政权系统之中。总体来看，国家制度、法律和政策对西北地区的政治格局和政治过程具有实质性意义，而西北各地陆续出台的地方性法规、政策在西北地区治理的过程中发挥着一种补充性、局部性的作用。因此，无论在建国初期还是在改革开放以来，国家制度、法律与政策在西北地区的治理中有着较高的政治绩效。但是，近代以来西北地区不断被边缘化的现实，使得国家制度、法律与政策在西北地区的贯彻质量与落实效果，明显地表现出一定的不彻底性、滞后性，其政治效应和社会综合效应并没有发挥出来，制度、政策与法律的创新相对匮乏。

国家对于西北地区的治理，从制度、法律与政策的供给或政治输出而言，主要表现为两个方面：第一，一般供给，即国家政治体系输出的面向并通行于全国整个政治系统的基本制度、基本法律和基本政策；第二，特殊供给，包括西北地区各级立法主体和党政部门在地方治理的过程中制定颁行的地方性法律、规章、政策、制度等，以及国家政治体系根据西北地区的独特性而输出的特殊制度和政策，重点包括特殊的民族宗教政策和解决西北地区生态资源问题、发展西北少数民族地区的制度规范与政策法律等。

一、制度、法律与政策的一般供给

在制度、法律与政策的一般性供给中，我们以基本政治制度为切入点和主要视阈，来观察法律、制度与政策的确立及其变迁。结合我国政权系统的有机构成和西北地区政治运行的实际状况，本文将西北地区的基本政治制度限定在人民代表大会制度(政体)、中国共产党领导的政治协商和多党合作制度(政党制度)、民族区域自治制度、农村制度四个方面。

(一)人民代表大会制度的确立和发展

人民代表大会制度是我国的政体。西北地区各项民主政治制度的建立和发展与西北地区民主政权的建设是不可分割的。就人民代表大会制度而言,它萌发于新民主主义革命时期。当时,中国共产党领导人民进行"工农武装割据",在局部地区、在大小不等的革命根据地建立了一个个民主政权,创造了人民行使政权的各种形式。第二次国内革命战争时期,中华全国苏维埃共和国的政权组织形式为工农兵代表大会。抗日战争时期,在西北陕甘宁边区和其他抗日根据地的民主政权都以参议会制度作为自己的政权组织形式(如著名的"三三制")。解放战争时期,随着形式的变化,解放区的政权体制逐步由抗日民主政权转变为人民民主政权,其组织形式基本上采用了人民代表会议制度。上述各种政权组织形式,尽管称谓不同,情况有别,但它们在许多重要方面具有共同特征,如大多数属于代议制民主形式,都以人民的权利为内容,都坚持中国共产党的领导,都坚持实行民主集中制原则等。所有这些,都为后来我国人民代表大会制度的形成和发展提供了宝贵的历史经验。

1949年9月,中国人民政治协商会议第一届全体会议通过的《共同纲领》以临时宪法性文件的形式确定了人民代表大会制度是我国的政权组织形式。在社会主义改造的进程中,人民代表大会制度得以确立。就西北地区而言,由于少数民族众多,而且各个少数民族之间政治、经济与文化发展极不平衡,以土地改革为主要内容的社会改革进度也不一样。因此,西北地区在人民代表大会制度的建立(同其他边疆少数民族地区一样),时间上要晚于国内其他地区,并且,就西北地区内部而言,人民代表大会制度的建立进程也是先后不一。尽管如此,自1954年起,各级人民代表大会都按照宪法的规定得以运行并取得了一定的社会治理效果。"反右"斗争,特别是在"文化大革命"期间,人民代表大会制度被迫中断,1976年后得以逐步恢复。

1978年2月,中共十一届二中全会向全国人大提交了宪法修正草案。3月,五届全国人大一次会议召开,修改了宪法并重新恢复了1954年宪法的一些基本原则。① 1979年7月,第五届全国人民代表大会第二次会议通过《中华人民共和国地方各级人民代表大会和地方各级人民政府组织法》、《中华人民共和国全国人民代表大会和地方各级人民代表大会选举法》,西北地区根据上述几个基本法律,陆续召开了各级人民代表大会,选举产生了地方各级政权机关。由此,历

① 最重要的是确认了全国人民代表大会是我国的最高权力机关。

经十年内乱被破坏的国家政权系统在西北地区得以恢复。

1980年以来，全国人大陆续制定、颁布了和人大制度关系密切的几个重要的“组织法”和“选举法”，如《中华人民共和国全国人民代表大会组织法》(1982年)、《中华人民共和国国务院组织法》(1982年)、《中华人民共和国人民法院组织法》(1983年)、《中华人民共和国人民检察院组织法》(1983年)、《全国人大常委会关于县级以下人民代表大会代表直接选举的若干规定》(1983年)等，为人民代表大会制度的法制化奠定了基本框架。1980年五届人大三次会议成立了宪法修改委员会，特别是1982年，五届全国人大五次会议通过了新宪法即《八二宪法》。1987年9月颁布并施行《中华人民共和国全国人民代表大会常务委员会议事规则》；1989年4月颁布并施行《中华人民共和国全国人民代表大会议事规则》；1992年4月，七届全国人大五次会议通过了《中华人民共和国全国人民代表大会和地方各级人民代表大会代表法》，就人大代表在本级人民代表大会会议期间的工作、闭会期间的活动、代表执行职务的保障、停止执行代表职务和代表资格终止等事项一一予以规范。上述法律进一步推进了人民代表大会制度在西北地区的发展。

特别是从1993年下半年开始着手起草，前后历经6年多，2000年3月经九届人大三次会议审议通过，2000年7月1日起施行的《中华人民共和国立法法》，不仅是关于人大主要职能的重要法律，更是我国立法制度的基本法律。尽管存在一些不足，①但从实际的运行过程来看，无疑规范着各层次不同主体的立法活动，提升着西北地区国家机构依法行政的水准和法治建设的水平。

在上述政治结构和法制框架内，西北各省区一方面通过制定一系列的“条例”、“规定”、“实施办法”、“规则”、“细则”等地方性法规，使人民代表大会制度在西北地区得以确立；另一方面，依据相关法律要求，成立了省、市、县各级人大及其常委会②和乡人大，并依据《宪法》等相关法规产生了各级地方政权机构和自身的组织机构；与此同时，也就构建了人大与中央国家机构及各级地方政府机构之间的相互关系，明确了职能分工。在推进人大制度法制建设的过程中，国家有关机构对相关的法律法规进行了修订、汇纂、废止、变更等活动，以适应社会生活的发展变化，密切法律对国家行为和人民生活的规范与治理。如《中华人民共和国地方各级人民代表大会和地方各级人民政府组织法》，前后历经1982年、1986年、1995年、2004年四次大的修订；《中华人民共和国全国人民代表大会和

① 有关《立法法》的评论可参见周永坤：《法治视角下的立法法——立法法若干不足之评析》，《法学评论》，2001年第2期。

② 十一届三中全会后，在县级以上的人民代表大会设立了常委会，过去则是人民委员会。

地方各级人民代表大会选举法》前后历经1982年、1986年、1995年、2009年11月6日(颁布修正草案)四次修订。

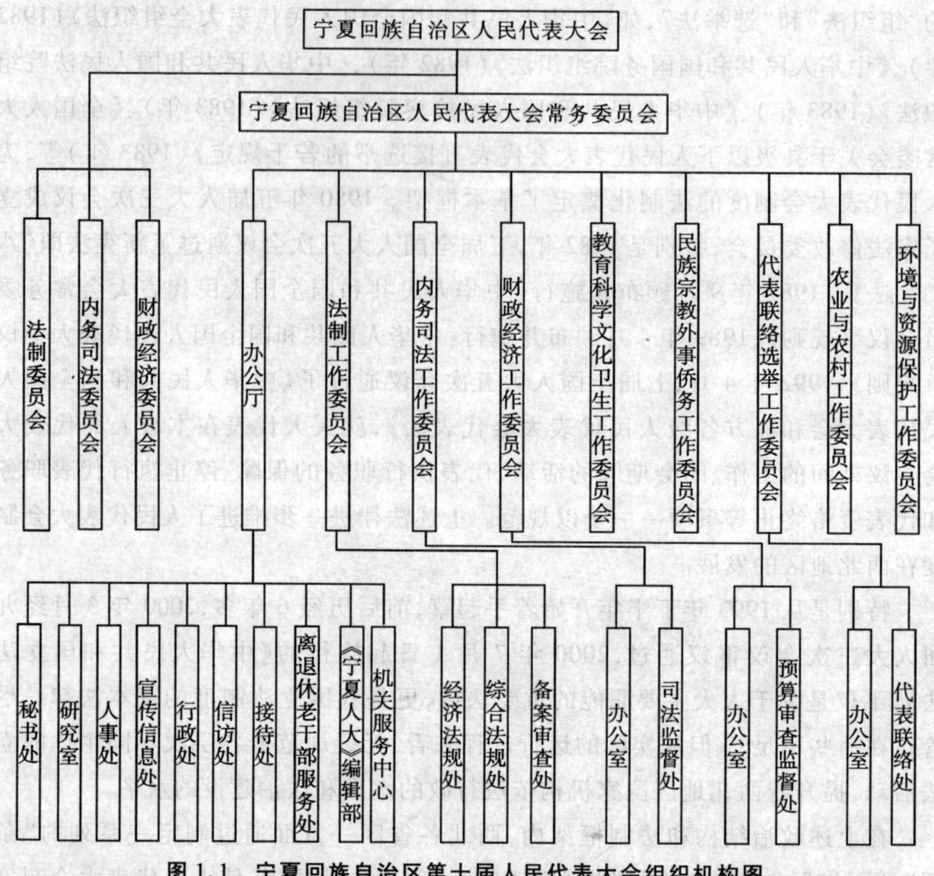

图1.1 宁夏回族自治区第十届人民代表大会组织机构图

这种历史发展过程,我们从新疆维吾尔自治区所颁布的关于建设地方各级人民代表大会制度的主要法规中可以明显观察到。

建国以来新疆维吾尔自治区
关于建设地方各级人民代表大会制度的主要法规①

新疆维吾尔自治区罢免人民代表大会代表的规定(1990年);

新疆维吾尔自治区补选人民代表大会代表的规定(1990年);

新疆维吾尔自治区人民代表大会常务委员会关于在乡、民族乡、镇人民代表大会主席团设立常务主席的决定(1991年);

新疆维吾尔自治区人民代表大会常务委员会关于设立自治区人民代表

① 根据武星斗主编《新疆年鉴·地方法规》历年资料整理编排。

大会常务委员会办事机构的决定(1991年);

新疆维吾尔自治区各级人民代表大会常务委员会监督司法工作条例(1999年);

乌鲁木齐市人民代表大会常务委员会监督市中级人民法院、市人民检察院工作的办法(1999年7月30日);

新疆维吾尔自治区实施《中华人民共和国全国人民代表大会和地方各级人民代表大会代表法》办法(2002年);

新疆维吾尔自治区人民代表大会及其常务委员会立法条例(2003年);

新疆维吾尔自治区实施《中华人民共和国全国人民代表大会和地方各级人民代表大会代表法》办法(2003年);

新疆维吾尔自治区人民代表大会及其常务委员会立法条例(2004年);

新疆维吾尔自治区职工代表大会条例(2006年);

新疆维吾尔自治区各级人民代表大会常务委员会监督条例(2007年);

新疆维吾尔自治区人民代表大会议事规则(2007年);

新疆维吾尔自治区人民代表大会常务委员会议事规则(2007年);

新疆维吾尔自治区人民代表大会常务委员会地区工作委员会工作条例(2008年);

新疆维吾尔自治区实施《中华人民共和国各级人民代表大会常务委员会监督法》办法(2009年5月1日)。

在此进程中,还有两个经常出现的政治行为值得关注:一是西北地区各级人大与国内其他省区人大之间的相互考察、调研、交流活动(包括全国人大对西北各省区的督促、调研和考察);二是西北各省区人民政府驻外地办事处(包括驻京办)和其他省区驻西北地区的人民政府办事处的活动。

事实上,还有一个必须注意的关键事实就是中国共产党对人民代表大会制一直发挥着独特的主导或领导作用,党的理论、路线、方针、政策还经常通过人民代表大会制度上升为法律法规,从而发挥党对社会生活的治理功能。尤其是1997年9月中共十五大明确提出"依法治国"的基本方略,将过去"建设社会主义法制国家"的提法改变为"建设社会主义法治国家";1999年3月第九届全国人民代表大会第二次会议通过的《宪法修正案》明文规定:"中华人民共和国实行依法治国,建设社会主义法治国家。"2002年党的十六大报告又指出:"发展社会主义民主政治,建设社会主义政治文明,是全面建设小康社会的重要目标。"2004年9月,在纪念全国人民代表大会成立五十周年召开的社会主义民主法制座谈会上,吴邦国同志做了题为《加强社会主义民主法制建设》的讲话,指出:"加强社会主义民主法制建设,最重要的是坚持和完善人民代表大会制度。做好新形势下的人大工作,关键是要把坚持党的领导、人民当家做主和依法治国有机统一起来。”2007年党的十七大明确提出“加快制定行政管理体制改革总体方案”、“建设切实体现人民民主的服务型政府”等,一步步将法治推向政治领域,其治国理念的核心就是政治的民主化和法治化,也标示着党的执政方略的转变。所有这些,指导和规制着西北地区人民代表大会制度在新时期的进一步发展完善。

然而,在对西北地区具体的治理过程中,人民代表大会制度显示出一些不容忽视的问题,主要有:1.西北各省区人民代表大会和各级党委(或党的组织机构)之间的法权关系问题,或者说在法治的范围内,如何既坚持党的领导,又保证人大成为法治权威的中心。2.西北各省区地方人大的职能弱化和缺位问题(或各级人大之间及其与其他国家机关的关系问题)。人大在法律文本上的功能与政治现实中的作用很不对称,法定权力虚化、刚性监督乏力,对各级政府和党委缺乏应有的制约。① 3.西北地区人大代表的政治素质问题。在西北地区,候选人资格的获得往往基于两项“合法性”事实,一是其经济业绩或贡献,②二是其已有的政治资历。③ 而衡量人大代表政治能力和代表能力的民主法制等政治素质却被习惯性地忽略了。4.西北民众(或人民)的缺位问题。1977年后,西北少数民族地区各族人民代表的直接选举,虽然由乡镇扩大到了县级,并实行差额选举,但政治发展所要求的基本民主政治素质(如平等、责任、理性等),由于历史原因西北民众自身就比较贫乏,且往往受到民族(或部族)、宗教、家族等的影响、干扰和制约,变得脆弱而复杂,极大地削弱了西北地区普通民众的政治参与效能,因而也就很少有效地制约“人大代表”。

(二)中国共产党领导的政治协商和多党合作制的确立与发展

“政协”的名称源于抗战胜利后不久召开的政治协商会议即旧政协,我们现在所讲的政协一般又称为人民政协。虽然在建国前,西北地区没有建立人民政协,中国共产党也是一个革命党,但我党早在1930—1940年代,就在西北地区联合社会各界力量展开了比较彻底的社会治理活动,形成了一系列著名的制度与政策,如“三三制”、“马锡武式审判”、“军民生产建设运动”、“三大纪律八项注

① 如乡镇人大主席包村包点包项目,承担政府职责范围内的具体事务,难以集中精力行使宪法法律赋予的人大代表职责。从实际的机构组成和运转看,基层人大由于自身在财政、人事、代表来源等方面的不独立,文本上规定的对其他国家机构的制约机制就会大打折扣。

② 如致富能手、某种级别的优秀企业家等。在经济社会发展“落后”的西北地区尤其是西北农村地区,这种“经济式”的发展渴望是非常强烈的。因此,“经济”化身的种种力量对西北地区的政治生态发挥着非常重要的影响。

③ 如单位的负责人、重要部门的领导、党政的一把手、村长等等。

意"、"延安整风"、"神仙会"①等等，延安也一度成为"革命圣地"。人民政协成立于 1949 年 9 月。政协第一届全体会议代行国家最高权力机关的职权，宣告了中华人民共和国的成立；通过了具有临时宪法性质的《中国人民政治协商会议共同纲领》以及《中华人民共和国中央人民政府组织法》、《中国人民政治协商会议组织法》；选举产生了中央人民政府和政协第一届全国委员会。会议还决定了中华人民共和国的国都、国旗、国歌和纪年。

在 1949 年以后，随着西北地区的相继解放，中国共产党领导西北地区各族民众结束了旧政权的反动统治，建立了新型的人民政权，中国共产党西北各省区省委就非常重视统一战线工作。随着工会、青年团、妇联、工商联、农民协会等人民团体的相继建立和各族人民参政议政积极性的提高，在中国共产党和人民政府的邀请下，西北地区在 1950 年前后，先后召开了由各族各界上层人士和各方面的代表人物组成的民族联谊会议。民族联谊会议在学习《共同纲领》和中国共产党的方针、政策的基础上，重点讨论协商解决民族团结、社会治安、商业贸易三大问题，并通过了相应的议案。遵照毛泽东主席迅速召开各界人民代表会议的指示和中央人民政府通过的《省、市、县各界人民代表会议组织通则》，根据《共同纲领》的精神，结合各地区的具体实际，自 1950 年起，西北地区相继召开了各民族、各界人民代表会议，由首次召开的各民族、各界人民代表会议代行各省、自治区人民代表大会的职权。

1954 年，新中国最高国家权力机构全国人民代表大会诞生。同年 12 月，政协二届一次会议在原来的《中国人民政治协商会议组织法》基础上，制定《中国人民政治协商会议章程》。这部章程对人民政协的性质、职能、任务及基本组织原则都做了规定。章程指出，人民政协的性质是"团结全国各民族、各民主阶级、各民主党派、各人民团体、国外华侨和其他爱国民主人士的人民民主统一战线的组织"。章程规定人民政协以各民主党派、各人民团体为基础组成，设立全国委员会和地方委员会。从此，政协不再代行国家权力机关的职能，作为中国最广泛的爱国统一战线组织继续存在，并在国家政治、经济、文化和社会以及对外交往中发挥着重要作用。同年，随着普选制在全国的全面推行以及西北地区各级人民代表大会的建立，原来的各族各界人民代表会议已顺利地结束了它的历史使命。

1955 年后，西北地区各省市、自治区先后召开了政协首届一次会议，其政治形式和组织形式为省政协、自治区政协、各少数民族自治州政协和县政协。构成政治协商制度的主要政治力量是中国共产党、民主党派、少数民族代表、宗教界

① 详见《中国人民政协全书》(上卷)，中国文史出版社，1999 年版。

人士。至此,西北地区的爱国统一战线有了统一而稳固的多党合作和政治协商的政治形式和组织形式,它为以后有效地实行"政治协商、民主监督"奠定了组织基础。1955 年至 1966 年,西北地区人民政协依据有关章程的规定,认真推进党的各项大政方针和政策的贯彻落实,在改造资本主义工商业、发展国民经济、社会主义教育、发展科技、加强共产党与民主党派和各界党外人士的合作等方面积极有效地展开了工作,广泛地团结了西北地区各界的民主进步人士,特别是民族界、宗教界爱国人士,对恢复和发展西北地区的社会经济、稳定西北边疆、巩固西北地区各个少数民族的人民政权等重大问题发挥了极其重要的作用。

在"反右扩大化"和"文革"时期,政协的工作被削弱乃至被迫停止或瘫痪,大批的民主人士受到迫害,各民主党派成员急剧减少,从而使国家在西北地区的统战工作和民族工作遭到了严重的破坏。1978 年 2 月,全国政协五届一次会议的召开,标志着人民政协结束了长期停顿的局面。为了在新形势下拓展新中国的政治基础,全国政协自第六届开始从组织上做了调整,将参与政协的范围扩大为中国共产党、各民主党派以及无党派民主人士、人民团体、各少数民族和各界代表,台湾同胞、香港同胞、澳门同胞和归国侨胞的代表以及特别邀请的人士。委员构成也有很大变化,知识分子比重大幅度增加,民主党派和无党派人士占大多数,并选进了一大批在四化建设中贡献卓著的中青年,台湾同胞、港澳同胞的人数不断增多(尤其在港澳回归祖国后)。十一届三中全会以来,随着"实事求是"思想路线的恢复,政协制度又得到恢复和发展,党的爱国统一战线和民族工作在西北地区又得以有效运转。在 1989 年《中共中央关于坚持和完善中国共产党领导的多党合作和政治协商的意见》发表后,全国和西北地区的各级政协工作走向了制度化和规范化建设的道路。西北地区各级人民政协在维护边疆安宁、政治稳定、祖国统一、经济发展、社会和谐、文化繁荣的各项社会事务中,发挥着日益重要的作用和影响(表 1-1 所反映的青海省政协成立以来的重大活动,就典型地体现了政协在西北地区社会治理过程中的历史变迁)。

1990 年,人民政协全国委员会参加的单位已达 31 个。① 党的十五大以来,随着改革开放的深入推进和中国共产党治国理念的转变,特别是中共中央在 2006 年发表了《关于加强人民政协工作的意见》,进一步推进了西北地区人民政协参政议政、政治协商、民主监督机制的制度化、规范化和程序化。

第一,合作的基础和形式。中国共产党领导的政治协商和多党合作制是中国统一战线的重要组成部分,统一战线的政治基础就是多党合作的政治基础,即坚持中国共产党的领导、坚持四项基本原则,高举社会主义和爱国主义两面旗

① 廖盖隆等主编:《当代中国政治大事典》,吉林文史出版社,1991 年版,第 269 页。

表 1－1　青海省政协成立以来的重大活动①

1	争取项谦归向人民(1951.09—1952.04)
2	协助政府推动农业、手工业和资本主义工商业的社会主义改造(1955—1957)
3	组织民主人士开展“反右派”斗争(1957)
4	揭批江青反革命集团罪行(1976)
5	对海东地区贫困乡村的调查(1984.08—1988.08)
6	组织宗教界人士开展种草种树活动(1983—1986)
7	塔城乡扶贫工作(1986—1988)
8	召开青海省各民主党派、工商联和各界爱国人士为统一祖国振兴中华服务先进集体、先进个人代表表彰大会(1987)
9	对青海粮食问题的调查(1989)
10	对西宁地区“菜篮子”问题的视察(1989)
11	对青海宗教工作的调查(1990)
12	调查西宁地区劳动就业问题(1990.06—07)
13	对青海省国营农场生产经营情况的调查(1990.06—07)
14	召开青海省州、市政协工作经验交流会议(1990.08)
15	对牧区以定居为中心的“四配套”建设的调查(1991)
16	编写党的统一战线系列讲座(1991)
17	省政协六届五次会议首次举行委员提案现场办理会议(1992)

帜，团结一切可以团结的力量，贯彻执行中国共产党在社会主义初级阶段的基本路线，建设有中国特色的社会主义，推进“一国两制”，实现国家的和平统一。

总结多年的实践经验，在西北各省区人民政协工作的主要内容有：(1)协商监督；(2)征集提案；(3)组织学习；(4)贯彻民族宗教政策；(5)组织专业工作组开展具体的职能工作；(6)汇编文史资料；(7)其他：如协助党和政府落实各项政策，与兄弟政协之间的互访互学等等。

西北地区人民政协开展工作的主要方式有：(1)会议。(2)提案(可参见表1－2 政协新疆维吾尔自治区委员会 2007 年重要提案一览表)。(3)视察。全国政协每年都围绕国家的中心工作，有计划地组织政协委员深入各地开展视察活

① 值得注意的是，几乎每一次重大活动，都是对党中央、省委、省政府的政策、方针或号召的响应。详情参见青海省地方志编撰委员会编：《青海省志·政事志·中国人民政治协商会议青海省委员会》，黄山书社，1996 年第 1 版，第 242－290 页。

动。(4)专题调研。专题调研一般以专委会为依托,以课题为纽带,联合、组织各行各业的专家学者,围绕国家的中心工作,有重点地进行调查研究,提出切实中肯的意见和建议,推动社会主义物质文明、政治文明和精神文明协调发展。(5)反映社意民情。了解和反映社情民意是政协履行职能的重要基础和关键环节。人民政协要求政协委员同各方面群众保持密切的联系,广泛、及时地反映社会的事实情况和群众的意见呼声,为各级领导机关把握形势、正确决策提供重要依据,并推动一些实际问题的解决。(6)促进祖国统一。(7)开展对外交往。

西北地区各民主党派与中国共产党合作的形式主要有:(1)中国人民政治协商会议。(2)中国共产党同各民主党派以及无党派人士的民主协商会、座谈会。(3)在西北地区各级地方人民代表大会中合作:各级人大代表候选人的名单由共产党和各民主党派经协商后联合提出;在各级人大代表、人大常委会委员及正副委员长(或人大主任)中,均有一定数量的民主党人士和无党派人士;他们同共产党人一起讨论国家的大政方针、审议政府工作报告、参与决定各级政府负责人的人选及立法工作。(4)在西北各省区地方人民政府中合作:在省、直辖市、自治区等以及各级政府职能机构和部门中,都有民主党和无党派人士担任领导职务,他们和共产党人一起行使国家权力。(5)在大专院校、科研机构、工商企业等基层单位和各人民团体中的政治合作。

表 1-2　政协新疆维吾尔自治区委员会 2007 年重要提案一览表①

关于加快企业技术创新能力建设的建议	关于做好新疆电力企业节能减排工作的建议
关于加快新疆农民专业合作经济组织发展的建议	关于推动新疆经贸工作的建议
关于新疆金融机构如何支持新农村建设的建议	关于加快新疆畜牧业发展的建议
关于新疆经济增长成果与收入分配问题的建议	关于做好新疆归侨侨眷维权工作的建议
关于促进新疆外商投资企业发展的建议	关于塔里木河流域综合治理情况的建议

第二,政协机构建设。(1)自 1988 年以来,西北各省区尤其是少数民族地区的各级政协分别建立了提案、学习、文史资料、经济建设、科教文卫、联络、法制、民族宗教和工青妇等各个专门委员会,并设置了专门的工作机构(参见

① 资料来源于武星斗主编:《新疆年鉴·2008》,新疆年鉴社,2008 年版。

图1-2)，既作为各级政协的工作机构，又作为各级协商层次。(2)为了加强对地区所辖各级市县政协组织的联系和指导，先后又在一些地区包括少数民族自治州建立了省、自治区地区工作委员会，作为其派出机构。实践证明，各个专门委员会工作的全面展开，为拓宽政协工作的渠道，发挥其整体功能创造了较为有利的条件。(3)西北各级地区政协，都注重提高委员们自身的政治思想素质和参政水平，学习马列主义和毛泽东思想以及邓小平理论和中国共产党在新时期的路线、方针、政策，并结合各地区的实际状况开展深入细致的调查研究。

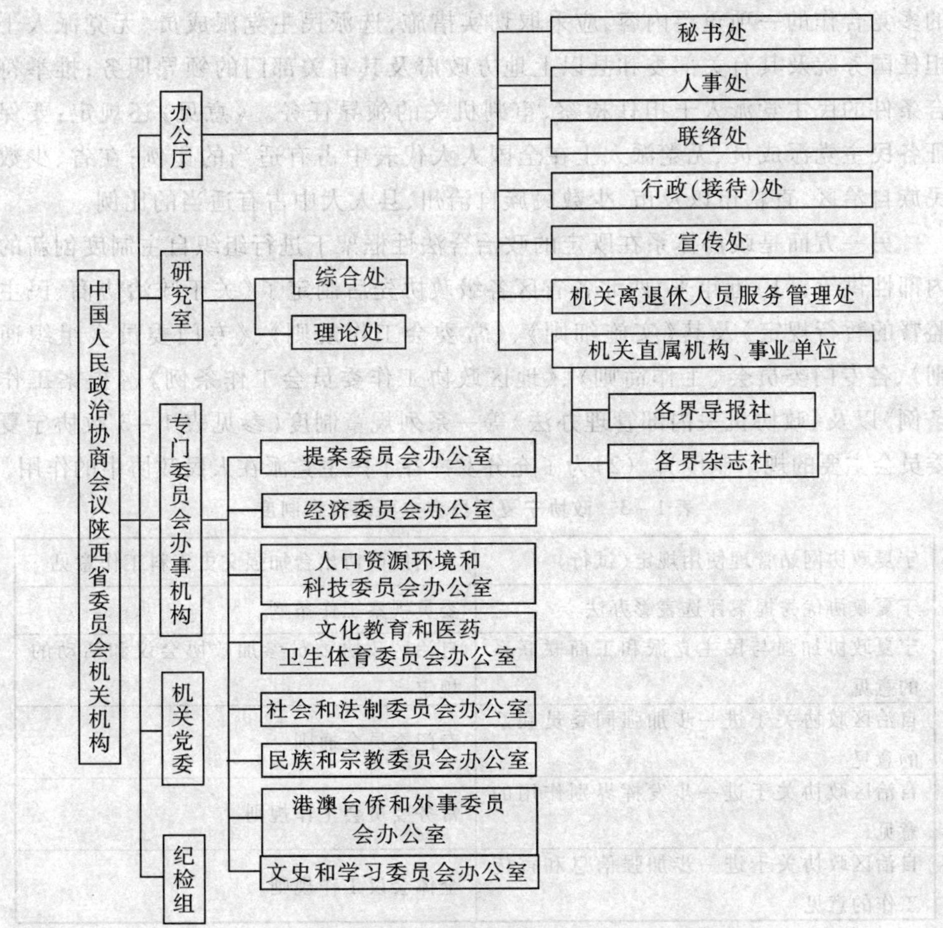

图1-2　中国人民政治协商会议陕西省委员会机构设置图①

第三，建立规章制度，充分发挥其政党职能，努力提高参政效能。政协由于不是权力机关，又不同于一般的社会团体，因此要有效地发挥其政治协商、民主监督、参政议政的政治职能，并使之规范化、经常化，就要依据自身的实际情况，

① 图片来源于陕西政协网(http://www.sxzx.gov.cn/index.html)

积极地推进政协制度的规范化建设。

在这里，一方面是以中国共产党为领导的国家政权系统对政协提供的制度、法规与政策的外部性供给，如《宪法》、《选举法》、《组织法》等法律中的相关规定，还有中国共产党制定的关于与政协关系的十六字方针，即“长期共存、互相监督、肝胆相照、荣辱与共”等。在1989年12月中共中央提出的《关于坚持和完善中国共产党领导的多党合作和政治协商的意见》(以下称《意见》)已经明确指出：民主党派成员和无党派人士担任国家和政府领导职务，是实现共产党领导的多党合作的一项重要内容，应采取切实措施，选派民主党派成员、无党派人士担任国务院及其有关部委和县以上地方政府及其有关部门的领导职务；推举符合条件的民主党派人士担任检察、审判机关的领导任务。《意见》还规定：要保证各民主党派成员、无党派人士在全国人大代表中占有适当的比例；在省、少数民族自治区、直辖市以及市、少数民族自治州、县人大中占有适当的比例。

另一方面是政协体系在既定的政治合法性框架下进行组织自主制度创新的内部性供给：(1)近年来，西北各省区各级政协先后制定了《关于政治协商、民主监督的暂行规定》及其《实施细则》、《常委会工作规则》、《专门委员会组织通则》、各专门委员会《工作简则》、《地区政协工作委员会工作条例》、《提案工作条例》以及《政协机关内部管理办法》等一系列规章制度(参见表1-3政协宁夏委员会主要的规章制度)。(2)为了充分发挥各个民主党派在人民政协中的作用，

表1-3　政协宁夏委员会主要的规章制度

宁夏政协网站管理使用规定(试行)	自治区政协出台加强文史资料工作意见
宁夏政协优秀提案评选表彰办法	委员视察工作条例
宁夏政协加强与民主党派和工商联联系的意见	自治区政协委员参加政协会议和活动的规定
自治区政协关于进一步加强同委员联系的意见	专门委员会通则
自治区政协关于进一步发挥界别作用的意见	常务委员会工作规则
自治区政协关于进一步加强信息和宣传工作的意见	全体会议工作规则

建立了省政协秘书长同各个民主党派、有关团体地方组织的秘书长之间的联系会议制度，并支持各民主党派的地方组织和工商联等团体以本党派、本团体的名义在常委会、全体会议中发言和提出议案。(3)为了促进各个地区各级政府和党委决策的民主化和科学化，自1988年以来，实行各级政协全委会等会议先于人民代表大会召开，从程序上保证了协商在决策之前的政治原则。(4)对一些重大问题采取“建议案”规范化形式进行监督协商。(5)在八届政协二次会议

上，通过了政协章程修正案，正式把“参政议政”作为政协的主要职能。这就进一步拓宽了各级政协和各民主党派的工作领域与渠道，同时也为各地方民主党派成员、无党派人士参与地方社会事务的治理、发挥他们的专长、促进地方治理与决策的民主化和科学化提供了制度安排。(6)按照宪法和法律的规定，选派自己的优秀成员到国家政权机关和国家政府部门担任领导职务，参加国家大政方针的决策和实施，并利用自己的组织和管理体系，开展其独立的政党活动，在法律的范围内干预和影响国家的政治生活，使本阶层或集团的利益得到体现，由此实现其政党职能。为此，政协中各个民主党派在政治建设上，于社会主义制度确立以后，先后都制定了自己的新章程，确立了在中国共产党领导之下的、致力于社会主义建设的、各具特色的政治纲领和党规党纪及基本制度(参见表1-4民革陕西省委员会基本规章制度)；在思想建设上，根据改革开放的发展变化，重点突出对其成员的民主法制教育；在组织建设上，本着精简高效的原则，努力完善各级组织机构，同时，注重培养新成员的政治素质和业务素质。

表1-4　民革陕西省委员会基本规章制度

社会服务部职责	民革陕西省委员会常务委员会议议事规则
参政议政部职责	民革陕西省委员会主委会议议事规则
民革陕西省委员会机关学习制度	民革陕西省委员会中心学习组制度
民革陕西省委员会机关公文处理办法	民革陕西省委员会领导班子民主生活会议制度(试行)
民革陕西省委员会机关档案管理制度	民革陕西省委会领导班子述职制度(试行)
办公室职责	关于民革陕西省委员会全体会议和常务委员会议请假的规定
民革陕西省委员会机关人事管理暂行规定	民革陕西省委员会机关办公会议规则
民革陕西省委员会机关工作人员考勤制度	民革陕西省第十届委员会主任委员、副主任委员、秘书长分工
民革陕西省委员会印章管理办法	民革陕西省委专门委员会工作细则(试行)
民革陕西省委员会机关行政事务管理办法	民革陕西省委会直属基层组织管理细则
组织部职责	民革陕西省委员会大事记收集范围及工作程序
民革陕西省委员会会议制度	民革陕西省委员会参政议政工作管理办法(暂行)

在新世纪，随着我国国力的增强和人民生活的进一步改善，中共中央先后提出并推行“科学发展观”和“构建社会主义和谐社会”两大战略。这对新时期的

统战工作和政协工作提出了新的要求，为此，胡锦涛同志 2006 年 7 月 10 日《在全国统战工作会议上的讲话》中明确指出：要努力把统一战线建设成为坚持以人为本、具有强大凝聚力的统一战线，建设成为具有空前广泛性和巨大包容性的统一战线，不断巩固全体社会主义劳动者、社会主义事业的建设者、拥护社会主义的爱国者和拥护祖国统一的爱国者的最广泛的联盟。政党关系、民族关系、宗教关系、阶层关系、海内外同胞关系是政治领域和社会领域中涉及党和国家工作全局的一些重大关系，也是统一战线需要全面把握和正确处理的重大关系。2006 年 12 月 20 日，召开中国人民政协理论研究会成立大会暨首次人民政协理论研讨会。2007 年 7 月 24 日，《中共中央关于巩固和壮大新世纪新阶段统一战线的意见》发布，指出要正确认识和把握新世纪新阶段统一战线的新发展新变化；充分发挥统一战线在全面建设小康社会中的优势和作用；认真贯彻统一战线若干重要领域的方针政策；切实做好新的社会阶层人士统战工作；加强党外代表人士队伍建设；加强和改善党对统一战线工作的领导。显然，胡锦涛同志的讲话和《中共中央关于巩固和壮大新世纪新阶段统一战线的意见》指导着新时期政协制度的发展方向与战略目标，同时也提出了新时期政协建设的主要任务和具体要求。

西北地区人民政协的发展历程可以总结为：以民主求团结、以建设促发展。整体看来，其作用领域主要在于一些较为具体的经济发展问题和社会治理事务，参政议政、民主监督的效能发挥不足。但随着近年来西北民众社会生活的发展变迁、国内外形势的重大变化和我国政治体系中一些重大方针的确立（如建设社会主义法治国家、科学发展、构建社会主义和谐社会、全面建设小康社会等），政协制度在西北地区急需解决三个问题：(1)政协如何在新的形势下继续做好民族宗教方面的统战工作，有效地维持并增进西北地区的社会稳定、政治安全与国家统一；(2)如何进一步提升政协委员特别是少数民族政协委员的政治素质；(3)如何在法治的框架下确立政协与党委、政府之间的关系，并在此基础上进一步使政协的参政议政、民主监督职能强化，进而提高政协对党和政府的监督效能（也许我们可以从以下列举的青海省政协的基本工作经验中发现问题并受到启发）。

青海省政协的基本工作经验（简要摘录）①

为了更好地总结全省政协工作经验，青海省政协派出 4 个调查组，分别由主席、副主席带队，用了 1 个多月的时间，深入到海西、海北、海南、黄南、

① 摘自青海省地方志编撰委员会编：《青海省志 · 政事志 · 中国人民政治协商会议青海省委员会》，黄山书社，1996 年第 1 版，第 291 – 294 页。

玉树、果洛6州和海东地区、西宁市以及一些县(市)、区,同各地政协的同志一起,总结经验,为这次会议的召开做了充分准备;同时,各级政协在会前也积极地做了准备。这次会议总结的全省政协工作基本经验,是以省政协为主,充分调动基层政协的积极性,共同研究,并通过会议充分讨论后形成的。通过对全省政协工作基本经验的总结,推动了全省政协工作的进一步开展。全省政协工作基本经验,总结有六条:

一、加强学习,提高认识,是做好政协工作的思想基础。

二、党委重视,政府支持,政协主动是发挥政治协商、民主监督和参政议政职能作用的重要保证。实践证明,要使政协工作做出成绩,关键是党委重视,政府支持,政协主动,三者相辅相成,缺一不可。到1993年,青海省各级党委都有一名副书记或常委主管政协、统战工作,政协党员主席列席同级党委常委会议。

三、充分发挥政治协商、民主监督和参政议政职能作用,是做好政协工作的中心环节。

四、开展调查研究,是做好政治协商、民主监督和参政议政工作的基础。

五、协助党委、政府做好民族宗教工作,是青海省政协工作的一项重要内容。青海省各级政协紧扣维护民族团结,促进少数民族地区经济文化发展这个主题,注意发挥民族宗教界委员的三个作用。第一,利用民族宗教界委员的特殊影响,倡办社会公益事业,带动宗教界参与两个文明建设。第二,发挥民族宗教界委员的特殊作用,调解纠纷,维护民族之间和民族内部团结。第三,进行维护祖国统一,反对分裂的宣传教育,对国外敌对宗教势力的渗透开展斗争。

六、加强政协自身建设是做好政协工作的必要条件。

(三)民族区域自治制度的建立和发展

我国是一个多民族国家,特别是近代以来,各民族有着一致的历史遭遇和共同的历史使命。但由于宗教、文化、历史、自然、经济和社会等诸多方面的差异,各民族在上述方面既各具特色,又交织着各种矛盾,西北少数民族地区就是这种复杂性的典型。西北是我国少数民族聚居的主要地区之一,生活在这里的有汉、回、蒙、藏、维、东乡、撒拉、保安、裕固族等近50个民族。就人口比例而言,少数民族人口在西北各省(自治区)所占比例大,分布地域广,如宁夏的少数民族比例达34.56%,青海达45.97%,新疆达59.43%;①少数民族与汉族的分布相比呈现出明显的“大分散、小聚居”的状态。

① 根据2000年第五次全国人口普查数据。

世界各国处理民族关系的方式有分离制、联邦制和自治制三种，在单一制国家政治结构下实行民族区域自治制度的只有中国。我国的民族区域自治制度是在党和国家的统一领导之下，在各个少数民族聚居的地方实行区域自治，设立自治机关，行使自治权。就全国的情况而言，民族区域自治建设早就在土地革命战争时期、抗日战争时期和解放战争时期开始探索和实践了。

1927 年召开的中国共产党第二次代表大会宣言中，就提出统一中国本部为真正的民主共和国，"蒙古、西藏、新疆三部实行自治"的主张。第一次国内革命战争时期，中国共产党提出了"由人民统一中国"，促成少数民族的自治，保障少数民族的平等权利；主张各民族平等。

1935 年，红军长征路过四川阿坝地区时，帮助藏族民众建立了第一个自治政府——"博巴"政府。1936 年 5 月中国工农红军开始西征时，中国共产党就提出了"回民自决"的方针，并发出《帮助回民和蒙民建立自己政权的宣言》。当年 5 月 25 日，在西征红军即将开赴西北回民聚居区的前夕，发布《中华苏维埃中央政府对回族人民的宣言》，提出"我们根据民族自治的原则，主张回民自己的事情，完全由回民自己解决"；"我们根据信仰自由的原则，保护清真寺，保护阿訇，担保回民信仰的绝对自由"。1936 年 6 月，西征红军进入宁夏回民聚居区，解放了豫旺县（今宁夏同心县）全境，首先成立了苏维埃豫旺县人民政府，并普遍建立了区、乡政权。8 月，豫海县回民自治政府筹备委员会成立。经过两个多月筹备，1936 年 10 月 20 日至 22 日，"陕甘宁省豫海县回民自治政府"成立大会在同心清真大寺召开，出席代表通过了豫海县回民自治政府的各项议案，选举产生豫海县回民自治政府领导人。大会还正式启用阿文、汉文两种文字的木制政府印章，建立了中国历史上第一个民族区域自治政权——豫海县回民自治政府，颁布了《豫海县回民自治政府条例》；①1946 年，陕甘宁边区政府在正宁县和定边县建立了蒙民自治区，1947 年 5 月建立了内蒙古自治区，颁布了《内蒙古自治区施政纲领》。

1949 年《中国人民政治协商会议共同纲领》规定："中华人民共和国境内各民族一律平等，实行团结互助，反对帝国主义和各民族内部的人民公敌，使中华人民共和国成为各民族友爱合作的大家庭。""各少数民族聚居地区应实行民族区域自治，按照民族聚居的人口多少和区域大小，分别建立各种民族自治机关"；民族区域自治作为一项基本国策被确立。根据 1949 年《中国人民政治协

① 由于历史原因，回民自治政府的活动只有几个月时间，但意义深远，增加了回民对共产党的认识。目睹了回民自治政府筹备宣传工作的美国记者埃德加·斯诺称这是他"在宁夏看到的一件最重要的事情"，并在《西行漫记》"穆斯林和马克思列宁主义者"一章中重点介绍此事。

商会议共同纲领》,国家于1952年制定了《中华人民共和国民族区域自治实施纲要》,并结合1954年《中华人民共和国宪法》等法律的规定①和国务院《关于建立民族乡若干问题的指示》(1955年12月)、《关于更改相当于区的民族自治区的指示》(1955年12月)、《关于改变地方民族民主联合政府的指示》(1955年12月)、《关于更改相当于区和相当于乡的民族自治区的补充指示》(1956年10月),以及中共中央关于"切实认真地普遍推行民族区域自治"的方针,采取先易后难,因地制宜、试点突破、全面推广的政治策略,从民族识别入手,以培养少数民族干部②为切入点,经乡、县、州、自治区的建设序列,建立了民族区域自治政权,从而在西北各省区建立了民族区域自治制度。

社会主义改造完成后,民族区域自治制度在西北各省区受到了"跑步进入共产主义"、"以阶级斗争为纲"、"强调民族问题说到底就是阶级问题"等"左倾"思想的严重干扰。"文化大革命"十年,西北各省区民族区域自治制度遭到严重践踏。"四人帮"集团认为民族区域自治是"搞独立王国"、"人为制造分裂",将西北地区自治地方的工作全部纳入"路线斗争"、"阶级斗争"。在1975年的《宪法》中删去了"各少数民族聚居地方实行民族区域自治"的总原则,一些自治地方被取消。

1976年"四人帮"被粉碎,1978年的《宪法》恢复了1975年《宪法》删去的有关民族区域自治的内容;1982年的《宪法》在总结民族区域自治全面实施经验的基础上,对民族区域自治作出了更加系统和完善的规定,同时还规定了国家帮助自治地方发展经济文化、保障自治机关的自治权和各民族的平等权利、促进各民族共同繁荣。1984年,《中华人民共和国民族区域自治法》颁布,标志着民族区域自治制度不仅作为党的一项基本政策,而且作为一部较为完备的国家基本法律被纳入了国家政治生活,从而使我国少数民族地区民族区域自治制度进入了从依靠政策向依靠法律转换的阶段。至此,国家政权系统对西北少数民族地区的区域自治实现了政策、制度、法律的三位一体治理。

1993年,国家民委基于社会生活的发展变化,颁发了《城市民族工作条例》、《民族乡行政工作条例》。2001年,修订《民族区域自治法》。2005年10月,国家民委下发了《民族法律法规体系建设五年规划》,重点规划了"十一五"期间民

① 1954年《中华人民共和国宪法》系统地作出了建立民族自治地方、设置自治机关和行使自治权等一系列规定;明确规定中国是单一制的中央集权制国家,是统一的多民族国家,处理民族关系的根本原则是各民族一律平等,民族区域自治是解决中国民族问题的一项基本政治制度。

② 具体培养方式是:(1)团结民族宗教界中的上层人士,妥善安排工作,进行培养教育;(2)选送少数民族中的优秀青年、积极分子和一些与少数民族群众有密切联系的爱国民主人士、宗教界人士,到各种训练班和各院校学习深造;(3)从各种运动中培养提拔。

族法律法规体系建设的主要任务和发展目标。2005 年 5 月 18 日，国务院总理温家宝主持召开国务院常务会议，讨论并原则通过了《扶持人口较少民族发展规划(2005—2010 年)》；①5 月 26 日国务院颁布《实施〈民族区域自治法〉若干规定》，明确指出国家根据民族自治地方的特点和需要，在政策、制度上要优先支持和帮助民族自治地方加强基础设施建设、人力资源开发，扩大对外开放，调整、优化经济结构，合理利用自然资源，加强生态建设和环境保护，加速发展经济、教育、科技、文化、卫生、体育等各项事业，实现全面、协调、可持续发展。

2007 年，国务院下发《少数民族事业"十一五"规划》，提出的总体目标是："少数民族和民族自治地方公共基础设施和生态环境明显改善，自我发展能力不断增强，优势产业和特色经济不断发展，贫困问题得到有效缓解，群众生活水平有较大提高。对外交流与合作不断加强，对外开放水平有较大提高。教育、科技、文化、卫生、体育等社会事业加快发展，群众思想道德素质、科学文化素质和健康素质进一步提高。民族区域自治制度和民族理论政策体系进一步完善，民族法制建设取得较大进展，少数民族合法权益得到切实保障。民族关系更加和谐，民族团结更加紧密，实现少数民族事业又好又快的发展。"并要求各省、自治区、直辖市人民政府、国务院各部委、各直属机构认真组织实施。

2009 年 7 月，为全面贯彻党的十七大精神，深入贯彻落实科学发展观，进一步繁荣发展少数民族文化事业，促进各民族共同团结奋斗繁荣发展，国务院发布了《关于进一步繁荣发展少数民族文化事业的若干意见》，围绕加快发展少数民族和民族地区公共文化基础设施建设，制定了一系列具体措施。

此外，为了贯彻落实国家关于民族区域自治的法律法规和政策，特别是《民族区域自治法》、《若干规定》和《少数民族事业"十一五"规划》，国务院各有关部委制定了一系列配套的规章制度。截至 2007 年 6 月，教育部等 9 部门已制定 21 件配套规范性文件，②如教育部 2005 年制定的《关于贯彻落实国务院实施〈自治法〉若干规定的通知》。这些配套文件进一步细化了支持民族地区加快发展的各项举措，使政策措施更加具体而更具操作性。

同时，由于绝大多数少数民族都有一定的宗教信仰，因此民族问题往往与宗

① 会议要求，各有关地区和部门要高度重视扶持人口较少民族发展工作，按照国家扶持、省(区)负总责、县抓落实、整村推进的原则，加大工作力度和资金投入，并组织沿海发达地区和大中城市、大型企业对口帮扶，通过 5 年左右的努力，使这些地区经济社会发展达到当地中等或中等以上水平。重点要抓好以下工作：一是加强包括人畜饮水、交通、通电、广播电视、安居、基本农田等基础设施项目的建设，努力改善他们的生产生活条件；二是着力调整经济结构，立足发挥当地资源优势，发展特色产业，促进群众增收；三是大力发展科技、教育、卫生、文化等社会事业，促进社会进步；四是加大人才培训力度，加强科普工作，提高群众的科学文化素质和健康水平。

② 刘晓鹏：《加快推进民族区域自治法配套法规规章制定》，《人民日报》，2007 年 6 月 24 日。

教问题相互交织，所以，民族区域自治制度的发展完善还必须着力处理好宗教问题。为此，中央政府在先后制定并实施了通行全国的《宗教事务条例》、《宗教活动场所管理条例》、《宗教活动场所登记办法》、《宗教社会团体登记管理实施办法》、《宗教活动场所年度检查办法》、《中华人民共和国境内外国人宗教活动管理规定》、《中华人民共和国境内外国人宗教活动管理规定实施细则》、《宗教院校聘用外籍专业人员办法》等一系列法规制度，同时确立了"宗教信仰自由"的基本政策，并通过法律和制度使之得到不断完善。

另外，《宪法》、《人民法院组织法》、《诉讼法》等国家基本法律中都设立了有关民族区域自治权的特别条款；中央政府也多次通过开展全国范围的民族政策执行情况大检查，来推动民族政策的全面贯彻落实。

上述活动有力地推进了民族区域自治制度在全国①和西北地区的发展，西北各省区相继制定了各民族自治地方的自治条例和单行条例；民族自治地方的政治、经济、文化和社会生活得到了很大的发展，成立了国内最早的民族自治县——甘肃省天祝藏族自治县（1950 年 5 月 6 日），生活在西北地区的回、蒙、藏、维、东乡、撒拉、保安、裕固族等近 49 个少数民族，总计约 1892.84 万人，建立了两个少数民族自治区、13 个自治州（占全国的 43.3%）、20 个自治县（占全国的16.7%）。少数民族人口占自治地方总人口的比重甘肃为57.58%，青海为62.44%，宁夏为36.51%，新疆为60.68%（见表 1－5）。截至 2001 年 12 月底，西北地区总计建立民族乡（镇）116 个，其中陕西 3 个、甘肃 39 个（见表 1－6）、青海 31 个、新疆 43 个。②

综上，在西北地区建立民族区域自治制度的过程中，国家政权系统的一般性制度供给可以总结为以下几个方面：

第一，确立了西北地区民族区域自治的制度主体，即自治机关的建成和自治权的运行。

第二，形成单一制国家结构下的民族区域自治结构。在中华人民共和国主权完整、中国共产党领导的前提下，西北地区形成了"三主（自治区、自治州、自治县或旗）一辅（民族乡）"的民族区域自治四级结构。

第三，在现有民族区域自治结构之下，制度、法律与政策的运行和对西北民族地区的社会治理。（1）首先是进一步发展和完善民族区域自治制度，这主要

① 截至 2008 年底，全国共建立了 155 个民族自治地方，包括 5 个自治区、30 个自治州、120 个自治县（旗）。2000 年第五次全国人口普查表明，55 个少数民族中，有 44 个建立了自治地方，实行区域自治的少数民族人口占少数民族总人口的 71%，民族自治地方的面积占全国国土面积的 64%。此外，中国还建立了 1100 多个民族乡，作为民族区域自治制度的补充。

② 参见全国人大常委会秘书处秘书组、国家民委政法司编：《中国民族区域自治法律法规通典》，中央民族大学出版社，2002 年版。

表 1-5　2007 年西北地区民族自治地方行政区划和人口

名称	地级区划数(个)	地级市	自治州	县级区划数(个)	县级市	自治县(旗)	总人口(万人)	少数民族人口(万人)	少数民族人口占自治地方总人口的比重(%)
全国	77	31	30	698	65	120	17 947	8 501	47.37
陕西	35								
甘肃	2		2	21	2	7	328.22	189	57.58
青海	6		6	35	2	7	335.91	209.7	62.44
宁夏	5	5		21	2		610.25	222.8	36.51
新疆	14	2	5	98	19	6	2 095.2	1 271	60.68
西北地区总计	27	7	13	175	25	20	3 369.6	1 892.84	

（说明:本表根据《中国统计年鉴·2008》有关数据绘制）

表 1-6　甘肃省民族乡(镇)一览表(2001 年)①

临夏县井沟东乡族乡	平凉市大秦回族乡	定西县香泉回族乡
和政县梁家寺东乡族乡	平凉市寨河回族乡	会宁县新添堡回族乡
临夏县安家坡东乡族乡	平凉市大寨回族乡	正宁县五顷源回族乡
广河县阿里麻土东乡族乡	平凉市西阳回族乡	玉门市小金湾东乡族乡
肃南裕固族自治县祁文藏族乡	平凉市上杨回族乡	华亭县神峪回族乡
肃南裕固族自治县祁青藏族乡	平凉市峡门回族乡	华亭县山寨回族乡
肃南裕固族自治县桦尖藏族乡	平凉市康庄回族乡	文县铁楼藏族乡
肃南裕固族自治县泱翔藏族乡	平凉市麻川回族乡	武都县坪垭藏族乡
肃南裕固族自治县西水藏族乡	平凉市白庙回族乡	武都县磨坝藏族乡
肃南裕固族自治县白银蒙古族乡	临潭县卓洛回族乡	宕昌县新城子藏族乡
天祝藏族自治县朱岔土族乡	临潭县古战回族乡	宕昌县宫鹅藏族乡
张掖市平山湖蒙古族乡	临潭县长川回族乡	徽县东关回族乡
酒泉市黄泥堡裕固族乡	卓尼县勺哇土族乡	礼县白关坡回族乡

体现在地方民族自治机构对国家法律政令的贯彻执行以及在具体实施过程中,结合本地区的实际所进行的制度具体化方面的创新。(2)确立了新时期民族区域自治制度的根本任务是发展社会生产力,在西北民族地区普遍实行了各种形式的生产责任制。在农业区主要是实行家庭联产承包责任制,在牧业区主要实行牲畜作价归户草场承包政策。(3)坚持各民族共同繁荣发展的方针,国家大力帮助少数民族地区发展经济、文化事业。(4)形成了较为成熟的民族宗教政

① 参见全国人大常委会秘书处秘书组、国家民委政法司编:《中国民族区域自治法律法规通典》,中央民族大学出版社,2002 年版,第 233-234 页。

策。民族政策主要有民族平等、民族大团结、民族发展、培养民族干部、发展民族文化等。宗教政策有宗教信仰自由、宗教平等、政教分离等。

第四，西北地区民族区域自治制度格局的形成。在上述国家政治体系的制度供给下，西北地区民族区域自治制度形成了以下格局：(1)民族自治地方多，我国共有77个少数民族自治地级区划，其中27个在西北。(2)居住在自治地方的少数民族人口多，截至2007年，西北地区居住在自治地方的少数民族人口约1 892.84万人(见表1-5)；也就是说，中国西北的少数民族约1 892.84万人行使了自治权。(3)实行民族区域自治的民族多。在西北地区的49个少数民族中，有41个建立了民族自治机构。其中，有的民族因为聚居在不同的区域便在不同的区域建立了民族自治地方；有的民族在不同的地区既建立了自治区，还建立了自治州和自治县，如蒙古族、壮族、回族、藏族等；还有因情况变化而导致建立自治地方的自治民族成分发生了变化，如青海原有海西蒙古族藏族哈萨克族自治州，1980年代由于哈萨克族搬迁到新疆，于是更名为海西蒙古族藏族自治州。(4)一个民族自治和多个民族的联合的自治并存。这是由我国民族居住的特殊情况决定的，在西北的113个民族自治地方中，一个民族实行自治的有73个，联合自治的有40个。(5)实行自治民族的人口比例不一。一般而言，实行民族区域自治的地方，少数民族人口要达到一定的比例，但由于历史以及人口迁徙等原因，实行民族自治的地方的少数民族人口比例差别很大，如青海的玉树藏族自治州是全国少数民族比例最高的自治州，该州藏族占该州总人口的95%。(6)民族自治地区的经济文化发展相对落后。尽管新中国成立以后各个地方发生了巨大的变革和发展，但仍然是中国的欠发达地区。民族自治地方占全国面积的64%以上，但国内生产总值仅占全国的8%多一点；中国的贫困人口主要居住在西北少数民族地区，到2000年未能普及九年制义务教育的地方基本都在西北少数民族地区。

第五，形成了以民族平等为基石，以维护各民族的团结和国家统一、实行民族区域自治、加快少数民族和民族地区经济社会和文化事业、培养少数民族干部和各类人才、尊重少数民族的宗教信仰和风俗习惯为基本内容，以民族平等、民族团结、民族区域自治和各民族共同繁荣为核心政策，制度、法律与政策有机结合的民族区域自治社会治理机制。

但从政治发展的现实来看，西北地区民族区域自治的进一步深化必须重点解决三个问题：(1)如何有效地培育西北少数民族民众现代公民意识以及现代国家意识；(2)如何构建民族自治法律体系①(特别是制定自治区自治条例)，形成以法

① 关于民族区域自治法制体系建设的一些具体问题，可参见朱玉福：《改革开放30年我国民族法制建设回顾》，《民族研究》，2009年第1期。

律关系为核心的民族关系;(3)如何使得西北地区民族区域自治的成果有效地转化为国家政权体系的政治合法性资源,并形成良性互动,增强国家凝聚力。

(四)农村制度的变迁

近代以降,西北地区农村治理方式遭到破坏和瓦解的过程,是和中国半殖民地半封建化的过程联系在一起的。其中有四点特别重要:一是社会权威日益萎缩;二是政权逐步强化,但其行为缺乏相应的制约,使其"合法性"出现严重危机;三是西北地区"边缘地带"的性质进一步加强;四是农村社会的"军阀政治板块治理结构"①在"社会板块结构"②的作用下进一步分散化和异质化。③ 上述几方面结合起来,就构成了党和国家对西北农村地区进行治理的前提和基础。

从历史来看,农村社会一直处于我国社会构架的最基层和最底层,西北农村社会在集中汇聚了"民族问题"、"宗教信仰"、"边缘地带"、"贫困地区"以及"三农问题"等一系列新老难题的同时,又是各级国家政权机构输出的制度、法律与政策的实际作用的最为广阔的空间,还是西北地区绝大部分各族民众(约占西北总人口的76.46%)的主要生活场所(见表1-7)。因此,西北地区农村制度的变迁就是国家对西北地区社会治理的缩影,而农村土地制度、基层政权制度、农村户口制度则构成了西北农村治理制度的核心部分。

表1-7 西北地区农业户口人口、非农业户口人口、少数民族人口比重

项目名称	少数民族人口比重(%)	非农业户口人口比重(%)	农业户口人口比重(%)
陕西	0.50	22.14	77.86
甘肃	8.75	19.08	80.92
青海	45.97	26.80	73.20
宁夏	34.56	27.72	72.28
新疆	59.43	30.25	69.75
西北总计	19.56	23.54	76.46
全国总计	8.47	24.73	75.27

(说明:本表根据2000年第五次全国人口普查数据绘制)

1.新民主主义时期西北地区的农村治理制度

早在新民主主义革命时期,中国共产党及其领导的工农红军在陕甘宁革命根据地的农村地区就发挥着重要的作用。在中国共产党的领导下,陕甘宁边区

① 自古以来西北地区民族众多、宗教信仰多样、文化多元、社会矛盾复杂。在近代,西北地区群众就成为地方豪强、权贵和军阀经常杀伐、破坏和蹂躏的对象,大大小小的军阀和地方权贵(如青海的"青马"、宁夏的"宁马"、新疆的"盛氏"等)将西北地区实际上分割为大小不等的"国中之国",国民党执政的国家政权对西北地区的社会治理实际上处于瘫痪状态,基层社会治理表现为"军阀政治板块"的结构和格局。

② 参见王宗礼等:《中国西北民族地区政治稳定研究》,甘肃人民出版社,1998年版,第99-106页。

③ 但相对于同期的其他地区,西北地区由于"板块式"的社会结构和落后的经济,使得农村基层社区内部精英流动较小,农村地区的治理主要依赖民族宗教领袖和宗族的族长以及乡绅。

政府(1935.10—1948.03)建立后,经由最初的苏维埃制转变为抗日民主时期的民主共和制,从工农兵代表会议制转变为普选的民主制,边区政府对所辖范围内农村社会的治理活动,就围绕农村土地制度已经实质性地展开(参见表1-8),颁发了《土地法大纲》、《关于土地斗争中一些问题的决定》等文件和相应的政府的指示,消灭封建剥削的土地私有制,实现“耕者有其田”。如当时的延安县根据中共中央和陕甘宁边区政府的指示,领导农民开展了反封建、反地富、反恶霸的土地革命斗争。经过充分发动群众,组织贫农团或农民协会,严厉打击了反动地主恶霸。按照土改分配政策,将地主恶霸的土地、富农出租多余的土地以及地主恶霸的财产(粮食、住宅、畜禽、衣物、现金、生产资料)分配给贫农、雇农并发给土地证确定地权。为了解决土地改革以后十余年迁入农户无地的问题和农民之间出现的土地数量不均与质量差异,自1946年冬到1947年春,分别在各村又进行了一次“抽肥补瘦,填平补齐”的调整工作。1947年国民党进占延安,不法地主、恶霸对农民实行反攻,霸占农民分到的土地和财产。1948年冬至1949年春中共延安县委、县人民政府,根据中央和陕甘宁边区政府“在土地革命不彻底的地区进行复查和彻底的改革”的决定,进行了土地登记、评定产量工作,按户重新颁发了土地证,地分三等九级,确定常年产量,农民按土地等级交纳公粮(农业税),做到合理负担。①

表1-8　1941年陕甘宁边区政府重要政令文件目录辑要②

陕甘宁边区政府布告——公布商业税及货物税条例(1941.01.01)
陕甘宁边区政府训令——抽调人员学习兽医和卫生(1941.01.10)
陕甘宁边区政府规定食盐公买办法的训令(1941.01.25)
陕甘宁边区政府关于庆阳教堂与大地主不缴纳公粮事的指令(1941.01.26)
陕甘宁边区森林保护条例(1941.01.29)
陕甘宁边区政府建设救国公债发行细则(1941.04.01)
陕甘宁边区政府关于发给荒田土地证的训令(1941.04.30)
陕甘宁边区政府为改选各级参议会第二次指示信(1941.05.22)
陕甘宁边区政府公布《陕甘宁边区养老院组织规程》的令(1941.06.23)

这一时期,人民完全享有居住和迁徙等自由权利,中国共产党还通过行政措

① 延安市志编纂委员会编:《延安市志》,陕西人民出版社,1994年版,第180-185页。

② 根据陕西省档案馆、陕西省社会科学院合编:《陕甘宁边区政府文件选编》(第三辑)整理,档案出版社,1987年版。

施动员各地人民到边区垦荒务农。如《陕甘宁边区保障人权财权条例》规定："边区一切抗日人民，不分民族、阶级、党派、性别、职业与宗教，都有言论、出版、集会、结社、居住、迁徙及思想、信仰之自由，并享有平等之民主权利。"

这一时期，西北农村地区的社会治理，从结构和制度上看，在党的领导下以边区政府的政策法令为主导，在一定程度上呈现出双向互动，广大贫苦农民参与到了对农村基层社会的治理中。"正是借助马锡五审判方式所推动的调解运动以及其他的权力技术，共产党有效地将自己的路线方针和政策贯彻到乡村社会中，完成了国家政权建设，为国家对社会的全面治理打通了渠道"。① 同时，党领导的政权系统在其统治区建立起来的政治秩序和社会事业，与同时期国民党统治区形成了鲜明的对比，使辖区民众得到了近百年来从未有过的安全感，中国共产党由此获得了独一无二的政治合法性和政治优势。

2. 人民公社化运动下西北农村地区的人民公社治理制度

1949年建国后，随着西北地区的相继解放，在继续完成新民主主义革命遗留任务的过程中，西北农村地区先后普遍展开了以减租减息、减租反霸、土地改革为主要内容的农村生产关系重构和建设活动。1950年，《中华人民共和国土地改革法》公布施行，明确规定废除地主阶级封建剥削土地所有制，实行农民的土地所有制。《土地改革法》还对土地的没收、征收、分配、特殊土地问题的处理等进行了规范。一般来说，土改工作分这样几个步骤进行，即：(1)宣传党中央和政府的政策，发动群众；(2)健全壮大农民协会，组织斗争地主；(3)"核实地亩"，张榜公布土地分配方案；(4)以乡为单位分配土地和斗争果实，组织发展生产；(5)进行土改复查纠错，发放土地证。在土改中，除贯彻执行党的"依靠贫雇农、团结中农、中立富农，有步骤地消灭封建剥削制度，发展农业生产"的路线外，还认真实行了在多民族地区进行土改的特殊政策，主要是：保护富农经济，除对半地主式富农应征收其出租土地外，对于一般富农的出租土地不予征收；所有清真寺、宗教学校、"麻扎"②在农村的土地、房屋及其他财产一律保留；对新疆参加"三区革命"的地主，规定了照顾和保护过关的政策；保护畜牧业，对半农半牧

① 强世功：《权力的组织网络与法律的治理化——马锡五审判方式与中国法律的新传统》，引自强世功编：《调解、法制与现代性：中国调解制度研究》，中国法制出版社，2001年版，第256－257页。

② 中国新疆伊斯兰教圣裔或知名贤者的坟墓。为阿拉伯语音译，原意为晋谒之处或陵墓。一般墓室四周竖有许多长木杆，用作挂布条、马尾、羊皮、羊角、牛尾等物。麻扎多为庭院式建筑，有圆拱形顶部的高大墓室，以及礼拜殿、塔楼和习经堂等附属建筑，并拥有大量土地、房屋、商铺等产业。管理人称谢赫，另有伊玛目、穆艾津主持宗教活动，经文教师负责宗教教育。有名的麻扎有喀什的阿帕克和加麻扎（汉文史料称香妃墓）、阿图什的沙图克·波格拉汗麻扎、英吉沙的乌尔德麻扎、吐鲁番的阿尔发达麻扎、霍城的秃黑鲁帖木儿汗麻扎等。主要分布在天山东南部，沿塔里木盆地南缘和帕米尔塔什库尔干一带。详见《中国大百科全书》词条。

区和纯牧区，不宣传土改，不进行土改，对于农业区地主兼营畜牧业者，只没收其用于农业生产的耕畜，对其兼营的畜牧业，一律确定不动。①

在土改的过程中进行了“三查”工作，即“查土地、查户口、查收入”，以废除国民党时期的土地制度和保甲制度。土地改革运动不仅清查了土地，也清查了当地的人口，划分了阶级成分，打击了地主恶霸，稳定了西北农村的社会秩序，使广大农民获得了以土地（包括草场、林地等）为核心的生产资料，成为农村的主人。

经过土改，在广袤的西北农村地区实现了农民土地所有制（“耕者有其田”），逐步确立了贫雇农的政治优势，巩固了农村基层政权。随着土改运动的先后结束，农村工作重点转入农业合作化。通过互助组（有季节性互助组和常年性互助组）、②初级农业合作社、高级农业合作社等形式，变个体农民土地所有制为社会主义集体所有制，完成对农业的社会主义改造，引导农牧民走上社会主义道路，以图改善农牧民的社会经济地位。在这一变革的过程中，畜牧业生产关系变革和社会主义改造不同于一般农业。西北地区农村的广大牧区主要在1949年到1956年期间，根据中央“保护与发展畜牧业”的方针，执行“不斗、不分、不划阶级，保护与发展包括牧主经济在内的畜牧业生产”和“牧工牧主两利”的政策，调整落后的生产关系，完成了畜牧业的民主改革。在此基础上，开始对畜牧业进行社会主义改造。畜牧业社会主义改造分个体经济（劳动牧民或牧工）改造和牧主经济改造两部分。个体经济改造普遍采取合作化的形式进行，将生产资料个人所有制转变为集体所有制，实行牲畜股入社、劳动力与畜股按比例分红的政策；牧主经济改造一般采用国家资本主义形式进行，组织公私合营牧场，实行牧主牲畜折股入场、一定时期享受定息的购买政策，将生产资料牧主私有制逐步改造为全民所有制。这里必须注意的是，从社会形态来看，西北农村地区（特别是少数民族地区）完成了面向社会主义的复杂多样的、大幅度的跨越式发展。③

1953年中共中央关于农业互助合作的决议正式公布后，1955年冬至1956年春，全国各地自上而下开始在农业合作化问题上批判“右倾保守”思想，西北

① 参见姚克文主编：《塔城市志》，新疆人民出版社，1995年版，第111－113页。

② 这一时期互助组的制度多为原则式的、粗线条的规定，并带有很强的道德或道义色彩，典型的如新疆塔城托了别尔干互助组管理制度：“1.本组是自愿结合，如因吃亏太大，由全组民主研究，达到公平合理、互助互利，但有自愿退出者可自由退出。2.有关本组的事，由全组召集会议研究确定后去做，少数服从多数，组员应服从组长领导，组长不要包办。3.模范地遵守政府政策法令。4.照顾军、烈属的生活。”（摘自《塔城市志》）

③ 有关西北少数民族地区社会形态跨越式发展的详情，可参见杨森主编：《西北少数民族地区社会形态跨越实践》，兰州大学出版社，2000年版。

地区以县为主的基层政权体系采取大搞群众运动和实行并、转、升级等方法，大办高级社，在非常短的时间内全县或全地区就建成了农业生产高级合作社（或高级农业社），西北各地农村入社农户占总农户的比例普遍高达95%以上。至此，在全国范围计划以3个5年计划即15年（加上3年恢复时期是18年）到1967年完成的农业合作化，实际上只用了3年多的时间，就走完了这个路程。

1957年9月，党的八大提出的"稳妥平衡"的建设方针被否定，毛泽东批判了1956年的反冒进，亲自审定发表了题为《发动全民、讨论40条纲要、掀起农业生产的新高潮》的《人民日报》社论，提出了"大跃进"的口号。1958年8月初毛泽东视察河南省新乡县七里营人民公社后，到山东农村视察时指出："还是办人民公社好，它的好处是，可以把工、农、商、学、兵合在一起，便于领导。"1958年8月，中共中央作出《关于在农村建立人民公社的决议》，此后，西北地区开始实行小社并大社，大办"一大二公"、"一平二调"、"社政合一"为基本特征的人民公社。其中，新疆和宁夏在1958年国庆节前已经基本实现农业、农村和农民的人民公社化。"文化大革命"期间，掀起"农业学大寨"运动，批判"三自一包"、"工分挂帅"，学习大寨记"大概工"，将社员自留地、自留畜作为资本主义进行批判，并有少数队一度搞并队升级。西北农村地区的人民公社也举办了一些社队企业，其中有一部分是从农村中原有的手工业和家庭副业转变而来，这些社队企业（俗称"副业队"）的生产活动完全从属于农业社或人民公社的农业生产，并以农业社或人民公社为单位进行统一核算，因此又叫"集体副业"。"社队企业"的运行机制和人民公社出于一辙，相当一部分创办时间不长就停产了，剩余的少数农村企业主要从事农机的修造和粮油的初加工业务，其职工的身份仍然是农民，职工的工作仍然以生产队所记的工分进行计量考核。

和农业生产合作社相比，人民公社在管理体制、所有制形式、分配制度、劳动组织、人口规模、生活方式等方面有很大不同：(1)在管理体制上，过去是乡（基层政权）社（农业经济组织）分立，人民公社则是政社合一。(2)在所有制方面，人民公社不仅把各农业社的财产合到一起，而且将社员经营的自留地和个人财产如林木、牲畜等收归公有，由此消除了生产资料私有制的残余；同时，人民公社还管理经营着粮食、商业、财政、银行等部门在农村的基层机构，因此公社的集体经济中又具有若干全民所有制的因素。(3)在分配制度上，人民公社改变了农业社多劳多得的按劳分配制度，实行以供给制为主加以工资制的分配制度。(4)在劳动组织制度上表现为军事化。(5)在生活方式上，将以家庭为基本单位的生活方式变为以生产队为单位的集体生活方式。

在这个农村体制变革的进程中，一个明显的趋势是国家对西北地区农村社会的组织能力和计划能力越来越强，而这种能力在很大程度上是通过农村户口制度(或户籍制度)而形成的。

新中国建国初,在一些大城市和新解放的地区,存在相当数量的敌特势力,不断进行反对人民政府的破坏活动。当时的军管会所属的民政部门接管了原来的户政事务,为加强对城市人口的管理和清查肃清隐藏的敌特分子,民政部门一方面动员城市的失业人员回原籍农村参加生产,一方面登记并清理城市户口。1950 年 6 月,政务院和最高人民法院发出《关于镇压反革命活动的指示》,为对反革命分子进行控制,8 月公安部制定了《关于特种人口管理的暂行办法》并颁布实施。为配合镇压反革命,当时户籍管理部门放手发动群众,广泛开展调查研究,清理户口。11 月,第一次全国治安行政工作会议召开,决定先在城市开展户籍管理工作,农村户口工作可从集镇试办然后逐步推广。1951 年 7 月,经政务院批准公安部颁布实施《城市户口管理暂行条例》,标志着在城市建立户口管理制度的开端,这为全国性户籍制度的建立打下了基础。为了作好第一届全国人民代表大会和地方人民代表人会选举的准备工作,1953 年 4 月,政务院发布了《为准备普选进行全国人口调查登记的指示》,指出在选民登记的同时进行全国人口调查登记工作,以利于选举工作的进行,并为国家的经济、文化建设提供准确的人口数字。同时,还制定了《全国人口调查登记办法》。这次人口普查不仅为人民代表的选举作好了准备,而且也在西北农村建立了简易的户口登记制度。

1954 年《中华人民共和国宪法》规定中国公民有居住和迁徙的自由。12 月,内务部、公安部、国家统计局联合发出通知,要求普遍建立农村户口登记制度,以加强人口的统计工作。并规定农村户口登记由内务部主管,城镇、水上、工矿区、边防要塞区等户口登记由公安部主管,人口统计资料的汇总业务由国家统计局负责。至此,分块管理的户籍制度格局形成,同时表明维护社会治安是城市户籍制度的中心,掌握人口数量则是农村户籍制度的重点。1955 年 6 月,国务院发出了《建立经常户口登记制度的指示》,着重解决农村户口的登记管理问题,规定全国户口登记行政由内务部和县级以上人民委员会的民政部门主管。办理户口登记的机关在城市、集镇是公安派出所;在乡和未设公安派出所的集镇是乡镇人民委员会。原有公安派出所办理户口登记的地方,仍按 1951 年公安部制定的《城市户口管理暂行条例》办理。1956 年 1 月,国务院发出《关于农村户口登记、统计工作和国籍工作移归公安部门接办的通知》,规定全国城乡的户籍登记和户籍管理工作以及组织管理机构统一到公安部门中。

1953 年,"一五"计划开始实施,城镇人口在短期内剧增,使城镇的粮食、住房、交通、就医、就学、就业等问题日益严重。为此,政务院在 1953 年 4 月发布《关于劝止农民盲目流人城市的指示》,指出对于要求进城的农民,除有工矿企业或建筑公司正式文件证明其为预约工或合同工者之外,均不得开具介绍证件。

对已经进城的农民,除确实需要的之外,要劝其还乡。1955 年 3 月,内务部和公安部发出《关于办理户口迁移的注意事项的联合通知》,要求各地政府劝阻人们,不要盲目迁移进入城市。对在城市找到工作、考入学校和老年父母投靠子女生活、未成年子女投靠父母生活及夫妻团聚的等等,允许登记落户,除此之外不得在城市落户。

1956 年,因经济建设中的急躁冒进,流向城市的农村人口有增无减,国务院先后发出《关于防止农村人口盲目外流的指示》(1956 年 12 月)、《关于防止农村人口盲目外流的补充指示》(1957 年 3 月)和《关于制止农村人口盲目外流的指示》(1957 年 12 月),要求各地对盲目外出的农民进行劝阻,并指出目前党和政府正在动员城市中大批干部和中小学毕业生上山下乡,投入农业生产,更不允许农村人口盲目流入城市。在农村,对企图外流的要加以劝阻;在铁路沿线和交通要道,加强对农村人口盲目外流的劝阻工作;在城市和工矿区,对盲目流入的农村人口,必须动员其返回原籍;公安机关应依照城市户口管理规则,进行严格的户口管理;各企业、事业部门和机关、部队、团体、学校等一切用人单位,一律不得擅自招用工人或临时职工。为了规范临时工的招收,1957 年 12 月,国务院又发布了《关于各单位从农村中招用临时工的暂行规定》(以下称《草案》)。① 1958 年 1 月,一届全国人大常委会第九十一次会议审议并通过了中国第一个全国性户籍管理法规,即《中华人民共和国户口登记条例草案》。4 月,公安部根据《草案》制定下发了《关于执行户口登记条例的初步意见》(以下称《户口登记条例》),要求各地公安部门认真执行,这标志着中国户籍登记管理法律化、制度化的开始。

1958 年,西北地区以"大炼钢铁"和"人民公社化"为中心内容的"大跃进"运动逐步展开。这冲击了刚刚颁布实行的《户口登记条例》。在西北农村推行合作化而政社合一后,农民以合作社集体立户,这样西北农村的户口登记机关就转归人民公社,并且在具体实践的过程中将农村人民公社的人事登记、劳动力调配掌握、劳动力等级划分等事项和户口簿册合并起来。在"大跃进"中,由于大办工业特别是大力发展重工业,致使大量农村人口以合同工、临时工、投靠亲属等方式流入城市,造成城镇职工和城镇人口急剧增加,政府被迫采取措施缩减城市职工。1958 年 9 月,中央精简干部和安排劳动力五人小组发出了《关于精简职工和减少城镇人口工作中几个问题的通知》,指出对农村县镇迁往大中城市

① 《关于各单位从农村中招用临时工的暂行规定》要求企业、事业、机关、部队、团体、学校等单位需用临时工时,应首先从本单位多余人员中调剂解决;调剂不够的时候,应报请当地人民委员会,由地方劳动部门从当地其他单位的多余人员中调剂;当地调剂不够时,才可以由劳动部门布置招用。在招用临时工时,必须尽量在当地城市中招用;不足时,才可以从农村中招用。

的人口要严加控制。1959年1月，中共中央发出了《关于立即停止招收新职工和固定临时工的通知》，2月、3月，中共中央又发出《关于制止农村劳动力流动的指示》和《关于制止农村劳动力盲目外流的紧急通知》，指出各企业、事业、机关一律不得招收流入城市的农民，已使用的要予以清退。在城市和工矿区，必须严格执行粮食计划供应和户口管理制度，没有户口迁移证不准申报户口，没有户口则不供给粮食。在农村，要加强对农民的教育和管理；人民公社不允许给外流人员开发证明信件或转移粮食和户口关系。为了支持国家精减城镇人口的政策，还有些干部和部分地区的城镇青年自愿到农村落户。如上海市1963年到1965年，有9万多人迁往新疆支援边疆建设。①

在精减城镇人口之后，国家对户籍制度进行了大量补充，进一步加强了对生活必需品、日用消费品、教育就业机会等资源的控制，并从1950年代中期开始将这些资源的分配和户籍挂钩，实行城镇的粮油等消费品的凭证凭票供应及待业登记调配。以正式登记的居民户口为依据，可获得各种票证、教育就业机会等，从而使户口成为人们在城镇生活的必要条件。为更有效地阻止农民进城，国家还开始从城市企事业单位机关的招工入手进行控制。在进入城市的正常渠道受阻后，非法进入城市的人口，因没有城市户口而生活无法正常进行。这样，户籍制度通过和资源控制、权益分配相结合，阻止了农民的任意迁徙。

为防止城市人口的再度膨胀，国务院在1964年8月批转了公安部《关于处理户口迁移的规定（草案）》（以下称《规定》），《规定》要求下列的户口迁移一律不予限制：（1）从城市、集镇迁往农村的；（2）从城市迁往集镇的；（3）从大城市迁往小城市的；（4）从北京、上海两地迁往其他城市的；（5）同等城市之间、集镇之间、农村之间相互迁移的；（6）从内地人口稠密地区迁往边远人口稀少地区的。《规定》还指出，从农村迁往城市、集镇，从集镇迁往城市的，要严加限制；从小城市迁往大城市，从其他城市迁往北京、上海两市的，要适当限制；对正当的人口迁移，不能限制。该《规定》的提出进一步使城乡相互隔离起来。在“文化大革命”的十年中，新中国成立以来所形成的各种制度、法律、政策以及正常的国家机构遭到了巨大破坏，户籍制度也不例外，户籍管理组织普遍陷于瘫痪、半瘫痪状态。在西北地区实际的社会生活中，一方面，大量的农村人口通过各种途径进入城市；另一方面，又有大批城市人口，如知识分子、青年学生、城市居民基于各种原因被下放、遣送或“自愿”到农村。特别是1975年修改后的《中华人民共和国宪法》，取消了关于公民居住自由和迁移自由的条款。

在这一历史时期，从总的发展趋势来看，高度集中的计划经济模式不断强化

① 杨云彦：《中国人口迁移与发展的长期战略》，武汉出版社，1994年版，第111页。

并达到了极端,国家和政府参照"苏联模式"所构建的"城市工业、乡村农业"二元体系得以形成,户籍制度通过生活必需品供应制度、住房制度、医疗制度、养老制度、劳动保护制度、教育制度、[①]就业制度、兵役制度、[②]婚姻家庭制度[③]等等实现了"权益化"。[④] 以农村户口制度为表征的城乡隔离、工农分化、内部平均为基本特征的资源使用和利益分配格局逐步成型。所建立的农村户籍制度,不仅将西北地区农村人口紧紧限制在土地上,广大农牧民在农村之外很难安身立命;而且农村社队也演化为类似城市中各种单位的一种"准单位组织",农民个人只有从属于一定的"社队单位"才具有相关的一系列社会活动资格,从而获得"社员"、"村民"资格的重要性就远大于"农民"、"国民"资格的重要性。这样,通过"社队单位"组织起来的西北农牧民都进入到政府集中计划管理的序列中,以便统一调配和控制各种农村资源。此外,根据中央要求的"组织军事化、行动战斗化、生活集体化"的要求,在西北农村地区,从 20 世纪 50 年代到 70 年代还推行过军事化建制,极端的表现是"取消家庭"、"食堂化"、新建住宅不设厨房,甚至夫妻也要分开住在男女宿舍等。

同时,在西北地区,值得一提的是国家主导建立的农垦场(团),其所属职工亦工、亦农、亦兵,在维护西北边疆长治久安,发展现代化、合作化、规模化的农业,促进西北少数民族地区农村稳定方面,起到了独特的作用,作出了卓越的贡献,如 1950 年 12 月建立的宁夏灵武农场,1964 年建立的新疆塔城农场等等。

这一阶段,从治理结构来看,中国共产党通过政党组织和国家政权建设,通过生产队、大队、人民公社将政权的力量延伸到西北乡村乃至每一个家庭,打倒了所有旧权威,如神权、政权、族权、绅权、教权,赶走了军阀和帝国主义。在雷厉风行的国家力量面前,打破了西北农村传统的社会组织结构方式,建立了新型的上层建筑,改变了西北农民之间的联系模式,整合了西北农村社会中政治上、经济上、文化上和道德上等各方面的权力资源,从而深刻而剧烈地改变了西北农村的生产关系和农民的基本观念,获得了很高程度的政治一体化,国家、社会、政党、民众之间几乎达到了同一,成功地保证了农村社会的稳定。从治理制度来

---

① 具有城市户口才能进入城市的中小学学习,而农村的中小学教育基本上都是农民自己集资建设的(西北农村地区主要是村学、民办教师),用农民自己的话说就是"自己的娃自己爱、自己的学校自己盖"。另外,国家在城市投资建立起来的各种职业技术学校也不对农村招生。

② 国家对退伍的城市户籍的义务兵优先照顾,入伍之前是农村户口的,除非入伍后提干,否则只能回原籍做农民。

③ 比如子女的户口跟随母亲这一制度。如果男方是农民,户口不可能迁到城市;如果女方是农民,则子女要在农村中报农业户口。西北地区也存在城乡居民的通婚,但不普遍。城乡居民如相互通婚,很多这样的家庭不得不忍受夫妻分居、父子分离的痛苦。

④ 马福云:《当代中国户籍制度变迁研究》(博士论文),2000 年 12 月,第 65 – 68 页。

看，以党的政策、决议、指导意见为主。

这一时期，从价值观念来看，一方面中国共产党在西北农村基层社会成为一个绝对权威，没有任何力量可以对之形成挑战；在人民公社体制下，与“超凡魅力”的政治领袖的“卡里斯马型权威”相结合，国家的主导意识形态渗透到人们生产和生活的各个方面和层次，创造并影响着政治共同体——特别是基层（农村）社会的精神生命，激发着西北民众建设社会主义和共产主义的政治热忱，西北地区民族宗教、语言文化、自然地理的种种隔离和差异暂时被强有力的群众运动和意识形态所抚平，其典型表现就是“忠字舞”不分民族、“赶英超美”和“跑步进入共产主义”不分民族。由此，人民公社也就获得了应有的“政治合法性”。另一方面，西北农村生产关系的巨大改变，大大超越了当时的生产力水平、干部管理水平和西北民众的觉悟程度，尽管党中央、国务院在此过程中有过一些改正错误的努力，但均被淹没在群众运动的浪潮里，“左”的观念（如“取消资本主义残余”、“破除工资制”、“人多是好事”、“党的政策可以替代法律”等）在西北农村社会生活中有很大的存在空间，同时，“浮夸”、“共产”、“大跃进”等观念意识和宣传口号不仅造成思想混乱，还降低了社会主义和共产主义在人们心目中的声誉和地位，破坏了党的实事求是的作风。

人民公社对西北地区基层农村社会的治理是通过以人民公社化运动为代表的一系列政治运动的推动来进行的。在这种治理模式下，国家权力扩张到基层社会的各个方面，大到国家当时的政治目标，小到人们的衣食住行、吃喝用度、言谈举止都处在国家权力的计划和控制中。这样就出现了两个非常鲜明而又极其矛盾的结果：一方面是基层农村社会有机体的自我成长和自我发育非常缓慢，另一方面是西北农村社会形态和社会制度结构的急速（甚至跨越）发展。两者之间必然会产生巨大的社会张力，在当时的治理结构中，这种张力通过领袖或执政集团的超凡魅力及其权威得以协调和维持。然而，超凡魅力型统治所产生的巨大政治冲击力和黏合力必然会被其不稳定的稀缺本性所抵消。所以，当“超凡魅力”型权威及其统治在政治体系中处于不稳定或发生供给稀缺时，依赖“政治运动”人为推进的一系列弊端和被强有力的意识形态所抚平的种种隔离和差异就浮出水面，特别是在天灾（自然灾害）人祸（如浮夸虚报和贪污腐败）面前，人们的基本生存成为一个非常严重的问题时，这样的社会治理机制就会发生严重的动摇。甚至有人会将所有的不合理和不满全归于这种治理模式，似乎人民公社及其治理就是万恶之源。此时，在境内外民族宗教分裂势力的作用下，西北地区有可能会发生局部的动乱。

实际上，人民公社的治理方式对西北农村社会并不是有百害而无一利，它确实使西北地区多样化的农村社会和农牧民得到了一定程度的实惠，如在西北农村修建了相当数量的水利工程和梯田,为西北农村地区的基础设施建设和公共事业奠定了一个较为坚实的发展平台;医疗条件从无到有,教育初步普及(尽管西北农村以大量的民办教育为主,但其作用是巨大的)。虽然现代经济学家一再论证计划经济时期城市工业化从农村汲取了几千亿元的财富,而事实上,与新中国成立前相比,西北农民和西北农村社会得到的实惠以及对这些实惠的主观评判及其产生的政治意义是无法用金钱来衡量的。尤其是西北民众得到了近百年来从未有过的安定的生活环境。

这时,从现代治理的角度来看,西北农村地区的主要问题是,农牧民生活的实质性公共空间十分狭窄,除了政府之外的公共组织和公共权威数量稀少,人们实际普遍拥有的观念十分复杂,并不是整齐划一的"一大二公"和"一颗红心,两手准备"。不难看出,人民公社治理机制最缺乏的是与之对应的应有的社会价值观念系统的支持,这种价值观念系统不可能通过人为的输入或提升就可以建立,它只能通过社会有机体的自我发展而获得。因此,单纯依靠变革生产关系去推动生产力进而推动整个社会发展的做法存在很大的问题,这种做法忽略了社会发展应有的和必然的自然历史过程。这再次说明,任何制度/结构都要建立在一定的价值观念体系之上才能正当、有效而持久地运行。

出于破解上述社会治理困境和社会发展的需要,从1970年代末开始,国家开始对人民公社的管理方式进行改革,它意味着打破原有的稳定秩序,并建立与之相适应的管理方式。改革开放以后,西北农村社会治理的转变主要从两个层面展开:一是取消人民公社体制,建立乡(镇、盟)政府;二是在农村取消生产队体制,推行村民自治。

3. 改革开放过程中西北农村地区的乡镇政权治理制度

1978年,安徽凤阳小岗村出现了18户农民私签"生死状"并偷偷搞家庭承包的事例,对此,中国共产党实事求是、顺应民意,通过国家政权体系认同了农民的这一自发改革,启动了全国范围内自上而下的农村体制变革。十一届三中全会后,西北地区农村治理制度开始了新的历史性转折。自1979年以来,党和政府在西北农村逐步推行各种类型的农业生产责任制,激发了社员的劳动热情。根据十一届三中全会的精神,中共中央制定了《关于加快农业发展若干问题的决定(草案)》和《农村人民公社工作条例(试行草案)》下发给各地农村社队讨论试行,广大西北农牧民对文件中"尊重生产队自主权、贯彻按劳分配、缩小工农业产品剪刀差"等政策反应强烈、热烈拥护。各地在试行的过程中提出了一些修改意见,中共中央对上述两个文件作了必要的修改后在十一届四中全会正式通过。随后,中央陆续出台了一些有关农业的方针、政策,放宽搞活农村经济,极大地调动了西北广大农牧民的积极性。1980年9月,中共中央发出《关于进一步加强和完善农业生产经营责任制的几个问题》的决定，把农村过度集中统一经营的方式改为集体统一经营与农户分散经营相结合，冲破了“三级所有、队为基础”的人民公社制度。1984 年 1 月 1 日，《中共中央关于一九八四年农村工作的通知》下发，提出延长土地承包期，一般应在 15 年以上。西北地区各级政府按照中央和省委、省政府的部署，逐步发展和完善以家庭经营为基础的联产承包责任制。在一般的农业区，普遍实行家庭联产承包责任制，生产资料归个人所有，土地分级均田到户，承包由 3 年延长到 15 年不变；在牧区，一般经过“牧业包群到户”、“牧业包干到户”、“牧业包畜到户”等形式，最后普遍实行草场、牲畜到户的双承包责任制，牲畜折价归户、私有私养、草随畜走、草场分级承包到户；承包户一般还要做到统一转场、统一机械剪毛、统一草场改良、统一牲畜防病治病、统一牲畜改良，畜产品及活畜上缴任务通过合同落实到承包户，承包户的一切生产费用自理，按承包牲畜价值或数量上缴提留、税收后，一切收入均归个人所有。在农垦团(场)以实行户或联户为单位的家庭联产承包制取代班排为单位的经营模式，在分配上实行大包干，打破等级工资和“铁饭碗”；地方国营牧场一般把国家牲畜按群承包给职工分户经营，承包的牲畜实行保本、保质、提留包干、费用自理的办法，形成了定劳力、定畜群、定草场、定费用、定指标、超产受奖、减产受罚、全奖全赔的定、包、奖牧业生产承包责任制。1983 年甘肃省涌现出由农户自愿联合起来的新经济联合体 5 356 个。[①] 1984 年底，新疆农村 95% 以上的农户选择了家庭联产承包责任制。[②]

以联产承包责任制为主要内容的第一步农村制度改革，极大地解放了西北农村地区的生产力，中共中央和国务院在肯定第一步改革的同时，基于当时农村中存在的政策制度不配套等问题，在总结经验的基础上，中共中央和国务院决定，在农村进行以改革统购、派购制度，调整产业结构为中心的第二步改革，西北地区众多的农牧民由此获得了土地的使用权和更加自由的生产自主权。到 1985 年左右，西北农村产业结构开始发生明显的变化——非农产业的比重逐步上升。在此过程中，还促进了乡镇企业的进一步发展。

实际上，党的十一届三中全会也明确提出“社队企业要有一个大发展”。1979 年为促使社队企业健康发展，中央颁布了《关于发展社队企业若干问题的规定》(简称“十八条”)，得到西北各族民众和社员的广泛拥护，先前的社队企业在西北农村地区迅速发展起来。随着农村家庭联产承包责任制的广泛推行和多种经营的发展，西北各地涌现出一大批养殖、种植、农副产品加工、饮食服务、手

① 《甘肃省志·农业志》(上)，甘肃文化出版社，1995 年版，第 167 页。

② 富文主编：《当代中国的新疆》，当代中国出版社，1991 年版，第 185－187、266－268 页。

工业、运输、建筑等专业户、重点户和农民自发联办的经济联合体。如甘肃省兰州市在1980年就有100多户养牛和养鸡专业户。① 面对上述新情况,中共中央、国务院采取相应的政策措施,因势利导。在《中共中央关于一九八四年农村工作的通知》中着重指出:"家庭小工业,供销合作社办工业,国营和社队联办工业,各具有不可取代的经济作用和意义,应该总结经验,努力办好。"从此,农民办企业的范围不再局限于公社和生产大队两级,包括农民兴办家庭小工业企业在内的各种农民办企业都受到鼓励和支持。1984年3月,中共中央、国务院以中发[1984]4号文件转发了农牧渔业部《关于开创社队企业新局面的报告》,同意报告提出的将社队企业的名称改为乡镇企业的建议,并规定乡镇企业包括社(乡、镇)队(村)举办的企业、部分社员联营的合作企业、其他形式的合作工业和个体企业。此后,国务院又颁发了《中华人民共和国乡村集体所有制企业条例》,正式确立了乡镇企业在国民经济中的重要法律地位。紧接着,西北地区各省委、省政府先后出台了一系列改革开放的政策措施,推动了西北地区乡镇企业的广泛发展,有乡(镇)办、村办、联办、个体办、其他合作形式办等具体形式和不同层次。如乌鲁木齐市,1985年年底各种专业户和经济联合体达9 886户,从业人员共占全市劳动力的42%。农垦团(场)职工家庭养牛1 340头,养羊3万余只,养鸡18万余只,家庭农场35个,运输专业户72个,机耕专业户25个;庭院经济平均收入223.4元。② 1985年全乌鲁木齐市乡镇企业已经发展到4 377个,比1978年的177个增长23.73倍;从业人员23009人,比1978年增长4.38倍;乡镇企业总产值12 029万元,比1978年的1 238万元增长了8.72倍。乡镇企业总产值名列新疆第一。③ 在乡镇企业发展的多项主要指标(如农业人口人均乡镇企业总产值)上,远远高出新疆乃至全国的平均值(参见表1-9)。1983年,青海省乡镇企业个数2 640个、从业人数50 473人、总收入12 269万元;1985年分别发展到31 682个、143 072人、30 879万元,企业个数增长11.98倍,从业人数增长1.83倍,总收入增长1.5倍。④

随着农村经济体制的改革,农村政社合一的体制显得很不适应。1981年6月,中国共产党十一届中央委员会第六次全体会议通过《关于建国以来若干历史问题的决议》,提出在基层政权和基层社会生活中要逐步实现人民的直接民

① 陈吉元、陈家骥、杨勋主编:《中国农村社会经济变迁(1949—1989)》,山西经济出版社,1993年版,第517页。

② 乌鲁木齐市党史地方志编纂委员会编:《乌鲁木齐市志》,新疆人民出版社,1997年版,第374页。

③ 乌鲁木齐市党史地方志编纂委员会编:《乌鲁木齐市志》,新疆人民出版社,1997年版,第376页。

④ 青海省地方志编纂委员会编:《青海省志·乡镇企业志》,青海人民出版社,1993年版,第24-25页。

表 1.9 1985 年乌鲁木齐市乡镇企业主要指标比较表

名 称	乌鲁木齐	新疆	全国平均
农业人口人均乡镇企业总产值(元)	624		324
乡镇企业为农业人员人均增加收入(元)	79.4		55.6
乡镇企业人均劳动生产率(元)	5 528		3 944
乡镇企业人均创利税总额(元)	1 164		609
乡镇企业人均创税收入(元)	280		197
乡镇企业人均占有固定资产原值(元)	1581		1 075
1980—1985 年工业总产值年均增速(%)	26.1	29.1	26
1980—1985 年总产值年均增速(%)	35.8	25.6	32.4
1980—1985 年上缴国家税金年均增速(%)	52.8	51.4	39.9
1980—1985 年利润总额年均增速(%)	19.6	20	15.2

(说明:本表根据《乌鲁木齐市志·第三卷·1997》有关数据绘制。)

主。1982 年的新《宪法》中,明确规定"乡、民族乡、镇设立人民代表大会和人民政府"。1982 年,中共中央通过的《当前农村经济政策的若干问题》中,明确指出"人民公社的体制,要从两方面进行改革",一是实行生产责任制,二是政社分设。1983 年 10 月中共中央、国务院发布《关于实行政社分开建立乡政府的通知》,进一步对开展"政社分开、建立乡政府"以及农村经济体制改革、村民基层组织、基层乡党委的建设等相关重要问题做出了政策上的规范与指导。1984 年,西北地区开展政社分开的建乡工作,撤销原公社、大队、生产队,建立了乡镇政府。至此,人民公社体制被否定,责、权、利的结合激发了西北民众的积极性,这一变动也从根本上解决了绝大多数农民的温饱问题。这是我国农村继普遍推行联产承包责任制以后,又一项具有深远意义的改革。

农村人民公社政社分开、建立乡政府的工作结束后,短时期内,与此相关的一系列配套改革措施没有到位,农村基层政权建设中还存在不少问题,主要是党、政、企之间的关系还没有完全理顺,有些地方党政不分、政企不分的现象依然存在,少数地方乡政府还没有完全起到一级政权的作用。为了进一步巩固和发展已取得的改革成果,真正把农村基层政权建设成密切联系群众、全心全意为人民服务,能够有效地领导和管理本行政区域的政治、经济、文化和各项事务的有活力、有权威、高效能的一级政权,中共中央、国务院于 1986 年 9 月特地联合下发《关于加强农村基层政权建设工作的通知》,就党政分工、党政关系、政企分开、简政放权、完善乡政府的职能、村(居)民委员会的建设等关键问题进行了指导规范。

这一时期,西北地区农村的经济生活可以简单归纳为放权让利、开放搞活、自主盈亏。农牧民对土地、草场等基本生产资料虽不拥有所有权,但使用和经营的自主性越来越高。从农村户口制度来看,出于稳定社会秩序的需要,对原有的户籍管理制度并没有进行彻底改革,而是在延续一些原有制度的基础上进行了一些初步的调整纠错,开始有条件的放宽进入城镇的户口。1978 年,党的十一届三中全会后,为了解决落实政策人员、返城知青和精简干部、职工的回城落户问题,国家有关部门调整了相关的户籍政策,在政策上对若干特殊的"农转非"问题开了"口子"。随着乡镇企业的兴起,越来越多的从事非农业经营的农民转向集镇务工经商。1984 年 1 月,中共中央《关于 1984 年农村工作的通知》决定在各省、自治区、直辖市选若干集镇进行试点,允许务工、经商、办服务业的农民自理口粮到集镇落户。20 世纪 80 年代中期,农民外出流动逐步扩大,大量农村人口跨地区外流进入大中城市。为了加强对流出人口的管理,维护社会秩序,公安部在 1985 年 7 月颁布实施了《关于城镇暂住人口管理的暂行规定》,逐步形成了暂住人口的管理制度。

1983 年 5 月,公安部向中央提交的《关于加强和改革公安工作的若干问题》报告中正式提出"提请国家立法,实行公民证制度"。在党中央、国务院决定实施居民身份证制度以后,公安部制定了《中华人民共和国居民身份证试行条例》,1985 年 9 月 6 日六届人大十二次常委会议通过了《中华人民共和国居民身份证条例》,并于当日起在全国颁布施行,居民身份证制度由此确立。居民身份证制度即一种以个人为单位、由国家统一主权为后盾的具有法律效力的身份证明制度,体现了平等的公民权,适应了农村人口社会化流动和动态管理的需要。

这时,从政治结构来看,我国各级政权的设置还是从上到下对口设置,"上面千条线,下面一根针",最后都要在基层乡镇政权这一级里得到体现和落实。所以,西北地区乡镇政府与上级各层级政府之间的关系以及由此形成的权力结构并没有发生根本的变化。

4. 村民自治下西北农村地区治理方式的转变

人民公社体制的瓦解,使农村原来的生产队管理体制走到尽头,农村开始寻求新的管理体制。1980 年 2 月,广西壮族自治区宜山县(现为宜州市)屏南乡的果作村(现为合寨村),由村民自发选举成立了全国第一个村民委员会,标志着村民自治的开始。1982 年,第五届全国人大第五次会议通过的新宪法正式确认了村民委员会的法律地位,并明确了村民自治的基本方向。1986 年,中共中央、国务院联合下发《关于加强农村基层政权建设工作的通知》,明确提出要"搞好村(居)民委员会的建设",村民委员会于是应运而生。1987 年 11 月,全国人大常委会通过《中华人民共和国村民委员会组织法(试行)》,确立了村民自治的法律地位。1988 年 2 月 26 日，民政部发出《关于贯彻执行〈中华人民共和国村民委员会组织法〉（试行）的通知》，1990 年代中后期，村民自治在全国开始推行。在 1982—1984 年期间，甘肃等西北省区在进行社政分开、建立乡政府的同时，在试点乡建立了村民委员会并进行了相应的村委会选举，这标志着村民自治制度在西北地区的建立。

村民自治制度在西北地区建立后，发展出了村民代表会议制度和相应的组织机构，但普遍存在组织涣散、制度匮乏、强行政弱民主自治、干部群众政治素质较低等一系列问题。如青海省大通回族自治县新城乡古城村村委会一片混乱，村委会成员没有经过群众直接选举，以后的调整也是“上面定框子、群众画圈子”；村委会没有集体经济实力，缺乏必要的凝聚力，村民将其称为“八不管”村委。① 类似的还有甘肃酒泉市果园乡余家坝村委会，这种情形当时在全国较为普遍。针对上述问题，1987 年国家颁布了《村组法（试行）》，在民政部和中共中央的推动下，全国和西北各地区进行了贯彻落实《村组法（试行）》的试点工作，西北各省也先后颁发了《村组法（试行）》的实施办法：甘肃（1989 年 7 月）、青海（1990 年 11 月）、陕西（1990 年 12 月）、新疆维吾尔自治区（1991 年 8 月）、宁夏回族自治区（1992 年 5 月），与最早的福建（1988 年 9 月）和最迟的江西（1994 年 10 月）相比，西北地区整体上走在了前列。② 具体做法是：各级领导重视，成立专门的领导班子直接领导；印发文件、广泛宣传，深入农村动员村民进行村民自治实践的试点；结合选举建章立制；总结经验，评估验收，整改推广。

1990 年民政部下发了《关于在全国农村开展村民自治示范活动的通知》，在民政部的大力推动下，西北地区普遍展开了村民自治工作，截至 1998 年底，大多数农村普遍举行了二至三次村委会换届选举。在中央和西北地区省级政府的推动下，西北地区有些县、乡（镇）和村制定了一些准制度性③的村民自治规则，主要有村务公开制度、村民代表会议制度（1994 年，甘肃有 90% 的村委会建立了村民代表会议制度、陕西为 75.9%、新疆伊犁地区为 100%）、村规民约，而村民自治章程和村委会选举法等处于短缺状态。同时，在《村组法（试行）》颁布后的一个较长时期内，国家在政治制度/结构及权力配置上并没有发生明显的变革。然而西北农村地区在经济上却日益原子化（即规模越来越小，农民之间的互助、联

① 青海省民政厅民政处：《疑虑在选举中消失》，《乡镇论坛》，1990 年第 7 期。

② 参见中国基层政权建设研究会中国农村村民自治制度研究课题组：《中国农村村民委员会法律制度》，中国社会出版社，1996 年版，第 28－29 页。

③ 我们之所以称其为准制度性主要源于两个事实：一是这些规则得不到有效遵守和实施，稳定性低；二是某些村级组织主要作为“政绩”给“上面”看，在实际生活中起潜在作用的还是乡村不成文的“习惯法”，如血亲关系、民族认同以及宗教教义等等，只不过这些“习惯法”逐渐与国家主导力量达成了某种融合而获得了新的合法性形式。

合等越来越少,追求一种小而全的单干和不求人的经营生产状态),由于特殊的自然环境条件和资源特性的限制,这就导致西北农村地区更加分散,集体财产(如草场、林地)和公共资源(如林木、水源)遭到掠夺性使用,农村组织几乎没有可依赖的实体性集体财产而处于瘫痪和半瘫痪状态。据粗略统计,1995年西部地区"空壳村"(0元≤村集体财政收入≤5万元)比例达59.3%,"实力强村"(50万元≤村集体财政收入)为16.7%,[①]西北农村地区情况更糟。在中共中央和国务院民政部的倡导下,展开了村民自治达标示范活动,探索村委会选举机制;但多无长效机制,行政的、宗族的、宗教的干预依然存在。

这一时期,西北地区不少村级组织对下"空转",对上寻求各种"实惠"——将仅有的扶贫扶助物资非法瓜分、利用国家对西北少数民族在教育等方面的一系列优惠政策而谋取私利,可谓"空而不闲",民众对此普遍不满,村民群体性事件增多,在一些少数民族地方还引发了民族矛盾和宗教矛盾。因此,"村务公开"和"选举创新"就成为西北农村地区村民自治深化的必然民主诉求。

1997年8月5日,为进一步建立健全村务公开制度,深化农村村民自治工作,民政部下发了《关于进一步建立健全村务公开制度深化农村村民自治工作的通知》,要求各地要高度重视、注重实效,努力实现村务公开的规范化、制度化,重视调查研究、分类指导,不断总结村务公开的新经验,加强领导,不断提高村务公开工作的水平。为了贯彻落实党的十五大关于扩大基层民主,保证人民群众直接行使民主权利的精神,推进农村基层民主建设,1998年4月18日,中共中央办公厅、国务院办公厅联合下发《关于在农村普遍实行村务公开和民主管理制度的通知》,就村务公开的内容、方法、时间等重点事项进行了规范性的说明和指导。以下为该"通知"主要内容的摘要:

> 村务公开要从农民群众普遍关心的和涉及群众切身利益的实际问题入手,凡属群众关心的热点问题,以及村里的重大问题都应向村民公开。如新上的经济项目,村里的财产和财务收支,征用土地和宅基地审批,计划生育指标,提留统筹方案及其他农民负担(包括劳动积累工和义务工),集体土地和经营实体的承包,救灾救济款物的发放,村干部年度工作目标、工资奖金和功绩过失情况及其他公共事务等等。要随着形势的发展变化和村民的要求,及时调整、充实村务公开的内容,真正做到凡涉及群众切身利益的大事,都以一定形式向村民公开,接受群众的监督。
>
> 村务公开的重点是财务公开。村级财务公开的内容,主要包括财务计划及其执行情况、各项收入和支出、各项财产、债权债务、收益分配、代收代

① 农村固定观察办公室:《村级经济发展与村级财务收支特征》,《中国农村观察》,1997年第1期。

缴费用、水电费、以资代劳情况以及群众要求公开的其他财务事项。村集体经济组织要认真执行各项财务制度。

公开的内容要简洁明了，便于群众了解。公开的形式和方法可以根据实际情况因地制宜、灵活多样，如采用张榜公布，有线广播，召集村民会议或村民代表会议等方式。各村都应在本村适当的地方，建立专门的公开栏，进行张榜公布。

公开的时间要及时。需要公开的事项要尽早向村民公开，也可以采取定期公开的形式。一般一个月或两个月一次，至多不得超过三个月。有些时限较长的事项，可以每完成一个阶段，即公布一次进展情况。每一件较大事项完成之后，要及时向群众公布结果。

要善于运用村务公开这种有效形式，切实加强民主监督。村务公开的目的是：让群众参与管理和监督村里的公共事务和公益事业。每一次村务公开后，党支部和村委会要及时召开党员大会、村民会议或村民代表会议，广泛听取群众的反映和意见。对群众提出的疑问，要及时作出解释；对群众提出的要求，要及时予以答复；对大多数群众不赞成的事情，应坚决予以纠正。要真正让村民参与公共事务的管理，实行有效的民主监督，不走过场，不搞形式主义。

1998年10月，中共十五届三中全会提出要全面推进村民自治，将其确定为我国农村跨世纪发展的重要目标。1998年11月4日，九届人大常委会第五次会议正式颁布了修订后的《村委会组织法》，为全面推进村民自治提供了法律保障。12月，中共中央组织部、中共中央宣传部、民政部、司法部、国务院法制办公室联合发出关于学习宣传和贯彻执行《中华人民共和国村民委员会组织法》的通知。

在上述国家法律、政府政令、党的政策的指导和规范、要求下，西北地区各地在1998年后，相继制定了村务公开实施办法或细则，如《青海省村务公开、民主管理工作实施办法》(1998年6月18日)、《临夏州村务公开实施细则》(2008年1月8日)等。同时，还制定了西北各地村委会组织法实施办法、村委会选举办法等地方性法规，展开了西北地区的村务公开和农村选举创新工作。统计数字显示，截至1998年底实行村务公开的比率，青海为90%，陕西为93%；①同时，村务公开的广度和深度在增加，由结果公开向过程公开转变。甘肃于1998年12月、青海于1999年4月、新疆于1999年5月、陕西于1999年9月、宁夏于

① 余维良：《中国农村的村务公开制度》，选自于张明亮等主编：《2001年中国农村基层民主政治建设年鉴》，中国社会出版社，2002年版，第342页。

2000年11月分别制定了各具特色的《村民委员会选举办法》,如青海和宁夏对村委会成员的罢免条件做出了详细的规定,新疆大多数地方都采取了直接民主提名或联名推荐候选人。

在村民自治普遍推开、深入发展的同时,西北地区的农地制度在延长土地承包期(一般应在15年以上)的联产承包责任制的框架内,也悄然发生了变化。1986年6月25日,第六届全国人民代表大会常务委员会第十六次会议通过了《土地管理法》,进一步规范了土地的使用、耕地的保护问题;1988年,全国人大一次会议通过宪法修正案,规定土地使用权在法律规定范围内可以转让。1993年,中央提出土地承包期延长30年不变,在1998年修订《土地管理法》时写进了法条。

这一时期,随着我国经济体制改革先农村后城市的推进和农村社会体制的变革,从1980年代中期开始,西北地区农村剩余劳动力跨地区流动规模越来越大,到东南沿海或发达的大城市"搞副业"、"打工"已成为西北农牧民增收致富的重要渠道,在"身份证制度"下这种农村人口流动表现出高度自由化的特征,出现的典型现象则是每年春节前后的"民工潮"。为了解决这一问题,1993年11月,劳动部开展了实现"农村劳动力跨地区流动有序化"的工作,推出了"城乡协调就业计划"一期工程(1993年10月—1996年12月),力图在全国范围内建立起农村劳动力跨地区流动的基本制度。与此同时,随着粮油市场的开放,商品供应的票证制度被取消,住房制度、教育制度、医疗制度、兵役制度、婚姻制度等方面的改革,和户籍相联系的一系列户籍权益逐渐调整而呈现出弱化趋势,户籍对农民生活的影响和制约也大大降低。

特别是1997年6月,国务院批转了《公安部小城镇户籍管理制度改革试点方案和完善农村户籍管理制度意见的通知》,决定改革小城镇的户籍管理制度并有所放开。① 在此基础上,2000年7月5日,中共中央、国务院发出了《关于促进小城镇健康发展的若干意见》,其中规定改革小城镇的户籍管理制度,从2000年起,凡在县级市区、县人民政府驻地镇及县以下小城镇有合法固定住所、稳定职业或生活来源的农民,均可根据本人意愿转为城镇户口,并在子女入学、参军、就业等方面享受与城镇居民同等待遇。对在小城镇落户的农民,各地区、各部门不得收取城镇增容费或其他类似费用。对进镇落户的农民,可根据本人意愿,保

① 例如该"通知"规定对在小城镇已有合法稳定的非农职业或者已有稳定的生活来源,而且在有合法固定的住所后居住已满两年的,可以办理城镇常住户口。并明确规定上述人员的共同居住的直系家属,可以随迁办理城镇常住户口。外商、华侨和港澳同胞、台湾同胞在小城镇投资兴办实业、经批准在小城镇购买了商品房或者已有合法自建房后,如有要求,可为他们需要照顾在小城镇落户的大陆亲属办理常住户口。在小城镇范围内居住的农民,土地已被征用、需要依法安置的,也可以办理城镇常住户口。

留其承包土地的经营权,也允许依法有偿转让。这不仅是小城镇户籍的放开以及居民权益的平等化,而且是"小城镇、大战略"的展开。1998 年 7 月,国务院正式批转了《公安部关于解决当前户口管理工作中几个突出问题的意见》,要重点解决以下四个户口管理方面的问题:一是实行婴儿落户随父随母自愿的政策;二是放宽解决夫妻分居问题的户口政策;三是男性超过 60 周岁、女性超过 55 周岁,身边无子女需要到城市投靠子女的公民,可以在该城市落户;四是在城市投资、兴办实业、购买商品房的公民及随其居住的直系亲属,凡在城市有合法住所、合法稳定的职业或者生活来源,已居住一定年限并符合当地政府有关规定的,可准予在该城市落户。所有这些户口制度的变革和"城镇化"建设的实施,进一步推动了西北地区农村人口的社会流动和农牧民价值观念的转变,但也产生了新的问题,比如农村自治资源的贫乏等。

总之,在主体内生力量和国家外部主导力量[①]的结合下,西北农村社会自 1982 年以来发生了深刻而全面的变化,但在实际的调研中我们发现,村干部廉政建设、农村干群关系及村民的民主参与尤其是西北农牧民的政治文化心理和参与自治的感受、态度与评价等情况无法通过统计数字直接反映出来,通过调研走访,我们发现西北农村实际的自治情形与上述描述并不一致甚至反差很大。这进一步表明,广大西北农村地区仍然缺乏切实有效的民主自治实践,农村基层组织对国家政权的"制度离间"空间依然很大,村民自治的法制化程度低,尤其是进行"村官直选"后,西北农村社会出现的问题和矛盾并没有像人们普遍预期的那样较好地协调处理和妥善解决。

就整体实践看来,这一时期西北地区农村制度、法律及政策的供给主要以国家中央政府为核心,民主自治性弱,农牧民税费(特别是各种附加费和罚款)负担重,村级组织结构矛盾(村委会与党支部、村干部与村民、村委会与国家基层政权)未能得到有效的法制规范和协调,农村社区的公共空间(集体财产、共同利益以及公共表达和公共凝聚力)很小,农村治理资源进一步外流。

5. 税费改革与新农村建设下西北农村地区治理机制的进展

经过近 20 年的发展,西北农村体制变革的难点逐步显现,深层次的问题开始暴露。在调研中我们经常会观察到这样一些已成为常态的事实:农户家庭经营在种植业上基本处于负收入状态;农民外出打工越来越困难(诸如年龄健康之类的条件限制、工资拖欠问题等);一般农户很难从农村信用合作社等金融机

① 如《宪法》(1982)对村委会的设置、产生、职责作了规定,1983 年 10 月中共中央、国务院在《关于实行社政分开建立乡政府的通知》中对村民委员会做出了细致的规定,西北各省区也颁发了相应的《实施办法》和《通知》。

构贷到资金，高利贷出现（农村俗称私人贷款，主要面向两大事项——婚事财礼和学费）；在经济较发达的城镇周边地带，我们看到经常有大量闲置的耕地；农村的社会矛盾日益尖锐（主要集中在土地问题上），①基层政权组织的控制能力、社会整合能力以及社会动员能力却越来越弱。农村税费制度和征收办法不尽合理；农民负担重、收取税费不规范；随意向农民伸手的各种收费、集资、罚款和摊派项目多，数额大；有些地方虚报农民收入，超标准提取村提留和乡统筹费，强迫农民以资代劳；有些地方违反国家规定，按田亩或人头平摊征收农业特产税和屠宰税；农村各种名目的达标升级活动所需资金最后摊派到农民身上；一些基层干部采取非法手段强行向农民收钱收物，酿成恶性案件和群体性事件等等。这些问题，严重侵害了农民的物质利益和民主权利，消解着党和政府在农牧民心目中的合法性与权威性，影响西北农村地区的社会稳定。

另外，整个国民经济处在结构调整时期，全国范围内乡镇企业的发展速度放慢，效益下降，因此农村劳动力外出务工的难度增大；西北地区本身工业不发达，乡镇企业发展缓慢，从而吸纳本地区农村剩余劳动力的能力非常有限；这一时期拖欠农民工工资的现象也十分严重；加上农产品售价低迷，而化肥、种子、农药的价格却居高不下。以上几方面结合起来，不仅对西北地区广大农牧民的收入形成很大的不利影响，还进一步加剧了西北农村地区村民自治资源的匮乏与短缺。

为了深入系统地解决上述问题，构建新的农村体制，2000 年 6 月，中共中央、国务院下发了《中共中央、国务院关于进行农村税费改革试点工作的通知》，决定先在安徽全省进行试点，标志着农村税费改革②的正式启动。2001 年，在总结安徽等地试点经验的基础上，为进一步做好农村税费改革试点工作，国务院下发了《国务院关于进一步做好农村税费改革试点工作的通知》，要求进一步完善农村税费改革的有关政策，认真做好农村税费改革试点的各项配套工作。2003 年 3 月 27 日，国务院发布了《关于全面推进农村税费改革试点的意见》，农村税费改革工作试点在全国全面推进。2004 年，中央经济工作会上，胡锦涛总书记指出，我国现在总体上已到了以工促农、以城带乡的发展阶段，取消农业税具备了条件。2004 年 3 月，温家宝总理在政府工作报告中首次提出，5 年内取消农业

① 在西北地区，近年来随着社会经济的进一步发展，集中出现了农业耕地被非法侵占和倒卖的恶性事件（主要在县城周边地带和较发达的乡镇），农民的根本利益受到了损害，部分农民采取了极端的抗争方式（如甘肃榆中县失地农民的自焚等），以土地问题为中心而引发的村务问题成为农民上访的主要原由。

② 事实上，2002 年因经济发达，农业税在税收中所占比重很少，浙江宁波北仑等地，已经开始偷偷地取消农业税。与其他地方相比，浙江的农业税取消的直接原动力并非来自民间，而是那些积极推动的学者和各级政府官员，尤其是财税系统官员。因为未用免除农业税的说法，只说“暂缓征收”，从而“躲过”了违反政策的指责。

税，农村税费改革分两步进行。第一步主要是正税清费、治理“三乱”，取消“三提五统”，把过重的农民负担减下来。第二步农村税费改革的任务是，在规范农村税费制度的基础上，取消专门面向农民征收的各种税费，建立覆盖城乡的公共财政制度，建立精干高效的基层行政管理体制和运行机制，建立农民增收减负的长效机制，实现城乡经济社会协调发展。中央决定从 2004 年起全面取消农业特产税，推进减征、免征农业税改革试点，用 5 年时间在全国范围内全面取消农业税，同时推进综合配套改革。2004 年，国务院决定在黑龙江、吉林进行免征农业税试点。至当年 9 月，两省减免征农业税政策基本落实到位。2005 年 3 月，温家宝总理在政府工作报告中宣布，当年要在全国大范围减免农业税。不久，28 个省份全免农业税，其他 3 个省份农业税税率降到 2% 以下。2005 年 7 月，国务院又下发《关于 2005 年深化农村税费改革试点工作的通知》。2005 年 12 月 29 日，全国人大表决决定废止《农业税条例》，2006 年元旦起，全国全部免征农业税。

在推行农村税费改革的过程中，中央政府先后制定并实施了一系列配套的和后继性的制度法规与政策，不断将农村税费改革的成果引向深入，使农村社会体制的变革向综合化、整体性的方向发展，推进社会主义新农村建设。

第一，实施有关农村税费改革的一系列配套制度。为了保证农村税费改革试点工作的顺利进行，财政部制定了《农村税费改革中央对地方转移支付暂行办法》(2002 年 7 月)、《2003 年农村税费改革中央对地方转移支付办法》；为切实做好深化农村税费改革试点工作，巩固和发展改革成果，建立健全农村税费改革信访工作机制，国务院农村税费改革工作小组在 2004 年 12 月 16 日颁发了《农村税费改革信访工作管理暂行办法》，印发各地执行；为了化解乡村债务，国务院先后下发了《关于坚决制止发生新的乡村债务有关问题的通知》(2005 年)、《关于做好清理化解乡村债务工作的意见》(2006 年)。

第二，大力推行面向农村的转移支付制度。(1)为保证免征农业税后基层政权和农村义务教育正常运转，截至 2005 年，中央财政已累计安排农村税费改革和取消农业税转移支付资金 1 830 亿元。从 2006 年起财政每年将安排 1 000 亿元以上的资金用于支持农村税费改革的巩固完善，其中中央财政每年将通过转移支付补助地方财政 780 亿元。① (2)2004 年 12 月 31 日，中共中央、国务院《关于进一步加强农村工作提高农业综合生产能力若干政策的意见》指出：当前农业和农村工作的总体要求是全面落实科学发展观、坚持统筹城乡发展的方略，

① 李丽辉：《农业税走进历史——财政部部长金人庆就全面取消农业税相关问题接受采访》，摘自《人民日报》，2005 年 12 月 31 日，第二版。

对农村继续坚持“多予、少取、放活”①的方针，稳定、完善和强化各项支农政策，促进农村经济社会全面发展。主要措施有：完善并加强对农民的“三补贴”政策，进一步扩大农机具购置的资金补贴范围；改革农村义务教育经费保障机制，将农村义务教育纳入公共财政保障范围，按照明确各级责任、中央地方共担、加大财政投入的原则要求，在2006、2007两年时间内，全部免除农村义务教育阶段学生学杂费，同时逐步提高农村义务教育经费保障水平；推进扩大新型农村合作医疗制度改革试点，将试点范围扩大到全国40%的县（区），中央和省级财政补助标准分别提高；积极推进农村综合改革试点；积极支持农业综合生产能力建设；全面促进农村事业发展，大力支持实施“科技富民强县专项计划”、农村公路建设工程和广播电视村村通工程，在全国范围内推广“农村部分计划生育家庭奖励扶助制度”，在西部农村地区实施计划生育“少生快富”工程等。

第三，引导并开展对农村制度的综合改革工作。（1）2006年元旦，全国农村彻底取消了农业税，标志着我国农村改革进入了综合改革阶段。温家宝在2006年9月召开的全国农村综合改革工作会议上的讲话（《不失时机推进农村综合改革，为社会主义新农村建设提供体制保障》）中，明确提出了下一阶段农村综合改革的目标——全面推进社会主义新农村建设。（2）为巩固发展农村税费改革成果，根据《中共中央国务院关于推进社会主义新农村建设的若干意见》（中发〔2006〕1号）精神，国务院在2006年10月下发《关于做好农村综合改革工作有关问题的通知》，明确农村综合改革的指导思想、目标和总体要求，指出当前农村综合改革重点是推进乡镇机构、农村义务教育和县乡财政管理体制三项改革，创新农民负担监督管理机制，积极推进农村综合改革试点，加大中央财政转移支付力度，加强农村基层政权建设，提高基层政权的执政能力，巩固农村税费改革成果，防止农民负担反弹。（3）为进一步巩固农村税费改革成果，扎实推进社会主义新农村建设，全面深化农村综合改革工作，按照《中共中央、国务院关于切实加强农业基础建设，进一步促进农业发展农民增收的若干意见》（中发〔2008〕1号）的精神和国务院有关规定，2008年2月，国务院农村综合改革工作小组、财政部、农业部联合下发《关于开展村级公益事业建设一事一议财政奖补试点工作的通知》，开展村级公益事业建设一事一议财政奖补试点工作。（4）2001年3月30日，国务院批转了公安部《关于推进小城镇户籍管理制度改革的

① “放活”，即搞活农村市场，促进农民增收。从财政来说，就是要为农业结构调整、农村建设和农民增收创造一个宽松的政策和体制环境。主要思路和措施是：支持国有农场、国有林场、水管单位改革，推动深化粮食、棉花等大宗农产品流通体制改革；支持农民发展各类专业合作经济组织，提高农民进入市场的组织化、社会化程度；推动深化农村土地制度改革和劳动力就业管理制度改革，支持农村金融体制改革，促进城乡统一要素市场的发育；支持积极探索和发展多种形式并存的农业保险制度。

意见》,全面推进小城镇户籍管理制度改革,以促进小城镇的健康发展,加快我国城镇化进程。该“意见”指出,小城镇户籍管理制度改革的实施范围是县级市市区、县人民政府驻地镇及其他建制镇。对办理小城镇常住户口的人员,不再实行计划指标管理。

第四,全面推进社会主义新农村建设。(1)在 2005 年 10 月召开的十六届五中全会上,中共中央从系统解决“三农”问题出发,作出了“建设社会主义新农村”的重大部署,明确提出建设社会主义新农村的主要内容是生产发展、生活宽裕、乡风文明、村容整洁、管理民主。要求各地从实际出发,尊重农民意愿,扎实稳步推进新农村建设。(2)2006 年 2 月 21 日,《中共中央、国务院关于推进社会主义新农村建设的若干意见》正式发布,文件要求从八个方面推进社会主义新农村建设,同时提出了 32 条具体政策措施。卫生部提出在“十一五”期间每年补助资金 300 亿元,以加快新型农村合作医疗制度的建设。教育部提出普及和巩固农村九年义务教育,奠定新农村建设的基础。文化部提出进一步加强农村文化基础设施建设,形成较为完备的农村公共文化服务网络。科技部提出从关键技术、集成技术、转化推广、综合示范和建设现代农业、培育新兴产业、发展农村社区、推进城镇化、壮大科技型企业、完善新型农村科技服务体系、培养新型农民和优化科技人才队伍、开展试点示范等方面引导建设科技示范村乡县。国家发改委、财政部、水利部、农业部、国土资源部等部门提出农田水利建设健康发展的长效机制。2006 年 10 月,《中共中央关于构建社会主义和谐社会若干重大问题的决定》提出了构建社会主义和谐社会的指导思想、目标任务和原则,强调要坚持协调发展,加强社会事业建设,保障社会公平正义,将全面推进新农村建设作为构建和谐社会战略的有机组成部分。(3)2007 年 7 月 11 日,国务院发出《关于在全国建立农村最低生活保障制度的通知》,要求将符合条件的农村贫困人口全部纳入保障范围,稳定、持久、有效地解决全国农村贫困人口的温饱问题。除了实现农村低保全覆盖,一些地方还逐步提高了农村低保的标准,并形成了以农村最低保障制度为核心的农村社会救助体系。(4)探索并构建新型农村合作医疗制度和养老保险制度。2003 年,以国务院办公厅转发卫生部、财政部、农业部《关于建立新型农村合作医疗制度意见的通知》为正式开端,经过试点推广,截至 2008 年底,农村新型合作医疗在西北农村地区的覆盖率已经超过了 90%。1995 年 2 月,民政部转发《浙江省人民政府关于印发〈浙江省农村养老保险暂行办法〉的通知》,号召各省区学习借鉴;2001 年 5 月,全国开展了农保基金调查摸底工作。农村社会化养老保险机制正处于深入探索阶段,法律法规不多。值得一提的是,青海海西自治州在 2008 年 12 月制定了《海西州新型农村牧区养老保险业务经办人员管理和绩效考核办法》。(5)针对新时期进城务工或就业的农民及其子女的教育问题,2003 年 9 月,教育部、中央机构编制委员会办公室、公安部、发展和改革委员会、财政部、劳动保障部联合发布《关于进一步做好进城务工就业农民子女义务教育工作的意见》,明确了进城务工就业农民子女义务教育的择校、经费、基本保障等问题,力求做到农民工子女与当地城市学生享有同等待遇。2006 年 3 月,国务院发布《关于解决农民工问题的若干意见》,就进城务工农民的工资、劳动合同、职业技能培训、社会保障、公共服务的享有、民主政治权利、户籍、已有的土地承包权益、就业转移、小城镇建设等进行了明确的规范。

在中共中央的政策引导和中央政府法规政令的规范下,西北各省区也相应的专门成立了农村税费改革、新农村建设的领导小组或农村工作组,并且制定实施了诸多的"条例"、"实施意见"、"通知"、"决定"等地方性法规制度,不同程度地推进着西北地区农村社会在新时期的变革。

这一时期,西北地区在以土地为核心的农村经济体制变革方面,主要呈现出两种趋势:(1)新型的土地承包及流转制度。2003 年 3 月生效的《中华人民共和国农村土地承包法》规定,农村土地承包采取农村集体经济组织内部的家庭承包方式,不宜采取家庭承包方式的荒山、荒沟、荒丘、荒滩等农村土地,可以采取招标、拍卖、公开协商等方式承包。土地承包经营权可以多种形式进行社会化的流转。为了进一步规范农村土地的承包经营流转,2005 年农业部颁布了《农村土地承包经营权流转管理办法》和《农村土地承包纠纷仲裁试点设施建设项目组织实施办法》。2006 年,国务院发布《关于加强土地调控有关问题的通知》,指出:要进一步明确土地管理和耕地保护的责任;切实保障被征地农民的长远生计;规范土地出让收支管理;调整建设用地有关税费政策;建立工业用地出让最低价标准统一公布制度;禁止擅自将农用地转为建设用地;强化对土地管理行为的监督检查;严肃惩处土地违法违规行为。(2)农民、农业的新型合作化与合作组织的发展壮大。为了提升农村生产力水平,规范农民专业合作社的组织和行为,推进社会主义新农村建设,国家鼓励农牧民在新的历史条件下合作起来,并先后制定了《农村资金互助社管理暂行规定》(2007 年 1 月)、《中华人民共和国农民专业合作社法》(2007 年 7 月)。西北各省区非常重视农民专业合作社的发展,如新疆维吾尔自治区从 2007 年起就确定在"一村一品"项目中大力扶持农民专业合作社,3 年累计安排扶持资金 397 万元。截至 2008 年底,新疆已有农民专业合作社 1 072 个,成员人数达 14 万户,带动非成员农户 20.4 万,其中全区由农村能人、种养大户、农民经纪人牵头带动的合作社有 951 个,占 88.7%。由企事业单位代表牵头的有 59 个,占 5.5%,其中基层供销社和农机服务组织代表牵头的 28 个,由社会团体代表牵头的 7 个,其他类型的 55 个。2008 年,新疆的农民专业合作社统一销售农产品总值11.3亿元，统一购买农业生产投入品总值2.6亿元，培训成员和农民数13.9万人。① 2005年，甘肃全省的各类农民合作组织3 007个，其中，张掖市已经达到了1 064个，主要有农村能人主导模式（如山丹县钱广多创办的活畜贩销协会）、村干部主导模式、有关管理部门主导模式（如定西市安定区的马铃薯运销协会）、龙头企业引导模式等。

在推进农村税费改革和建设新农村的进程中，西北农村治理制度的变革则集中体现为村民委员会的换届选举和深化村务公开。

2002年7月，中共中央办公厅和国务院办公厅发布《进一步做好村民委员会换届选举工作》的通知，提出了处理好"两委关系"的重要意见。文件指出：提倡把村党支部领导班子成员按照规定程序推选为村民委员会成员候选人，通过选举兼任村民委员会成员。提倡拟推荐的村党支部书记人选先参加村委会的选举，获得群众承认以后，再推荐为党支部书记人选；如果选不上村委会主任，就不再推荐为党支部书记人选。提倡村民委员会中的党员通过党内选举，兼任村党支部委员。但在实际的村民选举实践中，有的地方村民委员会选举竞争行为不规范、贿选现象严重，影响了选举的公正性；有的地方没有严格执行村民委员会选举的法律法规和相关政策，影响了村民的参与热情；有的地方对村民委员会选举中产生的矛盾纠纷化解不及时，影响了农村社会稳定。依据《村委会组织法》的要求，在西北各地政府的指导部署下，西北各省区的村委会换届选举，除少数一些地方因特殊原因有所拖延外，②整体上达到了常规化、制度化（基本情况见表1－10）。其中，陕西省于2005年9月至2006年3月底完成了第六次村委会换届选举工作；宁夏回族自治区2007年6月至8月底进行了全区第七届村民委员会换届选举；甘肃省2007年9月至2008年3月进行了第六次村民委员会选举工作；新疆维吾尔自治区于2007年12月至2008年4月进行了第七届村民委员会换届选举工作；青海省村（牧）委会第七次换届选举从2007年12月开始至2008年6月底结束。

在村委会换届选举的发展过程中，西北各省区都进行了阶段性的工作总结，梳理了一些在西北地区具有普遍性的问题，如"人户分离问题"，"移民村问题"，③"村民外出务工问题"，"非村民而参选、当选问题"，"家族、宗派、民族宗教势力的干预操纵问题"等等，并对各省法制工作和国家的相关立法工作提出

① 《农民日报》，2009年11月8日。

② 主要是新疆和田、宁夏海原、青海三江源。

③ 西北地区主要有两种移民村：一是生态移民（如退耕还林还草），典型的是青海三江源地区；二是开发移民，如宁夏西夏区镇北堡镇昊元村是8个省、30多个县的移民调庄村，宁夏的红寺堡是全国有名的移民开发区，计划搬迁22万人；开发移民在新疆也很典型。

了一些具有针对性的建议。为进一步做好当前和今后一个时期的村民委员会选举工作,保障村民委员会选举的公正有序,2009 年 5 月,中共中央、国务院发布了《关于加强和改进村民委员会选举工作的通知》,对村委会选举工作进行了相应的规范和改进。

表 1－10　2005—2007 年西北地区统一换届时间内完成选举情况表①

单位名	村总数	应选村	比例%	%增减	完成村	占应选%	%增减	未进行	未完成
陕西	27530	27530	100.00	0	27321	99.24	－0.26	0	209
甘肃	16614	16519	99.43	＋0.42	16519	100.00	0	95	0
青海	4156	4144	99.71	－0.29	4110	99.18	－0.02	12	34
宁夏	2424	2247	92.70	－6.04	2218	98.71	－0.06	177	29
新疆	9353	7349	78.57	－5.49	7349	100.00	0	2004	0
总计	60077	57789	96.20		57517	99.53		2288	272

村务公开不仅是村民自治的基本内容,而且随着换届选举的常规化与制度化,村务公开日益成为换届选举的必要环节。2004 年 6 月,中共中央办公厅和国务院办公厅发布《关于健全和完善村务公开和民主管理的意见》,要求各地在抓好村民自治、民主选举工作的基础上,下大力气建立民主决策、民主管理和民主监督机制。文件特别就村民自治工作中一些难点问题的解决提出了意见,其中包括对健全村级财务管理的规定、换届选举后权力移交的规定,以及确立村干部评议制度、责令辞职制度和依法罢免制度等。文件甚至对村级财务的收支审批程序也做了规定。2007 年全国村务公开协调小组要求,从当年 8 月底到 9 月底,各级村务公开协调机构要组织力量对本地区贯彻村务公开和民主管理工作情况进行督察。同年 9 月,民政部发布《关于做好村务公开目录编制工作的指导意见》,西北各省区制定了相应的实施办法和村务公开目录,开展了村务公开达标、示范等一系列工作。

这时,西北农村社会农村基层组织普遍由三大组织体系组成:一是行政性公共基层组织(乡镇政府);二是自治性公共基层组织(村委会);三是行业性公共基层组织(农民合作组织)。其共同点是为西北农牧民提供一些公益性的公共服务,促进农村公共事业的发展。乡镇政府作为管理农村社会公共事务的公共行政组织,处于管理农村农民公共事务的行政等级序列即省、州(市)、县、乡镇

① 根据《2005—2007 年全国村民委员会选举工作进展报告》数据计算绘制。转引自詹成付主编:《2005—2007 年全国村民委员会选举工作进展报告》,中国社会出版社,2008 年版。

的最末端。

这一阶段，从宏观的价值观念来看，新农村建设、可持续发展与构建和谐社会已经成为国家政权和执政党的治国战略和发展理念。在国家法律与政策的全面推动、广泛动员下，西北各民族的普通民众对"科学发展"、"可持续发展"、"和谐社会"已经比较熟悉，随着国家"十一五"规划的展开，它们已经逐步由"象征性国家政策"向"实质性国家政策"转化，即由一种价值理念转化为民众可享用的实实在在的实惠与福利（如农村的新型合作医疗等等）。但社会主义核心价值体系在西北地区尚未确立，西北农村地区文化程度普遍偏低的民众还要受到强烈的以民族宗教文化为典型的传统价值观念和政治文化的影响和隔离，本土仅有的文化知识阶层（一个宽泛的说法，包括完成义务阶段教育的青年）纷纷外流或常年居住在外，改革发展的价值共识如何生成？

（五）讨论与小结

人民代表大会、人民政协、民族区域自治等既是国家政权系统治理西北地区的基本政治制度，同时人民代表大会、人民政协、民族区域自治机关又是推行这些基本政治治理制度、进行相应社会治理活动的主体，也是西北各族民众参与社会治理的主要场所。比较而言，西北农村地区就表现出很大的被动性，在其基本制度的早期形成与后期变革阶段，在很大程度上源于上述三类政治主体的推动。而且，在对西北地区具体治理的实践中，制度、法律与政策之间的不协调、冲突、消解时有发生，影响着国家政权系统对西北地区的治理绩效。

国家中央政权系统面向全国输出的基本法律大致可以分为两类，一是全国人大及其常委会制定并颁发的通常以"某法"的形式出现，①二是国务院制定颁发的行政法规，通常以"条例"、"办法"、"实施细则"等来命名。② 并且随着它们在社会生活中的不断适用，上述两种典型的法律通常都会以"解释"、"修订"、"规定"、"决定"等形式进行调整，以提高其社会治理效益。中央政策通常以"意见"、"通知"、"决定"等形式输出，用以较为灵活地指导落实制度法规。上述法律、政策在政权系统内的贯彻落实及其对社会生活的有效治理，催生并促进了政治生活的各项基本制度，并使之法制化。

从时间来看，法律的制定、颁布、适用主要集中在1980年以后（尤其是涉及基本政治制度的各级各类《组织法》、《选举法》），如《中华人民共和国全国人民

① 如2002年颁发的《中华人民共和国土地承包法》、《中华人民共和国民办教育促进法》、《中华人民共和国刑法修正案》、全国人大常委会关于《中华人民共和国刑法》第九章渎职罪主体适用问题的解释等等，详情可参见有关的法律年鉴或法律全书。

② 如国务院2002年制定的《医疗事故处理条例》、《退耕还林条例》、《社会抚养费征收管理办法》等等。

代表大会组织法》(1982 年 12 月 10 日)、《中华人民共和国国务院组织法》(1982 年 12 月 10 日)、《中华人民共和国人民法院组织法》(1983 年 9 月 2 日)、《中华人民共和国人民检察院组织法》(1983 年 9 月 2 日)、《中华人民共和国民族区域自治法》(1984 年 5 月 31 日)、《全国人大常委会关于县级以下人民代表大会代表直接选举的若干规定》(1983 年 3 月 5 日)、《中华人民共和国第六届全国人民代表大会第三次会议关于授权国务院在经济体制改革和对外开放方面可以制定暂行的规定或者条例的决定》(1985 年 4 月 10 日)等等。同时,政策通常以法规的形式下达,随着社会生活的发展、普法教育和法制宣传的展开以及党的十五大以来国家治国方略的转变,通过法律治理国家在西北地区不仅数量上占据了主要部分,而且法治化的质量在不断提升,西北民众的法律文化素质在各种困扰中逐步得以提高。比较而言,1980 年以前,国家政权系统则表现出鲜明的"政策治国"的特征,各种"通知"、"指示"、"意见"等"红头文件"除了发挥其灵活的政策指导作用外,还表现出类似法律一样的权威和效力(有时甚至超过了法律),它们在西北地区社会治理中的影响力至今存在。

从法律、制度和政策涉及的社会生活范围来看,1980 年以前的立法主要在刑事、婚姻家庭、户口制度、国家安全、民族事务等方面,伴随着新中国建国初的社会改造运动和基层政权建设,西北地区各族民众的社会生活在很大程度上则由党和国家机关的各项政令密切调控,西北民众生活的自主、自由程度相当有限。1980 年以后,随着体制改革的逐步推进和国家政权系统的放权,各项制度、法律逐步发展起来,其范围愈来愈广,从一般的生活、生产一步步扩展到西北民众的扶贫、救助、法律援助、劳动者权益保障、职业病防治、环境保护和治理、国家赔偿、村民自治、教育、合作医疗、养老、最低生活保障、社会优抚、社会福利等领域,并且在国家政权系统对西北地区的社会治理的交互过程中,与西北民众的生活关系日益紧密。

特别是 1990 年代以来以村民自治为主体的西北农村治理机制的变革,是政府主导型的变革。在中国社会结构和整个国家政治经济体制约束下,在西北农村贫乏的自治资源的限制下,改革赋予农民的权利往往难以落实。因此,即使将来西北农牧民成为西北农村改革的主导力量,基于复杂多样的民族宗教问题,国家和中央政府还必须加强政治领导、法律规制与政策扶植。

二、制度、法律与政策的特殊供给

制度、法律与政策的特殊供给,在西北地区主要表现在两个方面:一是根据国家(主要是全国人大和中央政府)的法律政令,为建设地方政权、构建基本的政治经济制度,发展地方社会事业,开展对西北民众社会生活的综合治理,结合本地的社会民俗和风土人情，西北地区各级立法主体和党政部门制定颁行的地方性法律、规章、政策、制度等，主要包括构建基本政治经济制度的地方性法规政策和对西北民众社会生活综合治理的地方性法规与政策；二是针对西北地区的独特性（尤其是民族、宗教问题），从中央政治体系和西北地区各级地方政治机构输出的特殊法规政令，重点包括西北地区的民族区域自治、特殊的民族宗教政策和解决西北地区生态资源问题、发展西北少数民族地区（特别是少数民族贫困地区）的制度规范与政策法律。

（一）西北地区构建基本政治经济制度的地方性法规、制度与政策

新中国成立以来，西北各省区在构建基本政治经济制度的过程中，制定并颁行了关于地方人民代表大会制度、地方政府行政、地方司法、经济体制改革、发展乡镇企业、建设各项社会公共事务、西北农村村民自治、社会保障等方面的许多法规，以“办法”、“实施细则”、“暂行规定”等为典型形式。本章在这里主要选取上下两个层面来观察：一个是人民代表大会，另一个则是基层农村。

1. 关于人民代表大会制度的地方性法规

在《中华人民共和国全国人民代表大会组织法》（1982 年）、《全国人大常委会关于县级以下人民代表大会代表直接选举的若干规定》（1983 年）等国家基本法律的框架内，在《宪法》（1982 年）、《中华人民共和国全国人民代表大会常务委员会议事规则》（1987 年 9 月）、《中华人民共和国全国人民代表大会议事规则》（1989 年 4 月）、《中华人民共和国全国人民代表大会和地方各级人民代表大会代表法》（1992 年 4 月）等法律的进一步规范下，西北各省区通过制定一系列的“条例”、“规定”、“实施办法”、“规则”、“细则”等构建人大制度的地方性法规，使人民代表大会制度在西北地区得以确立并逐步发展。在此过程中，西北各省区有关机构，结合西北地区社会生活的发展变化，对相关的法律法规还进行了必要的修订、废止等活动，如 2001 年制定的《甘肃省人民代表大会及其常务委员会立法程序规则》，在 2007 年 7 月进行了重要修订；1989 年 12 月制定的《陕西省县乡两级人民代表大会代表选举实施细则》，在 1995 年 8 月进行了重大修订；1988 年 8 月制定的《宁夏回族自治区人民代表大会常务委员会议事规则》，在 1997 年 10 月重修；1989 年 8 月宁夏回族自治区实施《中华人民共和国全国人民代表大会和地方各级人民代表大会选举法》细则发布，并经过 1995 年 8 月、2005 年 5 月两次大的修改。西北地区关于人民代表大会制度的地方性法规具体的立法进程可参见表 1－11、表 1－12。

2. 关于西北地区农村基本制度的地方法规与政策

在国家中央政权系统的主导下，西北农村基本制度历经了新中国成立初的土地改革运动、社会主义改造（农业合作社）、人民公社、大包干（家庭联产承包

表 1-11 甘肃省关于建设地方各级人民代表大会制度的主要法规简表

生效时间	名　　称
1988.09.20	甘肃省人民代表大会常务委员会议事规则
1990.03.09	甘肃省各级人民代表大会议事规则
1990.10.31	甘肃省乡镇人民代表大会主席团工作条例
1995.12.15	甘肃省实施《中华人民共和国全国人民代表大会和地方各级人民代表大会代表法》办法
1999.12.05	甘肃省乡镇人民代表大会工作条例
2001.01.17	甘肃省人民代表大会及其常务委员会立法程序规则
2001.03.30	兰州市人民代表大会及其常务委员会立法程序的规定
2001.09.28	甘肃省人民代表大会常务委员会讨论决定重大事项的规定

（说明：本表根据甘肃省已颁布的法律法规整理绘制）

表 1-12 宁夏回族自治区关于建设地方各级人民代表大会制度的主要法规

生效时间	名　　称
1980.05.04	宁夏实施《中华人民共和国全国人民代表大会和地方各级人民代表大会选举法》细则
1982.03.11	宁夏回族自治区人大常委会和人民代表联系的暂行办法
1988.08.18	宁夏回族自治区人民代表大会常务委员会议事规则
1989.04.28	宁夏回族自治区人民代表大会代表工作暂行条例
1989.08.26	宁夏回族自治区实施《中华人民共和国全国人民代表大会和地方各级人民代表大会选举法》细则
1990.04.28	宁夏回族自治区人民代表大会议事规则
1990.12.28	宁夏回族自治区乡镇人民代表大会工作条例
1991.07.01	宁夏回族自治区人民代表大会常务委员会制定和批准地方性法规程序的规定
2004.01.01	宁夏回族自治区人民代表大会代表建议、批评和意见办理工作条例
2005.01.01	宁夏回族自治区人民代表大会常务委员会立法听证条例
2007.03.29	宁夏回族自治区乡镇人民代表大会工作条例
2009.07.01	宁夏回族自治区人民代表大会常务委员会规范性文件备案审查条例

（说明：本表根据宁夏回族自治区已颁布的法律法规整理绘制）

责任制）、村民自治、税费改革、社会主义新农村建设等各个发展阶段。在每一个历史时期，西北地区各级地方政府、人大、党委，一方面按照中央政府的规划部署，一方面针对广大农牧民生活生产的具体情况，制定了关于发展生产、改革农村经济体制、促进村民自治、开展村务公开（参见表1－15）、推动村民委员会换届选举（参见表1－13、表1－14）、建设新型的农村合作医疗体制、实行农村最低生活保障制度等事项的许多地方性政策、法规与制度，有力地提升了西北农村地区农牧民的生活水平。

表1－13　西北地区关于村民委员会选举的主要法规简表

生效时间	名　　称
1999.06.03	新疆维吾尔自治区村民委员会选举办法
2004.11.26	新疆维吾尔自治区村民委员会选举办法
1999.04.15	青海省村（牧）民委员会选举办法
1998.01.01	宁夏回族自治区村民委员会选举办法
2000.11.17	宁夏回族自治区村民委员会选举办法
1998.12.11	甘肃省村民委员会选举办法
1999.09.08	陕西省村民委员会选举办法

表1－14　西北地区关于实施《村民委员会组织法》的主要法规简表

生效时间	名　　称
1989.07.20	甘肃省实施村民委员会组织法（试行）办法
2000.05.26	甘肃省实施《中华人民共和国村民委员会组织法》办法
1985	宁夏回族自治区村民委员会工作暂行条例
1992.02.28	宁夏回族自治区实施《中华人民共和国村民委员会组织法（试行）》办法
2000.11.17	宁夏回族自治区实施《中华人民共和国村民委员会组织法》办法
1990.12.01	青海省实施《中华人民共和国村民委员会组织法（试行）》办法
1991.08.31	新疆维吾尔自治区实施《村民委员会组织法（试行）》办法
2001.09.28	新疆维吾尔自治区实施《中华人民共和国村民委员会组织法》办法
1990.12.28	陕西省实施《中华人民共和国村民委员会组织法（试行）》办法
1999.09.08	陕西省实施《中华人民共和国村民委员会组织法》办法

表1－15　西北地区关于村务公开的主要法规简表

生效时间	名　　称
1998.03.25	中共青海省委办公厅、青海省人民政府办公厅关于在全省农村牧区进一步推行村务公开、民主管理的意见
1998.06.18	青海省村务公开、民主管理工作实施办法

续表 1－15

生效时间	名　称
1999.04.12	宁夏回族自治区村务公开和民主管理暂行规定
2000.05.17	甘肃省村务公开民主管理工作暂行办法
2004.01.01	甘肃省村务公开条例
2004.10.14	新疆维吾尔自治区村务公开办法
2008.01.08	临夏州村务公开实施细则
2008.01.08	临夏州乡镇政务公开规范(暂行)

以下,以甘肃省的村委会换届选举、新时期农业合作化、农村综合改革为例,来简要观察西北地区特殊的地方性法规、政策在实际生活中的运行情况。

(1)关于村委会换届选举的地方法规与政策——以甘肃为例

村委会换届选举是农村基层民主政治生活中的一件大事,甘肃省各级政府和党委一直非常重视历届村委会的选举建设工作。甘肃第五次村民委员会换届选举工作从2004年9月始,到2005年3月底基本结束。为了搞好本次村委会换届,甘肃省人民政府办公厅专门下发了《关于做好全省第五次村民委员会换届选举工作的通知》。省政府以"三个代表"重要思想为指导,根据"一法两办法"(即《中华人民共和国村民委员会组织法》、《甘肃省村民委员会选举办法》、《甘肃省实施〈中华人民共和国村民委员会组织法〉办法》)和《中共中央办公厅国务院办公厅关于进一步做好村民委员会换届选举工作的通知》精神,确定了换届选举的基本目标——加强村委会组织建设和基层民主政治建设。

为了加强对村委会换届选举工作的领导和指导,甘肃各县(市、区)、乡(镇)政府都成立了村委会换届选举指导小组,做到思想重视、组织到位、措施有力,始终坚持依法办事、尊重民意,做到"七个到位",保证了选举工作的顺利进行:第一,组织到位。以甘肃省人民政府办公厅《关于做好全省第五次村民委员会换届选举工作的通知》(甘政办发〔2004〕87号)精神为依托,有关部门领导参加的第五届村民委员会换届选举工作领导小组,采取分片包村、挂点包组、驻村指导等方法指导选举工作,保证了换届选举工作的顺利进行。第二,宣传发动到位。各地充分利用各种新闻媒体,在当地报纸、电台等新闻媒体上进行宣传,进一步调动村民参与选举的积极性和主动性。第三,业务培训到位。甘肃作为中国—欧盟村务管理培训项目的试点省,2004年下半年围绕村委会换届选举、村务管理等村民自治业务举办了12期省级培训班,为各地培训了一批师资力量和业务骨干,各级民政部门采取授课、探讨、测验等多种形式,对乡镇村委会换届选举工作指导小组成员和各村选举委员会骨干人员进行了选举知识培训，为开展选举工作奠定了坚实的业务基础。嘉峪关市新城镇在培训中，采取“摆擂问答”以及组织受训人员以“村民”身份参加一次村委会选举模拟演练等方法，使选举工作人员进一步掌握了选举法律、法规在具体工作中的运用。第四，村委会财务审计到位，抓好审计环节和公布环节。兰州市城关区在本次换届选举中，实施对上届村委会班子任期责任审计和村办经济实体清产核资工作。该区在普遍开展村委会班子任期责任审计的基础上，重点对该区经济条件较发达、财务往来较多、农民群众民主程度相对较高的城中村的村办经济实体进行了清产核资。清产核资由乡企业局组织专业人员进行，并将结果及时公布，让村民对本村的财务状况明明白白，为广大村民切实选出村里的“带头人”提供了依据。第五，法律政策到位。在组织选举中，各地坚持做到党的领导、人民当家做主和依法办事相统一，严格按照法律法规办事，做到法定的程序不能变、规定的步骤不能少。一是认真做好选民登记公布工作，二是“海选”确定候选人，三是严密组织投票选举。在投票选举日，各地都精心设置了选举中心会场，村民居住分散的村还根据实际分设了若干个投票站，公开推举了唱票、监票、计票等选举工作人员，设立了秘密写票处，明确规定了代写、代投的条件和要求。领票、画票、投票、计票等整个选举过程紧张有序。酒泉市肃州区提出了“六选六不选”的选人标准，即：选有文化、懂科技、懂法律的，不选文盲、科盲、法盲；选敢于支持并带领群众勤劳致富的，不选有“红眼病”的；选有经济头脑和开拓进取精神的，不选满足现状患“近视眼”的；选为群众谋利益，办事公道，廉洁奉公的，不选无所事事的“甩手”干部；选敢于扶正袪邪的正派人，不选拉小团体、闹宗派的；选密切联系群众，能代表村民意愿的，不选“家长式”干部。皋兰县在全县 8 个乡镇 71 个村的换届选举中全部采取直选方式，并一次性“海选”成功。第六，检查监督到位。为了及时发现和纠正选举中的违纪违规问题，确保村委会换届选举依法顺利进行，各级党委、人大和政府组织相关人员，深入选举第一线，加强检查指导。本次换届选举的一个显著特点就是大部分市（县）在选举中实行全程监督。第七，规章制度到位。新一届村委会班子选举产生后，各市、县重视加强配套建设，以规范村委会的运作。各级党委、政府围绕实现农村发展战略目标，加大对新一届村民委员会班子的帮扶力度，积极组织任职培训，帮助村委会一班人理清发展思路，制定带领群众奔小康的目标措施。同时，坚持依法建制，建立村委会内部各项管理监督制度，健全完善了以民主决策、民主管理、民主监督为主要内容的各项管理规章。酒泉市肃州区通过换届选举，村村都建立完善了《村民自治章程》、《村务公开民主管理制度》、《财务管理制度》、《财务审计报批制度》、《村民代表议事会规程》、《村干部廉洁自律制度》等规章，做到以制治村、按章理事，使规范村务管理、依法开展村民自治有了可靠保证。①

同时,对现任村委会干部进行了民主评议和离任审计,及时向村民公布评议和审议结果。并且通过电视、广播、报纸、宣传画、小册子、标语、村务公开栏等多种形式,集中进行宣传教育,让广大村民充分了解村委会换届选举的重要意义和法定程序,积极参与选举活动,正确行使民主权利,履行好参选义务。

村委会的选举程序是否合法,直接关系到选举结果是否合法有效。在甘肃省第五次村委会换届选举过程中,各地农村依据法定的选举程序和步骤进行选举:一是选民登记做到不错、不重、不漏,确保选民数的准确,并及时发放选民证;二是村委会换届选举由村民选举委员会主持,其成员由村民会议或者各村民小组推选产生;三是村委会成员候选人必须由村民直接提名,根据得票多少确定;四是村委会主任、副主任和委员候选人都要实行差额选举;五是投票选举前,候选人都要进行演讲,回答选民提出的问题;六是选举一般都设立中心会场集中投票,居住分散、交通不便的村,设立若干投票站集中投票;七是动员选民亲自投票,代他人投票的,每一个村民接受委托投票不得超过3人,并有书面委托书;八是在投票站设立了秘密写票处,保证选民不受干扰地表达意志;九是投票结束后,当场公开唱票、计票,当场公布选举结果;十是选举结果产生后,当场向当选者颁发《村民委员会成员当选证书》,依法认定。

(2)西北地区新时期农业合作化进程中的地方法规与政策——以甘肃为例

随着甘肃农业经济产业化、专业化水平的提升,在甘肃省省委、省政府和各地县农业主管部门和民政部门的重视下,加强了对农业专业经济协会、农村行业协会组织、农村民间组织管理干部和财务人员的培育与培训,从而使甘肃农民合作经济组织有了较大发展。

2004年,为了推动甘肃农民合作组织的制度建设和管理队伍建设,省级主管部门印发了《甘肃省农民专业合作经济组织示范章程》,制定了《甘肃省农民专业合作经济组织培训工作规划》和《甘肃省农民专业合作经济组织经营管理人才培训工程实施方案》,并在几个县展开了农民专业合作经济组织建设的试点工作。2004年,甘肃省人民政府办公厅发布了《关于开展农民专业合作经济组织试点示范工作的意见》,提出要重点扶持一些有工作基础的农民专业合作经济组织,规范运行机制,探索有效途径,总结典型经验,以点带面,带动全省农民专业合作经济组织的发展,提高农民组织化程度,增强农产品的市场竞争力,以实现"建一个组织,兴一个产业,活一地经济,富一方百姓"的目标。该"意见"

① 雷路:《甘肃省第五次村委会换届选举情况》,来源:http://www.chinarural.org/newsinfo.asp?Newsid=3715.

要求在全省选择一批特色优势明显、比较规范、有发展潜力、有一定基础的农民专业合作经济组织作为省级示范点，在信息、技术、培训、质量标准认证、市场营销等方面给予扶持，从运行机制、组织形式、制度建设、利益分配、扶持政策等方面进行规范和创新，促进农民专业合作经济组织健康发展。在2005到2006年期间，甘肃农民专业合作经济组织的试点、示范工作主要采取两种形式：一是在全省选择开展农民专业合作经济组织工作基础较好的县，作为省级农民专业合作经济组织的试点县。二是在全省选择比较规范的农民专业合作经济组织，作为省级农民专业合作经济组织试点、示范单位。同时，甘肃省对各试点、示范单位还给予了适当的经济补助。

甘肃农民专业合作经济组织试点、示范工作，主要是针对农民专业合作经济组织发展中存在的限制因素，按照解决问题、规范运行和加快发展的要求，建立健全农村行业性公共基层组织。一是规范农民专业合作经济组织的合作形式。根据当地农村经济发展水平，确定适宜的合作方式及组织形式，制定组建原则、组建程序、组织机构等。要通过合理让利、利润返还、预付订金、赊销生产资料等有效形式，努力增加农民收入。二是完善农民专业合作经济组织的运行机制。农民专业合作经济组织要建立内部章程，建立健全财务管理、民主监督、民主决策等规章制度，不断完善经营机制、民主管理机制、分配机制和积累与发展机制，并通过签订合同、协议、契约等形式，明确双方的权利和义务，规范各自的行为。正确处理农民专业合作经济组织与乡、村集体经济组织的关系。三是制定发展农民专业合作经济组织的扶持政策。

为适应现代农业专业化、产业化的发展要求，2004年10月，甘肃省委、省政府联合下发了《关于大力发展农民专业合作经济组织的意见》，提出要经过3到5年的努力，力争使全省农业特色优势产业和大宗农产品生产基地普遍建立起专业合作经济组织，争取有30%左右的农户加入农民专业合作经济组织，有50%左右的主要农产品通过专业合作经济组织进行加工和销售。

为了支持地方特色农业的专业化、产业化，甘肃省成立了由16个部门参加的农业专业化和产业化经营领导小组，直接管理特色农业和农业专业合作经济组织的发展，引导优势产业向优势产区集中，制定了马铃薯、中药材、制种业等14个优势产业的发展规划，同时为农副产品的运输开辟了“绿色通道”，设立了每年8500万元的各类专项扶持资金，重点扶持优势农业产业、龙头企业、建设项目和建设基地。

在此基础上，甘肃省农牧厅筛选确定了41个农民专业合作经济组织和3个县开展试点，把农业产业化与农民专业合作经济组织建设结合起来，有效地推动了全省特色农业的专业化进程。经过近几年的建设与发展，甘肃农民专业合作经济组织已发展到一定数量和规模。如定西市安定区的马铃薯运销协会,①2003 年敦煌市南湖乡组建的葡萄生产销售管理协会,②2004 年在兰州市农牧局和七里河区农业局的支持下成立的兰州百合协会,高台、临泽两县的棉花公司及民乐县顺化乡的啤酒大麦协会等。

(3)西北地区农村综合改革过程中的地方性法规与政策——以甘肃为例

甘肃省从 2000 年开始进行农村税费改革,到 2003 年开始推行乡镇机构改革、农村义务教育体制改革、县乡财政体制改革以及化解乡村两级债务等综合改革。6 年来,财政、农牧、教育、人事、民政等部门根据省情,分别制定出台了一系列配套措施,有力地推动了各项配套改革的顺利实施。从 2000 年开始,甘肃选择了 5 个代表全省不同地域、不同经济类型的县(市、区),率先进行农村税费改革试点。2002 年,经国务院批准,甘肃省农村税费改革试点工作在全省范围内全面推开。按照中央要求,省委、省政府坚持"试点先行"的原则,决定从去年起在崇信县、镇远县、临洮县、临泽县、金塔县、敦煌市等 6 个代表性强、领导重视、机构健全、工作扎实的县(市)进行农村综合改革试点。省政府办公厅及时下发了《关于开展农村综合改革试点的通知》,对开展农村综合改革试点工作做了具体部署和要求。同时,甘肃省还为开展农村综合改革试点工作提供了必要的财力支持。为重点支持各试点县的工作,省财政给每个试点县安排了 80 万元的专项工作经费,确保全省农村综合改革试点工作的顺利进行。

按照全国农村税费改革试点工作会议和温家宝总理的讲话精神,甘肃省省委、省政府调整工作部署,决定从 2005 年起,在全省范围内全面取消农牧业税,进一步深化各项配套改革。2004 年农民减负水平达到 55%,顺利实现了中央确定的"减轻、规范、稳定"的第一阶段改革目标;2005 年,农民负担减轻 6.1 亿元,人均减负 30 元。2005 年,全省全面取消了农牧业税,农村税费改革进入了新的阶段。

与此同时,甘肃省还加大对"三农"的投入,继 2004 年第一次实行直补后,省政府决定在 2004 年的基础上,2005 年再从省级粮食风险基金中拿出 5000 万元,将直补资金总额增加到 1.5 亿元,占到全省粮食风险基金总额的 37.5%,对农民实行直接补贴。同时,认真落实良种补贴和购置农机具补贴政策,2005 年

---

① 由该区气象局等有关专家从事产量预测、价格预测、运销量预测及相关市场调研工作和服务;协会理事成员则筹集资金收购、贮存和联系销售地点、组织发运等事务并依章程分享利润。

② 根据协会章程,选举产生了理事会、监事会和葡萄生产管理委员会,制定了《南湖乡优质无公害葡萄生产技术规程》和《南湖乡葡萄生产销售管理办法》。两年多来,协会以此为准则,在葡萄生产过程中,规范生产技术,提高全乡农户种植水平和葡萄品质;在葡萄销售过程中,最大限度地保护会员和客商的利益,规范市场交易行为,推动了葡萄产业化的发展。在 2003 年葡萄销售中,全乡葡萄优质品率达到了 99%。

省级财政预算共新增良种补贴和购置农机具补贴资金 1500 万元。甘肃省级财政坚持“财力向基层倾斜、向农村倾斜、向公共服务倾斜、向困难群体倾斜”的原则，不断加大对县乡财政的支持力度，切实缓解和改善了县乡财政困难的状况。一是对 57 个财政困难县从 2005 年起实行阶段性财政优惠政策，三年内将省级参与分享的增值税、营业税、企业所得税、个人所得税比上年增加部分，全额返还到县；二是为缓解基层财政困难，2005 年省对县一般性转移支付达 33.7 亿元，比上年增加 8.5 亿元；三是将 42 个财政困难县列入“三奖一补”范围，奖补金额达到 3.96 亿元；四是给全省 1 295 个乡镇每个乡镇增加了 10 万元的公用经费，以确保基层政权的工作正常运转。通过调整乡镇行政区划，全省共撤并乡镇 314 个，占全省乡镇总数的 20.44%。按每个乡镇每年最低公用经费开支 20 万元计算，每年可减少公用经费开支 6280 万元。通过实施分类定编，将乡镇分为一、二、三类，相应确定定编标准分别为 26 名、22 名和 19 名，领导职数的配备相应按 9、8、7 名严格控制，为转变乡镇职能、建立精干高效的服务型乡镇政府创造了有利条件。

针对全省农村基础教育状况整体薄弱的现状，省委、省政府强化措施，对各级政府的教育职责、教育管理体制、教育经费保障机制提出明确要求，切实落实“以县为主”的管理体制和教育优先发展的战略地位。全省农村中小学教师工资和人事管理全部上划至县管理，保证了教师工资按时足额发放；全省共撤并农村中小学 2130 所，辞退不合格教师和临时代课教师 5832 名，优化了教育资源配置；全省全面实行了农村教育收费“一费制”，切实减轻了农村学生家长的负担；落实了“两免一补”政策，全省有 150 万农村贫困家庭学生将享受免费教科书，近 102 万名贫困家庭学生将免交杂费；加大了农村中小学危房改造力度，全省新建校舍 673 万平方米，改造危房 219 万平方米，危房率由 2001 年的 23% 下降到了 16.5%。

(二)对西北民众社会生活综合治理的地方性法规与政策

在构建西北地区基本政治经济制度的同时，以省(自治区)委、省(自治区)政府、省人大、政协为主，以“建议”、“提案”(参见表 1－16)、“意见”(参见表 1－17)、“通知”(参见表 1－18)等形式下发了许多政策性的文件辅助地方法规的实施，内容涉及文化教育、医疗卫生、科技创新、改革开放、环境保护、社会保障、城乡协调发展、基础设施建设、三农问题、农村综合改革等等，从而对西北各族民众的社会生活发挥着综合性的社会治理功能。这些政策和红头文件往往成为西北地区社会发展、体制变革的先声。

表1-16 政协甘肃省十届一次会议以来的主要提案①

主　题	提　案　名　称
1. 关于社会主义新农村建设问题	关于落实好甘肃省粮食直补、农资补贴和农机具补贴等惠农补贴政策，促进新农村建设的建议
	关于促进甘肃省农民专业合作经济组织发展的建议
	关于将沼气建设作为新农村建设重点内容加快推广的建议
	关于甘肃省农村环境污染对策的提案
	关于加快甘肃省贫困山区新农村建设步伐的提案
2. 关于产业结构调整和城乡协调发展问题	关于促进甘肃省装备制造业又好又快发展的建议
	关于将生物产业列为甘肃省重点战略产业发展的提案
	关于支持临夏州大力发展民族特色经济的提案
	关于促进河西地区种子产业健康发展的建议
	关于增强金融对县域经济支持的建议
	关于大力推进甘肃优势特色农产品产区品牌建设的建议
3. 关于项目和基础设施建设问题	关于石羊河流域综合治理长效机制的建议
	关于巩固“全膜双垄覆盖技术”项目成果，加强地膜回收，防止“白色污染”的建议
	关于加强农业水利设施建设的建议
	关于重视和加快甘肃省内河水运建设的建议
	关于修建武威至西宁公路甘肃段的建议
	关于廉租房、经济适用房建设的提案
4. 关于资源开发利用和生态环境保护问题	关于甘肃坡缕石科学规划有序开发的建议
	关于进一步加大生态移民工作力度的建议
	关于加大力度加快步伐治理兰州市冬季大气污染的建议
	关于加强甘肃省生态脆弱地区经济社会可持续发展的建议

① 资料来源于甘肃省政协提案委员会。

续表 1－16

主 题	提 案 名 称
5. 关于鼓励、支持和引导非公有制经济发展问题	关于加大《国务院关于鼓励、支持和引导个体私营等非公有制经济发展的若干意见》的落实力度的提案
	关于增加财政对民营企业自主创新投入，改进现有科技项目管理方式的建议
	关于促进非公经济发展的提案
	关于扶持非公有制旅游企业，促进甘肃省旅游产业加快发展的提案
	关于切实推进中小企业节能减排发展循环经济的提案
6. 关于深化改革和对外开放问题	关于深化甘肃省国企改革的提案
	关于积极承接东部产业转移的建议
	关于甘肃省艺术院团改革的提案
7. 关于科技与教育工作	关于整合甘肃省哲学社会科学资源，促进全省哲学社会科学理论研究事业大发展大繁荣的提案
	关于甘肃省实行据分填报高考志愿的提案
	关于大力发展教育，加快甘肃人口现代化进程的建议
	关于重视和加强高职高专师资队伍培养培训工作的提案
	关于甘肃省教育资源配置的建议
8. 关于文化建设问题	关于保护文物的建议
	关于立项建设省文化馆场馆的建议
	关于加强民族地区文化建设的提案
9. 关于医疗卫生事业	关于加强乡村医疗机构建设，合理配置农村卫生资源，推动甘肃省农村医疗卫生事业发展的提案
	关于振兴甘肃中医药事业的提案
	关于加强甘肃省妇幼卫生工作的建议
	关于加强甘肃省校园食品安全工作的建议
	关于加强甘肃省出生缺陷预防工作的建议

续表 1－16

主　题	提　案　名　称
10.关于法制建设及依法管理问题	关于制定《甘肃省涉案财物价格鉴定条例》的提案
	关于大力改善律师职业环境，促进律师行业发展的提案
	关于加强甘肃省法律援助工作的建议
	关于规范甘肃省房地产开发建设问题的提案
	关于加强小水电建设与管理的提案
	关于保障人行道行人优先通行权的提案
11.关于社会保障及人事就业问题	关于甘肃省国有企业改制后职工安置问题的提案
	关于甘肃省农村最低生活保障工作的提案
	关于加强甘肃省大学生就业工作的提案
	关于进一步做好甘肃省农村劳动力转移工作的提案
	关于支持留学归国人员创业发展的提案
12.关于民族地区发展与社会进步问题	关于加大少数民族地区民族干部培养力度的提案
	关于更加重视省会城市民族工作的提案
	关于解决甘肃省计划生育独生子女领证相关问题的提案
	关于切实做好稳定物价工作的提案
	关于在城市中人员密集地区放置垃圾分类设施的提案

表 1－17　新疆维吾尔自治区党委 2005 年印发的意见简表①

《关于在全区共产党员中认真开展保持共产党员先进性教育活动的安排意见》（1 月 19 日）
《贯彻〈中共中央、国务院关于进一步加强和改进大学生思想政治教育的意见〉的实施意见》（3 月 18 日）
《贯彻〈中共中央、国务院关于进一步加强农村工作，提高农业综合生产能力若干政策的意见〉的意见》（3 月 25 日）
《关于大力发展职业技术教育与职业技能培训工作的意见》（7 月 19 日）
《关于加快新型工业化建设的意见》（7 月 27 日）
《关于贯彻落实中央〈建立健全教育、制度、监督并重的惩治和预防腐败体系实施纲要〉的意见》（9 月 26 日）
《关于加快特色林果业发展的意见》（11 月 14 日）

① 本表根据武星斗主编：《新疆年鉴 · 2006》有关内容整理编排。

续表 1－17

《关于贯彻落实〈国务院关于进一步加强就业再就业工作的通知〉的实施意见》(12 月 13 日)
《关于加强村级组织建设的意见》(12 月 23 日)
《关于在全区深入开展平安县(市、区)建设的意见》(12 月 23 日)

表 1－18 新疆维吾尔自治区党委、人民政府 2005 年印发的通知简表①

日 期	名 称
2005.01.12	转发《自治区人大常委会党组关于进一步加强地方各级人大代表工作充分发挥人大代表作用的若干意见》的通知
2005.01.19	关于印发实行厂务公开三个《暂行办法》的通知
2005.02.23	关于印发《新疆维吾尔自治区国有企业下岗职工基本生活保障和失业保险并轨实施方案》的通知
2005.03.02	关于认真学习贯彻《宗教事务条例》的通知
2005.03.14	批转《自治区劳动和社会保障厅、财政厅关于解决当前城镇职工基本医疗保险几个问题的意见》的通知
2005.03.14	关于印发《关于进一步加强村干部教育培训工作的意见》的通知
2005.03.16	关于认真学习贯彻《信访条例》的通知
2005.04.25	关于转发《自治区党委宣传部关于深入开展第 23 个民族团结教育月活动的安排意见》的通知
2005.04.29	关于印发《进一步加强和改进大学生思想政治教育目标任务分工》的通知
2005.05.11	关于转发《自治区政协办公厅关于办理政协提案的意见》的通知
2005.05.25	关于印发自治区计生委《新疆维吾尔自治区 2005 年人口与计划生育目标管理责任制考核评估方案》的通知
2005.06.16	关于转发《庆祝自治区成立 50 周年慰问活动安排意见》的通知
2005.06.21	关于印发《中国人民政治协商会议新疆维吾尔自治区委员会提案工作条例》的通知
2005.07.18	关于印发《自治区关于加强少数民族学前“双语”教育的意见》的通知
2005.07.25	关于转发自治区党委统战部等 5 部门《关于在全区开展制止零散朝觐组织活动专项治理的意见》的通知
2005.08.18	关于转发《自治区信息化办公室关于加强自治区信息安全保障工作若干意见》的通知

① 本表根据武星斗主编:《新疆年鉴·2006》(新疆年鉴社 2006 年版)有关内容整理编排。

续表 1 - 18

日　期	名　　称
2005. 10. 13	关于转发《自治区科协关于全区第十七届“科技之冬”活动的安排意见》的通知
2005. 12. 13	关于自治区机构编制委员会办公室机构设置有关问题的通知
2005. 12. 21	关于做好部门包村定点帮扶工作、促进扶贫开发整村推进的通知

(三)西北地区民族区域自治法规和发展西北少数民族地区社会经济的特殊政策

1. 西北地区民族区域自治法规

西北各省区根据《宪法》和《民族区域自治法》的授权，特别是依据《中华人民共和国立法法》第六十六条第二款有关自治条例和单行条例的立法权限的特别规定，即“可以依照当地民族的特点，对法律和行政法规的规定作出变通规定，但不得违背法律和行政法规的基本原则，不得对宪法和民族区域自治法的规定以及其他有关法律、行政法规专门就民族自治地方所作的规定作出变通规定”，制定了一系列地方自治条例(参见表 1 - 19、表 1 - 20)、地方单行条例(参见表 1 - 21、表 1 - 22)。其中单行条例包含了西北地区民族自治州县地方特殊的民俗风情和社会生活，主要有少数民族医药、语言文字、矿产资源、土地管理、义务教育、计划生育、婚姻家庭、医疗卫生、畜禽防疫、草原防火、野生动物保护等事项。

表 1 - 19　甘肃省地方自治条例简要列表

临夏回族自治州自治条例(1987)	积石山保安族东乡族撒拉族自治县自治条例(1991)
甘南藏族自治州自治条例(1989)	肃南裕固族自治县自治条例(1989)
张家川回族自治县自治条例(1989)	肃北蒙古族自治县自治条例(1989)
东乡族自治县自治条例(1990)	阿克塞哈萨克族自治县自治条例(1991)
天祝藏族自治县自治条例(1987)	

(说明：本表根据甘肃省已颁布的法律法规整理绘制)

表 1 - 20　青海省地方自治条例简要列表

海西蒙古族藏族自治州自治条例(1987)	循化撒拉族自治县自治条例(1988)
海北藏族自治州自治条例(1987)	河南蒙古族自治县自治条例(1989)
玉树藏族自治州自治条例(1987)	民和回族土族自治县自治条例(1989)
海南藏族自治州自治条例(1987)	化隆回族自治县自治条例(1990)
黄南藏族自治州自治条例(1987)	果洛藏族自治州自治条例(1990)

续表 1－20

门源回族自治县自治条例(1988)	大通回族土族自治县自治条例(1990)
互助土族自治县自治条例(1987)	

(说明:本表根据青海省已颁布的法律法规整理绘制)

表 1－21　甘肃省甘南藏族自治州单行条例简要列表

名　称	生效时间
甘南藏族自治州施行《中华人民共和国婚姻法》结婚年龄变通规定	1989.09.27
甘肃省甘南藏族自治州草原管理办法	1992.04.25
甘肃省甘南藏族自治州食盐加碘防治碘缺乏症管理办法	1993.07.24
甘肃省甘南藏族自治州家畜家禽防疫条例	1995.09.23
甘肃省甘南藏族自治州藏语言文字工作条例	1996.06.01
甘南藏族自治州保护野生动物若干规定	1997.07.29
甘肃省甘南藏族自治州儿童计划免疫管理办法	1997.07.30
甘肃省甘南藏族自治州草原防火条例	1997.11.25
甘肃省甘南藏族自治州实施《甘肃省计划生育条例》变通规定	1999.09.02
甘肃省甘南藏族自治州实施《中华人民共和国义务教育法》条例	1999.12.05
甘肃省甘南藏族自治州矿产资源管理条例	2000.05.26
甘肃省甘南藏族自治州旅游管理条例	2001.03.30
甘肃省甘南藏族自治州个体工商户和私营企业权益保护条例	2001.03.30
甘肃省甘南藏族自治州发展藏医药条例	2001.09.28

(说明:本表根据甘肃省已颁布的法律法规整理绘制)

表 1－22　青海省大通回族土族自治县单行条例简要列表

名　称	生效时间
大通回族土族自治县关于施行《中华人民共和国婚姻法》结婚年龄的变通规定	1987.07.18
大通回族土族自治县土地管理条例	1992.10.31
大通回族土族自治县林业管理条例	1993.07.17
大通回族土族自治县义务教育条例	1997.07.25
大通回族土族自治县水资源管理条例	2001.03.31
大通回族土族自治县林业管理条例	2002.03.29

(说明:本表根据青海省已颁布的法律法规整理绘制)

此外,西北各省区还制定了实施《民族区域自治法》的一些地方法规,如《甘肃省实施〈中华人民共和国民族区域自治法〉的若干规定》(1988 年 9 月制定,2006 年 6 月修订),《青海省人民政府贯彻实施〈中华人民共和国民族区域自治法〉的若干试行规定》(1987 年 7 月 13 日)。但值得注意的是,由于西北民族事务的复杂多样、利益协调的困难等原因,目前,西北地区尚未制定出自治区的自治条例,这成为西北地区地方性民族区域自治法规的最大立法空白。

2. 发展西北少数民族地区社会经济的特殊法规与政策

发展西北少数民族地区社会经济的特殊法规与政策,从输出主体来看,表现为两个层面:一是国家层面,二是西北地区地方政府层面。第一个层面是国家中央政权系统针对西北地区特殊的民族宗教工作、生态环境、经济基础、社会资源等,制定的一系列扶植性、优惠性的制度与政策。第二个层面主要表现为西北地区各级地方政府和党组织对国家一般性的民族政策的细化和在具体实施中形成的各种具体制度和政策。

(1)国家层面发展西北少数民族地区社会经济的特殊法规与政策

由于西北地区既是一个经济不发达的地区,又是一个少数民族众多、宗教问题复杂的政治战略区域。因此,国家政治体系中各级政治机构和执政党组织以促进社会经济协调发展、推动各民族的团结、实现区域政治稳定为要务。在社会经济协调发展,推进民族团结方面,中央政府给予了多方面的制度和政策倾斜。

第一,计划经济时期,国家通过政策倾斜,投入大量资金、物力、人力,在西北地区建立起较为完整的工业体系,培养了一大批少数民族干部,选派了国内其他省区大量的技术工人、教育文化工作者、医疗工作者、科技人员等,进行了大规模的基础设施和社会公共事业的建设,极大地促进了西北少数民族地区的发展和现代化进程。如从 1958 年到 1960 年,从各省、自治区经有组织地调动和自发移入参与宁夏建设的人数大约有 16 万。①

第二,改革开放以来,国家针对西北贫困地区尤其是少数民族贫困地区的重点扶持和扶贫。如通过“全国兴边富民活动重点县”、“民族贸易县”、“重点扶贫”等制度化、常规化、持续化的工作来促进西北民族地区的经济发展。中央政府设立了“支援经济不发达地区发展基金”、“边境事业建设补助费”、“少数民族贫困地区温饱基金”、“支持‘三西’农业建设资金”等专项资金,并在投资、贷款、税收以及生产、供应、运输、销售等各方面给予优惠和政策倾斜。根据国务院国发〔1989〕62 号文件关于设立“少数民族贫困地区温饱基金”和由国家民委会同有关部门共同按项目管理的决定,中国人民银行每年从大跨度联合开发扶贫专

① 丁国勇主编:《宁夏回族》,宁夏人民出版社,1993 年版,第 173 页。

项贷款中，安排部分“少数民族贫困地区温饱基金”（简称“温饱基金人行贷款”），集中用于少数民族贫困县中的一二十个县解决群众温饱问题的项目。

第三，由于生态环境在西北地区高度恶化，有些地方的生态环境已经很难恢复；加之在国家计划经济和“三线建设”时期，西北地区丰富的经济资源未能得到合理的、可持续利用，而是一种粗放式的掠夺性开发，导致生态问题与资源问题纠缠在一起成为西北地区社会经济发展的瓶颈，并波及黄河中下游地区的生态安全和经济安全，最为典型的就是干旱、沙尘暴和洪灾。因此，进行生态环境的综合治理就成为中央政府面向西北地区进行治理的又一个焦点。为此，国家实行退耕还林还草政策，对西北地区生态环境（尤其是沙漠化和荒漠化）进行专项治理。2000 年 9 月，国务院颁布了《关于进一步做好退耕还林还草试点工作的若干意见》；10 月，国务院有关部委联合颁发了《退耕还林还草试点粮食补助资金财政、财务管理暂行办法》；2001 年，国家税务总局发布《关于退耕还林还草补助粮免征增值税问题的通知》；2002 年国务院下发了《关于进一步完善退耕还林政策措施的若干意见》。

如在新疆，自 20 世纪 60 年代以来，草地沙化面积迅速增加，不少草场成为不毛之地。据有关统计显示，新疆约有 80% 的草场存在不同程度的退化，与 20 世纪 60 年代相比，严重退化地区的产草量下降了 60% 以上。为了改变这种状况，国家和自治区于 2003 年开始在北疆地区启动了一项以恢复天然草原植被为目的的“退牧还草”工程。据农业部 2006 年监测，全区退牧还草工程区天然草地植被平均覆盖率提高了 5 个百分点以上，平均地上生物量提高了 10% ~ 20%。退牧还草工程还带动了牧民增收和促进牧区生产方式的转变。据统计，“退牧还草”工程实施 3 年到 5 年后，平均每个县可新增干草上万吨，年增产值百万元以上。退牧还草过程区 7 万多户牧民得到了国家给予的饲料粮现金补助，户均退牧还草一千多亩，每年获得饲料粮补助金达 2 000 多元。

在宁夏，据宁夏农调队的统计，2000—2003 年国家下达的各年度退耕还林任务已全部完成，全区累计完成退耕还林 720 万亩，其中退耕地造林 354 万亩，宜林荒山荒地造林 366 万亩。截至 2004 年，通过国家现金、粮食等政策性补助，使全区 16 个县区、28.1 万户、126 万人受益，人均补助粮食 363 公斤，补助现金 72.7 元。另一方面，随着退耕还林还草面积的不断增加，大量劳动力从耕地上解放出来，农民外出务工收入大幅度增长。

第四，国家对西北地区的对口支援和财政、金融方面的优惠。国家用政策鼓励经济发达地区与西北少数民族地区和经济不发达地区开展多种形式的对口支援和经济技术协作，发展西北少数民族地区的经济、教育、医疗等事业。为了增强民族团结，巩固边防，加速西北少数民族地区的经济文化建设，1979 年中共中央确定:江苏支援新疆,山东支援青海,天津支援甘肃,上海支援宁夏,全国支援西藏。在中共中央的正确方针指引下,党的十一届三中全会以来,根据中央〔1979〕52号文件精神,对口支援和经济技术协作逐步展开,经济发达省、市逐步开展了对边远少数民族地区的经济、文化、教育、卫生事业建设实行对口支援。1982年、1983年,中央组织召开经济发达省(市)同少数民族地区对口支援和经济技术协作工作座谈会,进一步总结经验,协调关系。1983年,拟定《关于经济发达省、市对口支援边远少数民族地区卫生事业建设的实施方案》。1997年4月,国家教委、国家民委发布《关于认真贯彻中央扶贫工作会议精神,进一步加强对口支援民族和贫困地区发展教育事业的通知》,将教育对口支援纳入政府经济、科技扶贫计划,开展全面扶贫,对民族地区教育对口支援关系做了相应调整:天津帮甘肃,江苏帮陕西,山东帮新疆,辽宁帮青海,福建帮宁夏。截至1999年,国务院24个部(委)所属的80多所高等学校共招收新疆少数民族大学本专科学生7000人,定向培养研究生640名,培训教师和少数民族教育行政管理干部860多人,培养少数民族经济和企业管理干部1400多人。有力地促进了新疆的教育事业和人才培养工作,促进了新疆的经济建设和社会发展。①

为了支持少数民族地区普及义务教育,中央财政从1990年起到实行新财政体制以前安排一定数额的民族教育补助专款,此项专款实行项目管理。2004年启动西部地区"两基"攻坚计划,到2007年使西部地区基本普及九年义务教育,基本扫除青壮年文盲。

第五,开发西北,对外开放。近年来,中央政府批准了西北地区伊宁、塔城、乌鲁木齐等城市和口岸为我国陆地边疆对外开放城市和国家级内陆口岸,促进了西北地区民族的对外开放。

第六,扶持西北地区民族贸易。1992年至1994年,每年由银行安排4000万元贷款,中央和地方财政各贴一半利息,其中2000万元用于扶持基层民族贸易网点建设,2000万元用于民族用品定点生产企业技术改造;所需固定资产投资规模由国家计委安排,信贷指标由人民银行安排。根据上述精神,特由中国工商银行、中国农业银行设立民族贸易网点建设和民族用品生产技术改造专项贴息贷款。为了贯彻国务院国发〔1991〕16号《国务院批转国家民委等部门关于加强民族贸易和民族用品生产供应工作意见的通知》精神,扶持和发展民族贸易,繁荣民族地区经济,国家税务局1991年发布了《关于民族贸易企业征免营业税、所得税问题的通知》,对民族贸易县的县及县以下民族贸易企业,可给予减免营

① 《内地高等学校支援新疆第四次协作会议纪要》,来源:http://www.moe.edu.cn/edoas/website18/84/info1084.htm.

业税、所得税的照顾，具体办法由省(区)税务局提出，报省(区)人民政府批准执行。对省(区)、地(州、盟)民贸公司、现有的民族用品商店，按规定纳税确有困难的，各地可按税收管理体制的规定，适当给予照顾。中国政府网日前发布《国务院办公厅关于应对国际金融危机保持西部地区经济平稳较快发展的意见》，“意见”共包括9部分，除了对西部12省区普惠性的资金、政策和项目倾斜外，还多处提到对宁夏的具体支持。

(2)西北各省区发展西北少数民族地区社会经济的特殊法规与政策

这里阐述的主要是西北地区各级地方政府和党组织对国家一般性的民族政策的细化和在具体实施中形成的各种具体制度和规章，内容包括发展民族教育、民族传统文化保护、民族用品生产、民族贸易、民族医药、少数民族骨干人才培养和使用、少数民族古籍整理、人口较少的民族发展规划、少数民族语言文字的开发与保护等等(基本情况参见表1－23)。

如新疆乌鲁木齐实行的民族特需产品减免优待政策，对少数民族地区生产的民族特需商品，按照规定纳税有困难的，给予定期的减税、免税。乌鲁木齐地区所生产的皮革、皮货为本地区重要的民族土特产品，在1950年开始征收货物税时即对皮革税率长期给予减让50%的照顾，皮货产品也给予减征优待；肥皂的税率，也都从低采用。1984年产品税实行后，对民族特需产品的税率又一次大幅度降低，皮革税率由原40%减为10%；皮张、皮筒税率规定为12%；少数民族穿用的无布面的皮衣、皮裤、皮帽、皮手套、皮袜子等成品只按5%征税；日用陶瓷的税率由12%降为5%。①

表1－23　西北地区有关民族工作的主要法规政策简表

生效时间	名　　称
1998.06.26	新疆人民政府关于“九五”期间民族贸易和民族用品生产优惠政策贯彻意见
2000.03.10	新疆少数民族科技骨干人才培养、使用管理办法
2001.05.15	新疆国家税务局关于继续对民族贸易企业执行增值税优惠政策的通知
2002.06.10	新疆人民政府关于进一步加强中医民族医药工作的意见
2003.05.15	新疆人民政府贯彻国务院关于深化改革加快发展民族教育决定的意见
2004.05.17	新疆人民政府办公厅关于开展全区少数民族传统体育普查工作的通知

① 乌鲁木齐市党史地方志编纂委员会编：《乌鲁木齐市志》(第四卷经济下)，新疆人民出版社，1997年10月版，第92页。

续表 1－23

生效时间	名　称
2005.01.31	新疆人民政府关于进一步做好我区少数民族古籍调查登记和收藏工作的通知
2008.03.05	新疆人民政府加强中小学少数民族"双语"教师培训教学实习工作意见
1988.09.20	甘肃省实施民族区域自治法若干规定
1999.08.15	甘肃省人民政府关于加快民族地区经济社会发展的通知
2002.11.18	甘肃省地方税务局关于确定"十五"期间第一批全省少数民族特需用品定点生产企业的通知
2003.11.27	甘肃省人民政府关于加快发展民族教育的意见
2006.07.01	甘肃省实施《中华人民共和国民族区域自治法》若干规定
1994.10.01	青海海南藏族自治州民族教育工作条例
1998.03.02	青海省人民政府办公厅关于进一步加强民族贸易和民族用品生产工作意见
2002.01.01	宁夏回族自治区民族教育条例
2002.01.01	陕西省民族工作条例
2004.12.31	西安市人民政府关于进一步加强民族教育工作的意见
2004.09.13	西安市人民政府办公厅关于加强我市民族民间传统文化保护工作的通知
2004.07.02	陕西省教育厅、省民族事务委员会关于进一步加强民族教育工作意见的通知

（说明：本表根据西北各省区已颁布的政策法规整理绘制）

近年来，西北地区各级政府还建立了处理影响民族团结问题的长效机制和应急预案，及时妥善地处置了各种影响民族团结的矛盾纠纷和事件，有力地反对、抵制和打击了一些外部势力打着"民族"、"宗教"、"人权"等旗号，干预我国民族问题的各种境内外恐怖主义势力、分裂主义势力、极端主义势力的渗透、破坏和颠覆活动。

（四）宗教政策

因少数民族大多有宗教信仰，从而宗教问题往往与民族事务密不可分。在西北地区，有汉、回、蒙、藏、维、东乡、撒拉、保安、裕固族等近 50 个民族生活在这里；少数民族以维、藏、回、哈萨克为主，人口均在 100 万人以上（详情见表 1－24）；人口在 10 万以上的少数民族有 9 个。另外，需要注意的是，西北地区有相当一部分少数民族人口虽然不多，但在全国其他地方分布很少，主要集中居住在西北地区，如东乡族、柯尔克孜族、土族、撒拉族、塔吉克族、乌孜别克族、保安族、裕固族、塔塔尔族，他们占该民族全国总人口的比例都大于90%（详情见表1－25）。这些民族中的柯尔克孜族、塔吉克族、乌孜别克族、俄罗斯族、塔塔尔族和哈萨克族主要聚居在新疆，且绝大多数又是跨（国）境民族，一方面，与中亚五国和俄罗斯等国家的民族在宗教信仰方面有着很大的相似性；另一方面，又与西北地区的其他少数民族在宗教信仰上存在相当程度的交叉、重合。

1－24 西北地区主要少数民族人口分布统计表①

名 称	陕西	甘肃	青海	宁夏	新疆	西北总计	全国总计	西北该民族人口占全国比例
少数民族人口比重	0.5%	8.75%	45.97%	34.56%	59.43%	19.56%	8.47%	
回族	139232	1184930	753378	1862474	839837	4779851	9816805	48.70%
藏族	3048	443228	1086592	506	6153	1539527	5416021	28.43%
土族	290	30338	187562	191	2837	221218	241198	91.72%
蒙古族	6060	15774	86301	4898	149857	262890	5813947	4.5%
维吾尔族	1187	2131	431	312	8345622	8349683	8399393	99.40%
哈萨克族	122	2963	407	69	1245023	1248584	1250458	99.85%
柯尔克孜族	19	13	8	5	158775	158820	160823	98.76%
撒拉族	22	11784	87043	38	3762	102649	104503	98.23%
东乡族	26	451622	2498	2168	55841	512155	513805	99.68%
塔吉克族	7	99	15		39493	39614	41028	96.55%
塔塔尔族	1	186	12	2	4501	4702	4890	96.16%
乌孜别克族	6	18	1	2	12096	12123	12370	98.00%
俄罗斯族	69	55	48	21	8935	9128	15609	58.48%
保安族	1	15170	635	14	571	16391	16505	99.31%
裕固族	23	12962	140	43	302	13470	13719	98.18%

此外，西北地区还与我国另外两大自治区——西藏自治区和内蒙古自治区相连，而西北地区藏族人口总计约154万，是全国藏族人口的28.43%，主要分布在青海（108.7万）、甘肃（44.3万）；西北地区的蒙古族人口则主要分布在新疆（约15万）和青海（约8.6万）。因为蒙古族、裕固族、土族等民族虽有自己的语言或文字，但讲授、辩理、念诵和写作仍用藏语和藏文（故又称“藏语系佛

① 本表根据2000年第五次全国人口普查数据绘制。

教”)。所以在宗教上，通过藏族民众普遍信仰的藏传佛教(或称藏语系佛教)，将藏族、蒙古族、裕固族、土族等民族之间的地理行政毗邻关系，进一步连接为民族宗教认同纽带。

西北地区的绝大多数少数民族都有宗教信仰，信仰的宗教主要是藏传佛教、伊斯兰教、基督教、道教、天主教和一些原始宗教等，并形成了历史悠久、信仰者众、信仰虔诚、信仰多样的特点。依据2000年全国人口普查的数据，西北各少数民族人口总计约1745.8万人，也就意味着西北地区信仰宗教的各族民众约有1745万人。① 进一步结合下表的统计数据粗略估算，西北地区信仰伊斯兰教的民众在1522.5万人以上，信仰藏传佛教的各族民众约在203.7万人。其中，信仰伊斯兰教的民众约有1085.5万聚居在新疆。因此，从地缘上来看，西北地区无疑是我国民族宗教问题的核心地带，新疆则是这一核心地带的核心。

表1-25 现阶段西北地区主要少数民族主要宗教信仰简表②

项目名称	主要宗教信仰								
	伊斯兰教	藏传佛教	萨满教	基督教(新教)	天主教	东正教	道教	佛教	其他
回族	▲								
藏族		▲							
土族		▲					△		
蒙古族	△	▲	△	△				△	△
维吾尔族	▲								
哈萨克族	▲								
柯尔克孜族	▲	△	△						
撒拉族	▲								
东乡族	▲								
塔吉克族	▲								
塔塔尔族	▲								
乌孜别克族	▲								
俄罗斯族				▲		▲			
保安族	▲								
裕固族		▲	△						

(说明：▲表示该民族人数最多的主要宗教信仰；△表示主要宗教信仰。)

① 实际上，据《中国统计年鉴·2008》有关统计数据(在2000年全国第五次人口普查的基础上按1%人口抽样)，截至2007年，西北地区的少数民族大约有1892.84万人。

② 本表根据有关民族的宗教史料整理编排。

基于西北地区少数民族宗教信仰的上述基本情况，党和国家一贯十分重视西北地区的民族宗教工作。从新中国建国到“文化大革命”之前，在中共中央正确方针政策的指导下，清除了教会中的帝国主义势力，推行了独立自主、自办教会和“三自”（自传、自治、自养）的方针，使天主教、基督教由帝国主义的侵略工具变为中国教徒独立自主自办的宗教事业。废除了宗教封建特权和压迫剥削制度，打击了披着宗教外衣的反革命分子和坏分子，使佛教、道教和伊斯兰教摆脱了反动阶级的控制和利用。实行宗教信仰自由的政策，对宗教界人士实行了争取、团结、教育的方针，团结了宗教界的广大爱国人士，还支持帮助了宗教界开展国际友好活动。但是，自 1957 年以后，宗教工作中“左”的错误逐渐滋长，1960 年代中期更进一步扩大化。特别是在“文化大革命”中，全盘否定新中国成立以来党对宗教问题的正确方针，强行禁止信教群众的正常宗教生活，把宗教界爱国人士以至一般信教群众当作“专政对象”，在宗教界制造了大量冤假错案，把某些少数民族的风俗习惯视为宗教迷信而强行禁止，对民族团结造成极大破坏。

十一届三中全会以后，党对宗教问题的正确方针和政策逐步得到恢复。1982 年 3 月，中共中央发布了《关于我国社会主义时期宗教问题的基本观点和基本政策》，对贯彻落实宗教政策，开放寺观教堂或宗教活动点，恢复爱国宗教组织活动，争取、团结和教育宗教界人士，加强信教的和不信教的各族人民之间的团结，平反冤假错案以及开展宗教界的国际友好活动和抵制外国宗教敌对势力的渗透等事项进行了总结和新的部署。明确了新时期宗教工作的基本任务是要坚定地贯彻执行宗教信仰自由的政策，巩固和扩大各民族宗教界的爱国政治联盟，加强对民族宗教界的爱国主义和社会主义教育，调动其积极因素，为建设社会主义现代化、完成祖国统一、反对霸权主义、维护世界和平而共同奋斗。1991 年，江泽民发表了题为《保持党的宗教政策的稳定性和连续性》的讲话，重申了党对宗教工作的方针政策和建设性思路。1994 年，国务院发布了《中华人民共和国境内外国人宗教活动管理规定》和《宗教活动场所管理条例》；1998 年国家宗教事务局、国家外国专家局、公安部联合颁发《宗教院校聘用外籍专业人员办法》；同年，针对一些地方的非法宗教活动比较突出、邪教猖獗、国内外敌对势力利用宗教进行渗透破坏活动，已严重影响了农村基层组织建设和农村基层政权的巩固，中共中央组织部、中央统战部、国务院宗教事务局联合颁发了《关于在农村基层组织建设中认真妥善地处理好宗教活动问题的通知》；2000 年国家宗教事务局发布了《中华人民共和国境内外国人宗教活动管理规定实施细则》；2004 年 7 月中华人民共和国国务院公布《宗教事务条例》（自 2005 年 3 月 1 日起施行）；2005 年 4 月国家宗教事务局颁发《宗教活动场所设立审批和登记办法》；2006 年 12 月国家宗教事务局制定了《宗教教职人员备案办法》；2007 年

9月1日国家宗教事务局施行《藏传佛教活佛转世管理办法》,由此形成了国家依法治理宗教事务的基本体制。与此同时,《民族区域自治法》、《民法通则》、《教育法》、《劳动法》、《义务教育法》、《人民代表大会选举法》、《村民委员会组织法》、《广告法》等法律的相关规定,例如公民不分宗教信仰都享有选举权和被选举权,宗教团体的合法财产受法律保护,教育与宗教相分离,公民不分宗教信仰依法享有平等的受教育机会,各民族人民都要互相尊重语言文字、风俗习惯和宗教信仰,公民在就业上不因宗教信仰不同而受歧视,广告、商标不得含有对民族、宗教歧视性内容等,从而形成了治理宗教事务的有效协调机制。

特别是党的十六届六中全会,在宗教理论和宗教工作的实践方面形成了一些新的重要论断,如对宗教的积极作用的肯定,从确认广大信教群众和爱国宗教界是建设社会主义的积极力量,发展到进一步肯定宗教教义、宗教道德和宗教文化中也包含有利于社会发展、时代进步和健康文明的内容,从而提出要引导宗教界对此进行挖掘、弘扬和提倡。同时,党的十六大以来,进一步深化了"积极引导宗教与社会主义社会相适应"这一宗教工作的基本方针,还把解决宗教问题与提高党和政府的执政能力结合起来,开拓了宗教工作的新局面。

从1982年到1990年左右,随着宗教政策的贯彻落实,西北各省区把宗教工作的重心逐步转移到对宗教事务的管理上。在建设基本的社会政治经济制度、实施民族区域自治、推进以农村为中心的基层社会体制变革的过程中,在治理宗教事务方面,主要的工作有:遵照国家基本法律,贯彻执行党中央、国务院关于民族宗教工作的路线、方针、政策以及民族宗教问题的法规;实施信仰自由、自主办教、政教分离、宗教与教育相分离等基本原则;加强对民族宗教事务的宏观管理和指导;加大对民族宗教事务调查研究、综合协调和监督检查工作;研究制定发展少数民族社会经济与文化教育事业的政策,及时掌握并研究解决民族宗教方面的新情况和新问题;加快少数民族地区改革开放和现代化建设事业的发展;促进各民族的平等团结、互助互爱与共同繁荣;积极引导宗教信仰与社会主义相适应,坚决制裁非法宗教活动,维护国家的统一和西北地区的社会稳定。在此过程中,对有关民族宗教的社会事务一直采取区别对待、优惠照顾的基本政策,形成了一系列具体的规章制度、政策措施和常规性的爱国教育活动。

第一,改革宗教制度。如1959年乌鲁木齐市委根据中共中央批转的《国家民委党组关于当前伊斯兰教喇嘛教工作的报告》精神,贯彻民主协商、正面教育为主的方针,对伊斯兰教进行民主改革:取缔宗教干预司法、干涉婚姻自由、体罚、罚款、处理遗产等特权;取缔私办经文学校和"乌守尔"、"扎卡提"、"非特尔"等宗教课税;取缔服劳役的宗教封建剥削;废除门宦、"口唤"制度;简化"封斋”、“念拜拉提”等宗教活动。①

第二，切合实际，努力推进依法治理宗教事务工作。主要内容包括贯彻落实《宗教事务条例》，认真实施《宗教活动场所设立审批和登记办法》、《宗教教职人员备案办法》、《宗教活动场所主要教职任职备案办法》、《民族区域自治法》，并根据本地的实际制定颁行了相应的一系列地方性的配套法规与制度（见表1－26）；加强节假日、斋月等重要时期宗教领域稳定工作，不断建立健全宗教领域突发事件应急工作机制；加大对伊斯兰教、藏传佛教、基督教、天主教、佛教和东正教的规范管理；指导各个宗教协会加强自身建设，提升各宗教协会协调处理本教公共事务的能力；加强风景名胜区和旅游胜地的宗教活动场所管理工作。

表1－26 西北地区有关宗教事务的主要地方法规简表

生效时间	名 称
1994.06.07	宁夏回族自治区宗教事务管理暂行规定
1991.11.16	甘肃省宗教事务管理暂行规定
1983.12.09	关于落实宗教团体房产政策的意见
1986.01.15	关于落实宗教团体房产政策中有关问题的处理意见
1996.12.25	兰州市宗教活动场所管理办法
2006.08.01	兰州市宗教事务管理若干规定
1992.05.18	陕西省关于外国旅游者到宗教活动场所从事宗教活动的暂行规定
2000.09.23	陕西省宗教事务条例
2008.07.30	陕西省宗教事务条例
1994.10.01	新疆维吾尔自治区宗教事务管理条例
1992.10.01	青海省宗教活动场所管理规定

（说明：本表根据西北各省区已颁发的有关宗教事务的法规整理绘制）

第三，加强对宗教教职人员的培训和管理，抓好爱国宗教人士队伍建设。如青海省举办的活佛大专班、经学院大专班和道士培训班，新疆举办的藏传佛教经文培训班，不仅讲解宗教政策和教义教规，还把社会主义荣辱观放到学校政治理论教育工作的重要位置，渗透到课堂教学、学院管理、课外活动等各个环节，引导学员养成良好的道德品格和政治意识。2006年，宁夏民委（宗教局）会同自治区党委统战部在宁夏社会主义学院和宁夏伊斯兰教经学院举办11期伊斯兰教人士培训班，重点学习《宗教事务条例》，指导自治区伊斯兰教协会进行了阿訇考核，逐步做到持证上岗，将全区宗教教职人员纳入规范化管理。同年，应银川市

① 参见《乌鲁木齐市志》（第五卷），新疆人民出版社，1999年，第54－56页。

伊协和吴忠市伊协的要求,经自治区宗教局批准,对银川市、灵武市、红寺堡等地区的无证开学阿訇进行了补考,并对考核合格的阿訇颁发了"阿訇证书"。全区经考试取得阿訇证书的人员已经达到7000人。① 2007年,新疆各地培训宗教人士7558人次,完成计划的117%,部分地区开展了带培塔里甫、"两教"和佛教爱国宗教人士、寺管会成员的培训。② 另外,通过专门的经学院教育(如新疆伊斯兰教经学院)和选派宗教院校毕业生赴外留学来培养爱国宗教人士。

第四,坚持独立自主自办宗教原则,注重并加强了对境外有宗教背景的非政府组织的监管,坚决抵御境内外敌对势力利用宗教进行的渗透、分裂活动;制止利用宗教破坏社会秩序、损害国家利益的行为,尤其是依法制止未成年人参与地下学经和"两教"非法家庭聚会、制止跨地区地下教经学经活动;严密防范"两教"非法活动。例如2007年,新疆依法开展了以治理基督教私设聚会点为重点的基督教"一滥三乱"(不讲质量、滥收信徒,不顾教规、乱行圣事,不懂教义、乱做传讲,不按规章、乱设堂点)现象治理整顿工作。对不符合注册登记条件的活动点坚决依法取缔,积极做好对信教群众的教育引导工作。建立健全了属地管理责任制度,把依法管理宗教事务的任务真正落实到基层。

第五,深入开展爱国爱教活动,积极引导宗教与社会主义社会相适应。"解经"和讲新"卧尔兹"③活动,是引导导伊斯兰教与社会主义社会相适应的重要途径和有益尝试。近年来,新疆、青海、宁夏等地先后开展了"卧尔兹"演讲比赛或巡回演讲,围绕民族团结、构建和谐社会、环境保护、孝敬父母、禁毒禁赌等主题进行讲解和论述,内容主要为:热爱祖国,爱好和平,加强团结;结合经训,宣讲"八荣八耻";伊斯兰教界和穆斯林群众为和谐社会作贡献;反对侵略、暴力恐怖活动;尊重知识,鼓励学习,重视教育;热爱劳动,发展经济;讲究卫生,重视环保;尊老爱幼、和睦邻居、扶贫助残等等。新疆维吾尔自治区还不断深化伊斯兰教解经工作,召开自治区解经工作会议,组织编写"卧尔兹",规范讲经内容,大力宣传爱国宗教人士和信教群众依靠科学勤劳致富的典型。

第六,发展少数民族社会经济与文化教育事业。对各民族包括宗教文化在内的文化遗产和民间艺术进行普查、收集、整理、研究和出版,投入大量资金用于

① 冯炯华主编:《宁夏年鉴·2007》,宁夏人民出版社,2007年版,第490页。

② 武星斗主编:《新疆年鉴·2008》,新疆年鉴社,2008年版,第380页。

③ 伊斯兰教宣教的一种方式。阿拉伯语音译,意为"劝导"、"训诫"、"教诲"、"讲道"、"说教"。"卧尔兹"正是为达到人们坚定信仰,通过演讲,引经据典、深入浅出地讲解教义。"卧尔兹"以《古兰经》和"圣训"作为主要内容,并从教史到寓言故事,由哲学、伦理道德到处世为人,乃至社会生活的各个方面,都是其题材。"卧尔兹"有长有短,大多突出一个中心旁及其他。开始先背诵一段《古兰经》原文,然后解释,引证有关圣训,联系历史事件举例或讲寓言、故事加以阐发。最后总结几点"劝诫",要求穆斯林履行应尽的义务和善行,防止邪恶和非法行为。

维修少数民族地区具有重要历史、文化价值的寺庙和宗教设施。在发展少数民族社会经济与文化教育事业方面，青海省专门实施了《青海省扶持人口较少民族（撒拉族）发展专项建设规划》；新疆也制定了《新疆维吾尔自治区人口较少民族发展规划》，并在 2002 年建立了由自治区民委、计委、财政厅等 13 个厅局（办）及 4 个人口较少民族相对集中的伊犁、阿勒泰、塔城、昌吉、克孜勒苏、喀什、和田等 7 个地州民委组成的人口较少民族工作联络网，组成了自治区实施人口较少民族发展规划协调小组，开始了有针对性的试点工作。5 月，在国家民委经济司的协调下，广州市民政宗教局拟对昌吉回族自治州塔塔尔族的社会事业发展采取对口支援。①

另外，还加强对少数民族语言文字的开发与保护，如青海制定了《〈中国少数民族古籍总目提要・青海卷〉实施方案》，并成立了相应的项目领导小组；制定了《土族语言文字的应用与保护》项目实施方案，收集了土族语言素材和文字资料，拍摄制作了《土族文字》、《土族文字教学》、《土族民间故事》、《土族民间歌谣》等声像资料光碟，编辑整理土族语言文字试行的图片资料。新疆维吾尔自治区民族语言文字工作委员会在 2007 年，研发出基于 ISO/IEC10646 编码标准和 WINDOWS 操作系统的"锡伯文、满文报纸出版系统"、"锡伯文、满文书刊出版系统"和"锡伯文、满文办公系统"等 3 套应用软件；颁行了《维吾尔文拉丁化方案》和《哈萨克文拉丁化方案》。②

第七，加强对朝觐工作的组织管理，依法制止零散朝觐。新疆把制止零散朝觐工作作为宗教工作的重中之重，切实贯彻落实中央和自治区有关朝觐工作的方针政策。2005 年，新疆自治区党委统战部等 5 部门发出《关于在全区开展制止零散朝觐组织活动专项治理的意见》的通知，坚持早谋划、早安排、早动手、早落实，基本做到"五个到位"（思想认识要切实到位、宣传教育要落实到位、对"蛇头"的打击要落实到位、基层工作要落实到位、制度责任要落实到位），实现"两个确保"（确保中央和自治区制止零散朝觐的各项部署落到实处、确保实现零散朝觐人员滞留国外的事件不再发生）。宁夏采取对朝觐工作提早部署，指导自治区伊斯兰教协会做好朝觐培训和统接统送工作方案，规范朝觐团从兰州出入境各项事宜等措施，以确保朝觐工作顺利完成。

第八，普遍开展"民族团结月"、"平安寺院"建设活动。建立并形成了民族团结进步工作机制、矛盾纠纷排查调处机制和宗教寺院内部管理机制。在活动中，要求各地统战、宗教部门正确把握和处理爱国与爱教、宗教文化与现代文明、

① 武星斗主编：《新疆年鉴・2003》，新疆年鉴社，2003 年版，第 343 页。
② 武星斗主编：《新疆年鉴・2008》，新疆年鉴社，2008 年版，第 378－379 页。

宗教组织与基层组织、内部管理与外部管理、宗教教职人员与信教群众等五个方面的关系；做到管理宗教事务指导不包办、帮助不代替，充分发挥广大宗教人员和民管会成员的主体作用；建立健全寺院内部管理的规章制度，提高寺院自我教育、自我管理、自我解决问题的能力。

第九，引导和鼓励宗教界关注和参与赈灾济困、捐资助学、修桥筑路、助残敬老、保护生态、施医赠药等慈善公益活动。如2006年，青海佛教界继承和发扬“乐善好施、普度众生”的优良传统，捐资11万多元为化隆县民族中学制作校服900套，维修了德恒隆哇西村小学大门，并赠送了课桌、面粉、衣服、棉布、教学用品等，为学校解决了实际困难。[①] 同时，开展同外国宗教界的友好往来和文化学术交流活动，如向国外选派留学生、聘请外国教师和学者到西北省区的一些宗教院校讲学等等。

(五)讨论与小结

从主体来看，中央和地方各级人民代表大会及其常委会、人民政协、人民政府，西北各省区的各级民族区域自治机关，既是输出地方性法规、制度与政策的主体，又是这些具体的社会治理制度的推动者，从而主导着对西北地区特殊的民族宗教事务的具体治理进程。

从制度、法律与政策所涉及的社会公共事务的范围来看，国家政权系统针对西北地区的特殊性，输出的制度、法律与政策，主要围绕发展西北少数民族社会经济文化事业和治理宗教事务(尤其是关于少数民族的宗教事务)来展开；治理的重点地域主要有四处：一是少数民族聚居地带，二是边疆地带，三是农村地区，四是贫困地区。

从时间来看，在1980年代以前，政策治国的特征十分明显；而自1990年代以来，日益趋向于法律治国。关于民族区域自治制度、发展西北少数民族社会文化事业、治理宗教事务的法律法规，其制定颁行集中在1990年代；进入21世纪以后，则主要表现为补充、调整与进一步完善。特别是关于宗教事务的基本法制体系，其形成时间是在21世纪初，以2004年7月颁布的《宗教事务条例》为标志。

特别是关于民族区域自治制度的法律法规、政策制度，在西北地区尚未形成具体完善的配套机制，在中央和西北地方政府两个层面，都缺乏明确的“法律责任”条款，已经制定的有关配套法规普遍存在“应当”、“适当”、“尽量”、“自主”、“照顾”等模糊性的立法语言。这种情形一方面表明西北少数民族地区社会事务的复杂性，另一方面反映出西北各省区地方人大、政府创制性立法效能不足。

① 刘德然主编：《青海年鉴·2007》，青海年鉴社，2007年10月版，第320页。

从目前西北各地二次立法的情况来看，相当一部分地方性法规都是从国家现行的法律和行政法规以及部门规章中辑录而成，很难在设立新的权利义务方面有所创新，其最大特点就是在国家法令中间加上体现地方特色的三五条，加之地方政绩驱动下的制度模仿与移植，因此西北各地地方性法规相似度很高，与此相对应的是地方创制性立法的短缺。同时，西北地区尚未制定出省级的民族区域自治条例。

第二章　权威、合法性与秩序

每一种政治秩序建立之后，统治阶级都要力图使这种政治统治合法化或获得合法性，从而以较少的成本使自己的政治统治获得最大的收益。若一个国家的政治体系享有较高的政治权威，那么它就会更为便利地实施统治与治理。从根本上讲，获得权威也是一个获得认同即政治合法性的问题，但是，权威又不是一般意义上的合法性，至少体现在三个方面：第一，权威被认为是正当的权力；第二，权威不仅指权力获得了认同，而且指这种认同已经内化为个体政治人特定的价值信仰体系；第三，这种特定的价值信仰体系具有相当的社会普遍性，在特定的范围内发挥着独特的影响力。在上述三个条件发展较好的情形下，一般而言，一个国家就会获得一定程度的政治秩序与稳定。这里，我们从国家治理的角度，就西北地区权威、合法性与政治秩序的确立及其转型予以讨论。

一、权威、合法性与秩序的确立

1949 年中华人民共和国成立后，在全国范围内建立了与以往旧政权截然不同的新政权，并通过新的制度、法律与政策对全国实施了更为有效的治理。

西北地区建国前有相当一部分为革命根据地，如著名的陕甘宁边区，在国内革命战争、抗日战争以及解放战争时期，为新中国的建立做出了突出的贡献。中国共产党及其领导的红色革命政权在这里有着深厚的群众基础，在革命和对敌斗争的过程中，它以实际行动维护了西北民众的切身利益，赢得了西北地区各民族广大群众的一致认同，从而在西北获得了很高的政治权威，也借此建立起了与国民党统治区不同的新型的政治秩序。所以说，早在建国以前，中国共产党及其领导的革命政权已经在西北地区培育了丰富的政治资源，从某种角度而言，尤其在抗日战争胜利后，中国共产党领导的红色革命政权已经在西北地区确立了独一无二的政治合法性地位，获得了西北各族人民群众的权威性认同，中国共产党的一些价值观念如大公无私、艰苦奋斗、自力更生等已经成为红色政权辖区内民众价值观念的一部分。建国后，这些丰富的政治资源与党和国家在新时期的路线、方针、政策、制度、法律等相结合，使得新政权和新体制迅速渗入到西北地区的每一个角落，从而保证了新中国政治体系对西北地区社会秩序的高效调控。

新政权在西北地区实现了政令的统一，一举铲除了盘踞在各个地区形形色色的“草头王”，结束了自古以来西北地区匪盗群起、民族仇杀、教派纷争、部落械斗的动荡局面，使普通的劳苦大众当家做主，推翻了各种封建专制统治（如封建牧主专制统治、封建农奴主专制统治、封建军阀专制统治），使广大农牧民获得了土地、草场、山林等基本的生产生活资料。同时，国家积极投资在西北地区建立起较为完整的工业体系，兴建了大量的公共基础设施（如道路桥梁、水利工程、学校医院等），培养了一大批少数民族人才，改善了西北各族民众社会生活的基本面貌，为西北地区各族人民群众安居乐业创造了良好的社会环境和政治环境。改革开放以来，国家通过掌握的资源配置权，积极引导西北地区各族民众发展生产，帮助受到各种灾害的农牧民群众渡过难关，有计划、有步骤地在西北地区进行了基本社会经济制度的改革，积极发展西北地区各项社会经济文化事业，使之从无到有、由少到多；各族民众收入大幅增加，农村居民家庭人均纯收入西北地区的均值从 1982 年的 220.008 元上升为 2007 年的 2804.24 元（参见表 2－1）；同时生活水平和质量得到了显著的改善和提高，一方面表现为消费支出总量的连年增加和整个消费支出发展曲线的整体上扬，1993 年西北地区居民消费总支出 822.8 亿元，到 2007 年已增至 4729.13 亿元（参见图2－1），另一方面表现为恩格尔系数的下降趋势，西北农村地区恩格尔系数平均值 2000 年为 49.7，到 2007 年降为 41.5（参见图 2－2）。上述几方面结合起来说明，西北各族民众将越来越多的资源用来发展基本生活资料以外的其他物质文化需要，生活的基本面貌从生存型转向发展型。

当然，上述生活质量的提升还离不开西北民众自身的勤劳与创造，但国家政权系统所创建的良好的社会环境和社会秩序正是西北民众生活创业的前提条件，这也是国家政权系统的权威与合法性得以确立的基石。

表 2－1　西北地区农村居民家庭人均纯收入（元）

项目名称	1982 年	1987 年	1992 年	1997 年	2002 年	2007 年
陕西	218.25	329.47	558.79	1273.3	1596.2	2644.69
甘肃	174.16	296.14	489.47	1185.07	1590.3	2328.92
青海	201.35	392.15	603.4	1320.63	1668.9	2683.78
宁夏	229.18	382.71	591.01	1512.5	1917.4	3180.84
新疆	277.1	452.72	740.44	1504.43	1863.3	3182.97
西北地区均值	220.008	370.638	596.622	1359.19	1727.22	2804.24

（说明：本图根据国家统计局数据库数据进行计算、绘制）

同时,在西北广大的农村和牧区设立了行政村,建立了村民委员会、党支部等组织,形成了以公共权威为基础的正式治理结构。在行政村之上,则设立了乡政府、乡党委、县政府、县党委等正式的组织机构,使村落内部、村落之间与村落之上的正式治理结构相互衔接起来,形成了完整的自上而下的政治治理体制,从而完全转变了传统政治体制在西北地区尤其是农村地区以家族结构、部落结构为社会治理结构的治理格局。加之国家对计划经济体制的推行,进一步强化了这种国家与社会一体化的一元结构,国家将社会完全包容于自身内部。虽然国家也针对西北少数民族众多、民族宗教问题复杂这一区域特点,对少数民族实施了一些有别于一般地区的特殊政策和法律制度,但只是在具体的行为方式上,而这种基本的国家权力运行结构和治理结构并没有因此而发生变化(见表 2-2)。

表 2-2　2007 年西北地区行政区划统计表

项目名称	陕西	甘肃	青海	宁夏	新疆	西北总计
地级区划数	10	14	8	5	14	51
地级市	10	12	1	5	2	30
县级区划数	107	86	43	21	98	355
县级市	3	4	2	2	19	30
市辖区	24	17	4	8	11	64
乡镇级区划数	1745	1343	396	231	1009	4724
街道办事处	164	121	30	40	147	502
镇	907	462	137	98	229	1833

(说明:本表根据国家统计局数据库 http://219.235.129.58/welcome.do 数据绘制。)

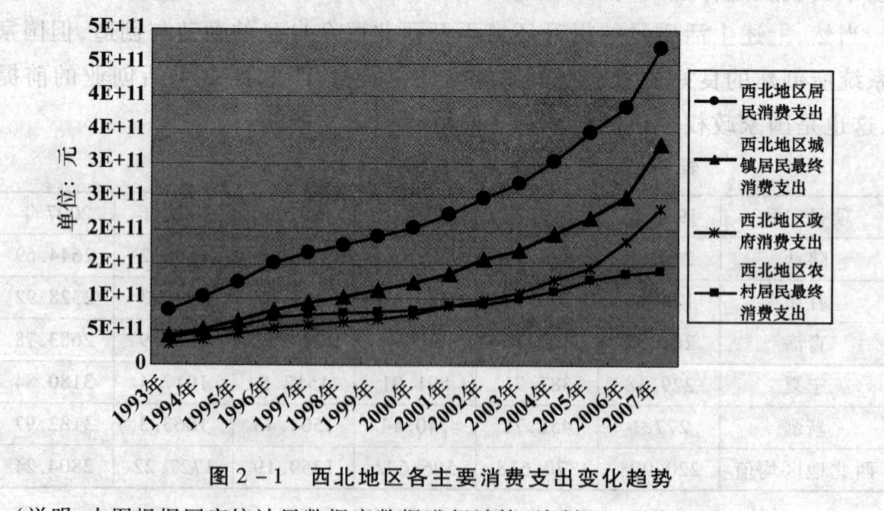

图 2-1　西北地区各主要消费支出变化趋势

(说明:本图根据国家统计局数据库数据进行计算、绘制)

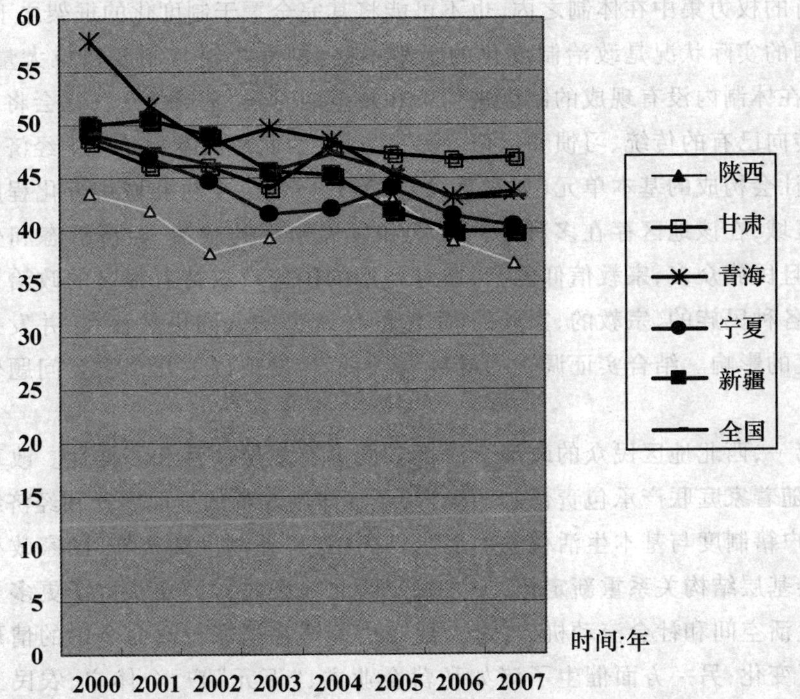

图2-2　西北地区农村居民家庭恩格尔系数的变动

(说明:本图根据国家统计局数据库数据进行计算、绘制。)

因此,从西北地区来看,无论在农村还是城市,在发达地区还是落后地区,无论是少数民族还是汉族,国家政权系统都有效地保持了自己的权威与合法性,国家政权系统得以有效运行的权威性与合法性从根本上讲是不存在问题的。这样,就使得西北地区的政治秩序总体上处于一种良性的运行状态。

二、变动中的权威、合法性与秩序

国家正统的权威、合法性在西北地区得以迅速确立并获得了较高的政治运行和社会治理效率。但是,一方面由于我国整体的政治运行始终处在一种不断调整的进程中,特别是改革开放以来,经济体制由计划向市场转轨,整个社会处于从传统社会向现代社会转变的转型期,社会流动增大,社会分化较为急剧,社会结构和社会各个阶层出现了迅速的变迁与重组,使得建国初期在计划经济条件下形成的国家与社会一体化结合的一元结构逐渐被市场经济条件下的二元结构取代,一元结构被打破,社会从传统的国家体制控制中逐步解脱出来,获得了相对自主权。国家政治体系内出现了多层次“分权”的局面，[①]国家已经不可能将所有的权力集中在体制之内，也不可能将其完全置于制度化的框架之下，更何况我国的实际状况是政治制度化的水平不高，制度短缺与制度错位大量存在。因此，在体制内没有现成的制度来约束和规范的时候，基层民众往往会将认同的目光转向已有的传统、习惯和习俗。另一方面，西北地区本身是一个经济文化多元化、社会构成的基本单元（如村落、城镇等）分散化、乡村和城市分化程度都很高的区域，在该地区存在多种不同层次和发展水平的政治、经济形态和生活方式，而且民族众多，宗教信仰复杂，在对新型的国家政权持有很高的政治认同的同时，各种民族的、宗教的、家族的、宗派的传统型的认同仍然存在，并发挥着相当程度的影响。结合实证调查的材料，我们就会发现以下几个主要问题仍然存在：

第一，西北地区民众的政治合法性认同具有多层次性和多样性。改革开放以来，随着家庭联产承包责任制的推行，经济体制改革的全面展开和经济结构的变化，户籍制度与基本生活权益的逐步剥离，身份证制度的实施，国家政权系统与社会基层结构关系重新定位，一方面使西北地区农村民众获得了更多更大的自由生活空间和社会流动机会，过去被完全束缚在国家行政命令中的情形悄然发生了变化；另一方面催生了诸如私营企业主、“万元”户、个体户、农民工等一些新的社会阶层。这样，就使得他们原有的合法性认同的层次性和多样性表现得更为突出。在西北地区基层民众身上，有家族认同（如修庙续谱、祭祀祖宗等）、部落认同、宗教认同、民族认同和国家认同等五个层次。(1)从认同的强度看，对小规模群体的认同强度要高于对较大规模群体的认同，即对家族的认同强度最大，依次为对民族、宗教和国家的认同。(2)在认同的结构上，西北地区广大农牧民的政治认同表现为多层次认同兼容与冲突的并存。宏观上，这五大层次的认同相互影响，既有积极后果，也有消极产物；微观上，这五大认同往往是半冲突半叠加地存在于西北农民个体的认同结构中。如他们一方面从国家认同出发盼望公事公办、人人平等，另一方面又从家族认同和部落认同出发，认为“六亲不认”是违背常理的，把“是亲三分向”视为人之常情。(3)在认同的因素上，传统因素和现代因素并存，其中传统因素起着重要作用。(4)在认同的发展趋势上，传统的以血缘为基础的认同逐步走向弱化，现代的以法理为基础的认同逐步发展起来。

第二，政治认同的不一致性、盲目性与回归性。以国家认同为例，西北民众对国家保持着高度的但不一定是理性化的认同，但对基层乡镇政权机关却表现

---

① 林尚立：《权力与体制：中国政治发展的现实逻辑》，来源：http://www.pssw.net.

出较多的不满、不敬，民众与乡镇工作人员多因计划生育、税费缴纳等问题发生矛盾冲突甚至激发出一些群体性事件。同时，在多层次的认同中，虽然传统认同基质已经消解无几，但传统观念的历史惯性很大；有相同信仰的民族之间基于宗教认同的文化心理联接，在多层次的认同中仍然作用显著。加之西北地区文化教育等事业相对落后，以致现代认同的基础尚未生成，在众多的社会矛盾和利益冲击下，在一个急剧变动的转型社会中，西北地区的农民和牧民在政治的合法性认同方面常常表现出迷茫、困惑。此时，他们往往就会将合法性认同的目光转向传统的、在西北地区（尤其是民族地区和农村地区）还普遍存在的一些民族、宗教团体和机构，形成一种冲突状态下回归性的民族宗教认同。

如前文所述，西北地区不仅民族构成复杂多样、民族传统文化浓厚，宗教问题更是头绪繁多、盘根错节：(1)西北地区少数民族基本都有宗教信仰，呈现出以伊斯兰教、藏传佛教为主的多样化格局（见表2－3）。结合前文西北地区主要少数民族人口分布统计表数据的粗略估算，西北地区信仰宗教的各族民众总计约有1745万人。[①] 其中，信仰伊斯兰教的约在1522.5万以上，约占西北地区信教民众总数的87.2%；信仰藏传佛教的约在203.7万左右（其中藏族约154万，主要分布在青海和甘肃），约占西北地区信教民众总数的11.7%。(2)宗教信仰表现为鲜明的跨民族性、跨国（境）性，以新疆地区为核心。具体表现为一个民族具有多种信仰和多个民族具有同一信仰以及具有同一信仰的同一或不同民族又分布在不同的国家。这种情形除了回族比较典型，[②]还集中表现在维吾尔族、柯尔克孜族、塔吉克族、乌孜别克族、塔塔尔族和哈萨克族身上，这些民族人口的98%以上聚居在新疆，而且又是跨（国）境民族——不同程度地分布在与西北地区毗邻的阿富汗、中亚五国和俄罗斯等国家，他们（除了俄罗斯族外）还有着相同的宗教信仰——伊斯兰教。结合前文西北地区主要少数民族人口分布统计表数据进一步粗略估算，西北地区信仰伊斯兰教的约1522.5万各族民众中，大约有1085.5万聚居在新疆，这个数字占西北信仰伊斯兰教的民众总数的71.3%，西北信教民众总数的62.2%。(3)西北各民族整体上表现出大杂居、小聚居的格局，但在新疆（维吾尔族）、青海（藏族）和宁夏（回族），某一少数民族大聚居的特征十分显著，从而在宗教信仰上，某一宗教在该地区的主导性、影响力就非

① 实际上，据《中国统计年鉴·2008》有关统计数据按（1%人口抽样计算），截至2007年，西北地区的少数民族已达1892.84万人。

② 目前，回族主要分布在中亚的哈萨克斯坦、乌兹别克斯坦、吉尔吉斯斯坦国，又称“东干”（tung-gan）人，人口约120800人，共有清真寺78座，呈大分散、小聚居的分布格局。参见杨文炯，张嵘：《跨国境遇下民族认同的讨论——以“东干”和回族为个案》，《中南民族大学学报》（人文社会科学版），2009年9月，第5期。

常强大。(4)基于藏语系佛教,将西北藏族(154万)、蒙古族(23.6万)、裕固族(1.35万)、土族(22.12万)等民族之间的,与西藏(247.72万藏族)和内蒙古(399.6万蒙古族)之间的这种地理行政毗邻关系,进一步联接为民族宗教认同纽带。这一纽带牵动的以藏、蒙为主的民众总计已达848.39万人。(5)以上四个方面综合起来,在基于相同宗教信仰和生活习俗而产生的民族认同和宗教认同的作用下,我国西北的民族宗教问题在地域上已不再局限于西北地区,而扩展到西藏、内蒙古一带,并且涉及多个国家。这种布局在一定的条件下,会产生一定的政治离心力,直接威胁到西北地区的政治稳定。因此,西北地区无疑是我国民族宗教问题的核心地域和国家治理的重点区域,新疆则是这一核心地域的心脏地带。

表2-3 现阶段西北地区主要少数民族总人口及主要宗教信仰简表①

项目名称	西北该民族人口(人)	主要宗教信仰								
		伊斯兰教	藏传佛教	萨满教	基督教(新教)	天主教	东正教	道教	佛教	其他
回族	4779851	▲								
藏族	1539527		▲							
土族	221218		▲					△		
蒙古族	262890	△	▲	△	△				△	△
维吾尔族	8349683	▲								
哈萨克族	1248584	▲								
柯尔克孜族	158820	▲	△	△						
撒拉族	102649	▲								
东乡族	512155	▲								
塔吉克族	39614	▲								
塔塔尔族	4702	▲								
乌孜别克族	12123	▲								
俄罗斯族	9128				▲		▲			
保安族	16391	▲								
裕固族	13470		▲	△						

(说明:▲表示该民族人数最多的主要宗教信仰;△为主要宗教信仰)

① 本表根据有关民族的宗教史料整理编排,其中的人口数据采用2000年全国人口普查数据。

自1980年代以来，一方面我国推行改革开放战略，另一方面在国际上苏东剧变，世界格局转换，和平与发展成为时代主题，经济全球化逐步推进，由此引发西北地区的社会体制、各族民众的生活方式、价值观念、社会流动的范围和时间等也产生了急剧变迁，过去被阶级斗争、意识形态、政治运动等掩盖的民族差别、民族分歧等逐步表现出来，民主、放权、让利的信号一再释放并广泛传播。这时，国内改革尚不完善，社会转型进一步加剧，东西部差距逐渐拉大，社会矛盾日益显现。国际上，一些反华势力和某些国家为了遏制、打压中国，以人权问题、民族宗教问题为由推行政治渗透与和平演变，并首先把目光投向了西北地区，有意培植了一些民族分离势力。同时，在这一时期，基层政权体系从西北乡村社会公共事务领域的退出和经济开发、征收税费等带来的与普通民众利益关系的对立化发展趋势，以及政治体系中少数民族政治权利保障机制、政治文化培育机制的薄弱和参政机制的空泛，特别是面对西北各民族群众的公民教育机制的薄弱。① 在上述国内外因素的作用下、在宗教文化的催化下，一些问题开始逐步显现，其中最主要的表现就是在西北民众（特别是少数民族民众）中民族认同在逐步强化，基于公民（或国民）观念的国家认同趋于弱化，由此国家认同与民族认同的一致性开始削弱，国家政府的合法性与政治权威开始流失。从而当“发家致富”的理念被西北各族民众广泛接受而加以实行后，一方面改写着传统的生活方式，一方面人们却无法预期与之配套的道德秩序和伦理价值何时形成，于是发生“领着救济骂政府”、“开着轿车骂社会”的现象，甚至有人“挣着大钱搞分裂”（如热比娅）。所有这些，对西北地区的政治秩序、政治稳定、国家主权与领土的完整、国家安全等构成了严重的挑战和威胁。特别是“一些事件”、“一些问题”虽然“平息了”、“处理了”，但会积淀在参与者的社会心理层面。如果不注重对这些心理积淀引导、教育和化解，在一定的条件下，这些心理积淀又会借助于某些诱因被激发出来，成为政治不稳定的一个深层原因。

事实上，从历史来看，多元的、多样化的宗教文化和民族认同并不是天生的“叛逆者”，在和平相处、彼此尊重、共谋发展的条件下，多样性的交往不仅会产生民族的自我意识和族群意识，而且还会生成亲缘、地缘等方面的多重认同和多重纽带以及跨民族认同和超民族意识，这也是“多民族国家国家认同”的社会基础。

① 这种情况并不局限于少数民族地区。就我国的教育体制来看，思想品德（或思想政治）教育从小学到研究生都有对应的课程设置和系统教育，覆盖时间长达22年，但一个突出的问题是思想品德教育知识化、智育化发展，政治说教过多，思想教育（重点应是认知思考）、政治教育（重点应是判断选择）都严重不足。特别是改革开放以来的相当一段时间，这种情况更加突出。因此，出现了国民教育的普遍缺失，造成的影响之一就是国民的国家意识、国家认同的淡漠。

以上态势表明，单纯依靠经济、文化发展以及优惠、照顾、宽容政策便可以解决民族问题的认识是不全面的。进一步讲，这里的关键问题或许是，不仅不能放松对西北民族地区的优惠扶持和宽容，而且要在加大投入、促进少数民族社会文化事业发展的过程中，构建一定的国民意识和公民观念的培育机制，将其转化为政治资源，成为政治合法性、国家认同、公民意识能够增长和转型的基础与通道。这将是一个长期、复杂而艰巨的工作。

第三，传统型权威与现代法理型权威并存。一方面是对现代国家权威的尊崇，如已经有相当一部分农牧民认为国庆、元旦、五一是一个吉祥的日子，但另一方面又在寺庙道观里为子女考学、就业甚至婚嫁等各种事务顶礼膜拜，修家谱、建坟茔等活动大幅回升。人们在承认国家权威的同时，也对家族、宗族等传统势力保持一定的服从与效忠，甚至有时候对家族的忠诚远远高于对国家权威的服从。

第四，社会秩序呈现出以国家主导秩序为主，多种秩序并存的局面。毫无疑问，国家政权系统在西北地区居于主导地位，西北民众对作为国家代表的较高层次的国家机关在总体上保持着尊崇的心理，西北地区的社会秩序也主要是国家政权系统主导之下的秩序。但是，由于西北地区传统社会色彩浓厚、民族宗教关系错综复杂，地域辽阔，社会组成单元分散，使得这一地区的社会政治秩序表现出以国家主导的社会秩序为主，多种政治秩序并存的态势。在汉族人口中，存在着传统的宗法伦理秩序；在少数民族人口中，存在着民族秩序、宗教秩序；在多民族聚居的地区，人们对国家秩序与非国家秩序的认同和支持又各有不同，而不同的秩序观念支配着人们各自不同的行为方式。20 世纪 90 年代后期以来，西北地区不断出现的黑社会活动、民族宗教纠纷、非法宗教活动和民众的群体抗法事件等，都与多种秩序观并存有较大的关联。

第五，“经济利益合法性”或“基于经济利益的合法性认同”普遍存在。西北地区由于先天经济优势不足(主要是商业传统)，后天经济能力有限(包括资金、技术、产业结构、人力资本等)，因而在改革开放的过程中渐落人后。但经济主义价值观普遍化的整体趋势并没有因落后而减弱，反而因落后而在“急切”的心态下加强。据有关调研表明，西北地区越是社会经济文化落后的地方，一般情况下越容易讲排场，越看重一个人的经济地位。人们很有兴趣讨论增加口袋里的钱，却很少(或不愿)探究增加钱的过程，很少追问我们要生活在一个什么样的政治环境和什么样的社会文化环境中，生活中经常出现的就是发牢骚、抱怨政府。

第六，社会经济生活发展过程中，不同群体、不同地区之间的不平衡性和日益拉大的差距，以及政府财政支出的公开和透明度不高，在一定程度上又扭曲和消解着国家政权系统在西北地区的权威与合法性。从图 2－1 来看，尽管西北地区居民的消费支出整体发展趋势良好，但有三个问题十分突出：一是城市居民与农村居民最终消费曲线之间的开口越来越大，这意味着二者的差距越来越大；二是农村居民最终消费曲线平缓地铺在最下面，这意味着农村居民最终消费不但发展缓慢，而且水平最低；三是从政治运行来看，对于政府支出，无论城市居民还是农村居民，在现实生活中都缺乏长效的监督制约机制。同时需要注意的是，图表所反映出来的消费增量在城市居民和农村居民内部，并不是等质均量地分布的，在不同的家庭之间也存在很大的差距。

比较西北地区与东部地区居民消费水平的发展，其情形与西北地区内部农村居民和城市居民之间的关系十分相似：西北地区居民消费水平整体发展缓慢不说，且与东部地区之间的差距越来越大（参见图 2－3）。

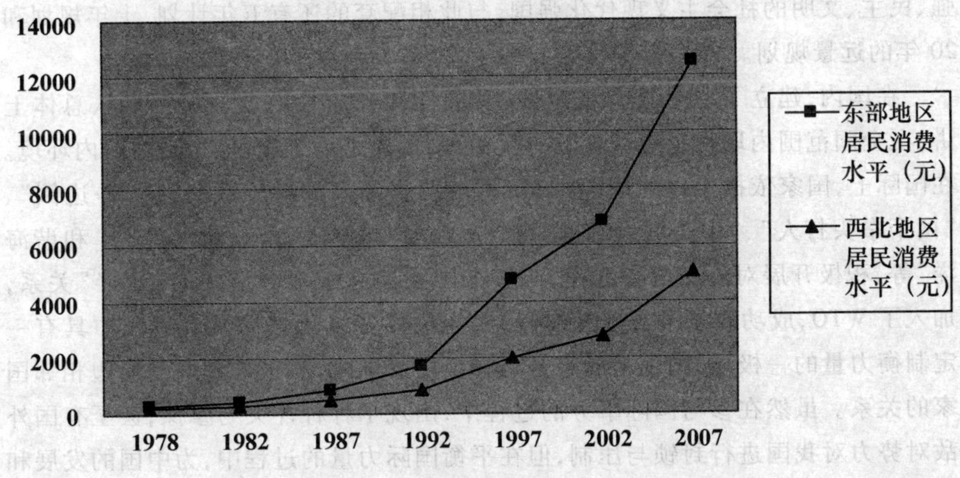

图 2－3　西北地区与东部地区居民消费水平发展比较

（说明：根据国家统计局数据库数据计算绘制．http：//219．235．129．58/indicatorYearQuery．do）

所有这些说明了在居民消费绝对量增长的同时，社会差距也在扩大。上述这种差距日益加大的趋势在很大程度上来源于制度安排的不合理和缺失、疏漏，尤其体现在国民收入的再分配机制中。在这种情况下，感受到这种差距的西北民众，往往在社会心理上会产生相对被剥夺感和不公正感，由此扭曲或消解国家政权体系的权威性与合法性。

三、权威、合法性与秩序的转型

以上讨论表明，国家在西北地区确立了新型的政治权威和合法性，在西北地区形成了国家政权系统主导的社会政治秩序，但这种确立了的权威、合法性与政治秩序始终处于一种不断变迁的进程中，并且这种变迁的总体方向就是面向现代化的转型。正因为如此，西北地区的权威、合法性与政治秩序表现出结构、层次以及类型方面的复杂并存和交互作用。

既然面向现代化的政治发展和社会转型已经成为我们的选择和基本目标，从国家政权对西北地区实施治理的角度，接下来需要讨论的问题就是西北地区在政治现代化转型中的社会环境、基础以及路径选择等事项。

(一)转型的社会环境

中国共产党及其领导的国家政权系统，通过建国60多年来的执政实践，实施了一系列治理国家的制度、法律与政策，采取了渐进主义发展战略，确立了基本的治国结构和权力运行的框架，并结合中国的具体实际制定了今后在一个较长的时期内的战略发展目标——用大约100年的时间，将我国建设成为一个富强、民主、文明的社会主义现代化强国，与此相配套的还有五年计划、十年规划和20年的远景规划。

在国内，建立了一个具有稳定性、发展性和开放性的政治格局。从总体上讲，在全国范围内取得了对社会的有效治理，形成了一个和平、稳定的国内环境。在国际上，国家依据变化的国际形势，积极调整国家的对外战略，从“一边倒”、“两个拳头打人”、“中美联合公报”到“上海合作组织”、“和谐世界”、“和谐海洋”等，积极开展对外交流与合作，与多个国家建立了多种形式的“伙伴”关系，加入了WTO，成功收复了香港和澳门，成为世界多极化格局发展进程中具有一定制衡力量的一极，在国际上的声誉与日俱增。同时，积极处理好与周边相邻国家的关系。虽然在参与国际事务的过程中，出现了种种冲突与摩擦，甚至有国外敌对势力对我国进行封锁与压制，但在平衡国际力量的过程中，为中国的发展和改革赢得了一个和平与发展为主题的国际环境。因此，从整体上来看，中国有一个较好的转型的社会环境。但必须注意两个问题：(1)这种环境是积极主动、努力奋斗的结果，并且这将是一个长期的过程；(2)随着改革的纵深发展，国内各种隐藏的社会矛盾已经开始大量涌现，如“三农问题”、“诸侯经济”、“贫富差距”、“区域发展失衡”、“生态危机”、“能源危机”等。因此，在总体社会环境和平稳定的大前提下，隐含着许多政治不稳定的因素。这些不稳定因素在西北地区与民族问题和宗教问题相结合，加上西北地区的“双重边缘化”和特殊的地缘政治关系，呈现出更为错综复杂的局面。在这个意义上讲，西北地区的政治稳定与政治秩序在全国政治格局中有着非比寻常的意义。所以，从国家治理来看，西北地区首先是一个政治战略区域，其次才是一个经济文化地域。

从西北农村政治生态环境看来，当前中国最重要的变化在于：1958年以来的国家所有制的体制对农村经济和政治关系的扭曲过程在消解，而随着农村商品经济的发展、身份证制度的推行、村民自治的开展逐步形成的一系列新的趋向在增长。尤其是村民自治制度实施以来，以基层民主化为制度目标，以民主选举、民族决策、民主管理、民主监督为主要内容，是中国现代化进程中第一次持续时间最长、范围最广的农村基层民主实践活动，极大地推动了西北农村的政治发展。这一社会变迁进程的政治学的意义是：农牧民的角色从社员转向村民，农村政治治理结构表现为以村民委员会为代表的自治组织成为基层政治治理体系中的一个层级，农村政治社会的基础由过去的国家意志组织回落到自治组织状态。(1)从西北农村地区的村级组织来看，在现阶段，作为实际掌握并分配公共权威的村级组织，主要是村党支部与村委会。(2)从西北农村地区常委会的构建来看，到目前为止，西北各地农村村委会已普遍完成了7次换届选举，规范化程度和制度化水平在逐届提高，数百万“村官”正在由过去的任命制向现在的直接选举制转变。在长期的选举实践中，人们也总结出了许多规范和程序来指导村委会的选举，如普遍选举原则、选举前的村财审计、村民会议推选（甘肃）、候选人“六选六不选”（甘肃酒泉肃州区）、普及秘密画票、“四步选举法”（新疆沙雅县）等。(3)从西北农村村民自治的社会治理过程来看，主要活动有各种村民会议的民主决策和民主管理以及相应的建章立制，主要方式是学习推广型的制度创新。

当政治意义上的农牧民失去紧约束后，虽然在日常生活中表现得十分零散，但其政治潜能在日益社会化的生活过程中则会聚集、强化（这一点在大多数群体事件中表现得非常鲜明）。对国家政治体系来讲，所有这些转变的本质要求在于不断扩展、提升政治制度化、法治化的水平，这样才能有效地保护和发展政治体系的权威、合法性和秩序，由此实现基于现代政治合法性、权威的社会治理。

（二）转型的政治基础

就政治基础而言，尽管西北地区作为中国共产党及其领导的革命政权的根据地，党和国家在这里有着深厚的政治影响力和丰富的政治资源，但由于改革开放以来西北地区的“边缘化”和东西部差距的进一步拉大，使西北地区的社会经济文化发展水平远远落后于国内较为发达的地区，并且随着改革的深入，这种差距不但没有缩小，反而有扩大的趋势。自1995年以来，西北地区农村居民人均纯收入一直居于全国31个省（市）区的末尾（统计数据没有包括香港和澳门），在第27位和第28位之间徘徊（参见表2－4）。这在社会心理上就削弱了西北民众的自我心理认同，也就大大降低了西北地区民众对国家政治体系的认同程度，削弱了其合法性。

表 2-4　西北地区农村居民人均纯收入位次(单位:元/人)

地区	1995 年		2000 年		2006 年		2007 年	
	实际数	位次	实际数	位次	实际数	位次	实际数	位次
全国总计	1577.74		2253.42		3587.04		4140.4	
陕西	962.89	30	1443.86	28	2260.2	28	2644.7	28
甘肃	880.34	31	1428.68	29	2134.1	30	2328.9	31
青海	1029.77	27	1490.49	26	2358.4	27	2683.8	27
宁夏	998.75	29	1724.3	24	2760.1	24	3180.8	25
新疆	1136.45	25	1618.08	25	2737.3	25	3183	24
西北平均	1001.64	28.4	1541.08	26.4	2450.02	26.8	2804.24	27

(说明:本表根据《中国农村统计年鉴·2008》公布的相关数据绘制)

从西北地区内部来讲,整体上,广大农牧民在生活水平有了很大提高,如西北农村消费总值从 1993 年的 390.8 亿元增长为 2007 年的 1414.55 亿元(见图 2-1),但与西北地区城市居民消费总支出之间的差距越来越大,在政府消费、城市居民消费和农村居民消费中,消费总量始终处于最末位;在消费水平方面的情况也是这样(见图 2-4)。从而,使得西北地区广大农牧民在社会心理上产生了很强的相对被剥夺感,产生了不公平感,这就进一步降低了对国家的合法性政治认同。

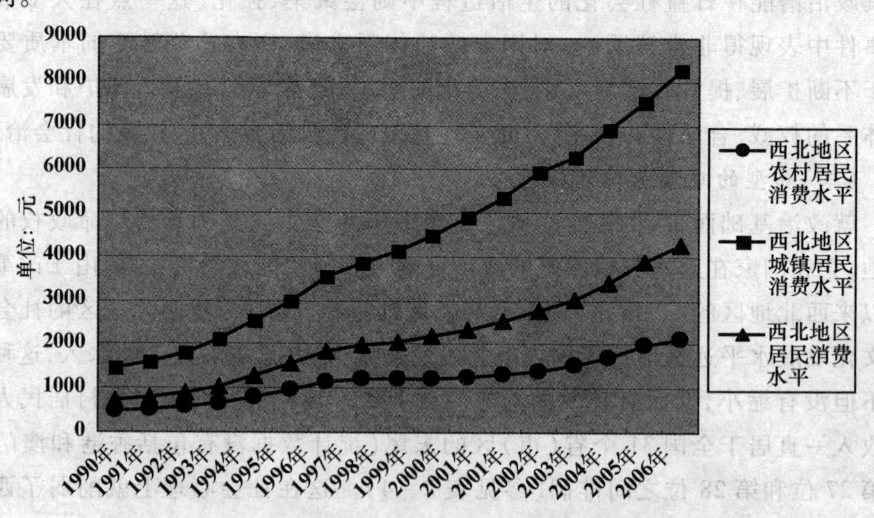

图 2-4　西北地区居民消费水平发展折线图

(说明:本表根据国家统计局数据库.http://219.235.129.58/welcome.do 数据绘制)

除了上述社会经济生活方面的影响,在西北地区通过建立乡镇政权、推行村民自治、完善村委会换届选举、实行村务公开等,实现了基本政治治理制度的变革以后，还存在一些深层次的合法性问题与合法性危机。

第一，乡镇政权替代人民公社制度后，农村社会治理面临新的问题和危机。(1)改革开放后，乡镇政府的设计本意是使政府退出对农村社会生产生活的具体干预，让农民自身成为生产的主体，一些诸如办学之类的公共事业都需要农民以附加费（有教育附加费、基建附加费等）的形式来承担，致使西北大部分地区的农民负担不断加重，也造成了乡镇政府与农民和农村社会出现了一定程度的利益分歧甚至对立。(2)基层政权的作用也随之发生了急剧的变化，基层政权从日常具体生产生活的退出，其负面效果之一就是政权与农村的社会"距离感"逐步增加。加上由于各种体制的不健全，致使原来农民在人民公社时期享有的"一点保障"也迅速消失，原来一些免费的或者廉价的社会福利不再拥有，政权的服务职能严重"退化"，农村干部的业务是"计划生育、油粮入库、农田基建"三件事。(3)更为严重的是，从人民公社向乡镇政府的转变并没有带来体制上的根本变革。因为中国各级政权的设置是从上到下对口设置的，"上面千条线，下面一根针"，最后都要在乡镇政权一级得到体现和落实。因此与人民公社相比乡，乡镇一级政权在建立之后，人员和机构不但没有减少反而不断膨胀。原来在人民公社时期管理人员只有几十人，而到20世纪90年代末，许多乡级政权人员已达到上百人甚至两三百人，虽然中间经历多次的机构改革，但这种膨胀的趋势在总体上并没有得到有效的遏制。(4)由于乡镇一级政权的开支绝大多数要从农村社会中得到，又由于西北地区乡镇企业不发达，就只能由农牧民负担，致使西北地区的农牧民负担不断加重，农村矛盾越来越多，甚至在一些地区已经激化。中央政府和各级地方政府更是多次发文制止，但效果不大。事实上，中央和各级地方政府对农民负担过重也有责任，因为正是中央和地方各级政府的达标活动给乡级政权造成了过多负担，乡级政权也找不出其他更好的办法来替代"加重农民负担"。(5)在现阶段，中国农村村民自治组织体系主要由村民会议、村民代表会议、村民委员会以及最基层的村民小组组成。村民会议与村民代表会议属于权力机构，村民委员会属于工作机构。在目前村治运作的实际中，弱村民会议、强村民代表会议，弱权力机构、强工作机构的结构较为普遍。[①] (6)在西北地区广大农村，旧的治理模式已解体、新的治理模式尚未形成，农村原有的提供公共产品的供给机制已失去了存在的基础，家庭责任制取代原有制度的制度变迁虽然为农业的高速增长提供了很强的激励机制，但却没有为农村地区公共产品的供给提供同样有效的制度安排，西北农村社会公共产品极度缺乏，这种缺乏比已经扭曲了的城乡差别更为严重，一些"突发"事件如"SARS"已验证了这

① 徐勇：《中国农村村民自治》，华中师范大学出版社，1997年版，第25－30、93－99页。

一点。(7)在西北地区,由于板块式的基层社会结构和多样的民族宗教文化,使这种分歧和对立进一步复杂化。又由于民族、宗教、家族精英以及乡村"能人"的介入,进一步弱化了基层政权的"权威"和"合法性",使政治不稳定因素增多。其结果是和农民直接打交道的乡镇一级政权在人们心目中的形象被严重扭曲,其对农村社会的治理远远达不到当初所"设计"的效果。

第二,村民自治的设计方案与改革实践的差距较大。(1)实践中首先面临的问题是村民委员会与乡镇一级政权的矛盾,乡镇一级政权运转的费用在大多数地区主要依赖于从农民那里收取的税费。一些乡镇政府为了工作的顺利不愿意让农民选出一个不"听话"的村委会而使自己大权旁落,因此对村民委员会的选举和工作的开展设置了许多的附加"规定",使村民委员会在一些地方成为乡镇一级政权的附属物,失去了其独立性,使"村民自治"空有其名。据调查,这种情形在西北广大农村地区极为普遍。仅以笔者家乡所在的村为例,自 1984 年以来,虽然村委会换了几届,但没有举行过一次村民选举活动。(2)此外,在基层政权的实际运作中,村民委员会也缺乏与乡镇一级政权讨价还价的能力,当农村社会和农民的权利受到政府的"侵犯"时,无法对农民提供有效的保护,因而在农村社会和农民心目中,村委会是无法依赖的。(3)改革开放后随着城市化的加速,农村日益出现"空壳化",进行自治的基本资源几乎丧失殆尽,尤其是人力资源的外流。改革开放后除去每年大量青年学生经过考试流向城市外,由于国家对人口流动控制的放松,大批受过一定程度教育的青壮年农民进城务工、经商。这种流动基本上是单向的——由农村流向城市、由不发达地区流向发达地区、由西北内陆地区流向东南沿海地区,而且这种流动的速度还在逐年加快。例如在甘肃省会宁(全国著名的高考状元县),自 1980 年代以来,累计考上博士、硕士的有成百上千人,但大部分是"孔雀东南飞",不再回归家乡。而农村常住人口主要由老人、儿童、病患者构成,甚至 15 岁以上的成年健康女性非常稀少。因此,留驻农村人口的整体文化水平和素质是否能适应村民自治的需要令人怀疑。(4)最让人头疼的是村民自治缺乏严格的选举标准,没有标准的操作规程,使选出的部分村民委员会不能获得实际意义上的政治认同,以致缺乏应有的权威。传统农村社会中社会权威的选拔和人民公社中管理者之所以能得到人们的认同,一个重要的原因便是选拔标准的简单明了且易于操作。而村民自治则做不到这一点,因此选举结果很难为村民所认同。到目前为止,选举权的有效落实和扩大还是一个艰巨的问题。以上几方面结合在一起,使得西北农村社区(以自然村为主）在实际的日常生活中基本上处于无政治状态。[①] （5）与此同时，西北地区大部分农村以农村、农业和农民为主，且自然环境恶劣、生态系统脆弱，据专家评估，西北地区农村有些地方的生态系统已经不可能恢复。迄今为止，在西北广大偏远农村，本来已经靠天吃饭的农业，由于大量青壮年劳动力常年外出打工已经“空壳化”，广大老百姓和基层政府打交道的也经常只有“纳粮”和“诉讼”两端，农村社会的治理已经被客观地因为治理主体的缺位而“悬置”。（6）另一方面，国家基层政权所提供的公共物品，如医疗卫生、社会保障、文化教育以及道路基建等，与广大农牧民的实际生活生产需要之间存在很大的差距。在相当数量的西北农村，农田基建和农民的生活面貌从 1980 年代到 2000 年，多年来几乎没有什么大的变化。相反的，由于基层政权自身制度化程度低和机构膨胀，大大增加了农民的负担，以致出现一些群众集体暴力抗法的事件。这样，使得国家基层政权的权威与合法性所剩无几。

第三，21 世纪以来，国家对西北农村地区的各种实惠和利好，尚未达到预期的社会效果。进入新世纪以来，党和国家着力解决三农问题，实施税费改革，取消农业税，增发农业补贴，增加财政投入和转移支付的力度，举办农村公共事业，推行村委会的换届选举工作和村务公开工作，有力地拓展了国家权威与合法性的战略空间与社会基础。但在实践中，一些基层村干部的变相操作反倒引发了不少新的矛盾，[②]不少民众产生了新的怨言，国家的种种利好并没有带来同步增长的国家认同和政治合法性。加之在西北地区村级内部，由于村委会和村党支部在实际上已经成为国家基层政权（特别是乡镇政府）的下属机构，在功能上已经准行政化，并没有很好地代表村民向国家政治体系表达他们的利益要求，所以，这些原来享有较高认同的村级公共权威组织也就丧失了原有的政治地位。

第四，改革共识机制尚不到位，社会核心价值体系急需完善。（1）从宏观来看，可持续发展与构建和谐社会已经成为国家政权和执政党的治国战略和发展理念，西北普通民众对“科学发展”、“可持续发展”、“和谐社会”在字面上已经比较熟悉，随着国家“十一五”规划的展开，它们已经逐步由“象征性国家政策”向“实质性国家政策”转化，即由一种价值理念转化为民众可享用的实实在在的实惠与福利（如农村的新型合作医疗等等）。在这样的大背景下，西北各地区纷纷提出了“构建和谐××省”、“构建和谐××县”等口号，即使在西北偏远的乡村，类似这样的标语还是随处可见。但若进一步结合我国国情特别是西北地区

---

① 吴毅：《村治变迁中的权威与秩序——20 世纪川东双村的表达》，中国社会科学出版社，2002 年版，第 334－344 页。

② 调查发现，在甘肃 T 市某村，家电下乡变成强制性购买（用该村干部的话说是“发”——每户必须先交 50 元再领取）；在个别村庄，地震救灾款摇身一变就成为该村干部的亲戚、朋友的免费建房款。

的社会实际，如果不移植西方发展模式，就意味着必须建立新的发展模式，也就是中国人要建立一种自己的活法——不同于西方人的那种社会生活方式。而这种生活方式的前提就是首先要建立一种全民关于这种生活方式的价值共识，从而树立“新的科学发展观”；而要建立“全民的价值共识”，则首先要求在一个社会专职思维的人群——知识分子中建立起价值共识，接着是知识分子与政府建立起价值共识；如果缺乏知识分子的价值共识，没有知识分子和政府的价值共识，那么，适合我国的小富即安式小康道路就行不通。① （2）合法性关注的中心问题之一是政府或政权怎样以及能否在社会范围内通过一定的价值观念和建立在价值观念基础之上的规范所认可的方式进行有效运行；而且合法性政治制度要形成并维持这样一种信念即现存的制度最适合于这个社会。“走有中国特色的社会主义道路，把我国建设成为富强、民主、文明的社会主义现代化国家”，这一信念已经普遍形成并在西北民众的社会生活中居于主导地位。无疑，社会主义意识形态的基础是马克思主义，由于我们过去主要从革命的角度去理解马克思主义，对马克思主义深入研究不足，尤其缺乏从建设和发展的角度去研究、理解马克思主义（如马克思主义对现代社会的分析和把握，②）因而在国家意识形态和政党意识形态层面，使用的时常是一个世纪以前的语言，这与我国在社会主义制度和实践层面的进展形成了明显的反差。这至少从一个角度说明，党的理论思想建设以及党领导之下的国家政权体系在意识形态引导、社会价值整合方面存在某些滞后和不足。随着人们生活方式的日益社会化，在经济大潮、市场化、泛商品化的冲击和现代传媒的示范与放大之下，中国共产党的执政基础发生了变化，以马克思主义为基础的具有正统色彩、曾一度居于主流位置的国家意识形态正遭遇前所未有的认同危机和权威危机，我国的政治系统目前还没有输出在社会范围内被普遍认同并内化为个体内在政治信念的政治价值。③ 现实生活表明，我国的公民社会还处于初始成长阶段，社会成员大多处于无信仰状态（或者至少可以说是缺少政治信仰），在我们的公共生活中，还不能轻易地概括出基

① 曹锦清：《中国农村转型：转向何方》，来源：http://www.snzg.cn/article/show.php?itemid-1840/page-1.html.

② 如生产的高度社会化、人们生活方式的社会化、劳动和人的异化、人的全面自由发展等。

③ 必须注意的是，党的十六届六中全会在集中全党和全国人民智慧的基础上，提出了构建核心价值体系的四个方面的基本内容，即马克思主义指导思想、中国特色社会主义共同理想、以爱国主义为核心的民族精神和以改革创新为核心的时代精神、社会主义荣辱观。这四个方面较为全面地体现了我国现代核心价值体系的基本内涵，但还需结合中国社会传统文化的精神内核与现代社会标志性的基本价值，进一步从中提炼出一系列基本的价值观念。现实运行的居支配地位的意识形态体系也没有提供政治价值的系统理论，从而在国家的公共生活中缺乏能够凝聚民心的长远战略目标，没有形成基本政治价值，只有一些目标指向和实现手段意义上的“替代品”（如“现代化”、“共同富裕”、“民主、富强、文明”、“中华民族的伟大复兴”、“依法治国”、“以德治国”、“效率优先、兼顾公平”等）。

本政治价值。因此国家政权系统也就不能通过一定的价值观念以及建立在价值观念基础之上的规范所认可的方式在全社会范围内进行有效运行。这就成为当前我国政治体系合法性与权威面临的主要问题，也是西北地区构建现代政治合法性、政治权威与政治秩序急需解决的核心问题。(3)在西北地区，尤其是西北农村地区，从各族民众普遍的精神面貌、从我国国家政权机构及其工作人员普遍拥有的执政观念来看，文化程度普遍偏低的民众还要受到强烈的民族宗教文化的影响和隔离，传统性与现代性的制度、文化、观念、秩序、认同等等大量并存，在社会文化、经济基础、政治权威等方面表现出多样性与层次性，尤其是民族问题与宗教问题常常交织在一起，而西北本土仅有的文化知识阶层(一个宽泛的说法，包括完成义务阶段教育的青年)纷纷外流，如此一来，改革共识如何构建？社会主义核心价值如何践行并完善？这是西北地区最为普遍的价值观念困境。

综上所述，在社会整体转型，建立现代政治权威、合法性与政治秩序的基础这一问题上，西北地区在社会经济、社会文化以及现代法治方面，均不同程度地存在着缺陷与不足。西北地区原有的社会治理基础已经大大削弱，广大民众的政治社会化程度和政治素质提高不大，甚至有的还处于停滞状态。

(三)转型的模式：以构建法治为中心

整体来看，合法性、权威与政治秩序的现代化转型与重建是一个综合的社会变革过程，也是实现我国社会全面协调发展的现代化的过程。西北地区权威、合法性与政治秩序的现代转型，与我国社会发展的总体战略——通过三步走建设富强、民主、文明的社会主义现代化国家紧密相关。从另一个角度来看，社会现代化发展的政治性后果就是政治现代化。权威、合法性与政治秩序的现代化不仅作为政治现代化的基石，也是政治现代化不懈追求的目的所在和基本的评判标准。实际上，无论是权威、合法性与政治秩序的现代化，还是政治现代化和社会的现代化，本身就是同一个过程——社会的现代化发展过程。西北地区权威、合法性与政治秩序现代转型的模式选取，其本质就是一种目标追求和价值取向。之所以选取以构建法治为中心的模式，本文主要基于以下考虑。

1.政治现代化的本质和西北地区政治发展的基本要求

政治现代化本身是一种现代社会治理机制与发展样式，作为政治发展积极性后果的政治现代化包括：权威的合理化、政治结构的分离和政治参与的扩大。① 这些政治现代化的基本内容的共同本质在于政治制度化，政治制度化也是政治现代化取得成功的关键。只有大力推进政治制度化建设，才有可能缓解

① 〔美〕亨廷顿著，王冠华、刘为，等译：《变化社会中的政治秩序》，上海人民出版社，2008年版，第79页。

国家在社会现代化的进程中出现的大众政治参与压力，协调沟通各种社会民主力量，优化政治体系的组织结构，从而确保现代化进程中的政治稳定与社会和谐，最终实现社会的现代化。

现代社会，制度化作为一种行为模式，其实质就是依照宪法、法律和各种行政法规去行事，或者说这种行为模式就是指宪法、法律和各种法规制度，并且这种行为模式在实际的社会公共治理过程中，使宪法和法律成为最高的治理权威。现代政治所要求的理性权威其理性就是法治理性，也正是在法治规约下使得政治体系的结构功能得以分化和优化，在尊崇法治、依法行为的前提下社会广泛的政治参与才成为政治现实。因此，制度化实际上就是法治化，法治化是政治现代化的本质属性之一。

改革开放以来，社会主义现代化建设在我国全面展开，政治现代化已经成为政治体制改革的现实选择和目标追求。虽然社会主义是对资本主义的扬弃和超越，但二者具有共同的社会历史前提——人的独立自主，处在共同的社会历史发展阶段——现代社会，更何况我国目前还是一个处于发展中的尚未实现现代化的国家，处在由传统社会向现代社会转型的攻坚时期。因此，积极汲取人类政治文明发展的现代成果，以奠定现代社会体制的基石。从世界近现代史来看，无论英国的宪章运动还是美国的制宪进程，形成的核心理念是“法律节制权力”（即“法在议会、王在法下”或“宪法之下的分权制衡”）。在这一核心理念和制度基础之上，到19世纪才逐步发展出来了现代民主制（即受到宪政、法律约束的民主制，如通常所说的“民主宪政”），平等自由、独立自主等基本政治价值也正是在限制王权、完善法治的历史过程中生长起来的。

而在中国传统的政治文化遗产中恰恰缺乏法治文化和法治精神，社会成员中也形成了源远流长的“违法意识”和“潜规则”。至今，在我国社会成员的社会心理和政治文化中，无论精英阶层还是普通大众仍讲求“事在人为”，以不受法律约束为能事，很少有人真正视法律的正义稳定、普遍有效为其切身利益之所在，因此也很少有人主动自觉地去遵守法律，这就决定了在中国当前的社会文化中缺失对法律权威、法治精神的认同和尊崇。当然，这与我国自上而下的立法制度和法律的创设机制有很大的关系。

在西北地区，特别是西北少数民族地区和农村地区，一方面是法治理念的普遍缺乏，另一方面是多元化、多层次的民族意识、宗族观念、宗教思想、臣民意识在人们的思想中占据了很大的空间。尽管改革开放以来社会阶层迅速分化使得西北民众对国家权威的理性化水平有了一定的提高，但这种分化在很大程度上是被迫的，缺乏应有的法律保障和制度保障，各阶层在分化中获取进一步发展所需资源的能力相差很大，其消极后果是引发了一系列政治不稳定因素，尤其是政府合法性和政治权威的流失。上述两方面结合起来,使得人们的行为准则更加零散复杂,缺乏必要的改革共识,由此导致了更多的冲突,也就很难保证西北地区的民众和国家政权系统特别是基层政权系统能从尊重法制规则、尊重程序的角度出发接受程序合法的决策结果。在这样的社会治理环境中简单地进行“下乡活动”、简单地导入少数服从多数的决策机制和竞争机制,其后果不容乐观,稍有疏漏就会给西北地区的社会治理以及政治体系的合法性与权威造成严重的损害,甚至错过改革的时机。这一现实也迫切需要国家政治体系在构建现代政治合法性与权威的时候,通过建设现代法治理念来进行调适、整合与引导。

2. 化解我国现实政治运行中“经济绩效合法性困局”的现实选择

一般来讲,要持久地通过经济发展来取得合法性基础具有不可逾越的障碍,因为经济发展总是处在波动周期当中,其速度不可能永远保持令人民满意的水平。而政绩平平既会瓦解统治者的合法性,也会相应的瓦解该制度的合法性。① 当出现经济波动或衰退时,由于过分依赖经济发展绩效,就会导致政治危机。而当政府对付危机的政策使得经济局势恶化,造成发展停滞、萧条、通货膨胀、低增长或负增长、失业增加以及某种社会综合征时,其合法性更会进一步下降,甚至引起大的政治动荡。事实上,即使经济发展所提供的合法性相当充足,其本身也隐含着潜在的合法性消解因素:(1)经济发展常常意味着民主、参与意识提高和参与行为增多,这对现行政治秩序构成了很大的政治制度化压力。经济发展与民主参与的关系极其复杂,但人们仍然会认为:一个国家越富裕,它准许民主的可能性就越大。在现代化过程中,各阶层的分化形成了巨大的社会张力,②公共团体增加,政府职能扩大,新的政治文化观念逐步成长,诸如此类的因素会使政治民主、政治参与合法化,起到鼓励参与的效果。③ 政治发展意味着一个国家政治体制具有自我变革的能力和容纳变革所释放出来的利益要求和其他压力的能力。后发型现代化国家普遍面临着经济进步和政治发展两大任务,而前者往往是通过权威人物或社会精英群体作为主导力量推动的,这时民主和参与要求一般就体现为现有政治体制的某种对立物。当经济发展的势头停止甚至经济失败时,这种已经产生的民主和参与要求就会转化为政治体系的直接对立面而动摇和破坏现有政治秩序和政治合法性基础。(2)较高的腐败率常常伴随着经济发展,这对政治合法性和政治权威造成了巨大的消解机制。亨廷顿关于现代化引

---

① 〔美〕塞缪尔·亨廷顿著,刘军宁译:《第三波:20世纪后期民主化浪潮》,上海三联书店,1998年版,第59页。

② 经济发展常常导致社会阶层结构发生大的变动,导致社会发展不平衡甚至出现两极分化状态。

③ 〔美〕塞缪尔·亨廷顿、琼·纳尔逊著,汪晓寿、吴志华,等译:《难以抉择——发展中国家的政治参与》,华夏出版社,1989年版,第46-48页。

发较高腐败原因的分析尽管异议很多,但后发型现代化国家普遍受到腐败困扰却是不争的事实。在许多后发展国家中,从官僚体系的最高层到最低级,腐化已经成为一种自然而然的现象,成为所有当权人物的生活方式和普通民众在内心仿效的对象(尽管这种仿效经常以极端反腐的面目出现),严重时可能最终演化为腐败的"民俗化"状态,即使如此它仍会引起社会民众的极大不满,由此严重消解政治体系由经济增长产生的合法性和权威。

经过多年的改革实践,中国社会正在从单纯的经济时代迈入政治时代和社会全面和谐发展的时代。如前所述,中国共产党领导下的政治体系在西北地区确立了高水平的政治权威与合法性,但这并不能保证我国政治体系可以免受"经济合法性困境"与合法性基础的削弱所带来的困扰。改革之初,由于群众立即得到了实际利益,经济成果顺利转化为政治合法性。而改革进入攻坚阶段后,由于分配不公、腐败滋生、社会差距加大等,引发了社会成员"普遍的心理失衡",社会不稳定因素开始增多。这时,开拓新的政治合法性资源和强化政治权威的社会基础就非常重要。

改革以前,我国政治体系的权威与合法性基础具有强烈的意识形态特性,一切是以与资本主义社会制度相对立的社会主义方式(优越性)出现的,这在与外部世界相对隔离的情况下曾经取得了较好的治理效果。但随着改革开放和社会的现代化发展,就需要适时地转化政治合法性、政治权威的社会基础。这种转化集中体现在中国共产党执政理念的转换中:(1)与改革开放前带有浓厚意识形态色彩的合法性基础相对应的是中国共产党"全心全意为人民服务"的动机合法性执政理念,这一理念将人民的基本利益诉求定位在政治形态和思想道德方面,通过政治动员、个人魅力、先进示范来落实,缺乏法制的约束和一贯性。(2)十一届三中全会后,党制定并确立了社会主义初级阶段的基本路线,经济建设成为党和国家的中心任务,执政理念转换为经济中心之下的"发展就是硬道理"。同样,由于法制体系的不健全和法治的缺位,产生了上述发展中国家普遍遇到的"经济合法性困境"。(3)进入改革的攻坚阶段和社会转型的关键期,在科学发展观的指导下,执政理念演化为"以人为本依法执政",党明确提出了社会主义政治文明建设的战略任务。这说明,以中国共产党为领导的国家政权系统具有主动的构建意识,开始注重在法律制度的约束下,在全面的政治绩效上构建现代政治所要求的权威与合法性基础。

一般而言,政治体制改革和政治发展的基本价值取向是法治化、民主化。但如上文所说,在当今中国的社会运行机制中特别是在政治文化和大众社会心理层面,缺乏对程序与规则的高度认同与一致尊崇——这恰恰是民主的前提和基础,多数法律没有得到普遍尊重和有效执行,所以要走出转型期国家治理与政治发展的困境，实现政治权威、合法性与政治秩序的现代转型，就必须先行法治，构建以法治为核心的政治文化和社会主导价值体系，这就要求在公共治理的过程中首先将党和国家的一切活动置于法律的限制之下，从而逐步培育建立在现代法理与民主宪政基础之上的现代合法性认同。

3. 能够优化政治结构、开拓现代政治权威与合法性的基础

从历史传统来看，我国是一个缺乏法治文化积淀、实行行政统治型社会治理的国家。从我国政治体系现行的治理结构来看，以下几个特征尤为突出：(1)“行政集权”，即单一制国家政权构架下的中央政府集权和行政权对社会资源和社会事务具有超强的处置力。这在具体的政治实践中产生了两个相互连接的结果，一是地方各级政府成为中央政府的办事机构；二是中央政府在具体的社会治理过程中经常受到来自地方政府的牵制，宪法赋予公民的一些基本权利往往被“地方法规（或单位的内部规则）”分化瓦解乃至侵犯，中央政府的调查监督如果没有地方特别是基层政府的协助基本上就无法进行，由此导致中央政府无法有效地保障公民的基本权利，这也是我国政治体系权威流失、合法性基础遭到削弱的一个重要原因。在改革的进程中，上述“行政集权”促使地方政府演化为具有既得利益的“准经济实体”，政府所应承担的职责被淡化，形成了所谓的“诸侯政治”、“诸侯经济”，这反过来又侵蚀着政治体系的合法性基础。(2)“司法分权”或“法院高度地方化”，即国家法律在实质上的不独立和不统一。其实，上述“行政集权”及其弊病产生的根本原因之一就是“法院的地方化”。在我国当前的国家权力构架中，法律基本上依赖地方法院运行，然而“地方法院”不等于“地方的”或“地方化的”法院，但由于法官及其家庭成员的日常生活（包括工资福利、衣食起居、子女就学等）基本上处于当地政府的供给、管辖和控制之下，在很大程度上导致地方法院退化为“为地方政府服务的法院”。① 如此一来，地方保护主义、地方政府歧视外来人员、地方政府之间的掠夺性开发和竞争就缺乏日常化的制约，这不仅损害了政府的合法性基础和法律的权威，更为严重的是，它阻碍了我国社会法治精神培育机制的建立完善。(3)在上述国家权力结构所形成的社会机制下，普通民众由于缺乏有效的制度化的救济途径，在自身基本权益遭受侵害的情况下，经常通过“越级上访”、“群体事件”等方式参与政治、表达诉求，从而导致政治体系压力过大和政治不稳定。

因此，通过构建以法治为中心的法治优先转型模式，有利于规范权力、限制政府、统一司法、驯化民众、整合社会，由此优化我国政治体系的结构，维护中央

① 在调研中，西北民众的一个普遍观念是“县长的官比（县）法院的院长要大”，“县长是管法院（院长和法官）的”，“市上和省上的情况基本一样”。

政府的权威，有效地缓解民众的不满和怨气，让执政党在经济合法性资源流失、政治权威遭到削弱之际，获得新的合法性资源；也能在实际治理的过程中培育现代公民的法治精神和政治参与的一些基本素质，使人民代表大会的权力逐步由“象征性”向“实质性”发展，实现政治权威与合法性的现代化转型。

（四）权威、合法性与秩序转型的基本策略：控制与解控

其实，上述法治中心模式也就决定了转型的基本策略。前文指出，我国政治体系对社会的治理与调控主要是通过行政权以“行政集权”的方式来进行的，并且从中央到基层基本承袭和复制了这种授权方式和权力结构，但在法治文化缺失的社会环境和政治文化氛围中，加之政治价值建设与理论创新和思想政治教育滞后等其他原因，导致地方政府演化为具有既得利益的“准经济实体”。又由于“司法不独立”或“法院地方化”，进一步强化了地方“诸侯政治”的局面，由此严重地削弱了国家政权的一体化程度和合法性基础。因此，需要在国家层面改变这种政治控制的权力结构和组织关联，以适应西北地区特别是基层社会的特殊性。

由于西北地区在政治文化、社会结构和政治发展方面的上述种种特殊性，决定了国家政权体系的主导力量在西北地区社会转型、公共治理和政治现代化的过程中仍然具有非常重要的作用。问题的关键在于国家主导力量的作用领域、作用层次与作用方式的选择。从政治控制和政治一体化以及政治现代化的角度来看，主要是要处理好控制与解控的关系。

1. 优化国家层面的政治控制，增强政治体系的凝聚力和整合力，由此提高政治体系的权威性和合法性。

在控制的手段上，以法律为根本规则，将社会生活中与政府行政有关的公共领域，如公共管理与公共决策的实施、公共政策的制定纳入法制化、程序化、规范化的轨道。同时，积极地通过法制规则的构建吸引各种社会力量的参与，进一步促进公共行政的公开化，用公开、法律促进公正与权威。在控制的层次上，主要在省级以上。就控制的对象而言，主要有四个方面：一是国家的行政权力，二是中国共产党的活动，三是国家主导的意识形态系统，四是基本政治价值的构建。以期在社会心理和政治文化层面形成对规则、对程序的普遍认同与尊崇。最后形成国家政治体系“司法集权”的治理格局。

2. 在司法独立、司法统一的前提下，对基层公共事务逐步实行解控策略，以改变基层授权方式，做到因地制宜，拓展基层治理的权威基础和吸纳新的合法性资源。

首先是精简行政层级结构，依照我国宪法的规定，虚化乃至撤销市级政权设置，中央政府与省级政府形成行政授权关系；县级以下（包括县级）的逐步推行

自治,其公共权力的合法来源不再是省级的授予与任命,而是来自基层的同意与认可,其权威不再来自国家的强制,而是基于社会公益增长之上的自主认同,由此改变基层社会“行政集权”带来的弊端。其次,在时机相对成熟的条件下(如国家主导的意识形态不动摇、西北民众对以法律为代表的规则与程序普遍认同、平等公正等基本政治价值得到尊崇),国家可主动地消解对西北地区基层社会的控制,降低当前西北地区基层政权有组织系统的有序状态和稳定状态,以便打破旧有平衡,实现政治体系的转换、变更和新的发展。

(五)权威、合法性与秩序转型的战略核心:构建和谐的价值观念体系

由于西北地区民族宗教复杂多样的现状,无论强化中央层级的政治控制还是化解西北基层社会行政集权的弊端,核心要务是在治理的交互过程中构建以法治理念为中心的和谐的价值观念体系,并以此为突破口走出上文提到的治理困境(结构的、制度的、价值观念的),来支撑权威、合法性与政治秩序的转型乃至整个西北地区的社会转型。

综上来看,以下几个方面的工作就非常重要:(1)意识形态创新,如深入推进马克思主义中国化的研究和理论创新,结合我国的政治实践,提炼出我国政治体系的基本价值;提出长远的、能够凝聚国民精神的战略目标;对重大政策进行新的诠释和宣讲;将具有民族特性的爱国主义和思想政治教育制度化、常规化等等。(2)改变政治体系中的考核机制和评价指标,以法治作为政治考核的价值导向,以政治制度化作为政治考核的中心,以社会公益作为政治考核的根本准则,逐步扭转以 GDP 为中心的政治考核机制,从而改变政治体系中诸要素之间的关联方式及结构,逐步建立对法制规则的体制内尊崇。(3)以强化依法行政为主导来推进政治法治化的水平,进而提高我国政治体系的一体化程度,从而有效地维护和整合各种政治权威,逐步培育民主法治的执政理念,以抵御经济主义的侵蚀。同时,推行公共行政的公开化和透明度,借以吸纳广大民众和社会舆论的参与,从而对某些主体的经济主义行为构成有力的监督力量,逐步生成社会普遍的法治观念和公正观念。(4)在积极引导公民进行相应的公共政治活动的过程中,在公共管理与公共服务和日常的社会交往中突出并加强公民教育(特别是思想品德、政治素养、政治信仰、传统文化等方面的教育),通过多种渠道(如社区治理、单位治理等),借以培育政治现代化所需要的风俗民情和理性的政治文化,扭转大众的政治价值观念,使“公民”这一观念深入人心并超越“农民”、“村民”、“臣民”与“草民”,逐步生成关乎国家发展与社会和谐所需要的改革共识和当代中国的核心价值体系。(5)强化“四个认同”教育——即对祖国的高度认同,对中华民族的高度认同,对中华民族文化的高度认同和对中国特色的社会主义制度的高度认同。

（六）权威、合法性与秩序转型中应关注的几个具体问题

政治绩效将继续作为最主要的方面，在西北地区政治权威、政治合法性与政治秩序转型的过程中发挥重要作用，包括人民生活的安全稳定和不断提高、政府能够妥善解决各种社会问题和整合不同的利益诉求、提出富有凝聚力的发展目标等。因此，西北地区转型的策略可简单地归纳为：既对原有政治资源进行有效保护，同时又着力开发新的政治合法性资源，强调国家的主导作用；采取控制与解控、渐进与激进战略相结合的有限激进改革路径，突出以法制为中心的和谐价值观念的构建。

事实上，西北地区一直处于这种转变的进程中，但由于西北地区特有的政治发展制约因素，一方面是农村经济的极度脆弱和生态环境的极度严酷，民众政治社会化程度及政治参与素质很低，农村被深度“空壳化”；另一方面却是多种社会经济形态和文化类型并存，社会的同构程度很低，因此，推进民族区域自治和村民自治是进行转型和发展政治的初始战略空间。但必须着力关注以下几个具体问题：(1)国家政权系统要首先解决西北农村“空壳化”的问题，尤其是主体的缺位与政治功能有效发挥的问题；(2)国家对西北民众的公民素质的提高应负起责任，必须负起训练和培养基层政治主体的责任，使他们认识到仅仅认同现有政权还不够，要让他们以主体（或公民）的身份积极地参与到国家政治系统中来；(3)用服务与合作赢得西北民众的合法性认同，从而引导他们生成现代社会所要求的平等意识和法治观念；(4)在输入一些政治资源的时候，特别要关注资源的具体运用过程，用国家法制和公开资源的使用过程来引导和增强普通民众的公共意识和监督精神。否则，一旦处理不好，资源越多，则怨言也越大。

第三章　治理绩效评估

由于西北地区同全国一样，正处于从传统社会向现代社会转变的转型期，而且到了关键时期和攻坚阶段，已有的社会矛盾日益显露，新的社会矛盾不断生成。此外，从现实的政治发展路径及其发展走向来看，政治现代化是我们已经选择的道路和政治发展目标。因此，政治现代化理论是我们用以分析问题的主要理论工具。另一方面，进入新世纪以后人们在发展观上产生了深刻的变革，突出强调全面、协调、可持续的整体发展理念，而所有这些发展，最后都集中到人自身的全面发展和价值提高上，并以其作为最高的评价标准。在这种背景下，各种综合治理理论应运而生，尽管在具体的理论表述和理论构建上，它们存在着不同程度的差异，但它们都以实现公共利益的增长为目标。因此，现代治理理论又是我们借用的另一个理论工具。所以，衡量我国既有的制度、法制与政策的绩效，就要从上述两个理论框架中，切合西北地区社会转型的实际去综合考虑。

我们知道，政治发展的前提是稳定、有序，核心和实质性内容就是政治制度化。制度化从结构方面可以用国家的政治组织和政治程序的适应性、复杂性、自立性和凝聚性来衡量，在伦理方面则表现为国家公共利益的增加。而作为政治发展积极性后果的政治现代化包括：权威的理性化、政治结构的分离和政治参与的扩大，①治理的核心又在于公共利益的增加。综合以上各方面，我们以政治稳定与政治秩序、政治制度化、权威理性化、政治参与水平、政治文化世俗化、社会公共利益的增加、政治运行法治化、政府效能等方面对其治理绩效加以评估。

一、政治稳定与政治秩序

对于政治稳定的界定众说纷纭，政治发展和政治现代化理论的代表人物，素有“政治稳定设计师”之称的亨廷顿认为，政治稳定包含两个基本要素，即秩序性和继承性。秩序性指没有政治暴力、压抑或政治体系的解体，继承性则指没有

---

① 〔美〕亨廷顿著，王冠华、刘为，等译：《变化社会中的政治秩序》，上海人民出版社，2008 年版，第 79 页。

发生政治体系关键要素的改变、政治演进的中断、主要社会力量的消失和企图导致政治体系根本改变的政治运动的发生。由于我们主要探讨的是中国西北地区（西北农村地区）的国家政治治理问题，因此我们对于政治稳定的理解侧重于区域政治方面，认为政治稳定是指一个国家或地区政治秩序的连续状态和政治结构要素的协调变化。政治稳定可以通过以下标准来考量：(1)基本政治制度维持和持续的程度；(2)政府及执政者更迭的制度化、法律化程度；(3)社会中各种政治力量的对比相对均衡，变化有序（在西北地区尤其要关注民族关系和宗教关系是否正常）；(4)政治过程的有序化程度；(5)政治文化的内在一致性程度。

与建国以前相比，在新中国成立后的60多年里，西北地区出现了前所未有的政治稳定、经济发展的局面。其主要标志是：

第一，各级国家政权体系建立健全，国家政令畅通，政治体系制度化、法制化的水平日益提高，尤其是民族区域自治制度在西北地区的确立为西北地区的政治稳定打下了坚实的社会基础。

第二，各族人民和睦相处，安居乐业，各民族互通有无，民族团结不断加强，结束了过去民族仇视、民族纷争甚至民族残杀的局面，实现了各民族之间的平等、团结与互助，新型的民族关系已经基本确立。

第三，经济建设效果显著，人民生活水平不断提高，该地区已经由一个基本没有近代工业的地区，发展为工业门类比较齐全的地区。据统计，西北地区的工业总产值比建国前增长了200多倍，农牧业产值按不变价格计算，比建国前分别增长了20多倍和10多倍。在经济增长的基础上，各族人民的生活水平明显提高，过去那种缺医少药、缺吃少穿的状况已大为改观。

第四，西北地区民心稳定，人们渴望国家长久的统一与各民族的团结。

第五，基于西北地区浓厚的民族宗教文化和多种生活形态，西北民众在政治文化方面表现出国家认同引导下的多层次、多元化的格局，这种文化的内在一致性程度较低，一些深层次的共识尚未形成。正是因为这个原因，一些国外敌对势力和旅居国外的民族分裂分子借此不断进行煽动和挑拨，国内一些居心叵测的人也遥相呼应，不时制造一些事端。从时间上看，西北地区在持续稳定的前提下，存在着个别时期政治不稳定因素较多的情况，例如“文革”和1980年代、1990年代。但在国家政权系统的有效治理下，西北地区基本上保持了政局和社会的稳定。

必须注意的是，西北地区还存在一些不稳定的因素和事件，而且在某些地方、某些时候还很突出：(1)民族分裂主义有所抬头，近年来，在新疆、甘肃、青海、宁夏等地曾多次发生民族分裂分子制造事端的事例。他们往往打着宗教的旗号来蛊惑群众，甚至公开打出“东突厥斯坦共和国”等招牌进行分裂活动。

(2)在某些地区,非法宗教活动猖獗,宗教狂热升温。(3)边界、草场、草山纠纷增多,并随着环境的恶化和资源的日益短缺而愈演愈烈,导致政府和部分群众的冲突。(4)基层政权治理无力,调控社会矛盾的能力下降,延误了解决社会矛盾的时机,降低了政府在民众心目中的权威性。(5)少数民族地区和农村地区贫困人口增加,社会两极分化严重。上述这些情况,集中体现在困扰西北地区政治稳定与社会和谐的"新疆问题"和"西藏问题"上。

所谓"新疆问题",是以"东突独"问题为中心标记的包括"疆独"等在内的民族分裂势力,背后是"三股势力"——民族分裂势力、极端宗教势力、国际恐怖势力,他们三位一体,打着民族、宗教的幌子,煽动民族仇视,制造宗教狂热,鼓吹对"异教徒"进行"圣战";大搞暴力恐怖,滥杀无辜,挑起暴乱骚乱;有时又改头换面以人权、民主、维护少数民族权利为幌子,在国际反华势力和某些敌对势力的支持下,目标就是把新疆从中国版图中分裂出去,建立所谓的"东突厥斯坦伊斯兰国"。其思想体系源于泛突厥主义和泛伊斯兰主义的双重影响。前苏联解体和中亚各国独立后,这些分裂分子根据新形势,境内外势力结成联合体,使新疆的恐怖活动升级,由地下转为公开,进一步将新疆问题国际化。

所谓的"西藏问题"已有一百多年的历史,"西藏问题"是西方帝国主义侵略中国造成的。其中,英帝国主义挑拨离间,培植西藏的分裂主义势力,是"西藏问题"早期的根源;二战以后,以美国为主的反华势力为了它们战略利益,也把"西藏问题"作为它反华反共的一个棋子;现阶段,西方一些反华势力为了遏制和分化中国,仍把"西藏问题"作为自己手中的一张牌。由于美国中央情报局在幕后主持,从而"西藏问题"与"台独"之间就有着一种微妙的关联。

从运行机制来看,"新疆问题"和"西藏问题"的主要共性在于:(1)以所谓的"民族问题"、"宗教问题"为幌子,以符合西方口味的"民主"、"人权"为理由,妄图分裂中国;(2)以暴力恐怖为基本手段;(3)以游说西方,争取"国际化"平台为基本策略;(4)都有国外势力的扶植与支持;(5)其具有复杂化和持久化,都有列强各国和敌对势力的介入与利用。

长期以来,新疆、西藏的民族分裂势力在国内外的活动,对西北地区的政治稳定、政治秩序以及我国的国家安全和现代化建设事业构成了严重的危害,主要是:(1)境内外分离分子有组织的遥相呼应,直接危害到我国大西北乃至西部地区的社会稳定,严重威胁着国家安全。(2)在其示范效应下,一方面分离活动往往会波及周边各地,另一方面民族地区社会生活中一些普通的干群矛盾常常会以大规模群体性事件的形式出现,对社会秩序造成极大的冲击。(3)严重影响了当地的投资环境和社会经济发展。(4)由于宗教信仰自身的特殊性,它们与信教民族群众的日常生活紧密关联,因此,这些分裂活动对民众心理的影响在时间和空间上就非常持久,即使某一"事件"得到了有效处理,也会积淀在信教民众的内心,进而对祖国认同、中华民族认同、中华民族文化认同、中国特色的社会主义制度认同产生阻力,从而阻碍西北多民族地区政治文化的一致性和世俗化,阻碍现代国家认同的产生。(5)牵制着中央政府和国家的各项实质性政策,有时甚至危及我国社会主义现代化建设的战略步伐。(6)成为国外各种敌对势力打压、遏制我国发展的常用手段之一。(7)转移视线,混淆视听,损害我国在国际社会中的形象和地位,损伤了我国的"软实力"。

"9·11"以来,在国际社会加强反恐怖合作的情况下,"新疆问题"和"西藏问题"进入了相对沉寂期,但由于"问题"的要素还将长期存在,敌对势力和国外反华势力"西化"、"分化"中国的图谋依旧存在,利用"西藏问题"遏制中国的手段未变,分裂分子还没有彻底放弃"独立"的主张和完全停止分裂活动,西方社会对"西藏问题"的认识也并未根本改变,因而这一问题在相当长的历史时期内还会继续存在。

综上所述,虽然在整体上西北地区政治稳定,人民安居,但对局部地方存在的政治不稳定因素和现象不容忽视,特别是对"新疆问题"和"西藏问题"要给予足够的重视,在解决此类事件和问题时要注意适度的政治智慧和外交策略,否则会引发该地区的政治不稳定并危及国家安全。

二、政治制度化

一个政治体系的政治制度化水平可以从国家政治组织和政治程序的适应性、复杂性、自立性、凝聚性四个方面去考查,这四个方面也可以成为衡量一个国家或地区政治制度化水平的指标。

在国家政治组织和政治程序的适应性方面,西北地区各级国家机构的时龄为50多年。在这样一个较短的时间内,国家政治组织实现了多种基本功能的运转,如政治教化、发展经济、进行社会扶贫和救济,维护社会治安,进行社会保障等社会管理、服务与控制功能,能够经常地、和平地进行组织领导的更新,但政策、制度的灵活性很低,不能有效地激发和引导社会需求。

从政治组织和政治程序的复杂性来看,西北地区各级政治组织和政治机构已经建立了较为完备的组织结构,下属机构在数量上增多,下属机构的政治功能呈现出专业化的分工态势;而且政治组织的目标在不断增多,由过去以经济建设为首要目标转向社会经济、文化、政治、社会公平与公正、法制化建设、生态环境建设等多重目标的综合协调发展,这就表明政治组织具有较高的复杂性。但各个下属机构对社会进行治理的实际能力却出现了弱化的趋势,这一方面是由政治沟通与政治表达机制的缺乏造成,另一方面则来自基层社会政治权威分化以致政府组织政治权威降低。

就自主性而言，西北地区各级国家政治组织和程序的自主性较差，一方面，政治组织受特定利益团体（如民族组织、宗教团体）和利益阶层的影响较大，另一方面，司法不能依法独立进行工作，主要是地方行政部门干预过多（主要是通过党的系统和财政手段）。此外，政治组织在制度创新上的积极性和主动性较差，主动的制度创新较少，尤其是缺乏体制内较为有效的利益表达机制。

在凝聚性上，由于国家整体缺乏能够将全国人民凝聚起来的长远战略目标，加之随着改革开放的发展，西北地区各种矛盾（特别是城乡矛盾、民族矛盾和宗教矛盾）突显，社会利益与阶层急剧分化，参与机制的匮乏，导致西北地区整体的凝聚力弱化。但就国家机构和政权组织内部而言，组织成员对组织的功能和程序有较高的共识，组织成员也能够明确地认识到自己的职权和职责所在。

可见，西北地区国家政治组织和政治程序的复杂性以及组织凝聚力较高，而政治组织的自主性缺乏，制度、政策的灵活性与适应性偏低，就整个西北地区治理而言，国家的凝聚性进展缓慢甚至有弱化的趋势。总体看来，西北地区的政治制度化水平较低。

三、权威理性化

权威是被认为具有正当性的权力。政治权威的理性化，是指由单一的、世俗化的、民族国家的政治权威，来取代大量传统的、宗教的和种族的政治权威。国家政治的这一变化意味着政府是人类社会的产物，而非上帝或自然的产物，一个秩序良好的社会必须在人类自身中去寻找最终权威的渊源，从而使对实在法的服从成为至高无上的义务。权威的理性化，对外指民族国家主权的确立，以抵制外国的影响；对内则指坚持中央政府的主权，以控制地方性和区域性的权力。因此，政治权威的理性化还意味着国家的政治整合和政治一体化，将权力集中在公认的国家公共机构（尤其是国家立法机构）手中。权威的理性化水平越高，则表明制度供给与运行的实际效果越好。

实际上，权威就是被广泛认同的具有正当性的权力。在西北地区，尤其是西北广大农村地区，新中国的成立结束了西北地区动荡不安、百姓流离失所的社会局面，建立了新型的国家政权体系和基层政权组织。党的十一届三中全会后，实施了改革开放的基本国策，自 1982 年以来逐步推行村民自治制度，使得西北地区的社会经济文化发展上了新台阶，赢得了西北民众的广泛认同，国家政权系统有效地确立了自己的权威性与合法性。

随着改革的深入，各种国家治理活动的纵深开展，社会主义市场经济的逐步建立，西北地区的所有制结构、分配结构、产业结构等经济结构发生了巨大的变化，加之西北地区多元化的文化结构和价值观念与现代文化和现代价值观的碰撞、冲突与融合，社会流动的加大，使西北地区出现了社会阶层的迅速分化，而分化最大、最迅速的是西北地区传统的农民和牧民（分化为企业工人、个体劳动者、农民工、乡村管理者等）。社会阶层迅速分化的积极后果在于，分化使得西北民众对国家权威认识的理性化水平有了一定的提高，表现在：(1)社会阶层的分化，使相当一部分人脱离了原有的政治单位或团体，在一个范围更大、更具有普遍性的层面上进行社会活动，从而使西北地区社会开始出现并形成了一个市民群体，这就促进了人们思想观念的转变，有助于加强西北地区广大国民民主、法制意识的培养。(2)社会阶层特别是广大农牧民的分化，使西北地区广大农村的农牧民能够进一步突破经济上、文化上、民族上的种种隔离，推动了西北地区社会“从身份到契约”的转化进程，强化了人们对改革的认同。(3)在社会阶层的分化和社会生活急剧变动的过程中，基层民众不同程度地提高了应对变动的适应力和承受力，促使人们对国家政权机构及其行为和业绩保持一种较为理性的认识和评价。其消极后果是引发了一系列政治不稳定因素。

但是，结合实证调查资料进一步分析，我们会发现西北地区在国家权威的理性化方面还存在一些问题，主要表现为：

第一，民众的政治认同呈现出多样性，即民族认同、部落认同、宗教认同、地域认同等并存。在一般情况下，西北少数民族群众对国家的认同与对宗教、民族、地域的认同相互融合，但在某些特殊的情况下，相当一部分民众对民族、部落、宗教的认同会高于对国家的认同，在地域利益、民族利益、宗教利益与国家利益发生矛盾时，情况往往如此。特别是在一些民族宗教色彩浓厚、家族与宗族势力强大的地方，人们表现出对农村精英（乡贤、乡绅、民族头领、宗教领袖、家族人物、能人）很高的政治认同，在当地民众的心目中，他们的地位明显要高于基层政权的干部和村干部。

第二，传统政治权威与国家政权系统的现代法理型权威并存。由于西北地区在自然条件尤其是地缘方面的原因，其在我国现代化的进程中一直处于“边缘化”的状态。就全国范围来看，与城市相比，广大农村地区的发展境地也是“边缘化”的。因此，西北农村地区一个基本的实际就是“双重边缘化”，而“双重边缘化”的社会后果之一就是传统的回归。在西北广大偏远农村地区，在人民公社时期早已被废除的一些传统如宗族观念、阴阳风水、宗教仪式等大幅度地回升。尽管1990年代后期，随着改革的深入、市场经济的冲击、人口的大规模流动、社会阶层的急剧分化等引起了人们观念的变化，使得这种局面有所回落，但与现代理性化的政治权威格格不入的此类社会传统仍然以各种形式大量存在，并且在西北地区发挥着较大的社会影响。因此，人们在认可国家权威的同时，也表现出对传统型权威譬如家族、宗教势力的认同、服从与效忠。

第三，对国家权威认同的不一致。对于政治文化素质偏低，信息获取相当有限的西北地区农牧民而言，尽管对国家高层的政权机关（中央机关、省级机关、市级机关）有着高度的政治认同（不一定是完全理性化的认同），例如他们一般都关注中央电视台的新闻联播和省电视台的省内新闻联播节目，对高层的政策法规有较高的兴趣。但对于与自身生活密切相关的基层政权机关，尤其是乡镇政权机关，则表现出不满和蔑视（原因当然是多方面的）。

因此，从整体上讲，西北地区权威的理性化程度不高，民众的认同多样，现代法理型的国家权威与传统型权威并存，而且传统型权威在很大程度上影响着现代型的国家权威。

四、政治参与水平

衡量一个政治体系的政治参与水平，可以从多角度来进行。首先是政治参与范围的扩展（既包括参与主体的范围扩大，又包括参与活动所指向的对象向政治领域的横向和纵深发展，直至凡有政治权力运行的地方，都有公民参与其中）；其次是能够创立组织扩大了的政治参与的政治制度（如政党、压力集团等）；还有政治参与者政治素质提高、参与行为理性化，以致普通民众对国家政治体系的影响力增强。政治参与水平总体上的提高，表明了已有的制度、法律与政策对国家政治稳定和治理活动的实效性较好。

西北地区广大民众在政治参与上，正在进行着从“象征性参与”到“实质性参与”的转变。在政治参与的范围上，西北地区政治参与的主体数量在增加，主体进行政治参与的积极性在高涨。由于改革过程中的全方位“分权”，社会分化加剧，基层政权机构设置增多，广大民众参与国家治理事务的范围在拓展。在广大农村，村民自治的有效实施大大改善了村庄治理，从而为村庄秩序提供了制度基础。但是，西北地区相当一部分公民的政治参与水平偏低，尤其是参与机制不健全、有效参与少、民众的参与素质有待提高。下面以西北地区农村村委会选举为例，来阐述这一问题。

村委会选举是我国农民参与公共事务的重要方式，也是落实我国村委会组织法的关键环节。至2008年上半年，我国西北地区农村先后进行了新一轮村委会换届选举。① 尽管各地对新一轮村委会换届选举工作做了非常认真的安排部

① 陕西省于2005年9月至2006年3月底完成了第六次村委会换届选举工作。宁夏回族自治区于2007年6月至8月底进行了全区第七届村民委员会换届选举。甘肃省于2007年9月至2008年3月进行了第六次村民委员会选举工作。新疆维吾尔自治区于2007年12月至2008年4月进行了第七届村民委员会换届选举工作。青海省村（牧）委会第七次换届选举从2007年12月开始至2008年6月底结束。

署，出台了许多指导性文献，制定了具体详细的选举办法，各省区在选举后的总结中也充分肯定了成绩。但是，通过调查研究可以发现，制约西北地区村委会选举和村民自治的一些深层次的问题依然存在（见表3－1）。

表3－1　2005—2007年西北地区“难点村”、“重点村”完成选举情况①

单位名	难重点村数	占应选村%	完成选举	完成比例%	未完成	未完成比例%
陕西						
甘肃	95	0.58	87	91.58	8	8.42
青海	46	1.11	32	69.57	14	30.43
宁夏	29	1.29	4	13.79	25	86.21
新疆	54	0.73	54	100	0	0
合计	224		177	79.02	47	20.98

第一，农村资源极其匮乏，村民选举缺乏内在驱动力。在研究公民政治参与问题时，西方学者提出了“参与—回报”理论，认为当公民从公共参与中得到了相应的回报后，他就具有了进一步参与的欲望，而当公民从公共参与中得不到期望的回报时，公民就不再从事公共参与。用这一理论来分析我国西北地区村民参与问题，是切中要害的。由于我国西北广大农村经济社会文化十分落后，农村资源极其匮乏，村民选举缺乏内在驱动力（见表3－2）。

表3－2　2005—2007年西北地区村委会选举选民参选情况表②

单位名	应登记选民	登记选民	登记率%	投票选民数	参选率%	比上届增减%
陕西		18982000		17672000	93.10	－2.25
甘肃	12931833	12590759	97.36	10914958	86.69	＋0.30
青海	2290988	2218539	96.84	1947719	87.79	－1.41
宁夏		2181000		1861000	85.33	－4.67
新疆	6201521	4683907	75.53	4385290	93.62	
总计		40656205		36780967	90.47	

从甘肃省来看，由于大部分农村经济社会状况比较落后，农民从农村获得的利益极其有限，农村公共资源更是十分匮乏。因此，村民参与村委会选举的热情

① 根据《2005—2007年全国村民委员会选举工作进展报告》数据计算绘制。

② 根据《2005—2007年全国村民委员会选举工作进展报告》数据计算绘制。

不高，许多农民根本不把选举当回事，许多人认为有没有村委会都无所谓，由谁当选村委会主任都一样。只是在村委会选举之后，他们表现出一定程度的好奇心理，并一时成为村民们茶余饭后的谈资，成为一时的公共舆论话题。农民关心的是自己实实在在的经济收入，这种收入主要是在农村以外的收益，即在城市打工的收入。这表明：在农村以土地为依托的资源极其有限的条件下，农村、土地对农民已经没有实质上的吸引力，农民自己理性地对农村采取了抛弃的态度。当农民连对自己赖以为生的土地都失去了信心，更不用说对村庄公共事务的关心了。农村只是他们生存的最低保障和回避社会风险的最后港湾，也只是农民不断外出打工时的一种情感寄托。

基于农村的贫穷落后状况，根植于农村的公共组织——村委会向农民提供的公共资源更是十分有限的，它无法激发农民的内在热情，无法吸引农民的主动参与。另外，自从农村实行家庭联产承包责任制以来，村委会没有很好地发挥其应有的职责，村委会选举也一直受上级党政部门的指派，这至今影响着村民对村委会极其消极的价值判断，自然也造成村委会选举中村民的不参选行为。

这一事实告诉我们，当人们分析西北落后地区农民政治参与时，一定要将其置于当地经济社会文化发展水平与状况的客观事实之中，脱离西北农村实际状况，一味强调村民自治对西北农村发展的意义是错误的；一厢情愿地寄希望于村民自治来改变农村落后面貌，建设新农村，会掩盖、遮蔽西北地区农民生存发展的基本事实与农民的迫切需求。因此，在西北这样的经济社会状况还很落后的农村，村委会选举仍然改变不了乡镇政权进行动员、直接插手和指派的事实。同时我们也可以看出农民虽然文化程度不高，但他们是一群最讲究实际、最看重利益的理性人。

第二，传统政治文化仍然对村委会选举产生重要影响。公民政治参与受到许多因素的影响和制约，但是影响不同群体政治参与的因素又各不相同。总体上讲，我国城市居民的政治参与更多地受现行制度、体制的影响，制度、体制制约、束缚着公民的政治参与。而我国农民政治参与的影响因素主要不是制度、体制问题，而是经济社会发展水平、受教育程度、农民素质、传统文化等。这些因素的存在一定程度上使得农民参与的制度性安排如村委会选举，远没有达到制度设计者们的期待。

由于西北地区农村地域的封闭性、现代经济文化的落后性、生存方式的传统性，传统政治文化还有很大市场，所以，农民的政治参与依然受中国传统政治文化的深刻影响。

众所周知，从政治参与的角度讲，中国传统政治文化是一种依附型、臣属型政治文化。这种文化本能地限制人们的主体意识、公民意识、参与意识、权利义务意识、责任意识和法律意识。当这种传统依附型政治文化占主导地位时，就基本谈不上公民成熟、规范的政治参与了。尽管从目前来看，我国西北地区的政治文化也在发生重大变化，正在从传统型向现代型转变的过程之中，但现代参与型政治文化显然没有占据主导地位，也没有取得广大农民的高度认同。中国传统的政治文化，如家族意识和乡土观念、重礼俗不重法制、对权力既崇拜又疏远的矛盾心理、胆小怕事和盲目从众的心理特点等，①对西北地区公民的政治参与还有着深刻影响。西北农民的皇权思想、官本位思想、臣民甚至草民思想依然根深蒂固。这严重影响着村民的政治参与态度、政治价值判断和政治行为模式。

因此，可以说，村民自治制度确实是一项极好的制度，但这一制度在西北广大农村要发挥应有的作用尚需时日。西北地区的治理必须要基于西北地区村民自身的实际状况，因地制宜地推进村民自治实践，而不能简单地与东部发达地区类比，也不能与城市周边的农村类比。所以，西北地区特别是甘肃这样的落后省份，在推动村民自治上就不能走形式，搞政绩，不能夸大村民自治的作用。

从2005年以来，西北各省区先后进行了新一轮村委会换届选举工作。从各省区发布的消息来看，都对村委会换届选举作了较高评价。如陕西省认为"一大批政治素质好、文化程度高、年富力强的新任村干部走马上任"，"通过换届，一大批德才兼备、有一技之长，懂经济、会管理的'能人'被选进了村委会，为农村经济社会发展和新农村建设提供了组织保障。经过民主选举，使部分村长期遗留的问题得到解决。"②新疆维吾尔自治区在总结第七次村委会换届选举工作时认为取得了以下成绩：(1)村委会班子结构得到优化；(2)党群、干群关系更加密切；(3)民主法制意识进一步增强；(4)谋划发展目标更加明确。③

陕西省与新疆维吾尔自治区经济社会发展程度比较高，村委会选举的情况也许要好一些。但陕西省的结论肯定与甘肃省绝大多数农村选举情况不同。甘肃省的一些农村通过换届选举，可能也解决了一些长期遗留的问题，也为新农村建设提供了组织保障，因此新的村委会毕竟产生了，但是是否将一大批德才兼备、有一技之长，懂经济、会管理的"能人"选进了村委会还有待实践检验。据我们掌握的情况，绝大多数村委会成员并不是村里真正的能人。真正的能人不在村里，即使在他们也推却不干。这依然是基本事实。

倒是新疆维吾尔自治区在对本次换届选举进行总结时指出了存在的问题：(1)个别地方对全面推行"一肩挑"认识上有偏差，影响了工作的进展；(2)村级

① 陶东明、陈明明：《当代中国政治参与》，浙江人民出版社，1998年版，第169－172页。

② 《陕西省第六次村委会换届选举工作基本完成》，《陕西日报》，2006年06月03日。

③ 《新疆维吾尔自治区关于第七届村民委员会换届选举工作的情况总结》，来源：http://www.chinarural.org www.chiavillage.org.

后备干部缺乏,能力素质不适应;(3)执法不严、方法不当、作风不实等问题不同程度地存在着;(4)家族、宗教、地域势力对选举的影响仍然存在;(5)"贿选"问题不同程度地存在。自治区还在指出做的下一步工作意见的基础上,特别讲到了对《自治区村民委员会选举办法》的修改建议:(1)选民资格需作新规定;(2)候选人资格审查需作立法解释;(3)关于投票站的设立;(4)关于"贿选"界定;(5)关于调整启动罢免程序的人数基数的计算方法。①

第三,少数民族地区存在的宗教因素与村委会选举。西北地区是我国民族众多、宗教氛围浓厚、多种宗教并存的地区。这里也是我国民族问题、宗教问题最尖锐、最复杂的地区。新中国成立后,尽管党和国家坚持马克思主义的民族理论和民族原则,在少数民族地区实行民族区域自治制度,实行宗教信仰自由政策,西北地区的民族问题、宗教问题也随着国家性质的根本改变而改变。但是,由于民族问题、宗教问题是一个包含历史、政治、文化及传统习俗在内的复杂问题。特别是随着国家宗教信仰自由政策的落实,宗教在西北地区出现了强劲反弹之势,宗教信徒大量增加,宗教寺院大规模修建,宗教迅速向人们的生活中渗透。这势必对信教民众的政治认知、政治情感、政治态度、政治评价及其政治参与行为产生影响。因此,在现今及将来很长一个历史时期,宗教因素将对西北地区的政治生活包括农村的村民自治、村委会选举发生作用。

民族宗教因素对西北少数民族农民政治参与的影响主要表现在以下几方面:(1)在西北少数民族地区,人们的忠诚主要是民族宗教组织,宗教组织、宗教人士在少数民族地区具有极高的神圣权威。况且,改革开放以来,西北地区的民族宗教势力强劲反弹,少数民族的民族意识和宗教观念进一步强化,这在一定程度上削弱了村委会乃至于基层政权对民众的感召力、影响力。(2)一些民族宗教组织和人士积极介入村委会,并向国家政权机关渗透,在一定程度上改变了村委会的性质和功能,不利于村委会发挥正常作用。在一些村庄,村委会甚至成为宗教活动的组织者,这一点在汉族村庄也有存在。如某些村委会组织村民筹款筹物,大兴土木修建寺院,组织大型宗教活动。(3)民族宗教活动往往成为少数民族公民非规范参与公共事务的主要载体。

在少数民族地区,成年男性公民常在农闲时或在集体性宗教活动当中,聚在一起谈论一些现实的社会政治问题,其中的内容大多是聚众批判或抱怨政府和政府官员,发泄对社会的不满。这种活动尽管不对社会政治体系造成直接的冲击,但从政治社会化的角度来看,它却对参与者的思想观念影响非常大,这种普

① 《新疆维吾尔自治区关于第七届村民委员会换届选举工作的情况总结》,来源:http://www.chinarural.org www.chiavillage.org.

遍的抱怨和不满往往使国家政权存在的合法性遭受民众的质疑。可见,宗教活动往往成为少数民族公民非规范参与公共事务的主要载体。

综上所述,可以得出以下几点认识:(1)在西北地区农村,不能一相情愿地用超前的理论模式进行简单分析和套用,西北农民的政治参与、公共参与是一个自然的、逐渐进化的过程,不能超越现实,不能理想化,更不能人为地设置时限与情境。(2)落实国家的各项惠农政策,落实国家新农村建设的规则,想办法让农民富起来,仍然是广大西北农村最实际的问题。(3)国家、政府必须成为西北地区农村发展的主导性力量。以村民自治为由,将西北地区的"三农"问题完全甩给农民,寄希望于提高和扩大农民参与来解决农民问题,只能延缓西北地区农村的发展。(4)必须对民族宗教因素对西北地区公民政治参与的影响有充分的估计。要认识到在宗教活动发达的地方,从神圣性权威向世俗性权威的转化是一个相当漫长的过程。(5)同时,国家必须要对西北地区包括汉族在内的宗教势力的崛起给予高度重视。

五、政治文化世俗化

"政治文化"(Political Culture)概念是美国当代政治学家阿尔蒙德1956年提出来的,他认为"政治文化是一个民族在特定时期流行的一套政治态度、信仰和感情。这个政治文化是由本民族的历史和现在社会、经济、政治活动进程所形成。人们在过去的历史中形成的态度类型对未来的政治行为有着重要的强制作用。政治文化影响各个担任政治角色者的行为、他们的政治要求内容和他们对法律的反应。"①由于它能够准确和真实地展现公民、政治组织以及社会群体的政治心理、政治态度和价值取向,体现民族国家政治变迁的内在思想轨迹,就成为研究一个民族、一个国家政治生活的基本工具而被广泛运用。

改革开放以来的中国现代化进程对传统中国社会产生了全方位影响,这种影响自然也波及西北地区政治文化。由于西北的地理位置较为偏僻,传统社会形态表现得较其他地区更加突出,因此,中国社会的现代化进程对西北地区政治文化的冲击和影响更大,西北地区的政治文化正在由传统形态向现代形态转变。

整体而言,西北地区广大民众在政治人格上正经历由传统的"臣民型"政治人格转变为现代的"公民型"政治人格。"权力在于人民"的政治观念和民主、平等、自由、开放的现代政治意识正在形成。如强调合理与合法相统一的大众政治哲学文化,强调以才用人和"凭本事吃饭"。

① 〔美〕阿尔蒙德、小鲍威尔著,曹沛霖、郑世平,等译:《比较政治学:体系、过程和政策》,东方出版社,2007年版,第26页。

在政策文化方面,政策主要表现为单方面的制定和执行。由于政治参与机制的缺乏,作为受众和行政相对人的广大老百姓,其政策意愿很难有效地进入利益表达系统,因此,政策的公平性较差,而随意性又很强,如各种名目繁多的罚款(计划生育罚款、破坏植被罚款、牛羊损坏农作物罚款等等)额度的确定以及按期未缴的"滞纳金"的比例等。

在法律文化上,西北地区广大民众在观念中渴望"法律面前,人人平等"、"依法办事"、"秉公执法",而一旦面临具体的事件,由于受周围环境的影响和自身条件的制约,他们又愿意选择"私了"、"花钱消灾"、"走后门"、"打点"等一系列非法制的方式解决问题;"权大于法、重资格、重身份、强调上下级之间的等级、权力本位、事在人为"等一系列等级性的法律文化观念在相当程度上存在;司法的独立性和程序化较低,社会监督机制实效不大;老百姓的"臣服"意识,基层一些官员的"官僚习气"和"官本位"意识浓厚,等等。因此,西北地区在法律文化的平等性方面,还有很长的路要走。

在行政文化方面,西北地区的基层行政人员的法制观念淡薄、民主观念欠缺、尤其是服务意识匮乏,他们往往将自己看作"有权者"或"管人的",往往单方面不恰当地行使权力以获得好处,比如领结婚证,本来只要双方符合法定条件,缴纳法定的工本费即可办理,但相当一部分乡政府却趁机再收取几十元到一百多元不等的额外的手续费。

因此,西北地区的政治文化世俗化程度还处在一个低水平上,远远落后于该地区经济的发展水平,国家治理在政治文化的世俗化方面成效不大。这也从另外一个方面表明了政治发展对于经济发展的不平衡性,经济的发展并不能自动带来政治的现代化。

少数民族政治文化的世俗化是我国西北政治文化世俗化的重要组成部分。长期以来,我国西北少数民族传统政治文化具有宗教性、服从性、封闭性、疏离性等特点。这种政治文化是与传统的农牧业生产方式、宗法社会、家国同构的政治形态联系在一起的。随着社会的不断发展,政治体制改革的不断深入,市场经济体制的建立和完善,现代化进程的加速,西北少数民族传统政治文化已经丧失了其赖以生存的社会基础,不能适应现代社会的政治生活,其弊端日益凸现出来,必然要向现代政治文化形态转变。

就政治价值观与政治态度而言,西北少数民族传统文化随着我国社会全面现代化而逐渐丧失了其赖以生存的经济基础和政治保证,其政治价值观和政治态度也正在发生深刻变化。一方面,西北少数民族成员的政治主体意识增强,自觉追求政治上的民主、平等与竞争,并随着政治参与的不断扩大,逐步加强了对政治决策的影响及贯彻执行的自觉性;另一方面,他们的法治观念增强,开始确立理性地依法表达政治意志和利益的思维及行为方式。西北少数民族的政治实践、政治认知、政治情感和政治意向也处在变动之中。尽管西北少数民族社会转型的速度慢于我国其他地区,但由于社会转型而带来的少数民族政治认识、政治情感和政治意向的转变也是显而易见的,不再是弱视政府的作用、低层次的政治符号和政治制度认知、淡薄的政府和政治认知意愿,而是反映出较强烈的政治认知意愿和较高的政治热情,并逐渐趋向主流化,把握这种变动的趋势对于引导少数民族政治态度的转变有着积极的作用。

就政治人格而言,西北少数民族的政治人格正在由传统依附型的政治人格向独立自主型的政治人格转变。政治人的主体意识、政治认知感和政治判断能力、政治责任感以及政治组织化程度等明显增强,特别是市场经济为这一转变提供了必要的基础与动力。因为市场经济培育了人们的主体意识、竞争意识、自由精神、宽容精神、平等观念、妥协思维,这些意识和精神必然要渗透到政治领域并形成独立的政治人格和新型政治文化。当然,由于中国传统“臣民型”政治文化的影响、政治人格固有的稳定性、政治体制改革与市场经济的不完善、西北地区独特的人文地理以及西北少数民族自身的特殊性等诸多因素,使得我们不能对西北少数民族政治人格的转变作过于乐观的估计。可以说,三十多年来中国市场经济培养出来的首先主要是一种经济文化或者说是经济人格。独立的经济人格转化为独立的政治人格不是短期内能够完成的,而需要一个相当的量的积累与转换过程。这需要西北各族人民的共同努力。同时,国家和社会也需着力做一些实际的改造工作,如加强民族国家观念教育、培育现代公民意识、市场观念和法治意识等。

就政治认同而言,随着经济体制和政治体制改革的不断深化以及民族区域自治和民族平等等政策的实施,西北少数民族传统的政治认同如家族认同、部落认同、宗教认同等正在逐步消解,现代政治认同如民族认同、不同层次政权体系认同、国家认同等正在逐步加强,反映出西北少数民族的政治认同正在由传统政治认同向现代政治认同转变。如主动地向国家政治体系进行利益表达,希望从国家政治体系中得到帮助和获得利益的满足,关心国家政治体系中的重大事件,了解国家政治体系和政治生活中的重大问题。这说明西北少数民族现代政治认同正在趋于成熟。但是,从西北少数民族地区社会发展的特殊性、滞后性和复杂性来看,西北少数民族的政治认同还是与现代国家的需求存在很大差距。为此,必须充分利用各种政治资源进行政治整合,使处于多元状态中的西北少数民族更有效、更紧密地融入多民族国家政治体系之中,从而有效地实现少数民族政治文化的转型以及社会政治经济文化的一体化进程。

就政治行为而言,西北少数民族以市场经济为起点,以发展教育文化事业为杠杆,以政治体制改革为推动力,其政治行为逐渐从传统的宿命论、宗教观、宗法观、迷信、旧的传统和习惯、情感以及其他各种人身关系中解脱出来,摆脱传统的既关心政治又不参与政治的疏离状态,正向个体政治行为的自觉和政治人格独立的方向发展。人们自我控制的意识和自主参与意识明显增强,这使西北少数民族成员在政治生活中感知自己理性的力量,发现自己驾驭自己的现实可能性,从而有力地促进西北少数民族政治文化的转变和现代民主政治的形成。

总而言之,处于历史转型过程之中的我国西北少数民族政治文化正在由传统政治文化向现代政治文化迈进。尽管西北少数民族政治文化现代化还处在起步阶段,并有自己的独特性,但其发展轨迹与其他地区、其他民族的现代政治文化是一致的,其发展趋势是世俗性、自主性、开放性、进取性、融合性。

六、社会公共利益的增加

社会公共利益就是公共制度的利益,它是由政府组织的制度化而创造和生产出来的。首先表现为公民对国家公共利益的共识,共识越大,则制度的效果越高;其次是国家通过政治制度赋予公共利益以实质性的内容。

从绝对水平来看,西北地区农村社区社会公共利益自新中国成立以来有了相当数量的增长,基础文化教育、乡村医疗卫生等从无到有,在人民公社化时期,西北农村地区兴修了一大批水利工程和其他基础设施,人民生活的面貌有了很大变化,社会秩序呈良性发展;各民族在党和国家的法律规范和政策引导下,紧密团结,民族关系得到了很大的改善;在国家"家庭联产承包责任制"的激励下,以脱贫致富为基本目标,推动本地区和国家的经济发展,为社会扶贫和社会救济打下了比较坚实的经济基础。特别是少数民族地区,人民生活水平得到了很大提高。

但自 1990 年代以来,西北广大农村地区社会公共利益基本处于一种停滞状态,原有的一些国民待遇丧失,社会福利、医疗保险、社会保障尤其是养老问题几乎为零,加上国家实行的城乡二元分离的政策、农产品价格上的国家计划限制、基础教育费用等社会公共产品价格的持续上涨,使农民的相对被剥夺感迅速增长。在改革的进程中,社会阶层和社会利益的迅速分化,西北地区内部地域之间、不同群体之间、甚至一个村内的贫富差距的加大,尤其是一些社会不正之风的渗透和蔓延,使"一无权、二无钱、三无社会关系"的广大民众产生了较为强烈的社会不公正感。由此导致仅有的一点社会公共利益的增长被抵消殆尽。

进入 21 世纪,国家从整体协调、科学发展、和谐发展的战略思路出发,实施了工业反哺农业的基本政策,面向西北地区、农村地区进行了政策上面向的倾斜和制度上的不平衡供给,使得西北地区的农田水利、道路交通、医疗卫生、基本教育与特殊教育(参见图 3 - 2、图 3 - 3)、科学研究(参见图 3 - 4)、社会保险、社会最低生活保障等社会公共产品有了一定程度的增长。2002 年西北农村地区有效灌溉面积达 5960.4 千公顷，乡村办水电站发电能力 26.8 万千瓦。① 2002 年，西北地区基本养老保险参保人数 915.3 万人，失业保险参保职工人数 729.8 万人，基本医疗保险参保人数 709.5 万人，2007 年分别增长为 1086.422 万人、777.4241万人、1135.1168 万人(见表 3－1)。②

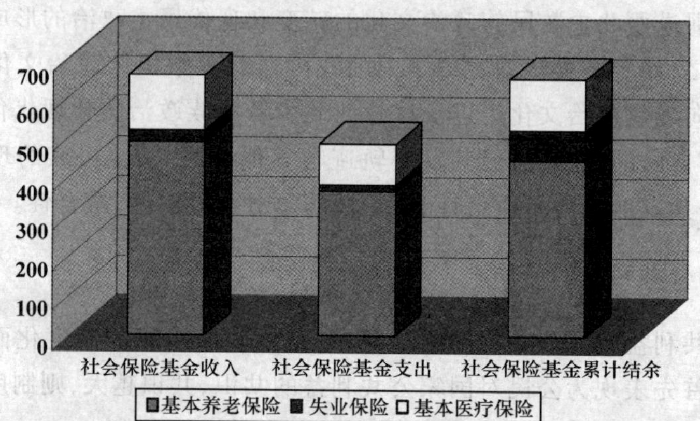

图 3－1　西北地区 2007 年社会保险基金主要指标年度统计(单位：亿元)

(说明：本图根据国家统计局数据库. http://219.235.129.58/welcome.do. 数据计算绘制)

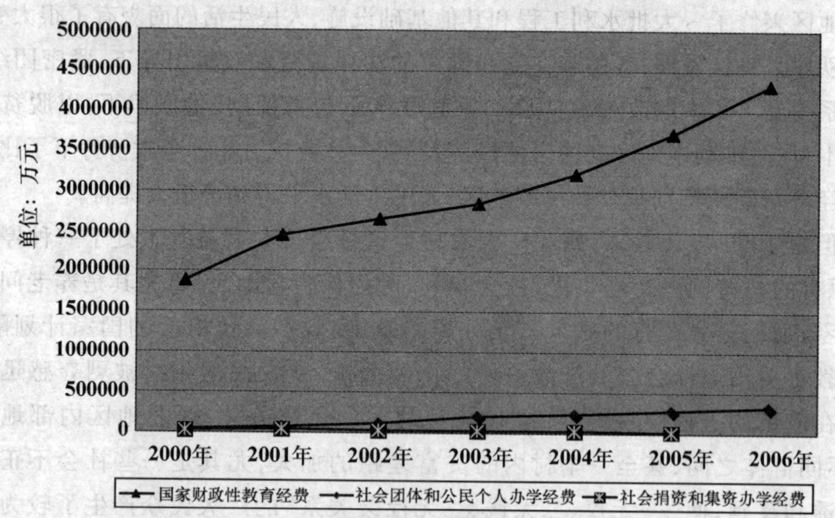

图 3－2　西北地区教育经费主要结构指标年度统计

(说明：本图根据国家统计局数据库. http://219.235.129.58/welcome.do. 数据计算绘制)

① 根据国家统计局数据库(http://219.235.129.58/welcome.do)数据计算。

② 根据国家统计局数据库(http://219.235.129.58/welcome.do)数据计算。

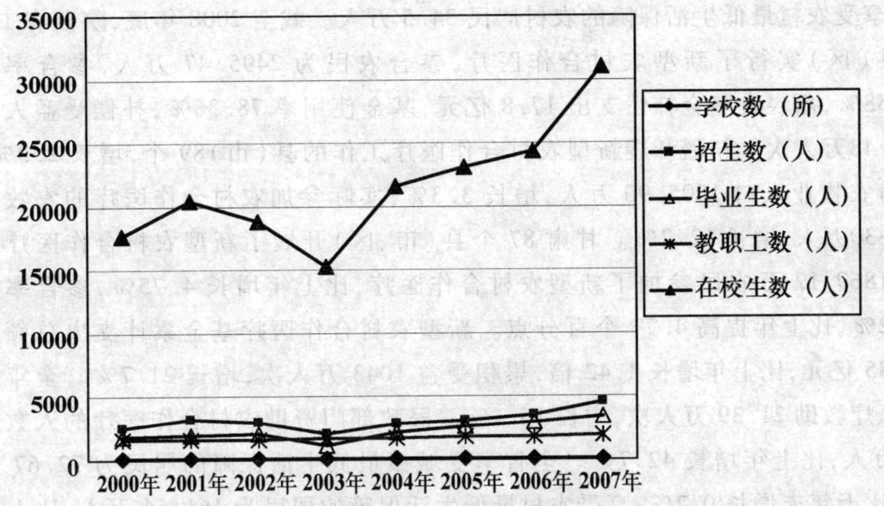

图 3-3 2000—2007 年西北地区特殊教育基本情况

（说明：本图根据国家统计局数据库. http：//219.235.129.58/welcome.do. 数据计算绘制）

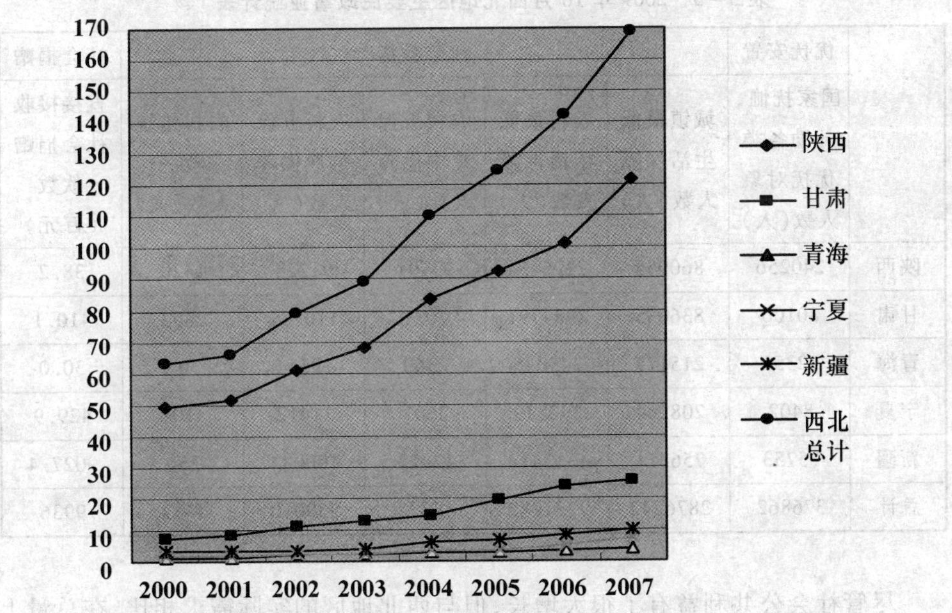

图 3-4 西北地区科学研究与试验发展经费支出（单位：亿元）

（说明：本图根据国家统计局数据库. http：//219.235.129.58/welcome.do. 数据计算绘制）

特别是推行社会主义新农村建设以来，西北农牧民所享有的社会福利和社会保障大幅增加。2006 年，青海农牧民参加新型合作医疗率达 94.5 %，列全国前三位，受益率达 64%；2007 年底，青海参加农村新型合作医疗的农牧民 319 万人，享受农村最低生活保障的农村居民34.5万人。截至2008年底，陕西有104个县（区）实行了新型农村合作医疗，参合农民为2495.47万人，参合率达91.58%，新农合基金补偿支出17.8亿元，基金使用率78.36%，补偿受益人口782.48万人次。新疆开展新型农村合作医疗工作的县（市）89个，增长2.3%；覆盖农牧业人口1005.90万人，增长3.3%；实际参加农村合作医疗的农牧民950.30万人，增长12.2%。甘肃87个县（市、区）开展了新型农村合作医疗工作，1869.12万农民参加了新型农村合作医疗，比上年增长4.75%，参合率为93.2%，比上年提高4.77个百分点。新型农村合作医疗基金累计支出总额为14.85亿元，比上年增长1.42倍，累积受益1043万人次，增长21.7%。全年农村医疗救助21.39万人次，增长16.4%。民政部门资助农村合作医疗的人数达66万人，比上年增长42.7%。全省享受城镇最低生活保障的居民为72.67万人，比上年末增长0.7%；享受农村最低生活保障的居民为161.64万人，比上年末增长8.8%。① 到2009年第四季度，包括上述数据在内的一系列基本数据又有了明显的增长（见表3-3、表3-4）。

表3-3　2009年10月西北地区主要民政事业统计表1②

	优抚安置	社会救济					社会捐赠
	国家抚恤、补助各类优抚对象人数（人）	城镇最低生活保障人数（人）	农村最低生活保障人数（人）	农村五保集中供养人数（人）	农村五保分散供养人数（人）	农村传统救济人数（人）	直接接收社会捐赠款数（万元）
陕西	240256	860955	2295454	23791	91228	1420	38.2
甘肃	80100	836035	2984791	7021	116724	2803	410.1
青海	12351	215177	345045	2360	19564	0	30.0
宁夏	8402	208264	292579	3603	11412	10	429.9
新疆	35753	756311	1313413	12023	100082	254	9027.4
总计	376862	2876742	7231282	48798	339010	4487	9936

尽管社会公共利益有了很大增长，但与西北地区的实际需求相比，在总量上还有很大的缺口与差距，在分布上还存在基本公共服务不均等（特别是在教育、医疗和社会保障方面）的问题。所以，国家政权系统在西北地区的社会公共利

① 数据来源于西北各省区的年度统计公报。

② 数据来源于中华人民共和国民政部网页统计数据栏目，http://files.mca.gov.cn/cws/200911/20091125150506387.htm.

益方面还有很多的工作去做,这也是国家在转型时期获取新型的合法性的重要来源。

表 3－4　2009 年 10 月西北地区主要民政事业统计表 2①(单位:万元)

	民政事业费实际支出	救灾支出	城镇最低生活保障支出	农村最低生活保障支出	农村五保集中供养支出	农村五保分散供养支出	农村传统救济支出	抚恤事业费支出
陕西	497225.9	41542.6	146360.3	123219.4	3490.0	12419.5	192.5	56643.8
甘肃	320004.0	35733.8	114312.8	125383.6	1083.5	13642.7	277.1	11712.4
青海	82232.1	8102.7	40405.0	17961.2	308.1	2015.5	29.9	3891.2
宁夏	74183.5	8223.2	28442.4	15322.6	1063.0	829.4	88.3	3061.0
新疆	255486.2	14214.8	115111.6	74145.0	1208.6	5355.8	673.3	8132.2
总计	1229131.7	107817.1	444632.1	356031.8	7153.2	34262.9	1261.1	83440.6

七、政治运行的法治化

政治运行实际上就是政治权力的运行,政治运行法治化是指在政治运行的一切主要方面和主要环节,都要遵循法治的要求,符合法治政治的规律。这是一个动态的有序过程,它回答的问题是法律如何进行并实现政治统治。具体而言,政治运行法治化包括目的、过程和结果三个层面。作为目的的政治运行法治化主要是指政治运行目的规范化、法律化,即政治运行的直接追求和直接结果体现在法律条文中,这是迈向法治政治的第一步。政治运行目的的法治化过程实质上就是把政治运行的目的渗透在有关政治运行的立法中,赋予关于政治运行的法律文件一个"灵魂",当然,在实体上该法律文件应符合"良法"的标准。作为政治运行过程的政治运行法治化包括政治参与法治化(通过宪法赋予公民参与政治的权利和自由,对政治参与的内容、方式、程序用法律明确地固定下来以及建立合理的权利义务结构以实现社会利益整合)、国家权力运行法治化和政治法律的程序化。作为结果的政治运行法治化包括政治心理层面的法治化、政治制度层面的法治化、政治组织的法治化(强调组织的相对独立性和组织之间的相互制约性)和政治秩序的法治化。

从政治运行目的的角度看,尽管在社会主义建设的不同阶段,我国政治运行的中心目的有所变化,但每个阶段政治运行的直接目标和直接结果都体现在国家的法律、规章和各项政令中,体现在党的理论、方针与政策中。这一点可以从

① 数据来源于中华人民共和国民政部网页统计数据栏目,http://files.mca.gov.cn/cws/200911/20091125150506387.htm.

我国宪法的修改次数以及宪法每次修订的内容中明确地体现出来。可以这样说，在我国，政治运行的直接目的构成了国家法律的"灵魂"。

从政治运行过程来看政治运行的法治化，首先表现在政治参与法治化，即国家通过《中华人民共和国宪法》、《中华人民共和国选举法》和《中华人民共和国村民委员会组织法》等法律赋予公民参与政治的权利和自由，对政治参与的内容、方式、程序用法律明确地固定下来并建立了比较合理的权利义务结构以实现社会利益的整合。其次，国家权力运行的法治化，一方面，《宪法》明确规定了国家权力的职能性划分和国家权力机构的基本构成和基本关系，从而划定了国家机关行使权力的界限，《中华人民共和国组织法》、《行政诉讼法》、《行政许可法》等进一步限定和明确了国家权力运行的方式、程序，使得国家权力的运行"有法可依"，"依法行政"也成为行政法和行政的基本原则，国家权力运行的制度框架在西北地区已然建立并得到了有效运行。另一方面，由于国家机关工作人员的内在法律素质和法治观念较为薄弱，在很大程度上影响了国家权力运行的法治化水平。

从结果上看，通过国家对西北地区的社会治理，首先在政治心理层面，"通过法律解决问题"在西北地区广大民众的行为选择中居于较高的地位，普遍认为法律具有最高的权威和效力。其次，各级国家机关根据法律的规定，制定了各自相应的办事条例和章程并将其长期制度化。再次，西北地区各级政治组织之间的相对独立性在增强，各个政治组织都有自己的专业化分工，但政治组织的相互制约性还不够，"相互维护"的现象较为突出，尤其表现在基层农村社区的治理活动中，这也是乡村基层政权的政治权威迅速下降的主要原因之一。此外，从已经形成的政治秩序上看，西北地区政治秩序的法治化程度低，各种大的矛盾和冲突的解决，通过体制内的制度、程序和法规来解决的少，而通过体制外的途径如宗教领袖的调解、集体抗议、游行示威、暴力等来解决问题的多；法律规范的少，政策协调的多；在一般农民看来，通过体制外非法制的途径去解决问题"少花时间少费钱"，是一种更为经济有效的行为方式。因此，对于较小的矛盾冲突，他们不愿意去通过"政府"去解决，而是依靠"农村精英"的权威和社会习俗的力量来维护基层政治的秩序进行。

综上所述，通过国家治理，西北地区政治运行的法治化水平有了很大的提高，但在政治运行过程的具体环节和制度设置方面，尤其是在国家政治权力的行使者和普通民众的政治文化心理层面，政治法治化水平亟待提高。

八、政府效能

政府效能是指国家政权机构总体活动的功效与能力，是国家治理能力的外化。国家要实现的基本政权效能有政治效能、经济效能、文化效能、社会效能。简要说来,衡量政府效能的标准有三个:(1)时效标准,强调的是国家政治系统发挥功能时是否具有迅速的办事效率;(2)适效标准,强调的是国家的政治行为是否适当;(3)实效标准,强调的是治理结果的好坏。更为具体的指标有:在一定时期内综合国力增强的程度,人民生活水平提高的程度,社会公正的实现程度等。

在西北地区,各级政府较好地实现了国家政权的基本效能如政治权威的确立、发展经济、促进社会的安定团结等。具体来说,我们可以从政府效能的三个衡量标准去考查西北地区的各级政府效能:

第一,从时效上看。与发达地区相比,西北地区各级国家政权机构冗杂、办事耗时多;政府机构服务意识不够,相互之间的协作程度和协调性较低,办一件事常常要跑很多次,延长了办理公共事务的时间;同时,对一些社会事务缺乏明确的前瞻和预见,信息公开不及时,因为某些问题所涉及的管理部门较多,在具体管理的时候经常会出现相互推诿、踢皮球的情况,往往延误了解决问题、化解矛盾的最佳时机,使矛盾升级,有时以致演化为大规模的群体性事件,如2008年的甘肃陇南事件。

第二,从适用效果上看。西北地区基层政权组织政治行为不适当和变相执行国家政策的现象较多,如为了抓"计划生育"半夜三更"扒屋顶盖"以及"乱罚款、乱摊派"等。比较而言,县级以上的国家政权机构,其政治行为不适当的情形较少。在具体的执政过程中,对行政相对人和当事者普遍存在的社会心理把握理解不够,以致一些具体的行政行为和社会治理行为方式与当事人的心理认同发生严重的偏离,如一些地方经常动用武警来维持秩序,或者来处理一些常规性、一般性的社会公共事务,直接面对民众的有关社会公共事务的询问和质疑,这往往将民众的不满情绪激化为对抗情绪。因为从职能上讲,武警不能(也不应)答复有关社会公共管理事务的相关信息,也无权就某一问题做出行政上的处置。在制定涉及民生的社会公共事务的制度规则时(如各种收费标准、自来水调价等),吸纳社会参与的渠道和能力不够,听证会机制不够完善,从而使相关制度经常变为有关政府机构单方面的行为,因此没有适应改革开放30年以来已经高度社会化了的社会生活和人们的参与要求。从政府自身的改革情况来看,行政体制改革和政府改制已经落后于社会经济生活的发展,不能适应人民群众日益增长的关于社会公平正义的要求。

第三,从实效上讲。西北地区国家各级政权机构实现了对该地区的有效治理,取得了较好的社会治理效果,具体表现为西北地区基本公共服务得到了较大的改善和发展,以2000为基准,2004年基本公共服务累计增长率陕西13.77%、甘肃13.11%、青海9.82%、宁夏17.34%、新疆11.26%(见表3-5)。同时,西北地区民众生活水平有较大幅度的提高(见表3-6),社会秩序良好,农民的科技文化素质有了相当程度的提高,在民族地区实现了民族团结与民族发展,国家核心政治权威的确立、综合国力的提高等。

表3-5 2000—2004年西北地区基本公共服务改善情况及增幅①

地区	基本公共服务绩效改善指数(上年=100)				累计增长率(%,2000年为基年)
	2001	2002	2003	2004	
陕西	107.21	101.21	102.29	102.51	13.77
甘肃	104.89	99.59	104.47	103.65	13.11
青海	101.84	101.94	103.08	102.63	9.82
宁夏	107.63	103.85	100.51	104.45	17.34
新疆	103.38	103.08	102.28	100.49	11.26

表3-6 新疆维吾尔自治区人民物质文化生活发展情况

项 目	1985	1990	1995	2000	2005
就业					
每一农村劳动力负担人数(人)	2.00	1.94	1.84	1.74	1.62
每一城镇就业者负担人数(人)	2.15	1.98	1.87	2.11	2.04
城镇登记失业率(%)	1.9	3.8	3.9	3.8	3.9
收入					
农村居民家庭人均纯收入(元)	394	683	1137	1618	2482
农村居民家庭人均纯收入指数(1978=100)	331.1	574.8	955.5	1359.3	2084.0
城镇居民家庭人均可支配收入(元)	735	1314	4163	5645	7990
城镇居民家庭人均可支配收入指数(1978=100)	230.4	411.8	1172.3	1589.4	2483.0
职工年平均工资(元)	1277	2272	5348	8717	15558

① 本表根据陈昌盛、蔡跃洲《中国公共服务综合评估报告》绘制,《中国经济时报》,2007年1月23日第005版。

续表 3-16

项目	1985	1990	1995	2000	2005
消费水平					
全区居民	499	936	1803	2650	3847
农村居民	347	662	976	1308	1884
城镇居民	678	1239	3426	5274	7311
储蓄					
城乡居民年底储蓄存款余额(亿元)	33.51	128.42	477.18	908.55	1816.38
平均每人存款余额(元)	246	840	2872	4913	9035
住房面积					
农村居民人均住房面积	12.75	14.04	16.12	17.25	21.13
城镇居民人均使用面积	10.70	13.55	16.57	20.06	20.15
交通					
城镇每百户拥有摩托车(辆)	1.22	3.22	6.33	8.53	16.04
城镇每万人拥有营运车辆(辆)	2.3	3.5	10.8	15.8	13.0
城镇公用事业					
用水普及率(%)	62.0	80.9	97.1	98.8	97.9
用气普及率(%)	36.0	49.8	81.0	92.8	89.3
每万人拥有园林绿地(公顷)	21.3	21.6	41.5	53.4	43.1
文化					
城镇每百户拥有彩色电视机(台)	35.10	67.80	85.50	102.57	105.70
农村每百户拥有电视机(台)	10.73	33.95	69.42	91.20	96.97
广播综合人口覆盖率(%)		70.00	78.41	89.77	93.14
电视综合人口覆盖率(%)		65.00	80.48	92.15	92.78
教育					
学龄儿童入学率(%)	95.40	97.50	97.03	97.03	98.70
每万人口中在校大学生数(%)	19.50	20.50	26.80	41.10	90.40
卫生					
每万人有医院、卫生院病床(张)	40.6	40.5	40.1	35.7	39.7
每万人有医生数(人)	19.0	22.0	23.9	24.6	21.0

(注:2002年以后的人均拥有指标按城镇年社会人口计算,以前的按非农人口计算。数据来源于《新疆统计年鉴2005》,第205页。)

但以下几个方面存在明显的不足:(1)对长期存在的民族宗教问题,特别是新疆和西藏的民族分裂势力的综合治理还不够,从而在一定程度上威胁到西北地区的政治稳定、经济安全和文化安全,从而也在影响着我国的国家安全和国际声誉。(2)西北地区(特别是西北少数民族地区)社会经济文化发展相对滞后,进入1990年代以来,与东南沿海和国内其他发达地区之间的差距迅速拉大,以地区生产总值为例,1952年,西北地区生产总值为37.45亿元,东部地区生产总值为298.23亿元,二者绝对值相差260.78亿元,东部地区是西北地区的7.96倍;1976年,西北地区生产总值为174.51亿元,东部地区生产总值为1363.27亿元,二者绝对值相差1188.76亿元,东部地区是西北地区的7.81倍;1992年,西北地区生产总值为1422.39亿元,东部地区生产总值为14111.25亿元,二者绝对值相差12688.86亿元,东部地区是西北地区的9.92倍;2000年,西北地区生产总值为4779.14亿元,东部地区生产总值为57411.91亿元,二者绝对值相差52632.77亿元,东部地区是西北地区的12.013倍;2008年,西北地区生产总值为16290.88亿元,东部地区生产总值为191041.13亿元,二者绝对值相差174750.25亿元,东部地区是西北地区的11.73倍(见图3-5)。在居民消费水平发展方面,总体趋势也是如此(见图2-3)。(3)西北地区城乡发展失衡情况严重。(4)基本公共服务和社会公共福利在城乡之间、不同的社会阶层之间分布不均等程度很高。虽然在国家践行科学发展观、积极构建社会主义和谐社会的举措下,这种情况在近几年有所缓解,但社会福利出现典型的不稳定的"倒金字塔形"——即社会地位越高、职称越高、级别越高则补贴力度越大(由此享受到的社会福利量越多),因此导致西北地区社会公正程度偏低。(5)当人们解决了温饱问题,在社会物质文化生活方面有了一定程度的发展后,关注问题的角度通常就会由过去的"有无问题"转为"多少问题",即更多地注重公平问题。因此,将上述四方面的不平衡(或差距过大)问题结合起来,就会消解人们基于物质文化生活绝对改善所带来的对国家和政府的合法性认同与尊崇,从而降低政府的社会治理效能。

第四,从基本公告服务的综合效能来看,西北地区在全国处于偏低的位置(见表3-7)。同时,西北地区各级政府的经济效能远高于社会效能和文化效能。在近几年国家大力向农村、少数民族地区、落后地区投入人力、物力等资源的情况下,其社会综合效益没能同步提高。

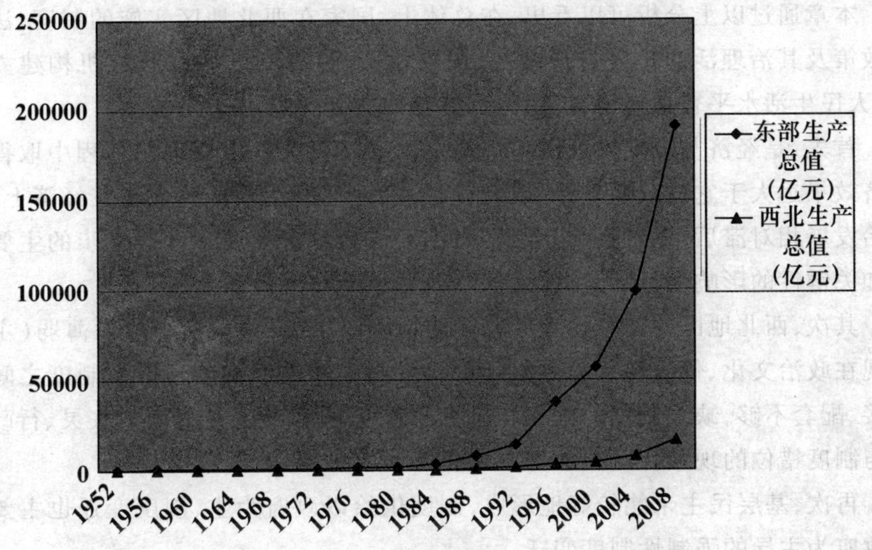

图 3-5 西北与东部地区生产总值发展比较

(说明:根据国家统计局数据库数据计算绘制 http://219.235.129.58/indicatorYearQuery.do).

所以,通过发展大力改变西北地区与国内发达地区之间、西北地区内部城乡之间、西北地区内部不同是社会阶层之间过大的社会差距,改革政府现有的治理体制,改进和加强西北地区各级政府部门的执政方式,不断提高其执政能力,由此提升西北地区各级人民政府为人民服务的水平,将是增强政府效能的必行路径。

表 3-7 我国基本公共服务综合绩效等级(2000—2004)

绩效等级	状态	区域(省份)分布
A	优秀	
B	良好	北京、上海
C	一般	天津、浙江、广东、江苏
D	不足	辽宁、福建、山东、吉林、黑龙江、青海、海南、河北、重庆、湖北、山西、内蒙古、陕西、西藏、湖南、新疆、河南、四川、江西、宁夏、安徽、云南、广西、贵州、甘肃
E	匮乏	

注:根据公共服务综合绩效得分分布情况,本研究将公共服务绩效等级分为五级:其中绩效得分为 A 级代表“优秀”,为 B 级代表“良好”,为 C 级代表“一般”,为 D 级代表“不足”,为 E 级代表“匮乏”。

(说明:本表来源于陈昌盛、蔡跃洲:《中国公共服务综合评估报告(摘要)》,《中国经济时报》,2007 年 1 月 23 日第 005 版)

本章通过以上分析可以看出，在总体上，国家在西北地区实施的制度、法律与政策及其治理活动是富有成效的，国家权威得以确立，各级政权机构建立健全，人民生活水平普遍有所提高，但仍然存在很多问题：

首先，是经济与政治发展的不平衡。国家在西北地区治理的过程中取得的经济效果远大于它的政治效果，或者说，国家治理的绩效主要表现在经济上，而政治发展相对滞后，以致目前政治发展已经成为经济发展和社会进步的主要阻力和关键性的影响变量。

其次，西北地区的国家治理所取得的物质成果突出，而精神成果薄弱（主要体现在政治文化、价值观念等方面）。另外，制度的进一步创新以及制度之间的衔接、配套不够，缺乏制度的细化和应有的制度合力，导致一些政府失灵、行政不当与制度错位的现象。

再次，基层民主未能较好地形成，制度供给以政府为主，制度变迁也主要是以政府为主导的强制性制度变迁。

另外，西北地区与国内其他地区之间的区域差距、西北地区内部的城乡差距、社会阶层差距都过度拉大，将是进入 21 世纪以后治理西北地区的急需化解的重点问题。

最后，民族分裂主义势力严重干扰和破坏了西北地区的政治稳定，成为 21 世纪以来西北地区治理面临的最大问题。

所有这些都表明，这种治理仍然是传统统治观念的延续，国家治权呈现出由上至下的单向性运行，未能符合治理的本意——多个社会权威协同起来使得公共利益最大化。

中篇

西北地区治理目标

任何良好的治理都有其正确的目标指向。从国家政权层面分析西北地区的治理,其目标指向包括政治稳定、经济发展、社会和谐、文化繁荣和民族团结。这五大目标在西北地区治理中缺一不可,且相互之间密切关联。其中,政治稳定是前提,没有西北地区的政治稳定,就谈不上经济发展、社会和谐、文化繁荣与民族团结;经济发展是基础,西北地区的政治稳定、社会和谐、文化繁荣、民族团结最终要靠经济发展来实现, 西北问题本质上是发展问题;社会和谐是体现,西北地区政治稳定、经济发展、文化繁荣、民族团结都要通过社会和谐加以体现,实现了西北地区社会和谐的目标, 西北地区政治稳定、经济发展、文化繁荣、民族团结的成果也就体现出来了;文化繁荣是精神风貌,是政治稳定、经济发展、社会和谐、民族团结的精神文化载体,通过繁荣文化,又可以为西北地区政治稳定、经济发展、社会和谐、民族团结提供强大的精神动力;民族团结是保障,没有西北地区各民族之间的团结,政治稳定、经济发展、社会和谐、文化繁荣的目标都无法实现。

第四章 政治稳定

政治稳定是一个国家和地区经济、文化和社会发展的基本前提。在世界近现代史上,后发型的国家和民族迈向现代化的进程中都不同程度地发生了政治不稳定的问题。保持政治稳定必然地成为后发型国家政治发展的重要目标,也往往是在社会转型过程中实现良性运行和协调发展,最终完成现代化历史任务的必要条件。当前,中国社会已进入全面转型的关键时期,改革处在攻坚阶段,各种矛盾和问题层出不穷,政治稳定更是关系党、国家和民族前途命运的重大问题,是影响改革开放和社会主义现代化建设全局的关键问题。而西北地区特殊复杂的民族结构、宗教状况、地缘政治经济特征以及经济社会发展水平对西北地区乃至整个国家的政治稳定都产生着重要影响,因而维护西北地区政治稳定,是西北地区治理的首要目标。

一、维护西北地区政治稳定的重要性

(一)西北地区是我国国家安全的重要战略屏障

西北地区居于祖国边陲,总面积为310多万平方公里,占全国总面积的32.2%。就我国领土构成来说,西北地区不仅面积广阔,而且边界线漫长,是我国陆上邻国最多的地区,分别与蒙古国、俄罗斯联邦、哈萨克斯坦、吉尔吉斯斯坦、塔吉克斯坦等多个国家毗邻,仅新疆维吾尔自治区就有长达5000多公里的边界线。根据传统的地缘政治学理论,“中国西北地区既是世界政治的‘心脏地区’欧亚大陆的一部分,也是至关重要的‘边缘地区’ 的一部分。”①从19世纪开始,这里就是西方战略中争夺亚欧大陆腹地的中心之一。20世纪末,随着苏联解体,我国西北地区便成为美国欧亚战略的前沿,是西方战略中阻止中国向中亚、中东这一地缘政治中心和能源中心扩展的目标。在政治地理上,处于中国北部安全战略地区的西北地区,周边国际关系也十分复杂,南亚及中亚、中东地区

① 丁建伟:《地缘政治中的西北边疆安全》,民族出版社,2004年版,第17页。

的安全秩序都与我国西北地区的安全环境息息相关，同时，西北地区还是“上海合作组织”、“中亚反恐怖机制”有效运作的关键。因此，该地区的政治社会稳定关系到祖国边疆的安定，影响着祖国的统一大业，也关系到国家的长治久安。另一方面，我国少数民族人口虽少，但居住地域非常广阔，且大多数聚居在边疆地区。在全国56个民族中，有16个以西北各省区作为主要的聚居区，其中大部分民族有史以来就与周边诸国民族或相邻为伴，或跨界而居，如哈萨克族、乌孜别克族、吉尔吉斯族、塔吉克族、俄罗斯族、维吾尔族、塔塔尔族、东干族等跨界民族，与周边国家的主体民族在语言、宗教、文化上有着悠久的传统联系，因而受周边国家政治生态和大国影响十分明显。中亚的恐怖主义不仅对地区的安全与稳定构成了严重的威胁，而且影响到中国西北地区的安全与稳定，特别是对中国的新疆地区造成了消极影响。在上述大背景下，西北民族地区始终都处于保卫边疆、繁荣边疆的第一线，是祖国统一、领土完整的基石。

（二）西北地区是我国经济长期发展的能源后备基地

能源是现代工业的生命，能否保证足够的能源供应是中国现代建设中的战略问题。西北地区能源资源富集，特别是对经济发展和国防建设具有重要意义的战略资源储量较多，开发潜力巨大，被视为21世纪的战略能源基地。新疆油气资源储藏量极其丰富，现已发现准噶尔、塔里木、吐鲁番三大油气沉积盆地及其他19个中小型沉积盆地，预测油气资源储藏量近300亿吨，占全国油气资源储量的1/3以上，将成为中国21世纪最主要的油气供给的后备基地。同时，柴达木盆地东部极有希望成为我国另一个世界级的大油气田。西北地区煤炭资源主要分布在新疆、陕西、宁夏和青海的部分区域，其中新疆煤炭储量预计占全国煤炭储量的40%。目前，全自治区预测煤炭资源总量2.19万亿吨，居全国首位。截至2008年末，新疆已查明煤炭资源储量1992亿吨，位居全国第三位。2004年底已建成的长达2400公里的“西气东输”管道工程实现从塔里木向上海、浙江等东部地区商业供气，其管道涵盖了9个省区，将中国的西部、中部与东部连成一片。此外，西北地区作为我国重要的能源集散地，在国家能源战略中的突出作用还在于其得天独厚、不可替代的地域优势具备了成为中国陆上能源资源安全大通道的基础，通过西北地区我国能够建立通向世界能源市场的安全大通道，2005年底建成的中哈输油管道全长2800公里，初期年输油能力约1200~2000万吨。无论从西北地区自身的能源矿产储量来看，还是中国输入油气资源的通道来看，地缘区位优势和丰富的能源资源使西北地区在保障国家能源安全和经济发展中具有十分重要的战略地位。利用好西北地区的地缘优势，充分发挥西北地区作为主要能源通道的枢纽作用，是我国经济发展的要害所在。此外，西北大部分地区太阳能年日照时数为2600~5000小时，居全国之首。西北的水能资源总量仅次于西南地区，年总流量达 6314 亿立方米，水力资源蕴藏量是 44568 千瓦。西北地区还是我国重要的粮食、瓜果、蔬菜、药材生产基地，野生动植物资源也十分丰富。无论在过去、现在还是将来的经济建设中，西北地区都是重要的能源资源战略基地，是国家进行社会主义经济建设的物质基础，对我国经济发展起着非常重要的作用，能否保持该地区的政治稳定，直接关系到我国现代化建设大业的实现。

（三）西北地区民族宗教问题直接和我国政治稳定格局休戚相关

由于我国西北地区历史上就是少数民族生息、繁衍和角逐的地方，是东西方民族迁徙、文化融会和商业交往贯通的要道，形成了多民族聚居和多宗教信仰并存的局面。新中国建立以后，实现了各民族的平等，消除了产生民族冲突的根本原因，但由于历史上西北地区遗留下来的各民族事实上的不平等，以及各民族之间民族特性的不同，不可避免地会产生地区政治不稳定的因素，是我国政治与社会不稳定现象的多发地。从历史上看，“民族性”虽说是所有宗教的共同特点，但是，我国宗教民族性的特点，就集中地表现在西北地区各民族宗教之中，在一定意义上说，宗教是这些民族形成的重要基础。对于多数西北少数民族来说，基本上是以某种宗教作为全民的信仰，从我国西北地区和我国伊斯兰教信仰的情况来看，我国有 10 个少数民族信奉伊斯兰教，其中有 9 个民族主要分布在新疆地区，穆斯林人口占新疆总人口的 58%，占新疆少数民族人口的 97%。① 再者，由于长期的宗教影响，在民族聚居区，宗教气氛浓郁，宗教活动频繁，宗教信仰对西北地区各民族的民情风俗、文化艺术、生活习惯、道德规范、心理素质以至生产等社会生活的各个方面都有十分深远的影响，宗教意识、宗教观念已渗透到民族社会生活的各个领域和层次。现实中，许多宗教活动已经世俗化，与民族的传统习俗和社会生活规范融合在一起，有的还与民族教育相结合，成为民族文化的一个组成部分，不仅支配着人们的思想感情，也支配或影响着人们的日常生活。总之，宗教在西北民族的精神领域中地位突出，积淀为超稳定的文化心理因素，成为民族存在不可分割的一部分。对虔诚信教的民族而言，宗教信仰往往是诸多民族中最敏感、最易引发民族骚动的神经感应器，加上西北地区的“双重边缘化”和特殊的地缘政治关系，使“该地区的民族宗教问题等往往错综复杂，且多有国际背景”。② 国际的民族主义思潮不可能不对西北地区产生影响，某些西方国家及其反华势力勾结国内的分裂主义分子，力图在民族问题上大做文章，制造事端。一些国外宗教组织借口对国内宗教界的资助而提出一些政治性很强的附

① 新疆维吾尔自治区统计局：《新疆统计年鉴 2005》，中国统计出版社，2005 年版，第 116 页。
② 马曼丽、安俭、艾买提：《中国西北跨国民族文化变异研究》，民族出版社，2003 年版，第 230 页。

加条件，一些披着宗教外衣的人进入我国西北边疆地区后直接从事非法活动，还有些国家和地区为一些利用宗教搞民族分裂的人提供后方基地、进行人员培训等。其中国内外普遍关注且与西北地区民族、宗教问题关系极其密切的“东突”恐怖势力、“藏独”势力自20世纪90年代以来发展日益猖獗，在中国境内外策划了一系列爆炸、暗杀、投毒、纵火等恐怖活动，制造动乱和暴乱等案件，给西北地区经济社会发展和政治稳定带来了极其严峻的挑战。因民族宗教问题引发的不稳定不仅严重威胁我国西北地区的政治稳定和经济开发，而且还危及整个国家和民族的前途与命运。在这个意义上讲，西北地区的政治稳定与政治秩序在全国政治格局中有着非同寻常的重要性。

（四）西北地区的政治稳定是促进该地区经济社会发展与实现国家安定和谐的坚实基础

西北民族地区处于国家的边远地区，交通不便，信息闭塞，联系较为薄弱，长期以来社会经济发展处于相对落后的境地，同中原相比较存在着一定的差距。在当前和今后一个较长的时期内，西北民族地区的各种矛盾和问题比较集中地反映在经济社会发展问题上，表现为民族意识增强，迫切要求加快发展，缩小差距，消除由于历史遗留下来的经济、文化的落后性而产生的权利享受事实上的不平等。在一些温饱没有完全解决的民族地区，生存与发展自然是最大的政治。从根本上说，西北地区要消除差距，摆脱落后，各族人民迫切需要该地区的政治稳定和民族间密切的团结稳定。历史实践使西北民族地区各族人民认识到，只有在政治与社会保持稳定的条件下，才能促进该地区的经济社会持续发展。没有一种稳定的环境，西北民族地区的经济社会发展就无法顺利进行或者中途夭折。事实上，在整个西北地区，发展经济需要稳定，深化改革需要稳定，扩大开放需要稳定，完善民主、健全法制都需要稳定。而随着西部大开发战略的实施，西北地区的发展更是迎来了一个新的历史性机遇，西北地区要实现经济的快速发展，稳定对之来说显得尤为重要。维护西北地区的政治稳定，为西北地区发展政治、经济、文化教育提供良好的环境，各族人民才得以全心全意地从事生产建设，发展科技文化，促进经济繁荣。这不仅是深入推进西部大开发、促进区域经济协调发展的重要举措，也是造福于各族人民群众、促进西北地区社会经济发展和改革开放的必然要求，更是加强民族团结、维护国家统一的迫切需要，对西北地区的长治久安和国家的安定和谐具有重要的现实意义。

我国各民族是合则两利，分则两害。只有国内各民族的团结和国家的统一，才能促进地区经济的繁荣和发展，为少数民族聚居区或多民族散居区保持安定、和谐的政治、社会、经济、文化的发展局面，从而使西北各族人民得以和睦相处、真诚协作，和衷共济、和谐发展。和谐的民族关系有利于减少因区域经济发展不平衡而产生的民族间的不满情绪,减少矛盾,促进民族间的团结。可以说,在发展基础上的稳定才是真正的稳定,利益的一致性有助于强化共识,抵制分裂,摒弃前嫌,加强团结,形成强大的向心力和创造力,共同推动民族地区的经济社会的快速健康发展。西北地区各民族人民自觉地维护民族和谐,努力建设民族地区,发展民族地区,保持民族地区的稳定,从而也就维持了祖国的统一完整,保持了国家的政治安定,使我国在一个稳定有序的环境中全力促进经济社会发展,充满信心地走现代化道路,使中华民族屹立于世界之林。

二、西北地区政治稳定的基本态势

新中国成立后,西北地区的面貌发生了很大变化。"三线"建设拉开了西北工业化、现代化建设的帷幕,在国家人力、财力和物力的支持下,西北的经济建设持续增长,社会生产力逐步提高,人民生活水平得到改善,西北人民安居乐业。与建国以前相比,西北地区出现了前所未有的政治稳定、经济发展、民族团结的局面。尽管近年在西北地区有一些国外敌对势力和潜居国外的民族分裂分子不断地进行煽动和挑拨,国内一些居心叵测的人也遥相呼应,个别地方群体抗法事件亦有出现,民族与宗教纠纷上升,黑社会势力活动猖獗,地域性犯罪案件突出,但西北地区基本上保持了社会和政治稳定的良好态势与局面。其主要标志是:

(一)各级政权体系建立健全,国家政令畅通

新中国的诞生铲除了阶级压迫和剥削,随着西北地区的全面解放,结束了西北地区军阀政治的历史,西北地区实现了社会政治发展的历史性转变。对地区专署、县政府、警察局、法院等旧政权、旧机构中的职员,先清除反动分子,而后根据不同情况对一般人员有的继续留用,有的送行政人员训练班学习,有的遣送安置,同时吸收各民族中的先进分子参加政府工作。经过改造,程度不同地处于前资本主义的各民族分别跨越了一个或几个社会形态直接进入了社会主义社会,建立了人民政权。政治上的解放为各民族充分享受自由、平等的民主政治权利创造了制度前提,支撑国家政权系统得以进行治理的各项新型制度、法律法规以及政策的建立和实施,将西北地区有效地纳入到国家的统一政权系统之中。自各民族纳入统一的国家政治体系起,各民族依法享有当家做主的民主权利和平等参与管理国家事务的权利,行使宪法和法律赋予的选举权和被选举权,参加选举全国和地方各级人民代表大会的代表,并通过人大代表参与管理国家和地方事务。这对发挥各族人民当家做主的积极性,巩固国家的统一,促进西北地区社会主义建设事业的发展,都发挥了巨大的作用,为西北地区的政治稳定打下了坚实的社会基础。

与此同时,党和政府废除了民族歧视、民族压迫制度,为保障少数民族的平

等自治权利提供了制度保证。在少数民族聚居的地方实行民族区域自治制度，把民族自治与区域自治结合起来，这是在一个集中统一的主权国家内民族与区域二者有机结合的特定的政权体系形式。自1953年开始试行民族区域自治制度以来，西北地区自上而下地建立了一批民族自治乡、自治县和自治州，并成立了新疆维族自治区、宁夏回族自治区等。西北各省、自治区地方自治机关充分行使宪法和法律赋予的自治权，在政治上享有充分的自主管理本地区和本民族事务的自治权利，又享有依照当地民族的政治、经济和文化的特点，在国家政权系统许可的范围内制定自治条例和单行条例的权力。1984年5月31日第六届全国人民代表大会第二次会议通过了《中华人民共和国民族区域自治法》，①根据该法的规定，上级国家机关的决议、决定、命令和指示，如有不适合自治区实际情况的，自治区可以报经上级国家机关批准，变通执行或者停止执行。对国家法律政策依法进行变通执行，有效地保障了西北地区各族人民的特殊利益，为促进西北地区各项事业的发展，为西北地区的民族团结，平等合作，共同繁荣经济和维护社会稳定起到了法律保障作用。

当然，不论是民族区域自治制度，还是地方性法规，都具有局部性、补充性的特点，国家制度、法律和政策对西北地区政治格局与政治过程具有实质性意义。所以，从国家的一体化要求和政令的贯彻执行情况来看，国家政权系统对西北地区的制度安排、法律规范、政策导向以及地方政权体系的建立健全，自新中国成立60多年来，都是极为有效的，为西北地区的繁荣和稳定做出了强有力的支撑。它们既是西北地区政治稳定的基础，又是该地区政治稳定的重要标志。

（二）经济建设成效显著，人民生活水平日益提高

政治稳定是经济发展的前提，反之，经济建设的成效大小又可以成为衡量政治稳定与否的标准。中华人民共和国成立前的西北地区，国民经济是以农牧业为主体的自然经济，工业十分落后，没有像样的工厂和矿山，一些地方粮荒不断，人民生活贫困不堪。建国60多年来，西北地区的经济建设取得了显著成效，各民族人民生活水平均得到了空前的提高。

新中国成立后的60多年来，西北地区已经由一个基本没有近代工业的地区，发展成了一个工业门类比较齐全、大中小城市区域分布的基本格局。特别是1999年西部大开发以来，西北地区人民不断抓生产、促发展，在科学发展观指导下，不断转变经济发展模式，地区经济得到了跨越式发展，地区差异日益缩小，现代工业从无到有，建成一大批交通、水利、能源、通讯等重点项目，建立起包括20

① 2001年2月28日第九届全国人民代表大会常务委员会第二十次会议通过《关于修改〈中华人民共和国民族区域自治法〉的决定》。

多个门类、富有西北地方特色的以石油天然气、石油化工、钢铁、煤炭、纺织、建材、食品等资源工业为主体的现代工业体系。据统计，西北地区的工业产值比建国前增长了200多倍，农牧业产值按不变价格计算，比建国前也分别增长了20多倍和10多倍。近年来，新疆维吾尔自治区对外开放并形成了沿边、沿桥（亚欧大陆桥）和沿交通干线向国际、国内拓展的对外开放格局，成为中国向西开放的前沿，"已有国家批准的开放市、县70个，开放一类口岸17个，已同100多个国家和地区建立了经贸关系"。[①]与周边国家已开通国际公路客货运输线路101条，已成为中国对外开放一类口岸最多、开通国际运输线路最多、最长的省区。优越的交通条件为西北地区经济发展东联西出提供了便利，目前以外向型产业为支撑，建立了伊犁进出口加工基地、喀什出口加工基地、阿克苏进口资源加工基地、乌昌出口加工基地等多个出口加工基地；同时充分发挥其区位优势，大力发展边境贸易，建立了塔吉克斯坦有色金属开采和初加工基地和吉尔吉斯有色金属基地。据统计，2006年西北地区对外贸易比1999年增长了5.2倍，年均递增26.4%，实际利用外资年均递增23.2%，对外工程承包营业额年均递增52.7%。对外贸易列全国第16位。2007年前10个月，实现进出口105亿美元，增长45.3%，其中，出口85.3亿美元，进口19.3亿美元，对外贸易保持快速增长势头。[②]

加快西北地区的经济建设，提高人民群众生活水平，中央政府和西北地方各级政府为此做出了巨大努力。特别是"九五"时期以来，随着中央财力的增强和西部大开发战略的推进，中央政府给予西北地区的一般性财政补助逐年增长，还通过各种专项财政转移支付、民族优惠政策转移支付，加大对少数民族地区的资金投入和支持。[③] 这些政策的实施，极大地改善了西北地区的生产和生活条件，提高了民族自治地方人民的生活水平，各族人民已基本摆脱贫困、实现温饱，部分群众生活达到了小康水平。农业综合生产能力和产业化水平显著提高，特色优势农业和林果业、畜牧业迅猛发展；现代商业、旅游、邮电、饮食服务、文化娱乐、IT等在建国前闻所未闻的新兴产业方兴未艾。广播、电视、通信、互联网等现代信息传递手段，已经深入到人民群众的日常生活。到2000年，西北地区广播和电视的人口覆盖率分别达到77.7%和76.1%，2003年底，广播、电视人口覆盖率分别达到87.8%和88.9%，固定及移动电话总户数达到60.17万户，应当说西北地区经济发展的变化一日千里，今非昔比。经济建设的成就和人民生活水平的提高，显示了社会主义的优越性，提高了国家政权的威信，有力地促进

① 王洁、宋岭：《新疆投资环境分析及对策建议》，《新疆金融》，2007年第4期。

② 黄平昆：《实施面向中亚扩大对外开放战略的几点思考》，《新疆金融》，2007年第12期。

③ 王拴乾：《辉煌新疆》，新疆人民出版社，2003年版，第225页。

了西北地区的政治和社会稳定。

(三)社会建设事业取得长足发展,民生需求得到初步保障

党和政府大力推进西北地区教育、卫生、科技、文化等社会事业发展,取得了重大成效,各族人民在生存权、发展权、文化权、受教育权、宗教信仰自由权、生育权等社会权利方面都得到了充分保障。

新中国成立以来,特别是改革开放以来,西北地区的民族教育有了长足发展,取得了很大的成绩,已基本形成了乡村有小学、寄宿制中心小学、初级中学;州县有完全中学、职业学校、中专;省城有各类大学、大专等高等院校的教育格局。据统计,仅1993年至1997年的4年期间,政府对牧业县中小学校舍建设投资就达17亿元。到2001年,新疆全区就有小学6221所,普通中学1929所,普通中专99所、普通高等院校21所,少数民族学生分别占在校学生总数的70%、64%、51%和45%。单独设置的民族中小学5882所,占全疆中小学总数的69%。另外,还有不少学校实行民汉合校,形成了一个结构合理、多层次办学、协调发展的少数民族教育体系。①新中国成立前,西北民族地区的女子教育基本上处于空白状态,轻视女童教育的问题在西北各少数民族中都普遍存在,特别是在一些边远落后的山区更为突出。新中国成立后,党和政府为发展民族教育,解决女童入学,提高广大妇女的素质,采取了一系列有效措施,使女童教育在某些地区、某些方面取得了显著成绩,处境得到了较大改变。西北地区已全面实现"普六",63个县实现"普九","两基"攻坚规划确定的任务全面完成。小学学龄儿童入学率达98.2%,初中入学率达到90.7%,学生义务教育阶段学杂费、书本费全部免除,真正意义上的义务教育覆盖了西北各个地区。尤其是寄宿制学校的建立,从根本上改变了游牧民族教育落后的状况,促进了西北地区少数民族教育事业的迅速发展。

随着西北地区医疗卫生事业的发展,该地区医疗卫生条件得到显著改善,已拥有各类医疗卫生机构和各个层次的卫生技术人员,婴儿死亡率由新中国成立前的43%下降到3.1%,人均寿命从35.5岁增长到现在的67岁。以新型合作医疗为基础的农牧区医疗制度惠及全体农牧民,地方病、传染病防治取得重要进展,覆盖城乡的卫生医疗体系、疾病预防控制体系和突发公共卫生事件医疗救治体系逐步健全。另外,以城镇职工基本养老保险、基本医疗保险、失业保险、工伤保险、生育保险等制度为主要内容的社会保障体系已经建立,在全国率先实现了城镇居民医疗保险全覆盖,并建立了特困群众医疗救助制度和农牧区老干部、老党员、老模范的生活补贴制度。自然灾害救助、教育资助、司法救助稳步开展,

① 王拴乾:《辉煌新疆》,新疆人民出版社,2003年版,第191页。

残疾人事业得到重视和加强，建立了农村居民最低生活保障制度，将年收入低于800元的农牧民全部纳入了保障范围，农牧区“一孩双女”困难家庭扶助制度全面实施，扶贫开发力度进一步加大，西北地区各民族社会发展和民生保障进入了一个新的历史时期。

(四)各族人民民心稳定，民族团结不断加强

在西北地区，每个民族成员对本民族的宗教信仰都有一种特殊的感情，宗教信仰往往成为信教群众加强对本民族群体的认同感、归属感与凝聚力的桥梁。历史上西北民族地区的民族关系问题就十分突出，非常复杂，相当敏感，常常造成严重的后果。在消除了阶级压迫和剥削的中华民族大家庭里，西北地区各民族互通有无，结束了过去民族仇视、民族纷争甚至民族惨杀的局面。多年来，中国共产党一贯高举民族团结的旗帜，坚持不懈地致力于各民族的大团结、大联合，始终把民族团结和国家统一作为国家兴衰的头等大事，以正确的民族政策、宗教政策保证民族地区的政治稳定，致力于形成一种较为稳定的以平等、团结和共同繁荣为特征的民族关系格局。《中国人民政治协商会议共同纲领》就明确规定：要“使中华人民共和国成为各民族友爱合作的大家庭，反对大民族主义和狭隘民族主义，禁止民族间的歧视、压迫和分裂各民族团结的行为。”1953年10月，毛泽东强调说：“我们要和各民族讲团结，不论大的民族、小的民族都要团结。”①1957年2月他在最高国务会议上的讲话中又说：“国家的统一，人民的团结，国内各民族的团结，这是我们的事业必定要胜利的基本保证。”②我国的宪法和法律始终把维护和发展各民族的团结并禁止任何形式的民族歧视、民族压迫作为一项基本原则，坚持以法律的形式来保证各民族的团结。在西北地区，虽然少数民族种类多，宗教信仰繁杂多样，但由于党和政府实行宗教信仰自由政策，其主要特征是互相尊重、和谐共存，呈现出各民族和睦相处、政治稳定的基本状态。绝大多数宗教教职人员在政治上都爱国守法，拥护社会主义制度和党的领导，成为爱国统一战线的重要组成部分。我国各宗教都成立了统一的全国性的宗教协会，结束了新中国成立前各宗教教派林立、互相争斗的局面，实现了信教群众与不信教群众以及信仰不同宗教、不同教派群众的大团结，各种宗教活动平稳安定，正常进行，信教群众的宗教需求得到充分满足。不同民族在社会生活和交往联系中平等相待、相互尊重、互相合作，在与社会主义社会相适应的道路上都取得了新进展，各族人民民心思定、人心稳定，以平等、团结、互助为特征的社会主义民族关系得以建立并不断得到巩固与发展，正如邓小平同志指出的：“我

① 《毛泽东文集》(第六卷)，人民出版社，1999年版，第311页。

② 《毛泽东著作选读》(下册)，人民出版社，1986年版，第757页。

国各兄弟民族……早已陆续走上社会主义道路，结成了社会主义的团结友爱、互助合作的新型民族关系。”①

如今，“三个离不开”（汉族离不开少数民族，少数民族离不开汉族，少数民族之间也相互离不开）已经成为引导西北地区民族关系的一条重要原则。数以万计的民族团结进步先进集体和个人，为巩固和发展西北地区的社会主义民族关系继续做出应有的贡献，团结、适应、合作、稳定将是基本趋势。观察当前西北少数民族的心理适应性和承受力，各民族对社会转型期的社会政治改革、经济改革、文化生活的重大变动有着较高程度的可接受性、适应性和耐受性，也就是说对社会结构转型、体制转轨、利益调整和观念转变有了稳定的适应性，绝大多数当地居民拥护改革开放，民族心理认同比较一致，对国家高层的政权机关有着高度的政治认同（不一定是完全理性化的认同），例如他们一般都关注电视台和广播电台的新闻节目，对高层的政策法规有较高的兴趣。从长远来看，在实现第三步战略目标的进程中，随着党的民族政策的贯彻落实和西部大开发战略的顺利实施以及少数民族经济文化事业的发展，各民族平等、团结、互助、共同繁荣的社会主义民族关系的巩固和发展，宗教政策的进一步全面正确贯彻落实，各民族之间的友好交往更为频繁，相互学习的机会也与日俱增，社会生活的一致性得到迅速增长，西北少数民族地区的民族团结将奠定在一个更加坚实的基础上。各族人民共同致力于促进各民族政治、经济、文化和社会各项事业的共同发展，致力于维护社会稳定和国家的安全统一，这对于一个多民族国家具有非常重要的意义，是衡量多民族国家综合国力和政治稳定的重要标志之一。

总之，新中国成立60多年来，西北地区的政治、经济、文化等各方面都取得了举世瞩目的成就，社会稳定、民族团结、国家统一是各民族的共同利益。但毋庸讳言，在西北地区仍存有一些不稳定的因素和事件，而且某些时候某些地方还极其突出，如发生在2008年的藏区骚乱和2009年新疆乌鲁木齐的“7.5”事件，是新中国成立以来最严重的暴力犯罪事件，使西北藏区和新疆地区政治不稳定达到空前规模，说明存在着影响西北地区政治稳定和国家安全的重大隐患。

三、影响西北地区政治稳定的主要因素

我国西北地区虽然在整体上政治稳定，人民安居乐业，但由于该地区经济社会发展相对滞后，贫困人口数量较多，历史上形成的民族隔阂仍未彻底消除，特别是在具体的经济利益方面，各民族之间仍会发生矛盾和纠纷。因此，在总体社会政治稳定的大前提下，隐含着许多政治不稳定的复杂因素。

① 《邓小平文选》（第二卷），人民出版社，1994年版，第89页。

(一)转型期社会分化引发的利益冲突是西北地区政治不稳定的基本诱因

当代中国已进入了社会转型的关键时期,由于社会经济发展迅速而又尚未达到足够水平,尤其是改革进入纵深阶段后,原有的体制和规范已被打破,而新的体制和规范尚处在构建中,社会不同群体之间的利益矛盾成为转型时期由传统社会向现代社会变革的普遍现象。任何时候,利益是各民族社会行为的动力,"社会阶层变动及利益分化都有一定的历史必然性和合理性,而各民族利益的分化实际上也是利益格局重新调整的过程"。①在社会转型期,"利益意识的产生与强化,产生了对立或相互冲突的要求"。②也就是说,社会成员之间在地位、权力、财富方面的分化和社会层化趋势加剧,不同社会阶层和社会集团的利益分化愈益明朗化,利益冲突也就不可避免。多年的改革开放使中国经济获得快速而全面的发展,其引发的重要结果之一即是在利益结构分化的基础上,社会成员的构成空前分化,尤其在地位、权力、财富等方面的分化日益明显,新的利益主体和利益群体不断涌现,产生出一些新的利益矛盾和冲突。特别是在西北地区,社会成员的分化、社会阶层和社会集团利益的矛盾和冲突,常常在形式上表现为民族之间的分化和利益冲突,这样,它对政治与社会稳定的威胁就更大。就目前状况看,西北地区社会的领域分化、区域分化、阶层分化、组织分化、利益分化和观念分化,不仅打破了传统的一元化的利益结构,使之向着多元化的利益格局转变,而且也引起了人们利益意识的觉醒,这一切又自然而然地影响着社会各阶层在分化过程中的心态变化,直接打破了西北地区原有的封闭半封闭式的和谐,使社会生活处于一种不稳定的变动状态中。而随着不同民族利益的分化和扩散,人们的价值观念和意识形态结构将会不断趋于多元化,一些"与主流意识形态不同甚至相反的价值观念也会大量涌现,致使各种观念相互碰撞与冲突频发"。③同时,以市场经济为特征的西部大开发战略的实施,对西北地区旧的思维模式、民族文化传统也会产生碰撞和冲击,由此,思想观念的变化、价值观念的转变和利益思维的重新调整使各民族群体和个体的社会心态变得十分复杂。这时,社会利益矛盾集中,利益分化迅速,利益斗争激烈,一旦社会分化,斗争和冲突失控,就导致政治系统本身的分化、斗争和冲突,引发政治不稳定。尤其在西北地区农村,由于人口分布的分散性和社会管理的滞后,更容易引发矛盾和冲突。

在当前利益格局的转型时期,民族利益影响社会稳定最突出的表现是经济利益的分配问题。各民族生存环境的差异,使民族社会不可避免地存在着自然

① 文军、朱士群:《社会分化、社会整合与转型期中国社会稳定》,《社会学》, 2000 年第 8 期。

② 胡传胜、沈进:《社会稳定的理论思考》,《学海》,2001 年第 5 期。

③ 文军、朱士群:《社会分化、社会整合与转型期中国社会稳定》,《社会学》,2000 年第 8 期。

结构和社会结构的差异，由此导致的经济利益的分配自然有所不同。由于新的利益协调和整合机制尚未建立，因而在分配关系上出现了分配不均的现象，即利益群体的实际付出与所获取的利益之间并不具有对等关系，有时甚至出现付出远远大于获得或获得大大超过付出的情况，经济利益分配的不均衡自然而然影响到社会稳定。因为在这种分配态势下，利益受损的社会利益群体就会感到不满，随着它在整个利益格局中的地位下降，该群体内部的社会成员势必会出现强烈的挫折心理和由不公平感导致的相对被剥夺感。“根据相对剥夺理论，当被剥夺的感受被社会成员广泛认同，并且，价值期望与价值能力的背离加剧时，政治不稳定最有可能发生。”①在西北民族地区，尽管我国实行了特殊优惠的政策，也取得了举世瞩目的成就，但由于历史、现实的多重原因，相当数量的少数民族整体素质仍低于汉族。在市场竞争中，出现了新的、边缘性的群体，其自然地成为劣势群体的构成主体，如兰州、西宁、银川、乌鲁木齐等省会城市中的少数民族“农民工”等就是突出的例子。少数民族“农民工”边缘化的生存状态造成他们的弱势地位，从其宗教文化的行为和感情看，他们受到周围环境的限制，无法恪守原有的宗教行为，当其无法按时完成宗教功课的时候心理上就会产生压抑和受剥夺感。由于我国的市场经济体制改革是在国家号召下逐步建立起来的，利益受损的社会群体如果不能及时得到利益补偿和社会尊重，容易使人们把经济利益的分配差异归咎于体制安排并对其产生怨恨和不满，从而会有离心倾向的滋生，构成引发政治不稳定的心理基础。从民族心理层面上考虑，一旦民族心理上出现不平衡性，反映在民族问题、社会问题上就非常敏感，不仅原有的影响政治稳定的因素如民族分裂主义、宗教极端势力等会更显突出，而且许多经济关系、利益关系会产生新的矛盾。这些矛盾也许并不都是民族问题，但有些可能会通过一定形式反映到民族关系上来，而这些矛盾有时往往会被境内外一些分裂势力所利用，在西北地区借此问题制造民族分裂事端，破坏民族团结，这对进入21世纪处于历史转型时期的西北地区的政治稳定产生着深刻影响。

（二）经济社会发展相对落后是诱发西北地区政治不稳定的重要原因

西北地区位于我国大陆腹地，与东部海岸线距离遥远，长久以来形成了其封闭的地理环境特点。该地区经济发展本身以农村、农业和农民为主，且自然环境恶劣、生态系统脆弱，尽管在大规模经济建设中占有十分重要的位置，但由于自然结构不均衡的现实、国家的整体构建和区域发展之间的矛盾及差异的存在，都使西北地区经济社会发展水平明显地滞后于全国其他地区，一些少数民族地区与汉族地区发展也存在较大悬殊。

① 田为民：《政治稳定的社会心理条件研究》，《江苏社会科学》，1999年第2期。

西北地区与东部沿海地区的发展存在着起点上的差距，新中国成立前，西北地区几乎没有现代工业，传统的农牧业亦很落后。自新中国成立后，国家不断加大对西北地区人力、物力、财力等方面的投入，但由于自然环境、资源条件、经济基础、历史文化背景等多方面因素的综合作用，严重制约着经济社会发展，在该地区存在多种不同层次和发展水平的政治、经济形态的滞后性。改革开放以来，西北地区虽然也获得了长足的发展，但由于地处偏远，生产水平低下，内部发展能力弱，使其伴生着“人口过量增长、环境极度恶化、能源严重短缺、水资源日益匮乏、河流海洋污染枯竭、森林大面积减少”，①不可能依靠自身力量摆脱落后实现跨越式发展，加之国家优先发展东部地区的梯度发展战略的实施，使得西北地区社会经济发展的综合水平依然落后，东西之间的差距不断加大。据统计，从1978 年到 1997 年，在全国 GDP 所占的比重，东部地区从 52% 上升为 61.4%，西北地区则由 17% 下降为 14.8%；人均 GDP 的差距也在相应拉大：1979 年，西北各省区的人均 GDP 均高于福建，其中青海甚至高于广东。而到了 1998 年，广东、福建人均 GDP 都已超过 10000 元，而甘肃、青海、宁夏、陕西均不到 4500 元。② 东部最发达的上海与西北省区相比较，人均 GDP 的差距则均在 7 倍左右。经验表明，若地区发展差距倍数超过 8，社会不稳定的因素将显示出来，南斯拉夫、前苏联均是如此。另外，西北地区的生存贫困发生率是东部地区的 6.5 倍，③在全国将近 6000 万贫困人口中，西北地区贫困人口的比例很高，贫困面积较大且贫困程度较严重。全国 592 个贫困县中，有 71 个县在西北地区，占到全国贫困县的 12%。④ 即便在西北地区内部，改革开放以来，少数民族聚居地区与汉族聚居地区的发展差距也在拉大，如青海省汉族聚居区的经济发展水平普遍高于藏族聚居区，汉族人均收入比藏族人均收入高约 10 个百分点。⑤ 西北民族地区农牧民的生活水平尚处在发展的低端，其中，新疆民族地区的 300 多万人口还存在饮水困难。

许多国家的发展已经表明，长期的地区发展差距如果与地区民族、宗教矛盾交织，非常容易产生不稳定因素而导致国家安全利益受损。西北地区经济社会发展滞后，地区发展差距的不断拉大，民族地区群众的长期贫困，所引起的对民族利益的关注，会促使少数民族的民族意识增强并趋于旺盛，旺盛的民族意识不

① 高永久：《中国新疆周边地区非传统安全问题及其特征》，《新疆社会科学》，2005 年第 3 期。

② 吴仕民：《西部大开发与民族问题》，民族出版社，2001 年版，第 109 页。

③ “中国发展报告 2007”课题组：《中国发展报告 2007——在发展中消除贫困》，中国发展出版社，2007 年版，第 48 页。

④ 徐逢贤，等：《跨世纪难题：中国区域经济发展差差距》，社会科学文献出版社，1999 年版，第 146－147 页。

⑤ 侯景新：《西部大开发应抓住机遇、选好亮点》，《民族研究》，2000 年第 2 期。

利于民族间的安定团结，甚至会给民族分裂分子的"汉族剥削少数民族"、"汉族掠夺少数民族的资源"等谬论的蛊惑宣传提供借口，严重时会滋生社会政治动乱，从而导致西北地区经济社会发展的恶性循环。这种状况，使现行的民族关系格局受到挑战，势必影响我国西北地区的和谐统一、繁荣安定乃至国家安全的有效维护。

（三）复杂的民族和宗教问题是诱发西北地区政治不稳定的主要因素

民族关系和宗教问题是当今人类面临的一个十分敏感而又复杂的问题。我国是一个历史悠久、幅员辽阔的统一的多民族、多宗教国家，民族问题与宗教问题是至关重要的问题，正所谓"民族宗教无小事"。[①] 西北地区又是一个民族众多、宗教氛围浓郁、多种宗教相对集中的地区，仅在新疆一地就有 47 个民族成分，形成聚居状态的少数民族也有 30 多个。各民族在历史发展过程中形成了自己的风俗民情、宗教信仰，多元思想、文化、观念交融、碰撞，各种意识形态和观念异彩纷呈。正是民族分布的复杂性和宗教信仰的多样性，直接影响着该地区的政治走向和政治稳定。

一方面，由于宗教与民族在历史与现实中的密切联系，大部分少数民族的宗教信仰、宗教意识以及宗教感情都很浓烈，宗教往往成为民族社会生活的总汇，渗透到民族心理结构中，人生价值、道德观念、风俗人情甚至一些生产活动都无不受到宗教的影响。加之西北地区文化、教育相对落后，聚居在西北地区的各少数民族通常对宗教的依赖性更强，民族文化在很大程度上都依附于宗教而存在，并成为维系本民族凝聚力的一种重要纽带。宗教活动往往成为少数民族公民非规范参与公共事务的主要载体，在政治生活中地位更加重要、影响也更大。在少数民族地区，成年男性公民在集体性宗教活动当中，往往聚在一起谈论一些现实的社会政治问题，其中有些内容就是聚众批判或抱怨政府和政府官员，发泄自己的不满。这种活动尽管不对社会政治体系造成直接的冲击，但从政治社会化的角度来看，它却对参与者的思想观念影响非常大，这种普遍的抱怨和不满往往使国家政权存在的合法性遭受民众的质疑。此外，西北各少数民族绝大多数都有各自传统的宗教信仰，人们的忠诚主要是对民族宗教组织，宗教组织、宗教人士在少数民族地区具有极高的神圣权威。改革开放以来，西北地区的民族宗教势力强劲反弹，少数民族的民族意识和宗教观念进一步强化。由于宗教既是一种信仰问题，同时又往往同政治问题、社会经济制度联系在一起。同时，宗教信仰所具有的排他性，必然会对少数民族地区的社会生产和生活带来负面影响，有些少数民族虽然几乎全民信教，但并非所有信众都了解宗教真义，其宗教虔诚程度

① 《历次全国统战工作会议概况和文献（1988—1998）》，华文出版社，1998 年版，第 158 页。

与宗教认知程度未必一致,极易把历史遗留问题、普遍社会问题混同于民族、宗教问题。尤其在一些经济欠发达的地区,在受宗教影响较深的民族中,宗教意识与民族意识、宗教问题与民族问题难解难分,部分信教群众由于对信仰的虔诚和文化素质较低,对各种反动蛊惑宣传难以辨别,很容易成为民族分裂势力的牺牲品。可见,民族主义情绪的高涨与宗教观念的强化往往是相伴而生、相互作用。改革开放进一步强化了各民族的利益动机和民族意识,不同的宗教信仰者之间以及同一宗教的不同教派之间因各种原因时常发生冲突,一些经济利益冲突也往往以宗教冲突的形式表现出来,"这种矛盾和冲突在各民族交往过程中,又往往容易上升到民族利益、民族感情和民族尊严的层面",①使得该地区的民族关系十分复杂,极易成为引发其他社会政治问题的重要诱因。

同时,西北有很多少数民族信仰伊斯兰教,而伊斯兰教的世界性和内部各教派之间的不稳定性,也可能作为一种外在因素影响到西北地区的政治与社会稳定。从外部来讲,一些宗教和国外的宗教保持着较密切的联系,使得西北地区的宗教事件和他国宗教事件很容易相互影响。长期以来,西方敌对势力利用所谓的"西藏问题"、"新疆问题",以各种方式支持达赖集团和"东突"组织的活动,妄图利用民族、宗教问题干涉中国内政,千方百计在思想、政治、文化等方面对我国进行宗教渗透。特别是自20世纪90年代以来,由于国内外环境的影响,少数国家为了达到其不可告人的政治目的,往往利用宗教这一特殊的国际交往工具,打着"宗教自由"的旗帜,把宗教作为颠覆我国社会政治制度和价值观念的最佳武器。诸如,有的利用文化往来、办学助学、经贸投资、捐赠等多种方式进行宗教渗透;有的利用电台电视、国际互联网等进行空中和网上宗教渗透,大肆宣扬宗教知识;有的则将民族、宗教、人权问题与国家外交紧密挂钩,在国际人权领域,不断打出"人权牌"、"西藏牌"、"宗教牌"等来牵制我国,挑拨我国的民族关系,引发民族冲突。此外,一些国际国内民族分裂主义分子,利用民族和宗教问题,迷惑人心,制造事端,尤其是我国在西部大开发过程中所产生的一般经济和社会发展矛盾,也成为他们煽动民族对立和宗教对立的导火索。近年来在甘肃、青海、新疆、宁夏等地曾发生过一系列骚乱和恐怖暴力事件,宗教民族主义公开打出"东突厥斯坦共和国"等招牌进行分裂活动,它对世界的影响是广泛的,更是"在西北边疆民族地区越来越表现出破坏性的后果"。② 甚至阻碍西北民族地区的社会主义政治文化建设和民主政治发展,影响社会政治的稳定。

---

① 丁建伟、K. SH. 哈菲佐娃:《论宗教对我国西北边疆安全的双重影响》,《西北第二民族学院学报》,2005年第1期。

② 丁建伟:《地缘政治中的西北边疆安全》,民族出版社,2004年版,第316页。

（四）地方政权调控能力弱化是西北地区政治不稳定的直接诱因

改革开放以来，在我国物质文明建设取得伟大成就的同时，也出现了一些偏差，这主要表现在强调经济发展的时候，忽略政权组织建设，导致一些地方基层政权组织的软弱涣散，行政管理和社会调控能力低下。目前对西北地区的开发，是一种政府推动型的开发，政府的这种推动首先是中央政府的推动，中央政府是西北开发的总指挥，但中央政府的许多措施都需要西北地方政府来落实。在西北很多地区，由于基层政权自身制度化程度低和机构膨胀，各级政权组织之间的相对独立性在增强，特别是表现在偏远的农村和山区的基层行政、司法组织的治理活动中，各个政治组织都有自己的专业化分工，但政权组织的相互制约性还不够，“相互维护”的现象较为突出，人员素质较差，基层组织治理不力，突出体现为不能有效地供给西北广大农牧民所需要的公共物品如医疗卫生、社会保障、文化教育以及道路基建等，降低了国家基层政权在民众心目中的权威性，对业已显露的民族宗教问题缺乏及时有效的调控，或者调控的对策和措施失当。在处理民族关系和宗教关系上，往往容易走向两种极端：一是完全无视少数民族的自治权，采取过激的政策和措施，不尊重少数民族的民族特性和宗教信仰；二是一味地强调少数民族的民族特性和自治权力，甚至借口民族区域自治，对一些严重违法的宗教活动和煽动民族对立的言行听之任之。无论哪种极端，都不利于维护西北地区的政治与社会稳定。

相应的，基层组织调控社会矛盾的能力下降，还会造成政令不畅，使党和政府的路线、方针、政策难以完全兑现，甚至出现“上有政策，下有对策”的局面，使许多本应该解决并且能够解决的矛盾长期积压，造成政治不稳定的重大隐患。由于西北地区在自然条件尤其是地缘方面的原因，在我国现代化的进程中一直处于“边缘化”的状态。就全国范围来看，与城市相比，广大农村地区的发展境地也是“边缘化”。因此，西北地区一个基本的实际就是“双重边缘化”，而“双重边缘化”的社会后果之一就是传统的回归。在西北广大偏远农村地区，在人民公社时期早已被废除的一些传统如宗族观念、阴阳风水、宗教仪式等大幅度地回升，与现代理性化的政治权威格格不入的此类社会传统仍然以各种形式大量存在，并且发挥着较大的社会影响。一般情况下，西北少数民族群众对国家的认同与对宗教、民族、地域的认同相互融合；但在某些特殊的情况下，相当一部分民众对民族、部落、宗教的认同会高于对国家的认同，特别是当地域利益、民族利益、宗教利益与国家利益发生矛盾时，更是如此。尤其是在一些民族宗教色彩浓厚、家族与宗族势力强大的地方，人们表现出对农村精英（乡贤、乡绅、民族头领、宗教领袖、家族人物、能人）很高的权威认同，在当地民众的心目中，他们的地位明显要高于基层政权的干部。从已经形成的政治秩序上看，西北地区政治秩序的法治化程度低，各种矛盾和冲突的解决，通过体制内的制度、程序和法规来解决的少，而通过体制外的途径如宗教领袖的调解、集体抗议、游行示威、暴力等来解决问题的多。在一些民众看来，通过体制外非法制的途径去解决问题“少花时间少费钱”，是一种更为经济有效的行为方式，他们不愿意通过“政府”去解决，而是更加倚重“农村精英”的权威和社会习俗的力量。因此，从整体上讲，西北地区政治整合的权威化程度不高，民众的认同多样，民族的、宗教的、家族的、传统型的认同仍然存在，现代法理型的国家权威与传统型权威并存，而且传统型权威在很大程度上影响着现代型的国家权威。

（五）民族分裂主义势力的严重干扰和破坏是西北地区政治稳定面临的最大问题

冷战结束后，长期压抑着的民族和宗教矛盾迅速迸发出来，泛伊斯兰主义和泛突厥主义活动猖獗，“双泛”活动的结果就是导致民族分离主义、宗教极端主义和国际恐怖主义三股势力在中亚地区迅速蔓延。他们大搞恐怖活动，以制造分裂为目的，“要求在现行的民族国家或多民族国家政治体制中实现民族自治，或者从其中分离出来单独建立本民族的国家政治体系”。①从当今世界发生的局部地区冲突和战乱的情况来看，民族分裂主义、宗教极端主义、暴力恐怖主义这三股势力之间内在联系，“三位一体”。在一定条件下，民族分裂主义与宗教极端主义之间往往是相互利用的关系，并以此作为基础谋求共同发展和扩大生存空间。孤立开展反政府和反社会的活动难以得到民众的同情和支持，民族分裂主义总是自称代表本民族的利益，打着宗教的旗号，人为地制造民族间的疏离感，把本民族正常的族群感情引向极端民族主义情绪，煽动一些人参与反对政府的活动。一般说，民族分裂势力和宗教极端势力难以在现代社会生活中找到合适的生存和发展之地，也难以用合法的和平方式争取与扩大生存和发展空间。因此，民族分裂主义和宗教极端势力往往借助于恐怖活动来显示其在社会上的存在和影响。从斗争实践来看，在近10多年来的斗争中被我打掉的200多个反动团伙的一个共同特点是，他们的行动都是建立训练基地，训练暴力恐怖骨干，进行打、砸、抢、烧，煽动宗教狂热，鼓吹“圣战”，其目标必然是搞独立，分裂祖国统一，这些团伙就是民族分裂势力本身。没有看到哪一个团伙单搞民族分裂而不用宗教极端思想，不搞暴力恐怖活动，也没有看到哪一个团伙只搞宗教极端、暴力恐怖而不提出建立“东突厥斯坦”口号的。以“藏独”、“疆独”为主的民族分裂势力，本质上是对国家政权的公然挑战，是要否定国家政权的合法性、否定党的领导地位。在中国境内外的分裂活动已经严重危及人民的生命安全与社会稳

① 周平：《民族政治学导论》，中国社会科学文献出版社，2001年版，前言。

定，已然成为对我国西北地区政治稳定与国家安全的最大威胁。

从地缘上讲，我国西北地区“极易受到中亚泛伊斯兰势力的影响”。[①] 西北地区穆斯林人口占当地总人口的70%以上，正是伊斯兰极端势力窥视已久的目标。西北地区民族历史所形成的宗教虔诚、信仰象征，往往容易被分裂势力变异为宗教极端主义，为其政治野心罩上神圣光环、涂上文化色彩，成为蒙骗和挑起少数民族信众狂热激情的最便利手段，“随着泛伊斯兰主义势力向中国西北边疆的渗透，使西北地区变得越来越不稳定和充满了不确定性”。[②] 20世纪90年代以来，西方敌对势力为了遏制我国的统一和强大，把西北地区作为主攻目标和重要突破口，积极拉拢、培植境外民族分裂势力，支持和操纵民族分裂组织，采取各种手段从事分裂破坏活动。在“东突厥斯坦独立”组织利用跨界民族往来频繁，从事分裂中国新疆的活动中，盘踞在国外的新疆分裂组织积极配合西方敌对势力的战略目标，极力将自己分裂新疆的活动纳入到以美国为首的西方敌对势力“西化”、“分化”中国的总体战略目标之中。他们从宗教、文化等方面，运用各种方式进行了分裂思想的宣传和舆论准备，并制造了一系列以分裂为目的的暴力恐怖事件。血的事实一再证明，“东突”民族分裂主义势力是我国西北地区政治稳定的重大隐患与现实威胁。

四、实现西北地区政治稳定的对策

影响政治稳定的各种潜在的和现实的因素同时存在并相互影响、共同发挥作用的这一事实表明，西北地区政治不稳定的可能性是不容忽视的。由于西北地区社会矛盾往往同其民族性、宗教性密切相关，而西北地区社会物质基础又较为薄弱，加之其他原因，致使西北地区政治稳定的实现更带有复杂性、特殊性和艰巨性，一旦政治不稳定就会严重破坏西北地区经济社会的发展，甚至影响到整个国家的政治稳定。故而党和国家必须要将维护西北地区政治稳定作为实现西北地区有效治理的首要目标，采取有效措施和对策解决有可能危及政治稳定的各种矛盾和问题，将政治不稳定的因素控制在一定的度的范围内，避免酿成现实的政治不稳定。

（一）社会经济全面发展、各民族共同富裕是保持和实现西北地区政治稳定的基础

西北地区的经济发展是影响民族团结和政治稳定的重要一环，正如马克思

① 罗捷：《论泛伊斯兰主义在中亚的发展及其对中国的影响》，《江南社会学院学报》，2002年第1期。

② 罗捷：《论泛伊斯兰主义在中亚的发展及其对中国的影响》，《江南社会学院学报》，2002年第1期。

所说："为了生活，首先就需要吃喝住穿以及其他东西。因此第一个历史活动就是生产满足这些需要的资料，即生产物质生活本身。"①实践已经充分证明，只有大力发展生产力，促进民族地区经济的持续增长，拥有比较丰裕的生活质量，才能不断地推动民族地区的社会发展与进步，才能为实现少数民族地区政治稳定提供物质保证。在西北地区，经济发展、共同富裕是社会稳定的基础，这不仅是经济问题，更是政治问题。惟其如此，才能实现我国西北地区的长期稳定。

第一，要把西北地区经济发展纳入到整个国家的经济发展之中加以考虑和研究，尽量避免由于政策上的原因，进一步拉大西北地区与东部地区的贫富差距，从而影响该地区的民族关系，不利于该地区的政治稳定。众所周知，西北地区的经济社会发展中存在相当程度的民族关系因素，由于少数民族地区经济发展相对滞后，弱势群体问题凸显，少数民族迫切要求加快发展，缩小差距，实现共同发展、共同繁荣的意识日益增强。这是变革中社会的一个政治后果，是社会动员加快的表现，它有利于提升自尊、自信、自强的民族信念，并内化为民族发展和进步的驱动力。这就要求政治体系在进行社会经济结构变革的同时，基于分配过程中各种利益主体的冲突与矛盾，充分发挥在社会利益调节机制中的核心作用及其政治优势，安排强有力的制度供给，实现社会利益资源的合理分配，从社会的总体利益出发，尽可能地满足社会大多数公众的期望，使得各种利益要求得到有效释放和适度满足。也即，变革社会中要实现西北地区政治稳定必须立足于西北各民族共同繁荣发展的理念，对西北多民族地区出现的各类经济及社会问题进行研究，以此带动我国西北地区的发展并促进区域经济的均衡协调发展，逐步实现西北各民族群众（包括边疆汉族和各少数民族）能够共享改革成果，分享发展福利。

第二，必须充分注意西北地区的特殊性，适应农牧业并存的经济结构和各族人民不同的传统生产方式，因地制宜，规划设计，比较论证，制定出切实可行、科学的社会经济发展战略。西北地区要利用本地区的自然、人文、民族文化传统，探索经济发展的比较优势，调整产业结构，发展特色经济，培育与发展能够发挥本地优势的支柱产业、主导产业，构架具有明显地域分工和竞争力强的产业支撑体系。作为民族地区来讲，还要解决的一个问题是保护生态环境和民族地区群众致富如何并进。由于历史和自然的原因，民族地区生态环境已经十分脆弱，如果在开发中不能处理好资源环境利用与保护的关系，生态环境必将继续恶化，并危机到民族地区的生存和发展。"市场经济条件下的资源观，除了自然资源外，还包括人才、技术、知识产权、信息、管理等许多方面，而民族地区在这些方面则

① 《马克思恩格斯选集》（第一卷），人民出版社，1995年版，第79页。

相对更为稀缺，因此，要落实大资源观。”①要加快转变粗放的发展模式，降低能源消耗，促进经济增长向集约型转变，不断提高经济质量和经济竞争能力，努力改善民族地区的生态环境和生产生活条件，走出一条经济发展、生活改善、生态良好的新路子。

第三，国家要继续实施向西北地区倾斜的社会经济发展优惠政策。为了使各少数民族尽快摆脱落后状况，除了要靠各少数民族人民自身的艰苦努力外，还需要对少数民族给予多方面的帮助。事实上这种帮助是相互的，而不是单向的，毛泽东曾说：“少数民族在政治上、经济上、国防上都对整个国家、整个中华民族有很大的帮助。那种以为只有汉族帮助了少数民族，少数民族没有帮助汉族，以及那种帮助了一点少数民族，就自以为了不起的观点，是错误的。”②实施西北开发是新世纪以来党和国家对我国发展战略格局所作的一项重大战略部署，是惠及西北各族人民的战略工程，西北各族人民对西北开发战略寄予厚望。为此，在西北大开发的有关政策上，要特别注意对少数民族群体的适当倾斜，担负起帮助少数民族群众以及其他农村和城市贫困人口生存与发展的使命，“要充分考虑在短期内让各族人民从经济上得到实惠”，③以看得见、摸得着的现实效果，激发他们积极投身于西北大开发的建设大潮中。同时这也是消除少数民族群众在开发中因为某些个人或局部经济利益受损而产生不满情绪、摩擦、纠纷和矛盾的比较有效的办法，民族地区的经济发展了，各族人民生活水平提高了，民族团结就有了保障，民族地区的稳定也就加强了，这对于统一多民族国家向现代化转型的顺利发展具有重要意义。

第四，西北地区应充分利用国家支持以及先进地区人员、技术、资金等方面支援和对外开放、自主权扩大的有利条件，提高自我发展能力。要让落后的民族地区加快发展，帮助少数民族地区贫困群众尽快脱贫致富，从而真正实现各民族的共同富裕。要靠西北地区广大干部群众自身发扬自力更生、艰苦奋斗精神，彻底摒弃等、靠、要的思想，通过实施扶贫攻坚计划建立层层责任制，并逐步实现由救济性扶贫向开发性扶贫的转变，其中具有关键作用的因素之一是大力发展西北民族地区的教育事业。必须结合民族特点、地区特点，实现由单一的基础教育向为民族地区经济发展服务的转变，即教人以一技之长，为民族地区培育大批劳动技术人才，形成符合本民族、本地区实际情况的可持续发展机制，使西北地区彻底摆脱贫困、落后的状态，促进西北地区社会、经济、文化的现代化，从而保持

① 朱天奎：《对民族地区构建和谐社会的几点认识》，《国家行政学院学报》，2006年第4期。

② 《毛泽东文集》（第六卷），人民出版社，1999年版，第405页。

③ 马大正：《国家利益高于一切》，新疆人民出版社，2003年版，第162页。

该地区持续的政治与社会稳定。

(二)妥善解决民族和宗教问题是实现和保持西北地区政治与社会稳定的重要方面

我国西北地区是一个多民族、多宗教的区域,民族问题和宗教问题较之全国任何区域都要复杂和尖锐。因此,只有妥善解决好民族和宗教问题,才能保持西北民族地区的社会稳定。

第一,要掌握宗教自身的规律和特点,处理好民族和宗教问题。宗教问题不但是一个社会问题,而且也是一个经济问题,“宗教偏见的最深刻的根源是贫困与愚昧”,①即使人类社会在可预见的时期内,能够消灭绝对贫困与愚昧,但要消灭相对贫困与愚昧则需要非常漫长的历史时期,经济的相对发达并不可能在可预见的历史时期内自然地解决宗教问题。对此,我们必须要清醒地认识到,在社会主义社会,虽然宗教存在的阶级基础消失了,但是宗教存在的社会根源、心理根源、自然根源仍然长期存在,因此宗教在社会主义初级阶段仍将长期存在。那种企图通过行政命令和强制手段人为消灭宗教的做法在理论上是错误的,在实践中是行不通的。

由于西北地区宗教与民族间的密切联系以及宗教信仰的普遍性等特殊历史成因,宗教已远远超出它本身的范畴,民族与宗教、群众与信徒往往合而为一地体现出来,几者相互统一,不可分割,宗教问题在一定意义上已经变成了民族问题和群众问题。从这一方面说,党和国家的一系列民族政策以及群众路线需要通过正确贯彻宗教政策加以体现,要全面认识宗教的长期性、复杂性、群众性、民族性、国际性等特点,努力做好信教群众的各项工作,特别是持之以恒地加强对信教群众的宗教知识宣传工作,引导其宗教思想的温和化,防止其极端化、狂热化。“同宗教偏见作斗争,必须特别慎重;在这场斗争中伤害了宗教感情,会带来许多害处。”②西北宗教事件,大都是各种因素交织重叠,切忌草率定性,或动辄推诿成“被坏人利用”,而应具体问题具体处理。处理时,应淡化民族身份和宗教分别,不管是什么民族、是否信仰宗教、属于哪个教派,法律面前,人人平等;要善于巧妙地运用宗教学、社会学理论化解少数民族宗教的问题,“把宗教问题还原为社会问题,而不是提升为民族问题、政治问题”。③ 总而言之,“只能用民主的说服教育的方法去处理宗教上和教派之间出现的各种问题,防止用简单和强制的方法去处理”。④

---

① 《列宁全集》(第三十五卷),人民出版社,1985年版,第181页。

② 《列宁全集》(第三十五卷),人民出版社,1985年版,第181页。

③ 张桥贵:《浅谈宗教工作与反宗教渗透》,《世界宗教文化》,2007年第4期。

④ 李腾、高永久、马方:《当代甘肃民族社会问题》,民族出版社,1998年版,第27页。

第二，要辩证地认识宗教的双重社会作用，积极引导宗教与社会主义社会相适应。“我国宗教的社会作用仍然具有双重性，既有积极的一面，也有消极的一面，还会受到一定范围内存在的阶级斗争和国际上一些复杂因素的影响。”①辩证认识宗教的双重作用是我们做好新时期宗教工作的内在要求和基本前提。既要看到宗教的消极作用，又要看到宗教的积极作用，以利于运用其积极作用、限制其消极作用为我国社会主义现代化服务。对于宗教的积极作用，应当而且必须肯定，但是绝不能夸大，因为肯定宗教的积极作用，并不是为了发展宗教，而是为了建设更和谐的社会关系，使已经客观存在的宗教为社会稳定与发展服务。

宗教信仰是一种思想认识问题，信仰哪一个教派更是每一个群众自己选择的事。坚持宗教信仰自由政策，尊重少数民族宗教信仰的习惯，是引导西北地区少数民族宗教信仰与社会主义社会相适应的前提条件。不可否认，在一些地区还存在着宗教与社会主义社会不协调的现象，这种现象会破坏民族社会的均衡状态，影响社会稳定的维护。针对这种现象，在宗教问题上要“全面贯彻党的宗教工作基本方针，发挥宗教界人士和信教群众在促进经济社会发展中的积极作用”；②要培养一批有威望的政治立场坚定的爱国爱教的宗教人士，通过他们来做好引导信教群众的工作，剔除不协调的因素，共同维护民族社会稳定。总之，必须以宗教信仰自由作为维护民族社会稳定的重要组成部分，坚持与时俱进，不断挖掘少数民族宗教信仰中有益于促进社会发展的和谐因素。尤其在当前和今后一个时期全面建设小康社会的新形势下，党与信教群众在政治上团结合作、思想信仰上互相尊重将越来越充分地表现出来，西北少数民族宗教工作积极引导宗教与社会主义社会相适应的重要性也日益显现。

第三，要继续加强对西北民族地区群众的宣传教育，使民族平等、互助、团结的观念真正深入人心。现阶段西北民族宗教工作的直接对象表面看来是宗教人士，但少数民族中信仰宗教的人绝大多数都是劳动人民，具体工作最终要落脚到信教群众上。因此，西北民族地区必须重视对广大群众，尤其是广大青少年的教育，包括对他们进行爱国主义、法律意识、公民意识、科学意识、马克思主义理论、党的民族宗教政策和无神论教育。在我国历史上，爱国主义和中华民族的整体意识是紧密联系的，爱国主义是各族人民共同的精神支柱，在维护祖国统一、民族团结、抵御外来侵略和推动社会进步中，发挥了重大作用。加强西北民族地区的爱国主义教育，大力弘扬爱国主义精神，增强国家的凝聚力，首要的是在各民族群众中广泛开展中华民族历史和现实教育，使各族人民认识到统一的多民族

① 江泽民：《在全国宗教工作会议上的讲话》，《人民日报》，2001年12月13日。

② 胡锦涛：《在中国共产党第十七次全国代表大会上的报告》，人民出版社，2007年版，第31页。

大家庭的形成来之不易，增强各民族对中华民族的自豪感，提升各民族的社会主义一致性，把各族人民紧密团结在中华民族大家庭里。

(三)健全和完善民族区域自治制度是实现和保持西北地区政治与社会稳定的重要政治管理形式

民族区域自治制度是我国在少数民族聚居区实行的一项基本政治制度，我们党在坚持马克思主义民族观基础上的一项制度创新，也是被实践证明行之有效的一项国家基本制度，这一制度在我国已实行了 50 多年，对于促进民族地区的发展、改善民族关系、加强民族团结和保持边疆稳定起到了重要作用。正是通过这一基本的政治形式，全国各族人民形成和发展了“平等、团结、互助、和谐的社会主义民族关系”。① 在新的历史条件下，应当不断健全和完善民族区域自治制度，使西北地区各少数民族真正成为自己的主人，行使管理本民族事务的权利，真正保证各民族不论大小都享有平等的经济、政治、社会和文化权利，共同维护国家统一和民族团结。

第一，采取平等的民族政策，给予各民族真正平等的政治地位。马克思、恩格斯指出：只要“人对人的剥削一消灭，民族对民族的剥削就会随之消灭。民族内部的阶级对立一消失，民族之间的敌对关系就会随之消失。”②新中国成立后，剥削制度的消灭和社会改造的逐步完成使我国的民族区域自治制度建立在民族平等与团结的坚实基础之上，体现了国家坚持各民族平等、团结、互助和共同繁荣的基本原则。随着经济的发展，改革开放的进一步加快，西北民族问题出现了许多新情况新问题，人民内部矛盾在跨界民族问题上呈现多样性，不断完善民族区域自治制度，坚持平等的民族政策，是主体民族和少数民族团结一致的基础。要下大力气保障西北少数民族群众充分享受政治平等，有当家做主的自豪感，把热爱党、热爱社会主义、热爱中华民族同热爱本民族结合起来，维护国家统一和人民利益。只有实现了各民族之间真正的平等，才能出现西北地区民族团结和政治稳定的大好局面，反之，各民族互相敌视，冲突不断，民族地区的稳定也就毫无可能。

第二，不断激活和发挥民族区域自治制度促进西北民族自治地区经济社会发展的功能。我国的民族区域自治不仅表现在政治上，而且要具有充实的经济内容，加快经济文化发展是社会政治稳定的重要保障，离开了经济基础和物质利益的政治权利在很大程度上是一种空泛的没有实际意义的权利。邓小平同志指

① 胡锦涛：《在中央民族工作会议暨国务院第四次全国民族团结进步表彰大会上的讲话》，《人民日报》，2005 年 5 月 27 日。

② 《马克思恩格斯选集》(第一卷)，人民出版社，1995 年版，第 270 页。

出:"实行民族区域自治,不把经济搞好,那个自治就是空的。少数民族是想在区域自治里面得到些好处,一系列的经济问题不解决,就会出乱子。"①各少数民族聚居地方真正不断完善民族区域自治制度,既要考虑民族构成,以利于少数民族自治和民族团结,也要考虑地域经济和文化发展,使各民族在自然资源上调剂余缺、优势互补,在经济发展中互帮互助、扬长避短,充分体现统一的多民族社会主义国家协调发展、共同繁荣的巨大优越性。为此,西北民族地区要紧紧抓住发展主题,一定要加大开发力度,坚持科学发展观,大力发展民族地区经济社会和文化事业,改善各民族人民群众的生活状况,让各少数民族充分享受改革开放带来的成果。只有把民族区域自治和经济社会发展正确地结合起来,才能充分发挥各民族人民当家做主的积极性,才能充分发展平等、团结、互助的新型社会主义民族关系,才能巩固国家的统一,促进民族自治地方和全国社会主义事业的蓬勃发展。

第三,切实保障民族自治地方的自治权。自治权是民族区域自治制度的核心要素,是社会主义民主的具体表现,有着丰富而广泛的内容,几乎包含了政治、经济、文化等社会生活的方方面面。而且,能享受自治权的民族也是相当广泛的,我国已经有 44 个少数民族实行了自治,建立了 155 个行使着自治权的民族自治地方,实行民族自治的民族人口占少数民族总人口的 69%。② 民族自治地方的自治权是自治地方与非自治地方的主要区别,是自治机关享有管理本地方事务的自主权的主要标志,是自治机关发展自治地方经济、政治、文化事业以实现各民族共同繁荣的重要手段,是衡量民族自治程度的标尺。在我国,自治权的权利主体是实行民族区域自治的民族的公民及居住在本行政区域内的其他民族的公民,几经修改的《民族区域自治法》对各个民族的参政议政权利、宗教信仰权利、自由使用语言文字权利等均做了详细的规定。但由于缺乏国家层次上的实施细则,在执法中存在衔接不够甚至相抵触的部门规章和政策,加之执法监督不配套,使得自治权利的行使难以完全落实,不尊重民族区域自治地方权益的事时有发生。事实上,少数民族的自治权是通过自治机关实现的,《民族区域自治法》第一章第十条规定:民族自治地方的自治机关保障本地方各民族都有使用和发展自己的语言文字的自由,都有保持或者改革自己风俗习惯的自由。③ 其主旨是自治机关依据民族自治地方的实际,执行国家的政策法律,自治机关本身就构成民族区域自治制度的重要组成部分。为了切实保障各少数民族的自治权

① 《邓小平文选》(第一卷),人民出版社,1994 年版,第 167 页。

② 金炳镐:《民族理论与民族政策概论》,中央民族大学出版社,2006 年版,第 342 页。

③ 陈云生:《民族区域自治法释义》,经济管理出版社,2001 年版,第 46 页。

利,各上级国家权力机关和国家行政机关应充分保障自治机关行使自治权,在政治体制改革中不断地完善民族自治机关建设,把民族自治机关建设成为统一、高效、廉洁的地方国家机关,切实保障自治权,政治稳定也必然因民族关系向着良性轨道发展而逐步得以实现。

(四)加强党的政治整合能力是确保西北地区政治稳定的关键

政治整合是指国家把处于分离、分散、分裂状态的多元利益群体和各种社会政治力量统合进一个统一的、合法的政权体系之中,实现和保持国家政权系统良性有序运转的过程和状态。对于我国西北地区而言,政治整合就是国家通过一定方式将各种相对分散的民族、宗教组织、广大民族群众有效纳入到我国宪法和法律所规定的政治体系之中,使之服从既定的政治秩序,实现国家政治一体化,从而维持国家政权的最高权威和有效治理的活动过程。执政党政治整合能力是执政党通过掌握国家政权对政治资源进行掌控和调配,从而维护其政治统治的能力。对此,胡锦涛同志强调指出:正确处理民族问题,切实做好民族工作,是加强党的执政能力建设的重要内容。要不断提高驾驭民族问题、民族工作的能力,不断提高凝聚人心、维护团结、加快少数民族和民族地区经济社会发展的能力。① 胡锦涛同志的讲话,更加明确了新时期党在民族地区执政能力建设的特殊任务。务必根据西北民族问题的历史与现实,立足于西北民族地区发展中面临的新形势、新任务,通过推动西北民族地区经济建设、政治建设、文化建设、社会建设,全面加强党对西北民族地区的政治整合能力。

第一,加强和改善党对西北民族自治地方的领导对政治稳定至关重要。各国经验表明,政治权威整合机制的建立,必须有一个“制度轴心”——核心领导力量为主导,而“处于现代化之中的政治体系,其稳定取决于其政党的力量”。②新中国政治发展的实践也表明,如果没有中国共产党对政治资源、物质资源、人才资源、文化资源等等的权威性配置,政治稳定的态势是很难维持的,而中国共产党领导地位的保持是与中国共产党的执政能力密不可分的。由于西北地区民族分裂主义的实质是对现有国家政权、对统一的多民族国家政治权力的挑战,实际活动中往往表现为反对中国共产党的领导,反对社会主义制度。因而,加强党的执政能力特别是政治整合能力的建设,加强和改善党对民族自治地方的领导,是实现西北地区政治稳定的有效举措。执政党的坚强有力必然使它成为各民族凝结和团结的核心,其正确的政治方向和组织保障能够有效地把现代化进程中

① 胡锦涛:《在中央民族工作会议暨国务院第四次全国民族团结进步表彰大会上的讲话》,《人民日报》,2005年5月27日。

② 〔美〕塞缪尔·P.亨廷顿:《变化社会中的政治秩序》,王冠华等译,三联书店,1989年版,第377页。

不断强化的民族意识转化为民族发展进步的动力，转化为维护民族团结统一的动力。西北地区各级党委一定要从提高党的执政能力、巩固党的执政地位的高度，自觉维护中央权威，并进一步提升政治权威所承担的社会利益资源的整合功能，利用自身的制度优势，采取正确的路线、方针和政策，体现社会共同期望和追求的目标，将具有各自意识和要求的社会力量纳入政治体系之内，以促使不同利益主体结合成为牢固的政治共同体，维持政治与社会的稳定。

第二，培养选拔少数民族干部，做好党的统战工作。民族地区的少数民族干部是党和政府联系少数民族群众的桥梁，是贯彻党的各项路线、方针、政策的保证，是组织少数民族群众从事革命和建设事业的骨干力量，他们为少数民族的发展和民族地区的繁荣进步，做出了很大贡献。党和国家要继续为西北民族地区培养和输送优秀人才，西北地区各级党委要以更大的力量加强对少数民族干部的培养，将培养选拔少数民族干部作为一件关系全局、具有战略意义的大事，作为衡量一个民族发展的重要标志。要努力造就一支思想坚定、业务精良、德才兼备的少数民族干部队伍，既注重有计划地扩大数量，又要提高素质、改善结构，注意培养少数民族中高级干部和各种科技管理人才，以保证各级领导权始终牢牢掌握在忠于中国共产党的人的手里，保证民族团结进步事业不断前进。

西北地区稳定工作说到底是做人的工作，是群众工作，少数民族中的进步人士，是促进少数民族经济社会发展、维护少数民族地区稳定、反对民族分裂势力的一支重要力量。党要继续发挥统一战线和政治协商的作用，树立统战观点、群众观点，懂得并掌握统战工作、群众工作的方法和领导艺术，最大限度地争取少数民族中的进步人士，发挥他们的特长和优势，培养各民族的骨干人物，这是党在民族地区统战工作的重点。

第三，强化国家认同，培育公民意识是提高党的政治整合能力的价值目标。政治整合的实质是国家政权的高度统一和完整，关键是培育国家认同。新中国成立以来，特别是改革开放以来，随着经济体制和政治体制改革的不断深化以及民族区域自治和民族平等政策的实施，西北各少数民族的生活水平有了很大提高，西北少数民族传统的政治认同如家族认同、部落认同、宗教认同等正在逐步消解，现代政治认同如民族认同、不同层次政权体系认同、国家认同等正在逐步加强。如主动地向国家政治体系进行利益表达，希望从国家政治体系中得到帮助和获得利益的满足，关心国家政治体系中的重大事件，了解国家政治体系和政治生活中的重大问题。这说明西北少数民族的政治认同正在由传统政治认同向现代政治认同转变，现代政治认同正在趋于成熟。

但是，从西北民族地区社会发展的特殊性、滞后性和复杂性来看，西北少数民族的政治认同还是与现代国家的需求存在很大差距。一般说来，认同是指对共同或相同的东西进行确认，可以理解为赞同、承认或接受。其核心是价值认同和价值观的认同，主要表现为双方相同的文化背景、文化氛围，或对对方文化的承认与接受。“任何未经融合的亚文化都带来或多或少的问题，最坏的便是构成对一国政治系统的威胁。”①要解决政治认同的危机，一是使国家行为满足该民族的要求，适应该民族的价值观，即政治系统直接输出，获得该民族的直接支持；二是调整国家制度，实施文化整合计划，改进利益表达机构及方式，加强认同感。中国是个多民族国家，中国的民族意识有两个层次：一个是中华民族的意识，另一个是各单一民族的民族意识，二者的关系非常重要。主观上，可以通过制作使用民族语言的大众传播作品在潜移默化中培养少数族群的国家认同意识，培养国家认同感，以便能够使用公民意识代替族际意识，代替民族的分野。特别是在跨界民族居住地区，增强公民的国家观念，“将各民族的主流意识集中到国家、国民意识中来”②以淡化民族意识，使跨界民族关系变得更加简单与和谐，以实现民族地区的政治与社会稳定。客观上，国家制度必须能够向人民提供各种形式的公共福利，使得人民在感受到国家权力存在的同时，获取国家政权所带来的利益，“如果社会的大多数成员对现存的社会体系感到满意，那么政治进程就可能发展平稳”。③ 正因为如此，在新时期，国家可以强化合法性，培养一种综合文化意识，培育公民意识，在西北地区加强对中华文化的认同，通过解决西北边疆文化隔离问题，增强少数民族人民对中华文化的归属感和认同感；通过社会主义先进文化建设，逐步解决少数民族人民对社会主义文化的认同，使处于多元状态中的西北少数民族更有效、更紧密地融入到多民族国家政治体系之中，从而有效地实现少数民族政治文化的转型以及社会政治经济文化的一体化进程，使西北地区政治稳定拥有强大的政治心理基础。

加强党对西北民族地区政治整合能力建设是一项长期而艰巨的任务，一方面，各级党组织、党员干部自身要不断提高理论水平和政策水平，在全面加强党在西北民族地区执政能力建设的过程中，自觉加强政治整合能力建设；另一方面，必须要将党的政治整合能力建设纳入制度化、机制化轨道，通过建立相应的工作体系与机制，形成党对西北民族地区进行政治整合、反对民族分裂主义的长效机制。只有这样，才能永葆党对西北民族地区的政治领导，实现民族团结，维护西北民族地区的社会稳定。

---

① ［美］迈克尔·琼斯著：《政治科学》，林震等译，华夏出版社，2001年版，第139页。

② 都永浩、王禹浪：《论民族意识与国家、国民意识的关系》，《民族研究》，2000年第3期。

③ ［美］阿尔蒙德、小鲍威尔著：《比较政治学：体系、过程和政策》，曹沛霖等译，上海译文出版社，1987年版，第48页。

(五)坚决打击民族分裂主义是实现西北地区政治稳定的重要举措

我国西北地区是一个较为特殊的区域,这里民族众多,宗教氛围浓郁。进入21世纪以来,在世界范围内活跃的民族分裂主义、极端宗教主义、国际恐怖主义对我国西北地区潜伏的民族分裂主义产生了激活效应。"藏独"、"疆独"分子内外勾结,对内制造事端,干扰我国西北地区经济社会发展,扩大分裂主义势力,对外与敌视我国的各类势力遥相呼应,形成国际效应,策动反华同盟。因此,只有坚决反对民族分裂主义,才能维护祖国统一和政治稳定的局面。

第一,严厉打击形形色色的民族分裂活动。民族分裂主义是中华民族的共同敌人,也是宗教信仰自由的致命危害,为国际法和我国法律所不容。长期以来,西方敌对势力为了达到对我国西化、分化的政治图谋,他们与极少数民族分裂主义分子相勾结,打着民族、宗教的旗号,通过不同渠道和多种手段对我国境内民族地区进行渗透、颠覆和破坏活动,妄图达到先搞乱边疆少数民族地区,最终达到分裂中华民族、破坏国家统一的目的。民族分裂活动破坏民族团结、社会稳定和国家统一,此类活动既不是民族问题,也不是宗教问题,而是严重危害国家和人民根本利益的违法犯罪行为,是影响西北少数民族和民族地区繁荣进步的最大威胁。在国内改革日益深入,国际风云变幻的时刻,当前和今后一个时期,我国仍将面临境外敌对势力进行渗透的图谋和国内分裂分子挑拨民族关系,破坏民族团结,制造民族地区动乱的活动。所以,不论是西北汉族地区,还是少数民族地区,都要高度警惕,决不能麻痹大意,做好旗帜鲜明地打击一切危害国家统一和社会稳定的民族分裂活动的思想准备。2009年8月17日,中央军委委员、国务委员兼国防部长梁光烈在兰州军区国防动员委员会第五次全体会议上强调,各级要充分认清与"三股势力"斗争的长期性、复杂性、艰巨性,坚持用党中央、胡主席的一系列决策指示统一思想,始终高举维护社会稳定、维护社会主义法制、维护人民群众根本利益、维护民族团结的旗帜,坚决打击"三股势力"的分裂破坏活动。国防动员系统要在地方党委、政府的统一领导下,积极参与、主动作为,为维护西北长治久安作出更大贡献。

第二,最大限度地团结依靠各族群众,提高反分裂斗争的实效。西北地区应当形成对民族分裂主义势力最直接、最关键的打击力量,有效遏制民族分裂主义势力的活动和蔓延,这就要最大限度地团结依靠各族群众,充分发动群众,调动群众的积极性,巩固在反分裂斗争中的群众基础,掌握斗争的主动权,提高反分裂斗争的实效。只有西北民族地区经济社会和文化等各项事业取得重大发展,西北各民族人民生活水平得到大的提高,各民族从根本上摆脱千百年来贫穷落后的面貌,才能真心拥护党的领导,拥护社会主义道路,保证社会政治稳定,维护祖国统一,维护各民族人民的幸福和安宁。西北民族地区中那些企图分裂国家、分裂民族的反动分子才能彻底被孤立,并失去民意基础和群众支持。我们也才能更加理直气壮地反对和打击极少数民族分裂势力。

第三,削弱反分裂主义的外部势力,防止分裂势力的进一步得逞。世界上多民族国家的事实证明,民族分裂分子为了达到分裂国家的目的,往往会借助外部势力的力量。一方面,他们会想尽办法取得国际组织、外国政府、民众、民间组织的支持,另一方面,一些外部势力出于自己的某些私利,也会利用这些国家民族分裂分子从事颠覆、破坏活动。我国"藏独"、"疆独"分子分裂国家、分裂民族的活动就一直与境外敌视我国的势力沆瀣一气,他们相互勾结,内外串联,遥相呼应,在国内制造混乱甚至暴乱,在国际上混淆视听,扩大影响,施加压力。因此,在国际上要旗帜鲜明、理直气壮地反对民族分裂主义,加大对外宣传力度,客观真实地介绍西北少数民族地区的历史、文化、经济与社会发展状况,展示少数民族发展成就,加大少数民族地区政府、民间对外交流,增加少数民族地区事务的透明度,让外部世界更多地了解和认识少数民族的真实状况。提升外交质量,有针对性地压缩民族分裂分子境外活动的空间,解决民族分裂主义势力的外部支持问题,是西北地区反对民族分裂主义的可行之道之一。

第四,加强与其他有关国家合作,争取国际社会的广泛支持。加强国际合作,打击民族分裂主义是西北治理的一个重要组成部分。为了维护西北地区的政治稳定,促进西北跨界民族的发展,我国必须加强与其他国家的交流与合作,特别是积极参加与中亚地区的安全合作。中国和中亚五国都属于社会转型国家,双方都将发展经济视为兴国之本。随着21世纪全球性恐怖活动的蔓延,中亚地区的"三股势力"活动猖獗,中亚各国与我国在回应地区非稳定因素挑战过程中的国际合作不断得以制度化,"上海合作组织"就是在中亚国家、俄罗斯与中国消除对抗、建立边境相互信任的基础上发展而来的。"上海合作组织"自成立之日起一直致力于地区安全合作,各国之间安全合作领域不断拓宽,建立起了多边协调性合作安全机制。通过与中亚国家的跨国安全合作,争取国际社会的广泛支持,中国以期能有效地遏制威胁国家安全的民族分裂势力,逐步解除我国西北边疆安全和政治稳定的隐患。

总之,政治稳定是一个长期的、复杂的系统工程。西北地区的政治与社会稳定,对于我国的经济建设、现代化大业具有十分重要的意义。只有提高西北地区的经济文化发展水平,逐步缩小发达地区与西北地区之间的整体差距,才能从根本上解决乃至消除西北问题对我国政治经济生活的负面影响,加强各民族之间的凝聚力,而且还将有力地保证和促进西北大开发战略目标的顺利实施,提高综合国力,最终实现全国各族人民共同迈入全面小康社会,各民族和谐共处、国家长治久安。

第五章 经济发展

经济发展对于任何一个国家或地区来说，总是现代化过程中的一个核心要素。西北地区由于地缘、历史等多重原因而导致了与东部地区的经济发展相比的严重滞后状态，而且其差距有进一步扩大的趋势，从而严重影响了我国现代化和社会主义建设事业的整体进程，在这种状况下西北经济的发展更显得重要而紧迫。西北地区各级党政部门，一定要紧紧抓住经济建设、经济发展这一中心，以科学发展观为指导，推动区域内经济实现跨越式发展。

一、西北地区经济发展的基本状况

西北地区的经济发展从整体上说落后于全国的平均水平，当然与东部地区相比的差距更大。但是在实施西部大开发以来，特别是进入21世纪，西北地区的经济发展始终保持稳步上升的趋势，生产力水平显著提高，基础设施明显改善，工业体系得到不断完善，贫困人口逐步减少，社会全面进步，在经济与社会得到长足发展的同时也积累了诸多宝贵经验。为进一步推动西部大开发的战略，特别是促进西北地区的经济快速发展，分析西北地区的经济发展现状是必要的，其基本的经济发展状况可以从经济发展综合指标的量的方面和国家政策支持、经济结构优化、市场要素发展和城乡关系改善等所谓质的方面去综合分析。

（一）经济发展继续保持平稳较快的增长势头

在国家西部大开发战略决策的带动和市场的基础作用下，西北地区的经济发展近年来保持着平稳的增长速度，一些经济发展的综合指数继续攀升（见表5－1、图5－1）。

“实施西部大开发战略以来，西部地区基础设施显著改善，生态环境建设与保护得到加强，自我发展能力逐渐提高，各项社会事业全面进步。特别是‘十五’期间，成为西部地区经济社会发展最快、城乡居民得到实惠最多的时期，为继续推进西部大开发奠定了基础。”①西北地区作为国家西部大开发战略实施最

① 马凯：《推动西部大开发切实步入科学发展、和谐发展的轨道——在西部大开发“十一五”总体规划座谈会（西北片）上的讲话》，2006年8月18日。

表 5-1 传统西北五省的 GDP 总值及平稳增长率(单位:亿元)

年份 省份	2000		2004		2007		2008	
	GDP	增长率	GDP	增长率	GDP	增长率	GDP	增长率
陕西	1410	9.3%	2883.51	12.9%	5369.85	14.40%	6851.32	15.60%
甘肃	983.36	8.7%	1558.93	11.0%	2699.2	12.10%	3176.11	10.10%
宁夏	265.57	9.97%	460.3	11%	834.16	12.40%		
青海	265	9.8%	465.73	12.3%	760.96	12.50%		
新疆	1364.36	16.76%	2200.15	11.1%	3494.42	12.20%	4203.41	11.00%

数据来源:《中国统计年鉴(1999—2008)》和中国统计局网站(http://www.stats.gov.cn/tjshujia/)中的统计公报,其中宁夏和青海两省 2008 年的数据尚未公告。

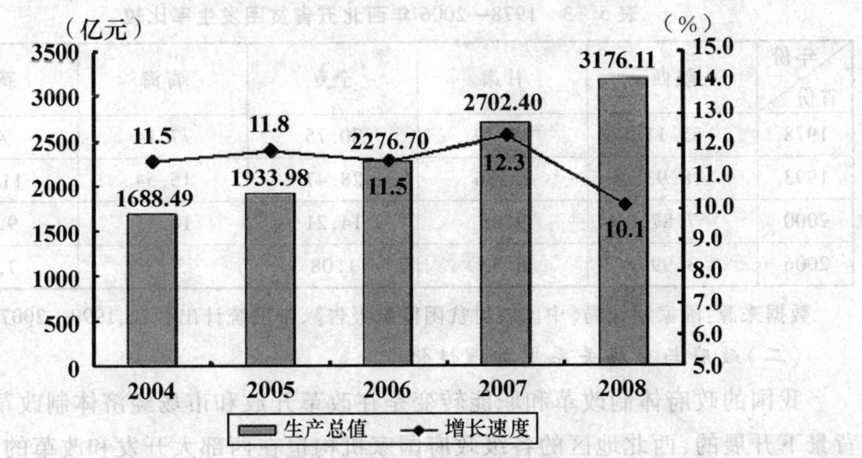

图 5-1 2004—2008 年甘肃省生产总值及增长速度

为重要的区域之一在经济快速增长的带动下,城镇居民和农村农(牧)民的收入也得到了进一步提升(见表 5-2),生活水平得到了极大的提高。同时西北地区的贫困状况等到了根本性的改变,特别是 2001 年《中国农村扶贫开发纲要(2001—2010)》颁布后,国家实施了开发式扶贫和参与式扶贫相结合的战略,实现了扶贫从"输血"到"造血"的转变,提高了扶贫工作的准确率和有效率。近几年来,随着扶贫对象的纳入范围不断扩大,扶贫的参与主体增加,国家的扶贫投入也逐年增大,西北地区的贫困程度得到了一定程度的缓解,贫困人口大幅度减少,贫困深度逐渐减弱,各省的贫困发生率大大降低(见表 5-3)。同时在国家的政策指导和资金支持下,西北各省区的基础设施建设也取得了一定的成绩,教育投资逐步加大,师资力量得到提升,学生的辍学率大为减少;医疗卫生条件不断得到改善;特别是关系居民切身利益的水、电、路等设施建设发展迅速,安全饮水人口比较、村庄通电率、村庄通路率大幅度提高,各种基础设施服务均等化程度不断增强。

表 5 - 2　2007 年西北五省城镇和农村农(牧)民收入(单位:元)

省份	城镇居民人均可支配收入		农(牧)民人均纯收入	
	总量	增长率	总量	增长率
陕西	10763	16.1%	2645	17.0%
甘肃	10012.34	12.24%	2328.92	12.93%
宁夏	10859.33	23.4%	3180.8	15.2%
青海	10276.06	14.2%	2683.78	13.8%
新疆	10313.44	11.2%	3182.97	10.1%

数据来源:中国统计局网站(http://www.stats.gov.cn/tjshujia/)中的统计公报。

表 5 - 3　1978—2006 年西北五省贫困发生率比较

年份 \ 省份	陕西	甘肃	宁夏	青海	新疆
1978	65.11	77.39	80.75	77.14	47
1993	18.93	25.86	28.47	15.54	11.22
2000	7.87	9.65	14.21	18.45	9.91
2006	3.99	5.53	1.08	3.26	7.65

数据来源:国家统计局《中国农村贫困监测报告》,中国统计出版社,1999—2007。

(二)政府与市场关系更加理性化

我国的政府体制改革和职能转变是在改革开放和市场经济体制改革的历史背景下开展的,西北地区的各级政府国家机构也在西部大开发和改革的大潮中,适应市场经济全球化,为促进经济发展和市场发育对政府与市场的关系进行了重新定位,逐渐把市场机制的有效和国家适当干预的合理性相结合。西北地区自新中国成立以来与全国各地一样都是实行着中央政府集权式计划经济发展的模式,多年以来,造成了体制僵化、效率低下而影响了经济的发展。在充分认识其弊端之后,各级政府改变观念,摒弃传统计划体制下形成的"政府万能"的神话,高度重视市场体制下政府干预的适度性和局限性,把握了政府干预的限度,确定了政府干预的范围、内容、方式及力度,充分发挥市场机制基础性作用和政府干预的辅助性作用。在深化行政体制改革,转变政府经济职能的同时,理顺职能分工,搞好经济调节,加强市场监管,并更好地履行社会管理和公共服务职能,加快政企分开,进一步把不该由政府管的事交给企业、社会组织和中介组织。①

① 申晓梅、任勤:《西部跨越式发展中政府与市场关系新论》,中央编译出版社,2006 年版,第 83 页。

通过这种理性化的过程，保证了市场的微观调节与政府的宏观调控不断融合，既刺激了市场主体的利益驱动又促进了政府机构的制度供给的高效。当然，缘于我国西北地区特殊的地缘位置、薄弱的发展基础和深厚的历史因素，国家政府的作用历史上从军事上的守备到政治的安抚稳定、再到现在经济上的开发都发挥着主导的作用。作为今天政府与市场的关系调整并非一蹴而就，而是一个逐步的特殊的过程。历史发展的经验证明，通过建立和完善市场及市场体系，可以优化生产要素的配置，促进人力、商品、资金和服务的流动，从而可以促进更好的专业化分工、观念的更新和经济的发展。在强调市场发展中的基础性作用的同时，也应认识到，政府除了要充当守夜人维持秩序、产权和社会安定外，还应该担任制定经济发展战略、提供公共品、鼓励竞争、防止自然垄断、减轻负外部经济效应、促进公平分配、扶贫减贫等诸多角色。①

（三）经济结构优化升级逐步推进

对于任何一个国家或地区来说，经济结构的调整被视为经济发展的重要源泉，经济结构的调整主要是产业结构的调整，本质上就是在平衡与不平衡之间持续转换的一个动态过程，它可以以市场规律为指导，把劳动和资本从生产率低的部门转向生产率高的部门，提高整个社会的生产效率，从而带动经济总量的增加。

对于我国西北地区来说，产业结构层次较低，处于工业化初期向中期的转变阶段，各省区的产业值结构属于“二三一”型。由于传统的自然、经济、社会及历史文化多重因素的相互交织和相互制约，经济结构严重失衡。从根本上讲，就是现代工业与传统农业的二元并存，以前都始终没有走出“唯资本论”的理论逻辑，缺乏经济结构的变迁与优化，资源转换能力低效，生产力发展水平低，同时也带来了资源的严重浪费和生态环境的不断恶化。② 进入21世纪以来，由于西部大开发战略的实施和科学发展观的指导，相关部门不断反思传统体制下经济结构和资源利用方式所导致的弊端，不断探索市场经济下合理开发和利用资源的措施，大力推行产业结构的优化和升级，并取得了一定的成效（见表5－4）。

从三大产业的产值和分别在地区国内生产总值比重的变化中我们可以看出，三个产业之间的调整已经开始，并将持续高度化和合理化。由于这种产业结构的调整与历史传统和原来的经济基础有着较强的联系性而表现为一个持续的缓慢过程，特别是第三产业。但是，每一次数量上的优化都能带动就业结构的相

① 中国藏学研究中心：《西藏经济社会发展报告》，来源：http://news.xinhuanet.com/newscenter/2009－03/30/content_11098904_4.htm.

② 聂华林：《发展区域经济学通论》，中国社会科学出版社，2006年版，第435－436页。

应变化，从而提高生产率，促进经济的进一步发展。

表 5－4　西北五省产业产值结构对比（%）

年份/省份	1980			1999			2006		
	第一产业	第二产业	第三产业	第一产业	第二产业	第三产业	第一产业	第二产业	第三产业
陕西	29.90	50.40	19.70	18.0	43.1	38.9	10.8	53.9	36.3
甘肃	22.30	53.90	23.80	20.5	45.5	34.0	14.7	45.8	39.5
青海	28.10	44.00	27.90	17.0	41.1	41.9	10.9	51.6	37.5
宁夏	27.10	49.30	23.60	19.9	42.5	37.6	11.2	49.2	39.6
新疆	40.90	39.80	19.30	23.0	39.4	37.6	17.3	48.0	34.7

数据来源：相应年份的《中国统计年鉴》。

虽然产业结构的调整并不是以个人的意志所完全控制，但是在西北地区，这种优化过程离不开政府的宏观指导与协调。近年来，政府不断综合运用价格、财政、金融等多种经济手段和行政手段，积极为产业结构调整创造条件。

在农村，已经从简单再生产时代的单一种植业向大农业结构发展，再继续上升为多元产业结构，步入了从单一到多元再到细化的过程。同时，由于西北地区特殊的生态安全地位，政府一改原来“以粮为纲”的思想，大力发展林草业的发展，并调整发展畜牧业。国家在中部和西部搞的退耕还林草试点面积已达 1000 万亩以上，西北五省区已经深受其益。根据因地制宜的原则，大力发展特色产业也是进行产业结构优化的重要有效手段之一。西北地区已经认识到这方面的特色资源和成本低廉、市场宽广的优势，并积极予以开发，如 2006 年针对西部农村开展的增粮（产）增收、“一村一品”建设等活动，特别是西北地区特色农产品生产历史悠久，药材、瓜果的品质好、质量高，有着突出的比较优势，近年来都已经得到了一定程度的开发。另外，特色旅游业的开发也是近来西北地区的产业发展和优化的主渠道，一些民族居住区域的特色民族活动和人文景观旅游和自然景观旅游等均具有较大的发展潜力，如回族的花儿赛会、镍都金昌、酒泉卫星发射基地和道教胜景崆峒山、青海湖等。

在城市，由于科技进步和政府规划的双重引领，产业结构优化与升级也逐渐加快，原来那种不同城市之间产业趋同现象开始缓和，传统上的高投入、高产出、低效率的城市经济增长方式也开始得到转变。对于工业方面，也充分认识到过去那种轻工业过轻，重工业过重，轻重工业严重失衡结构的局限性，同时那种产业规模结构不合理的格局也得到了一定的改善，乡镇企业和一些小非公有制经济企业，不但数量升上去了，而且质量也提高了。

（四）“三农”问题解决的力度加大

中国东西部之间的差距的最大落差在农村，西北经济与社会发展的落后性也主要表现在农村。历史的积淀所形成的“三农”问题已成为我国现代化建设道路的最大障碍和制约因素，政府已经明确把“三农”问题以及与其密切关联的社会主义新农村建设、农业产业化、农村城镇化、农民增产增收作为全面实现现代化的根本任务和工作的重点。西北农村已经成为落后中的落后是不争的事实，可以说整个西部地区的“三农”问题是新一轮西部大开发的重中之重，也是最大的困难所在。

实际上，“三农”问题不能理解为仅仅是农村、农业、农民的问题，它本质上是整个国民经济结构不合理的一个突出表现。我国西北地区的三农问题之所以突出，是因为历史上国家的长期非均衡发展战略的选择以推行工业化所导致农民利益的巨大牺牲。由于体制的因素使西北农村失去自我发展、自我积累的能力，使农民成为弱势群体，农业成为弱质产业，农村成为地位愈加相对弱的区域。① 随着“三农”问题的尖锐化表现和农村的现实诉求，国家层面已经认识到问题的严重性和症结所在，在新世纪里，随着西部大开发的有序开展，西北地区的“三农”问题已经得到重视并相应的逐步得到解决。特别是自2006年以来，国家全面取消农业税，并推进国有农场税费改革，中央和地方财政相应加大了农村的投资力度。陕西省2006年省级新增农村基础设施、农业综合开发、农村教育、卫生文化和基层人才建设资金达到6.3亿元，占新增财力用于经济社会发展资金的50%。用于新农村建设的省级预算内基本建设投资为12310万元，比2005年增加了4010万元，增长了33%，加上中央资金，2006年陕西省用于农村饮水安全、道路、沼气、教育、医疗、卫生、体育和文化等方面的建设投资达到了60多亿元。② 同时以技术创新为先导，继续提高农业综合生产能力，加快大中型灌区续建配套和节水改造工程，抓好基本口粮田建设以及重点区域粮食生产能力建设。继续实施种养良种工程、植保工程、沃土工程。积极发展农业机械化，大力开展各类先进适用农机化技术试验示范，加快推进主要粮食作物和区域特色作物机械化进程。在此基础之上，实现农产品的增值，促进了农民增收，2006年西北五省区中陕西和新疆的农村居民人均纯收入在10%以上，即使人均收入水平最低的甘肃的增长幅度也达到了7.8%。另一个更为重要的特点就是农村的工资性收入的比例不断扩大，甘肃、青海和宁夏三个省区的农村居民工资性收入在农民人均纯收入中的比重平均值已经从1998年的18%上升到2003年的28%。这表明了整个地区的产业结构在不断的优化，非农村劳动力的转移已有显著成就。

① 聂华林：《发展区域经济学通论》，中国社会科学出版社，2006年版，第197页。

② 马凯：《2007国家西部开发报告》，中国水利水电出版社，2007年版，第360页。

随着西北农村经济的发展，基础设施投资加大，在市场经济大潮的带动之下，农村城镇化建设步履加快，城乡关系也进一步改善，资源、资金和技术已经通过市场机制在城乡之间展开了有序流动和优化组合。以科学发展观为引领，建设社会主义新农村的工作正在扎实开展，并且成就显著，在《中共中央国务院关于积极发展现代农业扎实推进社会主义新农村建设的若干意见》的宏观指导下，以“多予少取放活”为方针，国家和地方政府都加大了对三农的投入，建立促进现代农业建设的投入保障机制，加快农业基础建设，不断提高现代农业的设施装备水平，推进农业科技创新，强化建设现代农业的科技支撑，不断朝着“生产发展、生活宽裕、村容整洁、管理民主”的总体要求努力推进。

二、西北地区经济发展的目标指向

西北地区的经济发展是在国家实施西部大开发的宏观框架之内的，所以西北地区的经济发展目标应该从属于西部大开发的总体发展目标。2000 年 10 月 26 日，国务院发布的第一个关于西部大开发的纲领性文件——《国务院关于实施西部大开发若干政策措施的通知》，将西部大开发的战略目标定位为：“当前和今后一段时期内，实施西部大开发的重点任务是：加快基础设施建设；加强生态环境保护和建设；巩固农业基础地位，调整工业结构，发展特色旅游业；发展科技教育和文化卫生事业。力争用 5 到 10 年时间，使西部地区基础设施和生态环境建设取得突破性进展，西部开发有一个良好的开局。到 21 世纪中叶，要将西部地区建设成一个经济繁荣、社会进步、生活安定、民族团结、山川秀美的新西部。”①经过十年开发，西部地区迎来了经济发展最快的时期，与东部地区经济差距扩大的趋势初步遏制。从 2000 年至 2009 年，西部地区 GDP 年均增长11.9%，高于全国同期增速，占各地区 GDP 加总数比重从 17.1% 上升至 18.5%。前所未有的基础设施投入，大大改变了西部地区闭塞落后的面貌，特别是大规模的交通基础设施建设，改变了西部闭塞的状况，使物流更为通畅，人员出行更为便捷。绿色在西部大地不断扩展，生态环境有所改善，西部生态屏障得以加强。西部各族群众从大发展中不断得到实惠，人民生活水平大幅度提高。当然，西部地区相对落后和欠发达状况不可能在 10 年的时间里根本解决。把西部地区建设成经济发达、山川秀美、文化繁荣、社会稳定、人民生活幸福的新西部，需要几代人的不懈努力。2010 年，在西部大开发战略实施 10 周年之际，党中央、国务院召开西部大开发工作会议，下发《关于深入实施西部大开发战略的若干意见》，对今后 10 年西部大开发作出了全面部署，是指导新一轮西部大开发的纲领性文件。新一轮西部大开发将大力发展特色优势产业，

① 《国务院关于实施西部大开发若干政策措施的通知》（国发〔2000〕33 号），2000 年 10 月 26 日。

加强矿产资源勘探,大力发展节能环保、新能源、新材料等战略性新兴产业,继续加强基础设施和生态环境建设,加快转变经济发展方式,积极调整产业结构,增强区域自主创新能力。继续加大中央财政对西部地区的转移支付和各类专项资金的支持力度,新增中央投资重点向民生工程、生态环境、基础设施、产业结构调整和灾后恢复重建等领域倾斜。

基于我国的基本国情,实现西北地区经济协调发展是一个比较漫长的历史过程,根据西部大开发的总体规划目标和科学发展观的指导,今天的西北地区经济发展目标应该结合当前国际局势和国内区域格局的不同发展水平和特点进行综合分析与分阶段实施相结合。基于科学发展观的指导,西北地区发展的核心目标应该是实现经济、社会与自然健康和谐的持续发展,特别是实现经济发展与环境保护的双赢,逐渐缩小与中部和东部的差距,促进社会和谐和政局稳定,为加强各民族团结和国家的边疆地区稳定奠定坚实基础。

根据西北地区的现状和一些数据显示,在当前,西北地区的发展虽然取得了一定的成绩,但是一些根深蒂固的问题并没有从根本上得到解决,如地理气候条件的恶劣、交通和卫生等基础设施短缺与落后、教育设施与条件的不足等,特别是贫困问题的严重困扰,在农村的程度更加严重,"发生面大、发生率高、程度深"是其三个主要特点。① 所以说,当前我们进行西北地区治理与发展的目标应该定位在减贫、消贫的基础上实现"富民强区"。所谓"富民",就是地区居民收入和生活水平的不断提高,而不是单纯指人均 GDP 的增加;所谓"强区",就是地区综合实力和竞争力的不断提高。这样综合起来,"富民强区"就是地区整个居民净福利水平的提高以及综合实力与竞争力的不断增强。对西北各个地区来说,只有民富了区也强了才是根本的发展目标。如果说虽然民富了,但是区不强,或者说区虽然强了,但是民不富,都不能算是实现了治理与发展的目标。富民为本,藏富于民,帮助西北地区人民再造一个经济繁荣、社会进步、人民安居乐业、山川秀美的家园,是西北地区发展的根本目标和长期任务。② 当然这种"富民强区"的发展目标的实现和缩小与东部地区的差距的指向是一致的,同时在与东部发展差距不断缩小的基础上还要注意西北地区内部的平衡。在不同区域和不同民族之间的协调与合作是至关重要的,更不能为了追求单向数量上的发展而损害了一部分人或个别民族的切身利益。发展模式和制度机制的创新是关键,如果西北地区的部分贫困群众或少数民族不能从发展中受益而远离社会主

① 郑易生:《中国西部减贫与可持续发展》,社会科学文献出版社,2008 年版,第 141 页。

② 申晓梅、任勤:《西部跨越式发展中政府与市场关系新论》,中央编译出版社,2006 年版,第 33－34 页。

义政策福祉，就会大大加剧这些社会弱势群体的边缘化程度，不但会给政府治理与政策实施带来负面影响，而且会造成社会的混乱和政局的不稳。

在“富民强区”这一总体发展目标指导下，结合区域内经济发展现实，西北地区经济发展始终要围绕以下几个战略目标推进：

第一，进一步推动经济实行超越式发展。在西北的经济发展中，实现经济的超越式发展是从当今的现实条件和现实经济困境的经验中得出来的结论。西北的经济发展需从全国的经济发展布局出发，制定适合西北地区经济发展的特色之路。由于西北地区的特殊性，决定发展道路的独特性，在经济的发展中不能照搬东部的发展模式来对西北的经济加以规划和实施。西北地区的发展有着自身的难度，在发展中只有把自身的优势发挥出来，扬长避短，发挥自己的后发优势。这样，西北地区经济发展就能避免东部的一些教训在本地区重演。超越式的发展要求在发展中能对当前的问题和现状进行合理的规划和发展，不能照抄照搬，在科学发展观的指导下利用自身的优势去建设美好的大西北。让西北地区的发展能跟上全国的步伐，并为建设小康社会做出自己的努力。在这方面，2010 年 5 月中央新疆工作座谈会制定并实施的新疆跨越式发展战略具有示范意义。根据这一战略，新疆经济社会发展要驶入快车道，一方面通过发展缩小内部四大差别（地区差别、城乡差别、行业差别、群体差别），另一方面也要缩小新疆与内地特别是东部沿海省份的差距。按照中央的要求，通过跨越式发展战略的实施，到 2015 年新疆人均地区生产总值达到全国平均水平，城乡居民收入和人均基本公共服务能力达到西部地区平均水平，到 2020 年确保实现全面建设小康社会的奋斗目标。

第二，实现经济发展与生态环境保护双赢。经济的发展不能以牺牲环境为代价，这已经成为了共识。经济的发展必须与环境相适应，健康的生态环境能为经济的持续发展提供保障和支持，经济的发展不能脱离环境而自行任意发展，西北地区脆弱的环境需要经济发展与当地的实际情况相适应而制定合理的发展策略，在发展经济提高当地人民生活水平的最终目标指引下，环境的保护必须放在一个核心的目标当中，不能以牺牲环境的代价来换取经济的发展。在西北有些地方的生态环境一旦遭到破坏是很难再恢复的，比如西海固地区和甘肃定西的脆弱生态就是如此。在经济发展的同时做到保护和利用环境为经济发展作贡献，这样把不利的条件转化成有利的条件，化被动为主动。经济的发展最终是为了人的发展，只有在发展经济的同时保持生态的健康，才能实现真正的发展。所以在发展经济的过程中必须要理清经济发展与生态保护的关系，二者要协调发展，科学的发展。

第三，缩小东西部经济差距。发展西北的经济并缩小与东部的差距，提高西北地区人民的生活水平是发展西北经济的最终目标,这些最终目标的实现为解决西北地区的其他问题和矛盾创造条件。西北地区从改革开放以来由于特殊的地理制约因素和交通各方面的原因,经济的发展被东部远远地甩在了后面,人民的生活水平和东部的差距日益拉大。这些差距都是我国经济发展过程中全面发展的障碍。西北地区的发展从另外一方面来说也是少数民族地区的经济发展,中国的少数民族大多集中在西部,西部的少数民族又多在农村,西北地区既是我国经济发展的瓶颈,也是我们实现小康社会的关键。只有经济发展了,差距缩小了,一切矛盾才有解决的可能。

第四,进一步加强西北地区经济对外开放(包括内部经济一体化、与东部发展地区的经济联系、与世界经济的联系,特别是对中亚、西亚、俄罗斯的联系)。西北地区经济的发展最终要靠自身的发展去解决,中央的支持只是外在的一部分。西北地区远离东部交通便利的运输线,经济的发展不能只靠外因,自身的发展是解决问题的根本所在。西北地区需从自身的内在原因出发,找出解决问题的症结。既要努力促进区内、国内互补交流,又要依靠自身的边境优势和民族文化的同质性以及良好的族际关系来推进边区贸易的发展。首先,加强西北地区之间的贸易交流。地区之间的经济交流首要的就是创造有利于地区内部经济交流的政策平台和信息平台,从政策上创造有利于经济的交流,就是要创造有利于地区内部之间的包括投资、基础设施建设、教育、能源等等一系列的政策法规,为地区内部的交流创造政策的软环境。其次,加强同东部省份之间的经济交流互动,为西北的经济创造活力。西北地区可以整合本地区的信息资源,为本地区的农产品和商品在东部寻找商机,寻求销售的平台,并同时吸引东部的企业在西北进行投资。西北地区加强自身基础设施建设和法制建设为吸引东部地区的投资和国外的投资创造必要的条件,政府在行使行政职能时应该转变作风,积极从社会的管理者向社会发展的引导者的角色转变,提高政府的行政办事效率和服务水平。同时,加大对西北政府主要领导的培训力度,在政府人员的提拔和任用上大胆积极地进行改革,对有能力和有水平的高素质干部要大胆任用。最后,加强同外部世界的联系。我国西北与俄罗斯和中亚毗邻,如新疆是中国西北内陆通向国外的重要交通枢纽,中亚地区和新疆历来具有良好的贸易往来,新疆是中国东部商品向中亚俄罗斯出口的桥头堡。随着中国经济的不断发展对油气资源的需求量逐年增加,中亚五国和里海地区拥有世界上丰富的油气资源,但经济发展相对落后,开发资源资金不足,产业结构不合理,重工业发达而轻工业发展滞后,而我国在轻工业领域产品的销售方面可以打开中亚的市场,能够创造有利于西北地区经济发展的外部环境,从而使我国西北地区在和中亚地区的经贸往来中互补有无、取长补短。

西北发展的终极目标就是实现社会与自然的可持续健康地发展,缩小东部与自身的差距,把提高老百姓的生活水平作为第一要务,把保护生态环境作为发展的条件。西北由于地处我国改革开放的大后方,在发展经济的条件方面没有东部的优势条件,要想在经济发展中缩小和东部的差距就要努力发挥人的主观能动性,降低不利因素,发挥相对优势。在实现中华民族的发展进程中如果没有西北的全面和可持续的发展就没有全国的发展,加之西北地处我国的大后方,复杂的国际形势决定了我们在发展经济的过程中要永远保持清醒的头脑,在保持东部开放发展经济的过程中不应放松向西开放的步伐,缩小东部与西北的发展对于实现各民族的发展和民族的共同繁荣有着重要的作用。由此可见,西北的发展关系到国家稳定。在发展西北的经济活动中以缩小东西部差距为目标,最终目的也是为了整体提高人们的生活水平,保持全国经济的持续健康发展,为中华民族的复兴添砖加瓦。

三、科学发展观指导下的经济发展

中国改革开放30年来的伟大成绩为世人所瞩目,改革与开放并举,进步和辉煌同在。社会主义市场经济体制初步建立和全方位、宽领域、多层次的对外开放格局的形成共同促进了生产力的极大进步、综合国力的稳步上升和人民生活水平的大幅度提高。然而,在全国上下取得经济和社会高速发展的同时,一些问题和矛盾开始凸显:区际经济发展不平衡趋势加大,城乡二元经济结构矛盾趋于激烈,农村、农民、农业问题更加复杂,生态环境问题更加紧迫。我国西北地区在这些方面表现得更加严重和突出。可以这样说,西北地区的经济与社会发展的落后性正是缺乏科学发展观指导的东部高速发展和快速崛起的一种“副产品”。面对这种发展的格局以及提升西北经济发展的速度和质量等众多亟待解决的难题,如何正确理解科学发展观并以之为指导思想来开发西北,如何在促进西北经济持续发展的同时理性看待经济发展与人的发展的关系、经济发展与生态保护的关系、经济发展与社会进步以及与人的全面进步的关系,是我们在新世纪所面临的重大理念问题和实践问题。

2003年10月14日通过的《中共中央关于完善社会主义市场经济体制若干问题的决定》明确指出:“坚持以人为本,树立全面、协调、可持续的发展观,促进经济社会和人的全面发展。”并提出了“五个统筹”的目标和任务:统筹城乡发展、统筹区域发展、统筹经济社会发展、统筹人与自然和谐发展、统筹国内发展与对外开放。这是中国共产党在新的世纪里针对新情况和新局势所提出的一种全新的科学发展观念,是对中国经济建设过程中暴露出来的深层次问题进一步思考的产物。科学发展观既是对中国二十多年经济、社会、文化、生态环境的发展实践的概括、总结与升华，也是对改革开放经验、教训的深刻总结，更是对中国21世纪的发展趋势和要求的直接体现。①

历史上，我国西北地区曾经是一个地肥水丰、令人向往的地方，但随着历史上的战乱和人为的过度开垦，现在西北地区与全国平均水平相比不但是经济与社会发展的落后地区，而且也是我国生态脆弱和敏感的地带。改革开放以来，虽然有着国家的支持和自身的奋斗，整个地区的经济建设和各项事业有了长足的进步，但与东部地区相比形成的差距之巨、差距形成速度之快是惊人的，而且一些生态退化的现象开始显现，干旱、沙尘暴、沙漠化和气象灾害和水土流失、植被退化等地质灾害频频交叠发生，给本地区及至全国造成了严重的危害。如今西北地区的发展，何去何从、患得患失，的确遇到了前所未有的困境和考验。在新的21世纪里，科学发展观作为我们建设社会主义和谐社会与和谐世界的重要指导思想，同样对于西北地区的发展有着最为重要的指导和引领作用。西北地区也只有在科学发展观的指导下，才能真正地走向经济高速发展、社会和谐进步、生态环境良好的道路。

（一）以经济建设为中心的西北地区治理与发展

我国正处于并长期处于社会主义初级阶段的现实决定了经济建设为中心的根本任务，同时发展经济是我们进行社会主义现代化建设，提高综合国力和人民生活水平的必经之路。科学发展观的中心仍然是“发展”，是在科学思想指导和科学政策规划下的理性发展与合理发展，是对经济发展和经济增长进行有区别的界定基础上对科学发展理念的强化和升华。科学发展观并不是对现行“以经济建设为中心”根本任务的否定，而是两者科学理性的结合与创新。我国（特别是西北地区）现在所面临的区际发展、城乡发展、经济政治文化发展严重失衡和生态环境破坏严重的众多难题和困境的根本解决，都必须依靠经济的发展来解决。“强化科学发展理念就是在坚持‘以经济建设为中心’的基础上，进行政治建设、文化建设、社会建设，协调社会发展中各种利益关系、比例关系、社会关系，处理经济建设、人口增长与资源利用、生态环境保护之间的关系，从而实现社会的全面进步和人的全面发展，保证社会的协调和稳定，促进人和自然的和谐发展；强化科学发展理念就是在加快经济发展的同时，更好地让一切劳动、知识、技术、管理和资本的活力竞相迸发，让一切创造社会财富的源泉充分涌流，使广大人民群众经济、政治、文化权益能有更好的保障。”②“树立和落实科学发展观，必须始终坚持以经济建设为中心，聚精会神搞建设，一心一意谋发展。科学发展

① 聂华林、王宇辉等：《区域可持续发展经济学》，中国社会科学出版社，2007年版，第53页。

② 张雷声：《深入贯彻落实科学发展观的经济视阈》，《经济理论与经济管理》，2007年第11期。

观，是用来指导发展的，不能离开发展这个主题，离开了发展这个主题就没有意义了。”①同样，对于我国西北地区的治理与发展仍然需要突出以经济建设为中心，只有经济建设搞上去了，才能为解决其他一切问题提供物质基础，这是毋庸置疑的。

（二）以人为本的西北地区经济发展

人既是社会生产力发展的主体也是受益客体，同时也是社会发展中最具有能动性和创造性的主动因素。科学发展观的指导思想把人与社会发展进步的关系、发展手段和最终目标的关系进行了辩证的论证和组合，并最终以人的生存和发展的需要及其实现、满足的程度作为其理论的评判标准。以人为本，就是以实现人的全面发展为目的，以人民群众的根本利益为一切工作的出发点和落脚点，切实保障人民群众的经济、政治和文化权益，让发展的成果惠及全体人民。

我国西北地区的经济与社会发展落后、自然条件较差、地理位置不便等外在的物的制约因素组合集中的结果就是人的生活水平普遍偏低，限制了人的自由全面发展。在这种状况下西北地区以人为本的经济发展，“不只是单一的经济增长，更不是统计报表上的经济增长数字，而是在现实生活中人民都能具体感受到的，在经济、政治、文化、社会、自然环境等各个方面的良好条件的全面、协调、可持续的发展。”②在新形势下促进西北地区的经济发展，我们更应该全面准确地把握科学发展观中的以人为本的核心地位，辩证理解增长与发展的关系。发展是硬道理，是我们党执政兴国的第一要务，但是在过去我们为了片面追求经济的增长和社会的进步却把经济绝对增长的指数和国民经济收入等物质成果的增加作为衡量增长的唯一标准，忽视了促使物质利益对人自身能力的提高和居民生活水平的改善。实际上，增长并不是发展的代名词，经济增长是发展的基础，没有经济的量的增长，没有物质财富的绝对积累，就不会有质的发展。但是增长不等同于发展，发展是增长的终极目标，一切经济增长的根本目的就是促进人类社会的进步与发展。今天的西北地区的治理与发展，我们就应该坚持以经济建设为中心毫不动摇，在经济增长的基础上，把经济增长的目标立足于人民生活的提高，特别是解决处于贫困边缘的农民和牧民等弱势群体温饱的问题上。在此基础上，增加基础设施建设，全面提高关系他们切身利益的教育文化、医疗保险等基础保障水平，努力调整利益分配格局，增强基础设施服务均等化，使经济增

---

① 胡锦涛：《在中央人口资源环境工作座谈会上的讲话》，中共中央文献研究室：《十六大以来重要文献选编》（上），中央文献出版社，2005 年版，第 850 – 851 页。

② 王一程：《全面落实科学发展观努力实现和保证全体人民分享发展成果》，中国社会科学院社会政法学部：《科学发展社会和谐——构建社会主义和谐社会的理论与实践》，社会科学文献出版社，2007 年版，第 143 页。

长的成果真正惠及民众。“意莫高于爱民,行莫高于乐民”,这也非常符合新形势下我们党的执政理念和方针路线。

（三）全面协调原则指导下的西北地区经济发展

全面发展就是以经济建设为中心,在经济发展的基础上,全面推进经济、政治、文化建设,实现社会的全面进步和人的全面发展。对于西北地区来说,从经济社会的全面发展来讲,整个社会的全面进步具有系统性和整体性,它的经济发展、政治发展、文化发展是相互联系、相互影响的,单纯追求经济发展,不仅经济发展难以持续,而且最终经济发展也难以搞上去。当然,人的全面发展既包括生活水平的提高,也包括生活质量的提升、生活环境的优化和基本人权和保障。一个社会的全面发展和进步是综合的体系,包含众多的方面和分支,在实践中,出现一些偏差和失衡是难免的。科学发展观的提出就是在保证发展的基础上,对某个局部区域或时间段内的失衡状况进行科学的协调和布局。协调原则对于西北地区的发展具有重大的指导意义,这主要表现在利用“五个统筹”原则协调城乡发展、区际发展、经济与社会发展、人与自然和谐并顾全国内和国际两个大局。在统筹城乡发展方面,我国的城乡差距之大是惊人的,在西北地区的表现尤为突出。由于历史体制等诸多原因,在“两个大局”的影响下,西北地区的农村作出了巨大的牺牲,其落后的现状特别突出。例如农村人口增长率高,人口压力逐渐增大,人均收入低,增收难,城乡居民的贫富差距大,教育体制落后,农村剩余劳动力的转移困难;农村的基础设施严重落后,农村中生态恶化严重,水资源短缺,土地沙漠化严重,农村产业结构严重失衡。所以说,西北地区的城乡协调任务非常繁重,从国家政府层面上应该在免除农业税的基础上,继续推行社会主义新农村建设,加大对西北地区的资金和政策的倾斜和支持,强化农业科技创新理念,大力促进农业产业化,改革科技创新体制和管理体制,尽量减少与城市相比信息、技术、产业的不对称程度。在协调区域发展方面,既要协调西北与东部和中部的发展,又要协调西北内部各区域之间的平衡,特别是要努力改变一些民族地区经济与社会发展严重落后的状态。加大民族地区的科学技术教育投入,大力发展民族特色产业和旅游业,实现经济发展多样化。在协调经济与社会发展方面,对于西北地区来说,经济的繁荣发达与社会的全面进步两者相辅相成,两者的协调发展是现代化的必然要求。近几年来,西北地区的经济发展一步一个台阶地迅猛增长,但是与经济发展相比,社会事业和社会整体结构却相对滞后,造成了一定程度的社会失范,产生了一些社会矛盾和社会问题。在当今现代化进程的关键阶段,经济与社会的协调发展显得更加重要,其主要任务是对人口结构、就业结构、阶层组织结构进行不断优化;大力发展教育、科技、文化、医疗、环保、保障等社会事业,看病难、看病贵的问题亟待解决;在经济发展的基础上,注重社会公平,合理调整国民收入分配格局,加大利益分配调节力度;提供政策和法律保障,不断优化社会环境;坚持社会主义市场经济的改革方向,适应社会发展要求,扎实推进经济体制、政治体制、文化体制、社会体制改革和创新。在协调人与自然发展方面,这是西北地区所面临的重大课题,不但关系到本地区的生态安全,更是关系到全国的生态保护战略的实施,西北地区现在已经面临严重的生态破坏现状,存在着严重的人与自然矛盾,如果这种状况再得不到有效解决,将会严重威胁人们的生存安全。在今后的发展中,要继续推行生态保护机制、生态补偿机制,因地制宜地大力推行封山造林、退耕还林计划;加大力度提高科学灌溉水平,实行节水节能措施,以保障人与自然和谐发展。在统筹国内国际两个大局的发展方面,这也是西北地区促进发展的一个战略选择,在与东部和中部进行优势互补的同时,也要注意保持边界开放,西北地区与邻国有着边界优势和族际友好的关系,相互之间可以互通有无,促进经济发展的多样化。

(四)可持续发展观指导下的西北地区经济发展

科学发展观的实现必须以可持续发展作为基本途径。西北地区的可持续发展就是要在开发利用自然资源的过程中实现人与自然的和谐相处,把控制人口、节约资源、保护环境放在重要位置,使人口增长与社会生产力的发展相适应,使经济建设与资源、环境相协调,实现良性循环。①

新中国建国以后的一个时期内对西北的开发,在缺乏充分认识和长期规划策略指导的情况下,由于受历史背景以及人们观念意识和技术水平的制约,存在着忽视生态环境效益和先污染后治理、“吃祖宗饭,夺子孙粮”的竭泽而渔的现象,造成了生态赤字和环境透支的严重后果,付出了经济效益、社会效益不相称的代价,存在的主要问题是:第一,水土流失状况严重。现在西北黄土高原已经成为世界上水土流失最为严重的地区,水土流失面积约 42 万平方公里,年均土壤流失量达 16.8 亿吨。陕北水土流失面积约占其总面积的 80% 以上。第二,风沙灾害愈演愈烈。西北的新疆、甘肃、陕西、宁夏现在面临沙漠化的严重威胁。沙进、人退、村移的状况时有发生。由于水资源供给减少,河西走廊北部的沙漠开始向中部绿洲进逼,风沙线平均每年前移 8 米至 10 米。据统计,近 30 年来,河西走廊的绿洲废弃的农田约有 12.7 万公顷,风沙线上受流沙威胁的村镇达 679 个之多。更为严重的是西北地区沙漠化现象还呈发展态势,沙漠化土地面积已经达 13.37 万平方公里,占全国沙漠化土地总面积的 2/3。甘肃、新疆、宁夏等省区不同程度地出现了“沙漠向农区推进,农业向牧区推进,雪线向山峰推进,污染向河流推进”的状况。第三,旱涝灾害日益加重。近几年来,甘肃河西

① 聂华林、王宇辉,等:《区域可持续发展经济学》,中国社会科学出版社,2007 年版,第 57 页。

走廊、青海柴达木盆地、新疆塔里木盆地以及宁夏的部分区域年降水量下降至200毫米以下。河西走廊近30年因缺水灌溉,已弃耕农田180万亩。历史上经常发生水患的黄河下游,也频频发生黄河断流和河床干裂的现象。1995年黄河断流100天,1996年断流193天,1997年断流226天,断流河道长达700多公里。黄河断流给下游经济发展和生态环境造成巨大损失和压力。据统计,仅1995年和1996年的黄河断流,造成下游农业分别损失31.7亿元和25.4亿元,相当于20世纪70年代和80年代农业经济损失总和的2.26倍,工业损失则更大。[①] 这些现状令人触目惊心,同时也反映出了西北地区进行可持续发展战略的重要性和紧迫性。

以可持续发展观指导的西北地区的经济发展既是一个综合体系也是一个长期艰巨的重任,这首先要求我们从思想上认识可持续发展观对西北地区经济发展的重要指导作用并准确把握可持续发展观指导下的西北经济发展的深层次内涵。第一,在可持续发展观指导下的西北经济发展的核心是发展,这种发展的最根本的性质是"可持续",不要为了当代人的、当前的、局部的利益而损害后代人的、长远的、整体的利益。这种发展是在保持生态、环境和资源的可持续性上追求发展,而不是对发展的否定,是可持续前提条件下的发展。可持续发展并不是为了环境生态的保护而保护,其最终目的是促进发展,是全体居民共享经济发展所带来的物质和精神果实。可以说发展是可持续的原动力,如果失去了发展,可持续就没有什么价值可言了。第二,我们所追求的西北地区经济的增长和发展与保护生态环境并不是矛盾的,而是统一的。西北地区的生态破坏和环境恶化的原因是多方面的,既有历史的遗留因素也是现实的人为结果,而最为根本的是由于贫困而导致人们不计后果的掠夺式开发。可以这样说:西北地区特别是农村的贫困现状是其经济与社会落后的重要表现,西北地区的生态和环境遭受重创的恶果是其经济与社会落后的必然结果,而解决现在的生态环境问题的唯一有效途径是科学发展观指导下的经济发展,如果西北地区的经济不发展,人民的生活水平不得到提高,其生态环境破坏还将持续并严重化。当然这个问题的解决是长期的,需要政策、机制和科技的有效全面落实。

以可持续发展指导的西北治理与发展要遵循以下原则:

第一,可持续性原则。可持续发展要求人类在对资源和生态环境持续利用的基础上,去实现人类社会经济的持续发展,所追求的是促进人类的和谐以及人与自然的和谐。提高人们的生活质量,维持对自然资源的永续利用,避免持续的环境损害是西北地区经济的可持续发展的三个重要特征。首先要追求生态的可

① 刘进军:《西北开发的模式选择》,兰州大学出版社,2001年版,第21页。

持续性，经济的增长必须建立在不破坏生态系统自身的承载力和可持续能力的前提之下，提倡通过资源替代、技术进步、结构调整、制度创新等手段，使有限的资源得到公平、合理、有效、循环的利用。其次是经济的可持续性，这是可持续发展的主导，也是其物质基础，西北地区要改变原来的思路，对资源的利用尤其是对非可再生资源的利用方式和强度要保持在一定的限度内，以追求绿色 GDP 替代传统的国民经济核算。最后是社会的可持续性，这是西北地区可持续发展的终极目标，可持续发展必须以人为本，注重人的全面发展和提高，要求区域的经济增长要转化成切实的西北居民生活水平和生活质量的提高，实现人的全面持续进步。

第二，公平性原则。这是可持续发展的机会均等性，首先是空间维度的公平，西北地区与中、东部相比较已经处于落后的状态，在可持续发展的指导下，就要保证在效率的基础上消除这种机会和结果的不公，努力缩小差距，以致最后达到公平公正发展。其次是时间维度的公平，要求不仅仅考虑到当代人的利益而进行掠夺式的资源开发。

第三，系统性和共同性原则。西北地区的发展，是经济、生态和社会的统一体，三者之间互相联系、互相制约。同时西北的可持续发展并不仅仅是本区域的责任，更是全国的共同义务，可持续的实现一要靠科学技术进步和市场机制的作用，二要靠公众的自觉与普遍参与，还要靠国家政策的宏观调控和管理。

第四，创新原则。西北地区现在所面临的核心问题是地理环境的复杂与经济社会的落后并由此导致对资源的过度开发和对土地的过度开垦，这两者之间是互相加剧而又循环的。这一切的解决必须通过技术和制度的创新，通过技术创新，在西北地区开发资源的环境承载能力的新技术，通过技术进步来提高资源的利用效率，扩宽可持续发展的投入要素的范围和内容；通过制度创新，使西北地区的生态环境污染破坏的外部性内部化，合理科学地增加经济主体的经济活动的运行成本，使其经济行为得到有效的限制和约束。①

四、民族经济的发展

民族经济是指在多民族国家中的部分少数民族居住地区的经济发展模式与状况，特别是指地理上边界边缘、经济上发展滞后和文化上独具自身民族特色的少数民族居住地区的经济。可以说民族经济的研究是包含了地理、经济、政治和民族等诸多范围的一个综合学科。我国西北地区民族经济发展对于搞好民族团

① 聂华林、王宇辉等：《区域可持续发展经济学》，中国社会科学出版社，2007 年 7 月版，第 49－52 页。

结、维护边疆稳定和国家安全具有重大的战略意义。

(一)西北地区民族经济发展的特点[①]

1. 与中、东部相比经济与社会的迟发性

由于我国脱胎于半殖民地半封建社会且独立时间较晚,整体发展采取一种追赶式的战略。西北地区虽然地域辽阔、资源丰富但是由于身居大陆内地,地理地形复杂,气候较为恶劣,可供生存的条件相对贫乏。历史上由于战事不断、军阀混战而使边区开发明显落后于东部和汉族地区。又由于基于"两个大局"思想的指导,我国的发展从东向西呈阶梯递进状态,西北地区在现代化的进程中处于边缘化的状态,经济体制发展起步晚,制度落实比较困难,所以说我国西北民族地区处于双重后发境地,其发展的基础更加薄弱、速度更加缓慢、困难更加难以预料。

2. 发展动力的外生性

由于西北民族地区的发展落后状态再加上本地区的特殊地理环境和各种少数民族本身的文化思维特点,整个区域与外界相对隔绝一直处于相对封闭的状态,现代化的积累十分有限,自我发展能力严重不足,传统的风俗习惯严重地束缚着体制的改革与发展。所以说这个地区的经济与社会发展的动力主要是外在的挤压和"强迫",特别是来自于中央政府的资金投入和政策制度的规制。新中国成立以来民族社会发展的现实充分说明无论是民主改革、社会主义改造还是推进现代化的改革开放进程,离开了中央政府的大力支持都是不可能成功的甚至是不可想象的。当然,强大的外源动力最终必须与内源动力相结合并转化为少数民族改造社会的自我行动才能保证本地区自强自立且长久持续高效发展。

3. 制度供给的模仿性

这种模仿是其经济与社会进步的迟发性和动力的外生性的必然结果,实际上全球化所带动的工业化、知识化、专业化、城市化、科学化、现代化的规律与价值,在某种程度上与一个国家与地区实际情况相结合的情况是具有一定普适性的。"工业较发达的国家向工业较不发达的国家所显示的只是后者未来的景象。"[②]我国东部自改革开放以来所经历的市场发展模式和跨越式发展战略为西北民族地区提供了一个值得借鉴的样本和模式,西北民族地区完全可以在与自身实际相结合的前提下虚心学习这些优秀成果并吸取失败的教训而少犯错误,这也可以称之为其后发优势。

4. 区域内部的不均衡性

① 高永久:《西北民族地区现代化与可持续发展研究》,兰州大学出版社,2004 年版,第 22 - 25 页。
② 《马克思恩格斯选集》(第二卷),人民出版社,1995 年版,第 100 页。

西北民族地区的生存环境较为复杂，各个民族由于自身的传统文化所导致的生活方式千差万别。自近代社会以来由于历史上的诸多原因，不同民族在向现代社会的发展与转变的过程中表现了相当大的“时差”。新中国的成立使一些民族在一定的资本主义发展和积累的基础上进入社会主义，一些民族却跨越了几个世纪般的社会形态直接“跨入”社会主义的大家庭，虽然经过国家统一政策和制度的调整和规制，所有民族地区的经济与社会都有相当大程度的发展和进步，但由于基础差别大，再加上不同传统习俗与宗教文化的障碍，这种历史积淀下来的差距并非一朝一夕所能轻易拉平的。同时这种非均衡性也就决定了各个民族在选择现代化的道路上并非千篇一律，而是不断地寻找并试探出适合自身特点的发展路径和策略。

5. 发展任务的紧迫性和艰巨性

西北民族地区的经济与社会发展的落后和基础的薄弱是公认的事实，虽然发展的数据可以显示其进步的巨大，但是与东部的差距却有进一步增大的趋势。而西北民族地区又处于我国比较复杂的民族矛盾与宗教分裂的敏感地带，是维护我国的统一与安全的一个重要环节，一些民族分裂势力与国外的敌对势力往往勾结在一起，企图利用这种民族发展差距来诱导普通民众和宗教信徒的民族主义意识从而达到分裂国家的罪恶目的。在这种局势下西北民族地区的发展更加具有紧迫性和重要性，这关系到我国的繁荣富强和长治久安。反观之，如果这些地区的经济持续快速发展，人民生活水平大大提高，又必将会使他们对国家制度更加信赖和认同，更加有利于促进民族团结与和谐。

在当今世界的发展格局中可以看出，由于后发国家或地区对发达国家或地区的依附性作用，不但显性现实差距越来越大而且隐性的发展速度差距也越来越大。西北地区由于文化的多元化和发展的较大落差，使整个地区经济与社会的追赶式发展更具困难。这也就决定了这个区域民族经济与社会发展的艰巨性和长期性，要想缩小差距、平衡发展需要几十年甚至上百年好几代人的不懈努力与奋斗。

（二）西北地区大力发展民族经济的必要性

我国西北民族地区经济与社会发展的落后性，决定了对其加速发展共同实现现代化的必要性。对于今天我们从政治学视阈的角度去审视西北民族地区经济的发展问题，其实质就是解决由于历史因素而遗留下来的民族差别和发展差距以及由此造成的民族地区社会和经济发展的落后和发展的不平衡，以促进民族团结和民族和谐而共赴社会主义建设之路。

第一，促进西北民族地区经济发展对于保持我国政治社会稳定、稳步推进现代化战略、实现现代化目标具有特别的意义。只有稳定才能发展，同样只有发展了才能保持稳定,稳定是指动态的稳定,只有发展基础上的稳定才是真正的稳定。我们所要建设的和谐社会是整个国家与社会的和谐,是全国56个民族的和谐,只有全国不分区域、不分民族实现平等发展、平衡进步才算实现社会和谐。西北地区是我国不可或缺的重要组成部分,同时又由于其经济与社会发展的落后是我国实现小康社会的"后腿",这种落后是造成部分边疆地区不稳定的一个重要诱因。所以说,只有不断促进民族地区的发展才能增强各民族的凝聚力,也才能保持人心稳定、人心思定。如果差距继续扩大民族矛盾和纠纷就会凸显,地区的稳定就难以保证,国家的安宁就无从谈起。同时西北地区的特殊地理位置决定了它在中国边防中重要的战略地位,这个地区的稳定与发展从某种程度上也就决定了我国现代化战略和目标是否能够顺利实现。江泽民指出:"没有西部地区的繁荣昌盛就不可能保持我们整个国家的社会稳定和民族团结;没有西部地区的全面振兴就不可能达到我们整个中华民族的振兴;没有西部地区的基本现代化就不可能有整个社会主义现代化的最终成功。"①而民族地区的现代化又是西部地区现代的重要组成部分和重要标志。

第二,促进西北民族地区经济发展是体现社会主义本质,实现共同富裕的基本需要。社会主义的本质是解放生产力,发展生产力,消灭剥削,消除两极分化,最终达到共同富裕。实现共同富裕是体现我国社会主义本质的重要方面,而我国的少数民族地区长期处于相对封闭落后的状态,建国后虽历经制度变革少数民族地区社会经济有了较大发展,但民族之间事实上的不平等依然存在。尤其是在改革初期许多工业品由沿海地区乡镇企业生产,政府放开了对其市场价格的控制,这些轻工业品因供不应求而价格高涨推动了东部经济的增长,但原材料仍由政府统一收购并供应国有企业。政府为了降低国有企业生产成本长期控制其价格,而使得"原材料—制成品"价格剪刀差由于体制原因而进一步扩大。加之在"两个大局"思想指导下国家重点投资东部地区,使西北的民族地区社会经济发展上的劣势更为明显。这些差距与不公在某种外界因素的推动下会演变成政治问题。② 邓小平也曾经指出过:社会主义最大的优越性就是共同富裕,这是体现社会主义本质的一个东西。如果有了分化情况就不同了,民族矛盾、区域间矛盾、阶级矛盾就会发展。相应的,中央和地方的矛盾也会发展,就可能出乱子。所以说,我国是社会主义国家,就要体现社会主义的本质和优越性,就必须大力促进民族地区的经济与社会的发展。

第三,加快西北民族地区的发展是中国民族政策的出发点和根本归宿。中

① 西部开发课题组:《中国西部大开发指南》(卷首),吉林文史出版社,2000年版,第4页。

② 高永久:《西北民族地区现代化与可持续发展研究》,兰州大学出版社,2004年版,第27页。

国是一个统一的多民族国家,在这个多民族的大家庭中实现各民族共同繁荣是我们的根本目标。党和国家一直以来都非常重视这个问题,1992年1月24日中共中央在《加强各民族团结为建设有中国特色的社会主义携手前进》中提出:少数民族和民族地区的经济社会发展直接关系到我国整个现代化建设目标的顺利实现,少数民族的振兴同整个中华民族的振兴是密不可分、互相促进的。1993年11月7日中共中央在《高度重视民族工作和宗教工作》中提出:要通过政策调节加强国家对民族地区的扶持和帮助。国家在少数民族地区建设的各种项目都必须与当地少数民族的发展、繁荣相结合。同时经济发展地区要加强对口支援,积极有效地帮助少数民族地区发展经济与文化。少数民族地区要自力更生发挥自己的优势。要通过共同努力使发展差距逐步缩小最终达到共同富裕。1999年9月29日《在中央民族工作会议暨国务院第三次全国民族团结进步表彰大会上的讲话》明确了加快少数民族和民族地区的发展是我国社会主义事业的本质要求在民族工作上的体现,也是党的民族政策的基本出发点和归宿。实际上民族区域自治的最终目标还是促进民族地区经济与社会的发展,在新的历史时期搞好民族工作、增强民族团结的核心问题,就是积极创造条件加快发展少数民族和民族地区的经济社会文化等各项事业,促进各民族的共同繁荣。①

(三)西北地区大力发展民族经济的可行性

虽然我国西北民族地区的经济与社会的发展大大落后于东部地区,但是西北民族地区经济的发展既有必行之策也有可行之理。

第一,借我国新一轮西部大开发的强势带动。新中国成立以来国家启动过几次西部大开发,但大多是出于国家的安全与总体战略考虑把我国的西北地区作为国家战略准备基地和后方保障,却忽视了整个区域的经济与社会的整体进步。在国家的“梯度推行战略”影响下,整个西北地区也为东部甚至是整个国家的崛起做出了很大的牺牲。在21世纪,国家实施了新一轮的西部大开发战略,特别是“十一五”规划对西北地区的发展给予了相当大的重视。在新一轮西部大开发起始国家已经并将继续在投资、政策等方面给予更大的支持,这对于西北民族地区的发展提供了良好的契机。

第二,西北民族地区资源富集,组合条件好且开发潜力大,是我国经济长期发展的重要后备基地。② 从能源资源来看品种多、储量大、分布集中、便于开采,易建成大型能矿基地。按45种主要矿产探明保有储量的潜在价值计算,西部矿产资源拥有量占全国的31.57%,其中西北民族地区占5.67%,能源拥有量占全

① 聂华林:《发展区域经济学通论》,中国社会科学出版社,2006年版,第581-582页。

② 刘进军:《西北开发的模式选择》,兰州大学出版社,2001年版,第310-312页。

国的35.77%,其中西北民族地区占18.45%。另外,西北民族地区拥有广阔的耕地和可开发利用的土地。据统计,西部民族地区耕地面积占全国的25%,草原面积占全国的90%以上,西北林地和牧草地的利用空间也很大。①

第三,西北民族地区边境线漫长,多民族聚居的西北民族地区与邻国的部分经济互补是本地区对外开放特别是向西开放的有利条件。西北民族地区特别是新疆地处祖国西北边陲,地广人稀,是多民族的聚居区,陆地边境线长,与俄罗斯、蒙古、哈萨克斯坦等多国接壤,并且与这些国家族缘关系悠久,既有传统的经济文化联系,又在资源结构和经济技术结构方面存在明显的互补性。如中亚诸国和蒙古经济水平总体上相对低下,尤其是纺织、食品及日用消费品工业落后,农业不发达,劳动力和技术缺乏,但这些国家在木材、钢铁、水泥、化肥、重型机械等行业具有相对优势。相比之下中国西北民族地区轻纺工业发达,劳动力资源充裕,而紧缺产品正是这些国家的优势产品。正是这种经济互补性和地缘、族缘关系构成了中国西北地区与民族地区与周边国家开展经济技术交流合作的社会经济基础。

第四,西北民族地区与东部沿海地区在产业结构和市场方面,在一定程度上有相互依存、相互促进的互补关系。西北民族地区可借助于本身的能源、原材料等基础工业优势,加上一批与资源加工关联度高且附加值高的轻工业,提高消费品的自给水平,抢占市场,实现消费基金的自积累,使"双重利润"的单向东流改变为双向的东西部共同竞争、共同分享,保证西部民族地区抓住市场环境变化的良机调整偏重的产业结构,实现经济腾飞。

第五,民族区域自治制度为西北民族地区的经济发展提供了政治保障。民族区域自治制度是我国解决国内民族问题的基本政策和重要的政治制度,它有效地促进了民族团结和国家的统一,保障了少数民族的合法权益,促进了少数民族和民族地区经济社会发展的进步,它既是区域自治和民族自治的统一,也是政治制度与经济政策的结合。民族区域自治制度突出了少数民族的区域自治和民族自治的权力,从根本上体现了国家民族平等的政策和愿望,为民族团结和民族和谐提供了根本的前提。民族区域自治基础上的民族团结与和谐有利于西北各民族的利益共识,而利益的共识会促进经济的发展和社会的进步,从而共同促进区域及国家的发展、繁荣、富强。另外,民族区域自治制度的确立为西北民族地区提供了一定的经济自主权。《中华人民共和国民族区域自治法》明确规定了实行民族区域自治的地区有自主管理本民族、本地区内部事务的权力,享有制定自治条例和单行条例的权力。在此基础之上,可以自主安排、管理、发展经济建

① 陈耀:《西部开发大战略与新思路》,中共中央党校出版社,2000年版,第102-109页。

设事业和科技、教育、文化等社会事业，并相应的制定了一些边境贸易、民族贸易、财政税收、扶贫开发和兴边富民等政策，这就为西北民族地区根据自身民族特色而制定经济与社会发展路线与模式提供了保障。

总之，我国的西北民族地区是一个集“少”（少数民族聚居）、“边”（边缘或边远地带）、“穷”（经济落后）、“富”（资源丰富）于一体的特殊地区。① 西北民族地区经济发展的重要性和紧迫性无须赘述，制约西北民族地区经济发展的因素也是多重的：地理区位复杂所导致的软硬环境不畅；起点低，起步晚，改革开放的滞后；产业基础薄弱，基础设施落后，资本形成能力差，资本吸引能力不足；“恐资、恐市、恐私”的民族特性思维和“等、靠、要”思想惯性的束缚等等。可以这样说，西北民族地区发展的制约因素大大多于其先天优势，尤其是地区的资源丰富优势的描述往往会给人带来一定的误读或曲解。实际上这种资源上的丰富优势是静态的理论描述，这种资源是否能够以较低成本转化成现实市场经济中使人民受益的物质财富是有一定疑问的。另外，资源并不是仅仅指自然或环境资源，科学技术与制度创新在经济发展中的关键作用已毋庸置疑，在当今的市场经济观念里，人才、技术、信息、知识和管理被视为更为珍贵的资源。正是这些“软件”与现实中的物质因素相结合，才创造出更高附加值的产品，这些无形的资源才是西北民族地区所真正匮乏的。西北民族地区的发展现状与理想状态的巨大差距是问题的根本症结所在，“随着国际国内环境的变化，改革开放初期东部所实行的优惠政策和外延式的扩张的形成条件已经基本不存在了，这些民族地区的落后，既不是单纯的地理位置的制约，也不完全是生产力的落后，更主要的是商品经济、市场经济萌芽和发展的明显落后。加快西北民族地区的发展，必须以改革和创新为动力，围绕影响加快发展的主要问题，有选择的突破瓶颈制约，”②以科学发展观为指导，以特色资源和特色产业开发为依托，充分发挥民族区域自治制度的法制资源，走出一条符合本地区自身特色，同时适应新时代社会主义市场经济体制要求的发展之路。

① 聂华林：《发展区域经济学通论》，中国社会科学出版社，2006 年版，第 603 页。
② 赵显人：《西部大开发与民族地区经济社会发展研究》，民族出版社，2001 年版，第 5 页。

第六章　社会和谐

社会和谐是人类的共同追求，更是中国共产党人不懈努力的奋斗目标。进入新世纪后，以胡锦涛为总书记的党中央提出构建社会主义和谐社会的目标，成为指导我国社会建设的核心指导思想。西北地区独特的“西北问题”决定了构建和谐社会的意义更加重大。如何贯彻落实中央提出的和谐社会建设任务，实现社会和谐的目标，将西北地区建设成为人与自然和谐、人与社会和谐、人与人和谐，特别是民族关系和谐的西北，是西北地区治理的重要目标之一。

一、社会和谐思想及其内在要求

和谐作为一个哲学术语，是反映事物协调、适中、完美的存在状态的范畴。“和谐是事物本质中差异面的统一，是事物存在和发展的一种状态，它是反映矛盾统一体在其发展过程中对立面之间所表现出来的协调性、一致性、平衡性、完整性和合乎规律性的辩证法范畴。”在客观世界中，和谐无处不在，无时不有。因此，用和谐范畴来探讨事物的运动、变化和发展，越来越受到现代学者的重视，“探讨此问题，既有丰富而言说不尽的学术内容，又有迫切的现实意义”。

社会和谐是反映人类社会存在和发展的一种状态，是人类社会系统内部各构成要素之间所表现出来的协调、统一和一致。通俗地讲，社会和谐就是人类经过主观努力，在发展经济、政治、文化等领域的基础上所呈现出来的政通人和、经济繁荣、人民安居乐业、社会福利不断提高、社会关系协调的良性运行状态。

社会和谐是人类社会期盼的一种良性运行状态，是人类社会文明的重要表现，是政治家、思想家和人民群众的社会理想，构建和谐社会也因此成为人们追求的重要目标。在这方面，古今中外思想家给我们留下了大量的思想遗产。

中国思想史中，包含着十分可贵的社会和谐思想。中国哲学奉行“和”、“中”的思维，体现在价值观念上是重和谐，贵合一，和为贵。“中也者，天下之大本也。和也者，天下之达道也。致中和，天地位焉，万物育焉。”①儒家主张，施政使民，贵乎“执中”；天地万物，贵乎“中和”；君子言行，贵乎“中庸”。孔子强调：“礼之用，和为贵。”孟子讲：“天时不如地利，地利不如人和。”儒家经典《中庸》指出：“和也者，天下之达道也。”中国社会中，“和”是最高准则，由此形成了中国的合和文化传统。人与人和谐就要对等和平等。孔子在《礼记·礼运》中提出了天下为公的大同政治理念，就是平等和谐的大同社会。康有为著《大同书》，孙中山提倡“五族共和”。中国社会，正如严复所言，“贵一道而同风”，梁漱溟也认为，“中国文化是以意欲自为调和持中为其根本精神的”。中国社会强调共济、协调，和谐共事，即“君子和而不同的基本精神”②。和谐思想是中国传统思想中治国安民的根本法则，天地人和、国泰民安是中国人一直向往的社会图景。只有以和谐、均衡、中和、公正为本，才能均调天下，才能和乐人民，才能使国家强盛，人民富裕。“中国人的社会理想，从先民的‘小康’、‘大同’，到洪秀全的‘太平天国’，从孙中山的‘天下为公’，到今世共产党人的‘社会主义’、‘共产主义’，他们所崇敬并为之前赴后继英勇奋斗的理想社会，既是平等、富裕的社会，亦是文明、和谐的社会。”③

西方思想史中，同样有大量关于和谐的论述。古希腊的毕达哥拉斯学派最早提出了和谐思想，他们认为世界的统一就是万物之间数量关系的和谐比例，和谐产生了秩序，万事万物都表现为和谐。赫拉克利特在继承和发展毕达哥拉斯学派和谐思想的基础上，深刻地阐述了他的辩证的和谐观，认为和谐是矛盾双方斗争的结果。柏拉图在《理想国》、《政治家》等著作中探讨了政治家真正的治国技艺是追求国家和个人的整体和谐状态，政治家总是行使“编织”式的统治职能，力求找出适合“中”的标准的内部秩序井然的理想政体，这种政体能实现全体人民的幸福、国家的最大利益和社会的和谐状态。亚里士多德在研究个人与城邦的关系时，较系统地论述了个人与城邦之间的和谐问题。他认为，一个人如果脱离城邦，那他就不成其为人，非兽即神。但另一方面，城邦的目的又在于培养人使之成为良好的公民，即成为有美德的人，能过有德性和幸福的生活。个人追求的是幸福，城邦的目标是“良好的生活”，两者协调一致。在古希腊之后，还有一些思想家从不同的角度谈到过和谐。如17—18世纪德国哲学家莱布尼茨认为，和谐是向完善的运动。亚当·斯密认为：“人类社会有着自然的秩序，人们只要遵从这种自然秩序，不进行人为干预，社会就会自然和谐。……而遵循自

① 《中庸》。

② 朱勤军：《中国政治文明建设中的协商民主探析》，《政治学研究》，2004年第3期。

③ 田广清：《和谐论——儒家文明与当代社会》，中国华侨出版社，1998年版，第1、3页。

然秩序就必须实行经济自由的原则，无须国家干预，这样才会有社会经济的和谐。从社会政治的角度说，一只‘看不见的手’不仅调节社会经济，也促使社会政治生活的和谐，它使追求个人利益的各个人得以和平共处，实现政治生活平衡。”①德国古典哲学家康德认为，和谐的本质在于现象合乎规律地实现它的全部内在可能性。黑格尔更为深刻地揭示了和谐关系的理论，他在其《美学》一书中把和谐看做是事物的对立统一，并把和谐提高到规律的高度来看待。

在马克思主义创始人那里，社会和谐思想在其思想体系中更占有极其重要的地位，和谐不仅是其思想理论体系的重要范畴，从某种意义上而言，甚至是其思想理论的旨归。② 马克思、恩格斯在批判地继承空想社会主义思想成果的时候，就曾明确指出“提倡社会和谐”是“他们关于未来社会的积极主张”。按照马克思、恩格斯的设想，未来社会将在打碎旧的国家机器、消灭私有制的基础上，逐步消除阶级之间、城乡之间、脑力劳动和体力劳动之间的对立和差别，“代替那存在着阶级和阶级对立的资产阶级旧社会的，将是这样一个联合体，在那里，每个人的自由发展是一切人的自由发展的条件”③。到那时，“人终于成为自己社会的主人，从而也成为自然界的主人，成为自身的主人——自由的人”。可见，在马克思主义理论中，社会和谐是其重要组成部分。

从中外政治思想家的论述中我们不难发现，他们普遍地把和谐看做反映事物协调、适中、完美的存在状态的范畴，社会和谐指的是人类社会呈现出来的一种良性运行状态。

进入新世纪以来，随着我国改革的深入进行和社会的全面进步，以胡锦涛为总书记的新一代中央领导集体，在我国全面建设小康社会进程中，继提出科学发展观、加强党的执政能力建设等新思想后，提出了构建社会主义和谐社会的目标。胡锦涛指出：“我们所要建设的社会主义和谐社会，应该是民主法治、公平正义、诚信友爱、充满活力、安定有序、人与自然和谐相处的社会。”④党的十七大进一步将构建和谐社会作为中国特色社会主义的重要内容。社会主义和谐社会的内在要求是：

首先，必须是经济和社会全面发展的社会。构建社会主义和谐社会的大厦必须依赖于经济和社会发展这个重要基础。没有经济和社会的发展，社会主义和谐社会是不可能建成的。经济的停滞、社会的贫穷不仅不能带来和谐，而且只

---

① 王莹：《论亚当·斯密的自然和谐思想》，《道德与文明》，2003 年第 3 期。

② 田伟宏：《简论马克思的社会和谐思想》，《济南大学学报》，2004 年第 1 期。

③ 《马克思恩格斯选集》（第一卷），人民出版社，1995 年 6 月第 2 版，第 294 页。

④ 胡锦涛在中共中央举办的省部级主要领导干部提高构建社会主义和谐社会能力专题研讨班开班式上的讲话。

能导致动荡和战争。古今中外的历史已证明了这一点。贫穷与落后往往是酝酿冲突与战争的温床,是当今和平世界中的不和谐音符。因此,经济和社会的发展是和谐社会赖以存在的物质条件,西北地区所构建的社会主义和谐社会必须以经济和社会的发展为基石。只有经济发展、社会进步,才能创造丰富的物质财富,提供充足的就业机会和社会保障,从而使人民安居乐业、和谐有序。改革开放以来,我国以经济建设为中心,把发展作为第一要务,推动了经济和社会的全面进步,开创了政通人和的大好局面。当然,在我们社会总体和谐的局面下,局部还存在着一些不和谐的因素,因此,要使西北的社会更加和谐,还必须进一步加快经济发展,推动社会全面进步。

其次,必须是高度民主与法制健全的社会。西北地区构建社会主义和谐社会,必须协调好各种复杂的社会关系,协调好各个民族之间、各民族与政府之间的关系。一个和谐的社会,应当是各民族团结、公民与政府良好合作的社会,是政治参与度和政治透明度较高的社会,是民主的社会、法治的社会。西北地区社会主义和谐社会的构建,就是通过建立社会主义民主与法治的制度框架,实现公平与正义,重建人与人之间的诚信友爱关系,由此建设一个充满活力、安定有序、人与自然和谐相处的社会。更为重要的是,构建社会主义和谐社会不但需要完善的法律,而且法律必须建立在民主的基础上,与社会主义民主政治紧密联系起来。社会主义民主不但是社会主义和谐社会的基本特征,而且是社会主义和谐社会的重要前提和政治保障。

最后,必须是人与人、人与社会、人与自然相和谐的社会。社会和谐最根本的就是人与人之间的和谐,人是社会发展的主体,人际关系的和谐是社会和谐发展的根本目的。造就和谐的人际关系,必须关注个体的发展,即关注个体的人格问题,就是要使一个人有健全的人格、正确的世界观和人生观,能合理地处理个人与自然、个人与社会的错综复杂的关系,做到融入自然、融入社会、融入集体。集体和谐是建立在个体和谐基础上的。社会的和谐也有赖于人的和谐,即社会的发展是以人为基础的,人的发展是以个体为本位的,因此,促进人的和谐成长与发展是社会的主要工作和责任。社会关爱个人,集体承认个人、尊重个人、给个人充分的发展空间,是社会主义和谐社会的重要标志。和谐社会还要求个人与各种社会组织、团体,乃至整个社会相和谐。社会的发展和人的发展是密不可分的,甚至可以说社会的发展就是人自身的发展,两者是统一的。构建社会主义和谐社会就是要努力做到人与社会发展的和谐一致。人类作为自然界的一部分,要与自然界进行物质和能量的交换,离开了自然界,人类社会将失去生存的空间。传统的发展模式一味追求经济的快速增长,对自然资源进行破坏性的开发,导致全球性的资源短缺、环境污染和生态破坏。人们在经历了一系列全球生态恶化所带来的痛苦之后,开始积极反思,努力寻找新的发展模式。于是,可持续发展模式应运而生,人们在发展经济的同时,更注重节约资源,保护生态环境,统筹人与自然的和谐发展。

二、西北地区社会和谐状况

经过改革开放以来三十多年的建设与发展,西北地区的社会进步是明显的,社会和谐状况也较之改革开放以前有了较大改观,表现为区域内综合经济实力显著增强,人民生活明显改善,政治相对稳定,民族关系和睦,宗教和顺,社会文化事业不断发展。

在看到西北地区和谐社会建设方面取得的成绩的同时,更要清醒地认识到存在的问题。客观地讲,在西北地区和谐社会建设中,问题多于成绩,挑战大于机遇。从宏观层面讲,西北地区社会不和谐表现在社会的各个领域之中。如经济发展中的不和谐,主要是经济基础薄弱,结构不合理,发展缓慢,差距进一步拉大;政治发展中的不和谐,最突出的表现是民族分裂势力加紧活动,引发一系列恶性暴力犯罪事件,对西北地区政治稳定、经济社会发展、人民生命财产安全产生了极其消极的影响;文化建设中的不和谐,主要是多元文化格局下存在着泥沙俱下、良莠不齐的情况,特别是宗教文化的消极影响。从目前看,最主要的不和谐则是人与自然关系的不和谐以及民族关系的不和谐。

(一)人与自然关系的不和谐

西北地区历来就是人与自然之间的矛盾比较尖锐的地区,近年来随着经济的发展、人口数量的增长以及传统观念中落后思想的存在等因素的影响,人与自然之间的矛盾显得更加突出,主要表现在:

人口增长与土地承受能力之间的矛盾。西北五省区除新疆(新疆农村人口经济密度为0.7)外,人口经济密度普遍高于全国平均水平,陕西、甘肃、青海和宁夏的人口区位商分别为1.75、1.78、1.62和1.66,这表明这四个省经济的人口负担是全国平均水平的1.75、1.78、1.62和1.66倍。[①] 由此看来,西北五省虽然人口算术密度低于东部和全国的平均水平,但人口相对经济压力已高于全国平均水平,所以西北地区的水土流失、沙漠化等环境灾害十分严重。从人口承载力与人口压力的对比关系来说,西北地区人口超载压力很大。生态脆弱的农村地区又往往是人口增长较快的地区。20世纪90年代以来,随着我国城市化速度的加快,农村人口无论是在数量上还是在城乡人口比例结构中都呈下降的趋势。在1990—2000年间,我国农村总人口从83391万人下降到80704万人,

① 夏森、贾洪文:《西北地区可持续发展中的人口问题与对策》,《开发研究》,2005年第6期。

农村人口在总人口中的比重从73.77%下降到63.91%。东部生态压力最小的五个城市,农村人口增长率全部呈下降趋势,而且年下降率都超过全国平均水平。而在生态压力最大的西北五省区,除陕西外,其他四个省份农村人口还在持续增长,而且增幅超过全国人口自然增长率0.7%。[①] 这明显地反映出,生态脆弱区的人口还在以较高的速度增长,如果不能采取有效措施降低,这些地区的生态压力将更加严重。在生态脆弱的西北地区,过剩的农业人口加剧了生态环境的恶化程度,已经产生了严重的后果。在近几年人口城市化步伐不断加快的进程中,西北乡村人口占总人口的比例也在下降,但无论是下降幅度还是乡村人口占总人口的比例与全国平均水平相比,都存在较大差距。在生态脆弱地区,环境问题与贫困问题在某种程度上陷入恶性循环。在人口过剩的压力之下,人们被迫耕作于高山陡坡以谋得果腹之粮,无奈铲去草皮以获得锅下之薪,盲目哄采矿山去求得生存之门,污染水流和土地去安排更多的人口就业。在西北地区,由于人地矛盾尖锐,越来越多的农村人口依赖于有限的土地求生存,导致过度利用环境资源,本已脆弱的生态环境日趋恶化。

开发方式与环境之间的矛盾。在西北地区,土地面积广大,多山,少平地,土壤沙化和荒漠化严重,生态环境极为脆弱。大部分地区干旱缺水,森林和植被覆盖率低,如宁夏仅为1.54%,甘肃仅为4.33%。在这样脆弱的生态环境中,森林的过度砍伐、荒原的过度开垦和草原的过度放牧,急剧地加速了该地区森林和草场的退化,造成了更大面积的土地沙化和荒漠化,造成了人与自然关系的紧张。水资源萎缩,水域生态遭到破坏,降水量减少,蒸发量增加,河流断流,甚至出现干涸或季节性干涸水;森林人为破坏严重,封山育林跟不上,植树造林成活率低;草场退化、沙化和碱化的面积已达1亿多公顷,而且每年还在以200万公顷的速度扩大,退化速度每年约为5%,而人工草地和改良草地的建设速度每年约为3%,草地植被破坏,超载过牧;生物多样性受到破坏,许多物种濒于灭绝,野生动植物丰富区面积不断减小,栖息地环境受到干扰,猎杀现象屡禁不止,野生动植物数量和种类骤减,生物安全面临威胁;矿产资源管理滞后,采、选、冶中矿产资源浪费惊人,许多小矿山采矿秩序混乱,资源破坏严重,众多的集体小矿山无证开采、采富弃贫、采厚弃薄、采易弃难、采主弃副、越界开采,另外,小矿山规模小,技术落后,生产效率低下,总的回采率只有40%,多数仅有20%~30%,这种掠夺式开采既造成了资源的浪费,又使十分脆弱的生态环境日趋恶化,致使水土流失加剧,土地沙化严重,森林覆盖率明显下降,不少矿山在采、选、冶加工过程中

① 李继翠、程默:《西北农村人口对生态环境的压力与生态移民的战略选择》,《哈尔滨工业大学学报》(社会科学版),2007年第1期。

还造成大量粉尘、烟雾，空气污染程度日趋上升。①

（二）民族关系中的不和谐

随着改革开放的逐渐深入和社会经济各项事业的不断发展，西北地区民族关系总体上处于和谐状态；然而由于经济结构、文化宗教以及境内外敌对势力的存在等因素，西北地区的民族关系在有些方面依然存在不和谐的现象。

政治领域民族关系不和谐。建国后，我国废除了民族压迫制度，各民族在政治上取得了平等的地位；但由于各民族的规模、组织程度、区位优势或各自掌握的政治资源不同，在实际政治生活中的影响力大小也不同。目前，民族区域自治制度经过几十年的实践，面临复杂的新情况，产生了一些矛盾。② 这主要表现在：一是因国家权力的分配和分享所产生的民族关系不和谐。在我国，国家权力为全国各族人民所共同掌握，少数民族与汉族一起分享权力，各民族在民族平等的基础上使中华民族的凝聚力得到了加强；但是汉族和少数民族各自掌握的权力资源却不是平均的，汉族在整个国家政治生活中拥有更多的权力资源，具有更大的政治影响力，这使得汉族在与少数民族的关系中始终居于主导地位，其矛盾也表现在多个方面和诸多领域。正如有学者通过研究指出的："少数民族与汉族的关系也反映在各少数民族与该区域内汉族的关系，主要涉及各个民族的地位、影响力和利益保障问题。"③二是因政策滞后所产生的民族关系不和谐。我国现阶段民族政策严重滞后，过去在计划经济体制下或根据计划经济思路制定的一些民族政策，已不适应市场经济条件下调整民族关系和促进少数民族地区经济发展的需要，还没有来得及加以全面清理和修改，表现出了某种程度的滞后。这在一定程度上影响了西北地区的经济发展，也在一定程度上影响了一些少数民族干部和群众工作的积极性。三是国际反华势力和国内民族分裂主义的分裂活动引起的民族关系不和谐。在西部地区，反华势力主要对西藏、新疆和内蒙古等地的民族分裂主义进行支持。如从 1979 年到 2001 年，达赖应邀访美 23 次；1999 年，美国国会众议院提出的反华议案多达 70 余个，其中相当部分涉及"西藏问题"；美国国会举行了 50 多场"西藏问题听证会"；美国有 13 个州市议会相继通过了"西藏问题"决议，公然叫嚣"西藏是一个被占领的国家"，有的甚至宣称"西藏的真正代表是达赖和西藏流亡政府"。④ 同时据不完全统计，自 1990 年至 2001 年，"东突"恐怖势力在我国新疆境内外制造了 200 余起恐怖暴

① 齐晓娟、童玉芬：《中国西北地区人口、经济与资源环境协调状况评价》，《中国人口·资源与环境》，2008 年第 2 期。

② 侯万锋：《对西部地区构建和谐民族关系的政治学思考》，《贵州民族研究》，2006 年第 5 期。

③ 周平：《我国少数民族地区开发过程中的几个政治问题》，《政治学研究》，2002 年第 1 期。

④ 郝时远：《民族分裂主义与恐怖主义》，《民族研究》，2002 年第 1 期。

力事件,造成民族群众、基层干部、宗教人员等162人丧生,420多人受伤。[①] 又如,西方敌对势力支持俄罗斯布里亚特自治共和国和蒙古共和国的一些极端民族主义组织搞所谓的"三蒙统一",在我国内蒙古地区策划分裂。这种国外敌对势力和国内分裂分子勾结分裂国家的行为是造成我国西北地区民族关系不和谐的重要因素。

经济领域民族关系不和谐。随着改革开放的深入和社会主义市场经济的建立,不同民族之间围绕经济利益产生的矛盾也日益增多。就我国西部民族地区而言,比较突出的矛盾表现在以下几个方面:一是民族地区与汉族地区尤其是与东部沿海发达地区在经济发展水平上的矛盾。改革开放初期,为加快社会主义现代化建设的速度,国家把财力、物力重点放在优先发展东部沿海地区经济上,而且在政策上也向东部倾斜。这客观上使得西部民族地区与汉族地区业已存在的差距进一步拉大。差距的拉大使西部民族地区与汉族地区尤其是与东部沿海发达地区之间产生矛盾,必然也给民族关系带来诸多负面影响。二是民族自治地方与其所在的汉族地区的矛盾。在市场经济条件下,西部民族自治地方的经济取得了长足的进步,但由于基础较差,制约因素较多,经济发展呈现出低水平、低效益、缺乏后劲的状况,同其所在区域的汉族地区相比,差距甚大。以甘肃为例,2005年甘肃省内民族自治地方的国内生产总值、社会总产值、国民收入分别约占全省的5.7%、4.88%、5.0%。这与民族自治地区土地面积占全省的38%、人口数量占全省的12%比较,明显总量偏少,比例偏低。三是各民族地区之间、汉族与少数民族地区之间因土地、草地、森林、矿山等资源引起的矛盾和纠纷。由于历史原因,西部地区一直存在着争夺资源的纠纷。这些纠纷有的存在于同一民族的不同部落、群众之间,也有不少存在于不同地区的不同民族之间,并因之产生了无休止的边界纠纷。如甘肃省甘南藏族自治州的夏河县既与青海省河南蒙古族自治县有草场纠纷,又同甘肃省临夏回族自治州有较为严重的边界纠纷。这些纠纷和矛盾既存在于不同民族之间,也存在于同一民族内部,其实质也是各民族间的利益关系问题。

文化领域民族关系不和谐。民族文化关系是不同民族因文化差异而产生的关系。各民族的特点是其在长期的历史发展过程中适应各自不同的地理环境、生产方式而形成的,广泛反映了各民族在经济生活、政治生活、文化生活和社会生活各个方面的差异,特别集中地体现为民族之间文化的差异,即民族之间在风俗习惯、语言文字、思维方式、心理素质、价值取向、道德情感等方面的差异。我国西北少数民族文化中最为显著的特点就是宗教性。这些宗教的教义戒律成为

① 潘志平:《"东突"恐怖主义透析》,《新疆社会科学》,2002年第1期。

各少数民族维护社会生活的重要道德规范,时刻影响着他们的日常生活。而且以宗族和家族为本位,形成了严格的族规,对少数民族成员具有非常强的制约力。西北少数民族的传统宗教性文化日益突出地影响着我国的法治建设,同时也使一些宗教顽固分子借保存宗教文化之名,行挑战法治之实的现象层出不穷。在日常生活中,西北地区各民族在语言、风俗习惯上的差异以及宗教信仰上的不同往往也引起一些对民族关系发展不利的情况。有些地方对民族传统及其风俗习惯不够尊重;有些民族地区的干部对一些少数民族的风俗习惯横加指责;有些地方对少数民族的宗教信仰不够尊重,甚至干涉信教群众的正常宗教活动,引起信教群众的不满;有的宗教教派之间也会发生一些纷争,引起民族之间的纷争;在对民族历史人物、历史事件的分析评价上也存在一些分歧等等。这些都对民族间的和谐共处造成了不良影响。

三、建设和谐西北

中央提出构建社会主义和谐社会,是党和国家顺应历史发展新变化、新形势,为推进中国特色社会主义伟大事业作出的重大战略举措,为西北地区社会建设指明了方向。西北地区在迅速推进现代化建设的过程中,将和谐社会目标纳入其中,必将对本地区社会建设产生深远影响。西北地区各级党政部门应当从本地区的实际情况出发,以和谐社会建设的总体目标统领社会建设,建设和谐西北。

构建和谐西北是一项系统工程,也是一项长期任务。从治理的角度讲,西北地区各级党政部门承担着建设和谐西北的重任,必须要把加快西北地区的经济社会发展、严打民族分裂主义势力、用社会主义核心价值体系引领多元社会思潮、建设社会主义先进文化、引导宗教为构建和谐西北发挥积极作用、逐步实现人与自然的和谐、构建和谐民族关系等统统纳入构建和谐西北的系统工程之中。其中,实现人与自然关系的和谐、改善民族关系中存在的不和谐状况,是西北地区各级党政部门的当务之急。

(一)实现人与自然关系的和谐

实现西北地区人与自然之间的和谐是实现西北地区社会和谐的重要组成部分,其重点是要解决人地矛盾以及经济增长与开发方式之间的矛盾。

首先,要实现人口增长与土地承受能力之间的和谐。一方面,在西北地区要继续坚定不移地推行国家的人口与计划生育政策,降低生育率,减轻人口总量对经济社会和资源环境的压力。目前我国西北大多数地区人口转变尚未完成,与东部地区已经进入人口低生育水平阶段不同,西部地区人口自然增长过快依然是今后相当一个时期的主要人口问题。因此,在未来的时间里,广大西北地区依然要将降低人口出生率作为主要任务。为此,必须加强计划生育工作的力度,努力寻求市场经济新形势下计划生育新的工作思路和方法,尽快将人口的较高生育率降到更替水平以下,防止人口过快和盲目增长,这对于减轻西北地区的资源和生态环境压力有着重大的意义。① 另一方面,要通过教育、培训以及人才工程,全面提高西北的人口素质。要切实解决西北地区教育、卫生及文化事业的经费问题;解决中小学校舍和从事义务教育的各类教师的工资问题;建设和改造乡村卫生设施和人畜饮水设施;解决乡村通电、通讯、广播电视普及问题;提高西部省区应届高中毕业生的大专院校招生比例;对在西部地区从事科技、教育、卫生、文化工作的专业人员,给予明显高出全国同类人员平均水平的待遇;在西北地区率先实施高中义务教育;增加高、中等职业技术专科学校的数量和规模;加大对从业人员培训的财政支持力度等。这些措施有利于缓解西北地区严峻的人地矛盾,有利于人口与土地之间的和谐共存。

其次,要大力提高生产力,增强保护和治理环境的能力。西北地区经济方面的改进,主要围绕主导产业结构调整与创新展开。西北地区应在进一步加大优势资源开发规模的基础上,依靠科技进步,适度加强能源、原材料等初级产品的加工转换能力,延长产业链,提高资源的附加值和产业间的关联度,加强能源、原材料工业向其他产业的辐射和渗透力。通过产业链管理,寻求科技力量在地区的发展中与实际生产力前沿相结合的有利地位,在能源、原材料、重化工基地基础设施,国防工业基地建设,高新技术产业,旅游产业等领域形成骨干产业价值链,从而构建有西部特色的能够与东部经济互补的优势产业结构。此外,西北地区应大力推动农村地区的工业化,发展以农产品为原料的轻加工业,逐步形成具有特色的轻工业体系,从而稳定带动农业结构调整,使荒漠化地区由农业阶段向工业阶段过渡,使生态系统中过度的人口压力,沿着产业链条从农业内部传递到工业和第三产业中去。只有这样,才能从根本上消除生态退化的根源。

第三,国家应进一步加强环境治理的投资力度,完善相关法律法规,在环境退化严重的地区加强生态保护区建设。国家对西北地区的生态建设应该给予全面的支持,尤其是必要的投资。在资源利用方面,尤其要注意加强水资源统一管理,通过全面综合规划,对水资源进行合理配置;同时,西北地区大多河流自净能力较弱,因此更要特别注意环境污染的治理,限制污染严重的企业生产,加强环境保护和治理的法制法规建设。②

---

① 齐晓娟、童玉芬:《中国西北地区人口、经济与资源环境协调状况评价》,《中国人口·资源与环境》,2008 年第 2 期。

② 王建蓉:《统筹人与自然的和谐发展》,《西安政治学院学报》,2009 年第 3 期。

最后，在环境退化严重的地区实行生态移民政策。某一地区生态环境恶化，很大程度上是人为的。草牧场载畜量过大、森林和植被覆盖率过低、土壤沙化和荒漠化加剧，在这些方面，人为因素起了重要作用。要彻底改变这种状态，改善该地区的生态环境，就必须改变这一地区农牧民原有的生产、生活方式，减少人为因素对环境的破坏，只有这样才能达到目的。目前在许多地方实施的生态移民政策，不失为一种改善生态环境的好办法。所谓生态移民，就是从改善和保护生态环境、发展经济出发，把原来位于环境脆弱地区高度分散的人口，通过移民的方式集中起来，形成新的村镇，使生态脆弱地区达到人口、资源、环境和经济的协调发展。① 只有将生态环境严重恶化地区的人畜迁移出去，通过围封、抚育、人工种植，才能逐渐改善这一地区的环境。西北贫困地区绝大多数是生态环境脆弱的地区，自然灾害发生频繁，水土流失、草原退化、土地沙漠化等问题日益加剧，同时返贫问题的主要原因也是自然灾害。要使生态贫困者脱贫，主要途径是让他们从恶化的生态环境中脱离出来，实行生态移民。

（二）构建和谐的民族关系

和谐的民族关系是西北地区稳定发展的基础性社会关系，西北地区各级党政部门一定要将平等、互助、团结、和谐的社会主义民族关系放在战略高度加以认识，通过深入细致的工作，使各民族和睦相处，和衷共济，和谐发展，共同繁荣进步。

一是进一步加强民族间的交流，形成更加密切的民族关系。②

历史上，我国西北少数民族地处边远山区，交通闭塞，经济文化落后，对外交流很少。自新中国建立以来，特别是随着改革开放和社会主义市场经济的不断发展，各民族间的经济往来不断增加，民族间的文化交流也空前活跃。与外界的商品流、资金流、人员流、信息流等使民族之间的交往频繁，交往的内容增多，促进了少数民族和其他民族之间的经济往来，打破了长期以来的封闭状况。随着各民族间学习机会的增多，其语言文化生活也就互通了。在青海海北地区，各民族在交往中相互学习民族语言，并将汉语作为族际交际语，汉、回、蒙古等民族群众中不少人能讲藏语，藏族群众也基本上都能讲汉语。一些民族干部互相学习，掌握了几种民族语言，大大方便了工作，使各族群众倍感亲切。尤其是随着现代科技的迅猛发展，人们通过现代化的手段建立了广阔的人际关系网。因此，他们经常是汉、藏、蒙古三种语言转换使用，这使他们有了获得各种信息的充分条件。

---

① 于存海：《论西部生态贫困、生态移民与社区整合》，《内蒙古社会科学》（汉文版），2004 年第 1 期。

② 吴仕民主编：《中国民族理论新编》，中央民族大学出版社，2006 年版，第 278－280 页。

在青海省刚察县，回、藏、蒙古、汉等民族同居于一村的现象较为普遍。各族群众互为邻居，在长期杂居的过程中，无论是在经济、文化方面，还是在日常交往中都本着相互尊重和理解的原则，各个民族之间的关系日益密切，逐渐形成了和谐的民族关系。① 根据中山大学郭正林等人的调查，新疆维吾尔族和汉族成员的工作交往和日常生活交往都比较频繁，34.1%的维吾尔族被访者和33.3%的汉族被访者都认为单位同事关系比较密切，65%的维吾尔族被访者和65.4%的汉族被访者表示在遇到困难时愿意向对方朋友求助，超过50%的维吾尔族被访者表示会在过年时到对方家中拜年，这些都说明维汉民族成员之间的社会交往较为频繁。② 各民族通婚现象逐渐增多，并日益被人们所接受。民族间通婚不仅是民族传统婚姻变化和婚姻自主、自由的结果，同时也是民族交往发展的一种反映。随着平等、团结、互助的社会主义民族关系的不断完善和发展，民族间的交往日益增多，汉族和少数民族、少数民族和少数民族之间的通婚现象逐渐增多。对甘肃省天祝藏族自治县的调查发现，改革开放之后，随着居住格局、学习工作等环境的变化，民族之间的通婚现象已被许多群众所接受，甚至出现多个民族组成一个家庭的现象。

二是促进各民族的团结、互助关系。

民族团结是关乎西北乃至国家稳定、祖国统一的大事，所以党和国家历来高度重视。胡锦涛强调："历史和现实都表明：国家统一、民族团结，则政通人和、百业兴旺；国家分裂、民族纷争，则丧权辱国、人民遭殃。我们必须进一步巩固全国各族人民的大团结，增强中华民族的凝聚力，为全面建设小康社会、实现国家长治久安提供强有力的保证。"③

改革开放以来，党和国家发展少数民族和民族地区经济社会的举措取得的实效，进一步激发了西北各民族人民对祖国的热爱和建设和谐西北的积极性。在"汉族离不开少数民族，少数民族离不开汉族，各少数民族之间也相互离不开"的思想的指引下，各民族团结关系进一步加强。在青海省刚察县，藏族居住的环境比较偏僻，占有的草地多一点，他们就划出草地帮助回、汉族群众；在经商方面，擅长经商的回族对藏族和汉族的经商活动又给予帮助。在和谐的社会环境下，各个民族在生产方式和经济活动方面都逐渐趋于一致。各民族成员逐步

① 穆殿春、李苑：《青海藏区和谐民族关系探析——以海北藏族自治州刚察县为个案》，《青海民族学院学报》，2009年第1期。

② 王宗礼：《对西北地区构建和谐民族关系的战略分析与对策建议》，《甘肃社会科学》，2006年第4期。

③ 胡锦涛：《在中央民族工作会议暨国务院第四次全国民族团结进步表彰大会上的讲话》，人民出版社，2005年版，第15页。

走出家门，与外界的交往不断加大，以特色民族文化带动经济发展。民族关系的逐渐开放使许多文化成为不同民族共同分享的财富。同时，各族人民在相互平等、相互尊重的基础上交往，互利互惠，使民族文化更加繁荣。

三是促进民族平等。

发展社会主义市场经济是实现各民族共同发展、共同繁荣的重要途径，也是各民族之间相互交流、相互依赖的经济基础。但是，由于各民族经济社会发展的程度不同，不同民族地区的区域自然条件不同，还存在着民族之间事实上的不平等。因此，在发展市场经济的过程中，各民族的竞争机会并不平等，这往往导致竞争结局的更大差距，从而造成民族地区日益弱势的发展地位。此外，过去计划经济条件之下国家对少数民族地区的倾斜政策也有可能与市场经济不相匹配，从而使得这些倾斜政策失效。这些都会进一步导致民族之间经济社会发展的不平衡性。随着西部大开发战略的实施和国家关于加快西北民族地区经济发展各项政策的落实，各个少数民族地区经济迅速发展，基础设施建设不断完善，社会文化事业和教育事业不断发展，参与市场经济过程中事实上的不平等在逐步缩小，使得民族平等的权益得到落实。

新中国成立后，我国《宪法》和《民族区域自治法》除了明确规定“中华人民共和国各民族一律平等”外，在最高国家权力机关和民族自治地方自治机关的组成上，在行使政治、经济、文化等各项自治权方面都充分体现了民族平等原则。从新中国成立以来的历史经验看，在颁布的一系列关于民族平等权利的法律的保障下，西北少数民族不仅在法律上、在政治生活中是平等的，而且在经济、文化、教育、语言文字、风俗习惯、宗教信仰等一切社会生活领域也是完全平等的；不仅保障了聚居区内少数民族的平等权利，而且保障了杂散居少数民族的平等权利；此外，对选举、教育、计划生育以及国家和发达地区在财力、人力、物力和技术方面帮助少数民族地区发展等问题也作了具体规定，为逐步消除历史上遗留下来的民族间事实上的不平等创造了条件。①

① 李资源：《加强民族法制建设与构建和谐社会》，来源：http://www.gmw.cn/content/2006-12/28/content_529409.htm.

第七章　文化繁荣

文化是一个民族凝聚力和创造力的重要源泉，是形成全社会共同理想和统一价值观的核心，也是维护民族团结和国家统一的根基；同时文化也越来越成为综合国力竞争的重要因素。我国西北地区是一个多元文化色彩十分浓厚的地区，各个民族独具特色的民族文化历史悠久、底蕴深厚，是中华文化的重要组成部分。西北地区治理既要以这种多元文化为依托，也要将文化繁荣作为治理目标。从文明史的角度看，文化的发展与繁荣对于一个国家的持久发展意义更大。西北地区的文化建设应当体现西北地区良好的精神风貌，成为政治稳定、经济发展、社会和谐、民族团结的精神文化载体；同时，通过繁荣文化，又可以为西北地区政治稳定、经济发展、社会和谐、民族团结提供强大的精神动力。

一、西北地区文化建设概况

西北地区自古以来就是我国多民族生息繁衍和交汇融合的场所，又是连接我国与南亚、西亚、中亚和欧洲的重要通道，在多民族的相互交往和商贸往来中，形成了独具西北特色的多元文化格局。改革开放以来，特别是西部大开发以来，在物质生活水平不断提高的同时，丰富的精神文化生活也越来越成为西北人民的热切愿望。在人们这种求知、求美、求乐需求的推动下，西北地区的文化设施建设不断加强并取得巨大进步，文化产品不断丰富，公共文化服务不断完善，文化的发展呈现出欣欣向荣的景象。

（一）文化设施建设不断加强

西北地区长期以来一直是一个多民族生活的地区，每个民族由于其生存环境和发展轨迹的不同，形成了独具特色的文化。改革开放以来，西北地区的文化不断繁荣发展，各个民族间的经济文化交流日益频繁，其中公共文化设施为促进各个民族间的文化交流提供了场所和载体。随着西北地区经济的快速发展，人民物质生活水平的不断提高，广大人民群众对精神文化生活的追求也就越来越强烈。党的十七大报告中明确提出："坚持把发展公益性文化事业作为保障人民基本文化权益的主要途径,加大投入力度,加强社区和乡村文化设施建设。”近年来西北地区文化设施建设有了相当大的改善,各类各级公共文化设施的建设也进入了快车道。

青海省在“十五”期间加大了对文化设施建设的投入,实施完成了青海博物馆、青海柳湾彩陶博物馆、都兰吐蕃(吐谷浑)文化保护中心、省艺术学校综合教学楼、省民族歌舞剧院综合排练楼、《大藏经》文物库房等文化基础设施建设项目;完成了36个县级综合文化楼、3个县级宣传文化中心、73个乡镇文化站(文化中心)的建设任务,实现了县县有图书馆、县县有文化馆的目标;建成“全国文化信息资源共享工程”省级分中心1个,州、地(市)级示范点5个,县级示范点7个,乡镇示范点5个,城市社区示范点2个。“十一五”期间,要实施省图书馆、省文化馆扩改建项目建设和州地(市)文化设施扩改建工程,使之成为集群艺、图书、博物为一体的综合文化中心;进一步巩固和完善县级图书馆、文化馆,加强乡镇文化站建设,在有条件的行政村积极发展文化活动室,大力扶持创建“文化中心户”;实施全国文化信息资源共享工程,建成57个“基层中心”和“基层示范点”,基本形成文化信息资源共享工程服务网络。①

新疆在从1979年至2007年的28年里,由国家和自治区先后投入5亿多元,实施了“丝绸之路边疆文化长廊”、创建“文化建设先进县”、“送书下乡”、县级图书馆和文化馆建设,以及电影“2131工程”、“西新工程”、“乡镇文化站建设工程”、“文化信息共享工程”等一大批重点社会文化建设基础工程,从根本上改变了自治区文化基础设施落后的面貌。目前,全区已基本实现县县有图书馆、文化馆的目标,区、地、县、乡、村五级公共文化服务网络体系已初步构建。2003年以来,国家和自治区投资5500万元建设的文化信息资源共享重点工程,已完成全区县级支中心建设项目;2007年年底,全区9676个村级基层服务点建设全部建成投入使用。2005年,由国家投资1.64亿元新建的400个高标准乡镇综合文化站重点工程项目,经过两年的精心施工建设,已全部竣工投入使用,使全区43%的乡镇的文化基础设施得到了显著改善。在自治区主要领导的亲自关心下,投资1.5亿元新建的“新疆艺术剧院”已成为标志性的文化设施。②“十一五”期间的建设目标是:(1)填平补齐县级图书馆、文化馆空白;最终实现县县有文化馆、图书馆,乡镇有综合文化站,行政村有文化活动室。(2)新建不低于国家标准面积,且人口较为集中、交通便利的自治区群众艺术馆设施。(3)完成

① 《青海省文化发展规划》,来源:http://www.lm.cn/basicdata/elseplan/200712/t20071219_180202.htm.

② 《科学发展的伟大实践促进新疆文化事业大发展大繁荣》,来源:http://www.tianshannet.com.cn/news/content/2008-10/15/content_3239484.htm.

“新疆民族歌舞学校”工程。开发、利用团结剧场,按照国家有关规定,保证剧场的使用面积和功能。(4)做好自治区美术馆工程项目的论证、可行性研究和启动工作。对各地州市图书馆、文化馆给予支持,重点扶持经济较落后地区的地州市级图书馆、文化馆。(5)建成乌鲁木齐、喀什、麦盖提、阿瓦提、吐鲁番、哈密等6个木卡姆艺术保护传承中心,开展对木卡姆艺术的整理、宣传、研究等系列活动。①

宁夏回族自治区到2010年要实现县县有文管所,每县配备文化流动车,乡(镇)、街道有文化站(中心),川区100%、山区70%的村和100%的街道居委会建立多功能文化活动室。在“十一五”期间,优先安排关系人民群众切身文化利益的设施建设,加强图书馆、博物馆、文化馆、美术馆、互联网公共信息服务点等公共文化基础设施建设。建设一批现代化、多功能、代表宁夏形象的重点文化设施,在建设好宁夏博物馆、宁夏图书馆、银川文化艺术中心的同时,积极争取国家投入,吸引社会资本,加快红旗大厦、银川剧院、京歌大院、宁夏艺术学校等项目的建设改造。新建宁夏美术馆(含宁夏书画院)、宁夏文化馆、宁夏少儿图书馆、宁夏艺术剧场等文化单位。完善区、市、县公共文化设施,“十一五”期间基本完成区、市、县图书馆、博物馆、文化馆、影剧院建设;在巩固县县(市、区)有标准化文化馆、图书馆的基础上,实现乡镇有综合文化站,行政村有综合文化活动室。②

进入21世纪,甘肃省提出了建设特色文化大省的奋斗目标。2002年,全省文化工作会议印发了《甘肃省特色文化大省建设规划纲要》,为文化建设绘制了蓝图。随后,又先后召开了特色文化大省建设座谈会、全省基层文化工作会议、全省民族民间文化保护工作会议等,从不同侧面提出了目标任务。这一系列会议,将文化建设由部门行为上升为政府行为,把文化建设的领导责任、规划、建设任务、投入(包括资金投入和政策投入)落到了实处,为全省文化事业和文化产业的快速发展奠定了坚实基础。至2008年,甘肃省共有省级公共图书馆1个,市(州)级公共图书馆8个,县级图书馆85个;省级文化馆1个,市(州)级文化馆14个,县级文化馆85个。省级图书馆建筑面积从改革开放前的5131平方米增加到现在的46933平方米,增长了8.1倍,年平均增长率为8.2%,目前馆内设有15个部门、18个服务窗口,藏书300余万册,还有总量达10TB的数字资源和西北地方文献、西部大开发研究、沙尘暴研究、敦煌学研究等自建专题数据库,年接待读者70万人次,并有遍及全省城乡的40余个图书流动站和近200个共享

① 《新疆维吾尔自治区文化事业发展第十一个五年规划》,来源:http://www.drcnet.com.cn/DRCnet.common.web/DocViewSummary.aspx? docid=1461608&leafid=14173.

② 《宁夏回族自治区文化建设“十一五”规划》,来源:http://www.ssfcn.com/kcnews_detail.asp? id=24070.

工程基层中心。截至目前,甘肃省已建成文化共享工程分中心、支中心和基层服务站点近300个,其中省级中心1个,市级分中心1个,县级支中心25个,乡镇、村服务站点280余个,受益群众已超过130万人。乡镇综合文化站共有1105个,从业人员1756人,公用房屋建筑总面积达10.2万平方米。“九五”期间,甘肃省组织实施了小康文化建设“333211”工程,建成一、二、三类示范文化站100个、示范村书库100个,312国道沿线的119个乡镇全部建起了标准较高的文化站(中心),形成了纵贯东西、辐射全省的文化长廊。2006年,国家发改委和文化部又将甘肃省990个乡镇综合文化站建设项目列入了“十一五”规划,占现有乡镇的81%,计划建设规模达30多万平方米。2008年国家下达的79个乡镇综合文化站建设项目已全部竣工,2008年国家追加建设的201个乡镇综合文化站项目已经有111个完成了主体工程,2009年国家下达的219个项目各地正在抓紧建设,一个乡镇综合文化站建设的新高潮正在形成。①

从以上的分析可以看出,西北地区文化设施的建立和健全,对活跃和丰富少数民族群众的精神文化生活,提高少数民族群众的思想道德和科学文化素质,对少数民族群众进行爱国主义、集体主义和社会主义教育,推进西北民族地区城乡物质文明、政治文明、精神文明建设都具有重要的意义。

(二)精神文化产品不断丰富

精神文化产品常常传递着特定的思想文化主张、价值观和民族观,宣扬特定政治统治和政治制度的合法性与合理性,着力于增强人们对国家、民族的认同感和归属感,维护政治体系的稳定。“公众在消费文化事业产品,满足自身精神文化需求的同时,也陶冶了情操,提高了文化修养,进而构成一个良好的社会氛围。这不仅有助于对公众自身创造性和工作积极性的激发,也有助于其道德修养的提高,进而有利于社会稳定。”②在现代社会,国家主流意识形态的实现程度,完全取决于对文化产品市场的占有能力和占有程度。

西北地区蕴涵着丰富的文化资源,在人们精神文化需求的推动下,在经济迅猛发展的带动下,在政府部门的大力支持下,西北地区积极开发精神文化资源,发掘和弘扬了各民族文化传统,反映了少数民族的新生活、新风貌,创作出了许多具有浓郁民族特色和地方特色的优秀作品,取得了巨大的成就。

在“十五”期间,宁夏回族自治区多项剧目参加全国性大型文化活动并获奖50多项,其中金奖10项,《梅家小院》等10部戏剧、剧目和演员获“文华奖”、

① 《甘肃省文化建设六十年发展历程》,来源:http://gsrb.gansudaily.com.cn/system/2009/09/21/011277486.shtml.

② 崔运武:《公共事业管理概论》,高等教育出版社,2002年版,第277页。

“群星奖”、“蒲公英奖”、“五个一工程奖”和“梅花奖”。新创优秀剧20多部，演出9000多场。从2006年开始，全区每两年开展一次“民间艺术之乡”、“特色艺术之乡”命名表彰活动。积极开发具有民族传统和地域特色的剪纸、绘画、泥塑、雕刻、编织等民间工艺项目，高跷、戏曲、秧歌、社火、歌舞、杂耍、舞狮舞龙等民间艺术和民俗表演项目，古迹游、生态游、农家乐等民俗旅游项目。实施特色文化品牌战略，积极培育文化名镇、名村、名园、名人、名品。确保每年推出2~3部反映当代农村生活、为农民喜闻乐见的文艺精品。积极鼓励区内专业文艺工作者和业余文艺爱好者创作、编写反映本区农民群众生产生活的优秀作品，免费提供基层艺术团体，为农民群众演出。自治区的各类报刊、电台、电视台对优秀农村题材文艺作品，在刊发、播出、宣传评介等方面要给予重点支持。在继续深入挖掘、整合、创新、提升的基础上，着力打造宁夏“九大主流文化”，即以回族优秀文化为主体的多元文化、红色经典文化、丝绸之路文化、以“两山一河”为代表的大漠黄河生态文化、古人类遗址和古生物化石遗址文化、边塞军旅文化、民风民俗文化、西夏遗存文化、以改革发展为主线的成果文化。到“十一五”末，打造5部舞台艺术精品，推出8部优秀影视剧，出版100部宁版畅销图书，唱响10首宁夏特色原创歌曲，保障和满足人民群众的基本文化需求。做好宁夏“花儿”的挖掘创新和推广普及工作，在整理、提升、创新的基础上，推出一批具有宁夏地方特色、反映时代精神的优秀“花儿”作品，叫响“宁夏——花儿的家乡”品牌。①

青海省在“十五”期间创作生产了一批具有浓郁地方民族特色的文化产品。京剧《天马歌》获第四届中国京剧节银奖；藏戏《纳桑贡玛的悲歌》获第十二届孔雀奖少数民族题材剧本奖银奖；民族歌舞《高天厚土》获第二届中国少数民族会演创作金奖、演出银奖、组织奖；秦腔《湟水情》获第二届秦腔艺术节剧目一等奖。《六月六》、《彩虹飞落的地方》、《姜国王子》等优秀剧目不断涌现。全省共出版汉、藏文图书992种、375万册，出版汉、藏文教材2628种、3806万册，《青海通史》、《西陲古地与羌藏文化》、《藏传佛教神明大全》、《西藏建筑的历史文化》等11种图书获中国图书奖和全国藏文优秀图书奖。全省出版发行报纸28种，期刊50，音像制品70种、25万余盒(盘)，取得了良好的社会效益和经济效益。②

“十五”期间，新疆维吾尔自治区各族文艺工作者创作、演出了一大批反映时代精神、为群众喜闻乐见的优秀文艺作品，年均演出达9000余场次，其中在农牧区演出场次占70%左右。优秀艺术作品及剧(节)目先后获得中宣部“五个一

① 《宁夏回族自治区党委人民政府关于推动文化大发展大繁荣的意见》，来源：http://code.fabao365.com/law_208155_3.html.

② 《青海省文化发展规划》，来源：http://www.lrn.cn/basicdata/elseplan/200712/t20071219_180202.htm.

工程奖"、文化部"文华奖",并获得国内外一批艺术群众文化、美术等大奖。大型民族歌舞《我们新疆好地方》等艺术精品受到中央领导和国内外观众的高度赞扬;民族歌舞《喀什噶尔》入选国家舞台艺术精品;大型民族歌舞《洒满阳光的新疆》演出获得巨大成功;大型音乐剧《冰山上的来客》、话剧《马市巷子的老院子》极大地提升了舞台艺术的水平。录制的民族语言(维语、哈语、蒙语、柯语)《革命歌曲大家唱》盒式磁带,赠送到全区的南北疆农牧民手中。新疆杂技团演员阿迪力·吾守尔在南岳衡山、北京平谷金海湖上连续两次创造吉尼斯纪录,阿不来提·麦军在2005年国庆期间创7项吉尼斯纪录。①

甘肃建成了文溯阁《四库全书》藏书馆、省博物馆新展览大楼等一批重点文化基础设施;推出了《大梦敦煌》、《敦煌韵》等一批舞台艺术精品工程和精品剧目;形成了兰州黄河风情文化周、天水伏羲文化旅游节、平凉崆峒文化旅游节、庆阳香包民俗文化节、武威天马国际文化旅游节、甘南香巴拉旅游节等一批特色文化品牌;同世界五大洲的许多国家和地区开展了文化交流和合作;23项非物质文化遗产列入国务院公布的首批非物质文化遗产保护名录;礼县大堡子山遗址考古发掘、张家川马家塬战国墓地考古发掘入选2006年度全国十大考古新发现;享誉海内外的《读者》杂志,成为中国期刊的著名品牌。概括地讲,地域性、多样性和特色性三个方面构筑了甘肃特色文化建设的骨干体系。目前,甘肃特色文化已成为经济社会发展新的增长点,成功推出了一批有影响的舞台艺术作品。《大梦敦煌》入选"国家舞台艺术精品工程"十大精品剧目,《官鹅情歌》荣获第十届中宣部"五个一工程"优秀节目奖,《大河情》获首届中国少数民族戏曲汇演金奖,获中宣部200万元支持并入选第十届中国戏剧节的京剧《丝路花雨》,还有《曹操与杨修》、《老柿子树》、《大河情》、《兰州好家》等优秀节目不断涌现。②

(三)公共文化服务体系不断完善

加强公共文化服务建设,摆脱公共文化的附属地位,让公共文化服务成为常态,是繁荣发展社会主义先进文化、构建社会主义和谐社会的必然要求,是实现好、维护好、发展好人民群众基本文化权益的主要途径。今天的公共文化服务面临的需求越来越复杂,越来越多样化。一方面,文化发展的多样化导致了需求的多样化;另一方面,服务对象的多样化也导致了需求的多样化。由于西北地区地域辽阔,民族众多,民族之间的差异大,对文化的需求也是多种多样的,文化服务

① 《新疆维吾尔自治区文化事业发展第十一个五年规划》,来源:http://www.drcnet.com.cn/DRCnet.common.web/DocViewSummary.aspx? docid_1461608&leafid = 14173.

② 《甘肃省将特色文化建设纳入经济社会发展总体规划》,来源:http://news.qq.com/a/20070524/001388.htm.

对象的多样性在西北地区表现得更为突出。因此,如何丰富西北地区的公共文化产品,繁荣各民族的公共文化活动,成为西北政府文化部门、公共文化服务者所必须解决的一个问题。自从改革开放以来,西北地区公共文化服务也在满足多样性需求的过程中探索和发展,并且取得了巨大的成就。

"十五"期间是青海省文化事业资金投入最多、改革力度最大、建设成效最为显著的时期,也是公共文化服务事业发展最好的时期。尤其是"流动文化服务"工程为完善农牧区公共文化服务事业探索出了一条新路,共为基层配发流动文化服务车 30 辆、流动电影放映车 34 辆。全省农牧区电影放映队发展到 230 个,年放映电影 6000 多场;译制藏语影片 156 部、影视作品 287 部(集);农牧区群众年人均看电影达 0.56 场,藏族群众年人均看藏语片 0.11 场。全省有业余剧团(演出队)278 个,演出场次达 39264 场,农牧区群众年人均看演出 4.45 场。截至 2005 年年底,全省州、县、乡图书馆(室)共藏书 3242324 册,农牧区群众人均占有公共图书 0.21 册。在"十一五"期间,青海省继续大力完善公共文化服务体系建设:第一,加大公益性文化事业投入。完善扶持农牧区文化建设政策,开展文化对口支援活动。加强城市社区文化设施建设,整合资源,提高使用效率,为社会提供更多更好的公共文化服务。第二,推进文化产业结构调整和优化升级。合理配置文化资源,提高文化产业规模化、集约化、专业化水平。第三,推进文化领域所有制结构调整。坚持以公有制为主体,鼓励非公有制资本以独资、合资、合作、联营、参股、特许经营等方式,进入文艺表演团体、演出场所、互联网上网服务营业场所、艺术教育与培训、文化艺术中介、旅游文化服务、文化娱乐业、艺术品经营、动漫和网络游戏、电影院、农村电影放映队以及音像制品分销等文化产业领域,逐步形成以公有制为主体、多种所有制共同发展的文化产业格局。第四,培育现代文化市场体系。加强文化产品和要素市场建设,建立健全中介机构和行业组织,完善现代流通体制,加强文化市场监督和管理。营造扶持健康文化、改造落后文化、抵制腐朽文化的社会环境。第五,健全文化法律法规。加强文化立法,加快制定促进文化事业和文化产业发展、加强文化市场监管、完善公共文化服务体系方面的法律法规,制定和完善扶持公益性文化事业、发展文化产业、激励文化创新等方面的政策。第六,加强人才队伍建设,为文化发展提供人才支撑。①

新疆维吾尔自治区在"十五"期间,公共文化服务事业迅猛发展并且取得显著成就。第一,文化服务事业繁荣发展。在全区实施"知识工程"等重点文化工

① 《青海省文化发展规划》,来源:http://www.lrn.cn/basicdata/elseplan/200712/t20071219_180202.htm.

程;"百日文化广场竞赛"受到广大群众的欢迎;电影发行放映工作进展顺利,向全区发行故事片 587 部,放映 31 万场,观众达 1500 多万人次。第二,文化市场管理得到加强。全区共有各类文化经营单位 10182 家,固定从业人员 24025 人;大力促进和活跃演出市场,共接待外省区艺术表演团体 124 个,涉外艺术表演团体 70 个。第三,对外文化交流工作成绩突出。全区对外及港澳台地区文化交流项目达 412 项,4180 人次。第四,文化产业整体实力和竞争力有所增强。非公有制文化单位比重上升,多种所有制共同发展的文化产业格局初见端倪。第五,文化遗产保护和研究工作取得新的进展。"中国新疆维吾尔木卡姆艺术"申报联合国教科文组织人类口头和非物质文化遗产代表作项目成功;国家重点科研项目"十大文艺集成志书"中的新疆卷,已有六部编辑出版。第六,文物博物事业有了较大的发展。全区有文物保护管理机构 75 个,文物科研机构 2 个,博物馆 23 个,已查明全区文物点 4000 余处,各级文物保护单位 2000 余处(其中全国重点文物保护单位 58 处,自治区级 263 处,县级 2400 余处);相应制定了《克孜尔千佛洞历史文化遗址保护管理办法》和《吐鲁番交河故城历史文化遗址保护管理办法》等地方文物保护法规两部。①

西北地区适应人民群众多方面、多层次、多样化的文化需求,按照中央结构合理、发展平衡、网络健全、运行有效、惠及全民的要求,拓宽了服务领域,创新了服务方式,提高了服务质量,切实保障了人民群众看电视、听广播、读书看报、进行公共文化鉴赏、参加大众文化活动等基本文化权益。

二、西北地区文化建设中存在的问题

西北地区文化建设在取得长足发展的同时,也存在着许多不容忽视的问题。

(一)文化产业化程度较低

发展文化产业是市场经济条件下繁荣社会主义文化、满足人民群众精神文化需求的重要途径,是将文化资源优势转化为产业优势、培育新的经济增长点的现实需要。改革开放以来,特别是西部大开发以来,随着社会经济的发展、文化体制改革的逐步深化和相关政策、措施的逐步实施,西北文化产业日益呈现多元化发展态势,产业发展的内外部环境得到明显改善,也取得了巨大的成就,文化产业已成为全面建设小康社会、构建和谐西北不可缺少的重要推动力,在西北地区,文化产业的重要性已渐渐得到了各级政府的认同,文化产业也已进入地方经济的视野;但与此同时,各级政府与之配套的推动、扶持文化产业走向市场的相

① 《新疆维吾尔自治区文化事业发展第十一个五年规划》,来源:http://www.drcnet.com.cn/DRCnet.common.web/DocViewSummary.aspx? docid=1461608&leafid=14173.

关政策措施还没有完善起来，从文化产业和文化市场本身的运作看，这种认识、倡导在很大程度上还缺乏实质性的内容及可操作性的东西，只是停留在提出概念阶段，这就使得文化市场难以形成规模、形成体系，在文化资源的开发上，还存在着“散”和“粗”的问题。究其原因，主要包括：

1. 观念陈旧，缺乏定位

在市场经济条件下，文化生产力已成为社会进步和经济发展的重要力量，文化的社会效应和经济效应日益突出。但西北地区对于文化发展的把握与运作，无论是思想观念还是行为方式仍停留在计划经济的体制上。突出表现在经济社会发展的总体布局和具体运作中，没有认识到文化是综合国力的重要组成部分，更没有看到文化的产业属性，缺乏文化市场意识，缺乏大文化观念，对发展区域特色文化、打造文化品牌缺乏宏观规划、系统研究和合理开发利用。例如，如何将宁夏回族的“花儿”、器乐、服饰、武术等这些有特色的回族文化推向市场，通过文化产业的发展方式保护、宣传回族文化，是摆在宁夏各级党委和政府面前的重要问题；但是，宁夏有关部门至今也没有制定回族文化发展规划，更不必说发展回族文化产业了。①

2. 投入不足，规划缺位

国内外经验证明，文化产业要有大发展，必须走企业化的发展道路，要与高科技相结合，这就需要有大量资金的投入。政府行为和政策法规状况，是构成文化产业外部环境极为重要的部分，政府的投融资政策直接影响到文化产业的发展。“有投入才有产出”，这对尚处在发展初级阶段，尤其需要资本血液的文化产业来说，无疑有着更为特殊的意义。甘肃省在“十五”前，政府投入文化方面的建设资金十分有限，各类文化经营小打小闹，短期行为较为普遍，严重制约着文化产业的迅速发展。全省没有国家一级剧院、综合性博物馆、美术馆、音乐厅，图书馆、群艺馆尚未达到国家标准。② 民族地区平均财政自给率仅为38%，财政支出大部分依赖中央财政转移支付。2006 年地方本级支出对中央净补助依赖程度较高的省份分别是西藏（91.6%）、青海（78.8%）、宁夏（67.4%）、新疆（62.8%）。③ 社会经济发展滞后，财政能力薄弱，无疑使民族地区公共文化服务发展面临极大的困难和挑战。

3. 文化产业人才稀缺

文化产业是将文化资源转化为现实生产力的一种新型产业，因此，文化的竞

① 周泽超、李秀霞：《促进宁夏文化产业发展对策探讨》，《中共银川市委党校学报》，2006 年第 3 期。

② 袁凤香、许尔君：《对加快甘肃文化产业发展的思考》，《甘肃社会科学》，2008 年第 5 期。

③ 罗明华：《构建民族地区公共文化服务财政保障机制》，《云南社会科学》，2008 年第 6 期。

争是人才的竞争，文化繁荣的关键是人才的不断涌现及其积极性的不断提高。文化产业的经济效益是通过开发利用各种文化资源创造的文化附加值来体现的，它的发展需要大批既懂文化又有经营头脑的管理人才的参与。文化产业领域的人才不仅需要具备较高的文化艺术素养，更重要的是具有文化创新和文化管理的能力，熟悉市场运作规则和企业化操作，了解文化市场的特性。要造就这样一支队伍，需要一群文化人的自觉转型，需要文化人与企业家的联姻和嫁接。就目前来说，西北在这方面的人才数量非常稀少，尤其是能够从事文化产品开发和文化产业运作的人很少。文化人才队伍建设上体现出的是从事文化艺术工作的人往往缺乏企业战略眼光和规划能力，缺乏将文化资源转化为经济优势的意识，缺乏财务、营销和管理方面的技巧，缺乏规模化集团和大型企业的经营管理经验。基层文化人员年龄偏低问题、“在编不在岗”问题、政治待遇问题等没有得到很好解决，人才进入渠道狭窄，人才培育培训工作未能形成体系、形成制度，这一系列问题都制约着文化产业的更大发展。

(二)社会多元文化特别是宗教文化的负面效应

西北地区自古以来就是一个多民族生息、繁衍、交汇和融合的重要场所，是多种文化相互交流、融汇的重要区域，也是我国多民族文化、宗教文化的荟萃之地。各民族由于生存的自然环境、经济生产方式和经济形态以及社会政治生活结构的不同，形成了各自不同的传统文化。具体表现为：从生产方式上看，西北地区社会文化可大体分为农耕文化、畜牧文化和现代文化；从民族成分上看，可分为藏族文化、回族文化、维吾尔族文化、蒙古族文化等等；从宗教信仰上看，可大体分为藏传佛教文化和伊斯兰教文化。当然，中华民族的发展不仅仅是某一种民族文化的空间拓展或机械移植，应当是各民族的共同进步，其过程必然是多元文化的相互融通、相互推进，其实质是各民族间文化的调适和经济转型。历史也证明，只顾“一体”而忽视“多元”，就难以实现西北民族地区真正的繁荣发展。但“社会秩序的最大破坏者是价值标准的多元化，当社会由于标准多样而失去标准时，社会的秩序也就不复存在了”①，过分强调各民族自己独特的文化传统，形成较强的民族文化本位主义，这也在某种程度上不利于各民族成员的相互认同，不利于凝聚人心，也形不成构建和谐社会的合力。

西北地区是受伊斯兰教、藏传佛教影响十分广泛的地区。信奉藏传佛教和伊斯兰教的民族几乎是全民信教。在西北地区，宗教不仅是一种普遍存在的社会历史现象，而且经过长时期的发展，许多宗教已经世俗化，与民族的传统习俗和生活规范融合在一起，有的还与民族教育相结合，成为民族文化或政治文化的

① 兰久富：《社会转型时期的价值观念》，北京师范大学出版社，1995 年版，第 124 页。

一个组成部分,影响着社会生活的方方面面。西北地区受宗教文化的影响呈现出如下特点:首先,宗教文化规范着信教民族的行为。如各种宗教中都有宗教与生产、宗教与交换、宗教与分配、宗教与消费、宗教与人口、宗教与生态等方面的行为规范,而宗教的这种行为规范对各民族地区经济社会的发展产生着重大影响。其次,宗教类型齐全,内部教派较多,民族矛盾和宗教矛盾时有发生。再次,寺院殿堂林立,宗教文化气氛浓厚,青少年的现代文化教育受到冲击。最后,信教群众人数众多,宗教思想左右着信教群众的行为,信教群众的理性行为受到严峻考验。① 一般说来,宗教特有的精神信仰和道德伦理等是人类社会重要的道德基础,维持社会稳定也是它的主要社会功能之一;但宗教的神灵崇拜、信仰至上等教义和信条,以及宗教信仰所具有的排他性,必然会对西北少数民族地区的社会生产和生活带来负面影响。

(三)传统历史文化亟待开发

西北各民族文化内容极其深厚而且广泛,涉及方方面面,十分浩繁。西北民族地区的文化繁荣发展必须具有自己的地方特色和民族特色。对民族传统历史文化的继承与发展,是西北地区文化繁荣发展中不可或缺的重要一环。在社会不断发展的过程中,西北地区各民族都创造了自己各具特色的民族传统历史文化,大大丰富了中华民族的文化宝库,在中华文明史上具有重要地位。各民族在悠久的历史发展过程中,形成了各具特色的生活方式、宗教信仰、礼仪习俗、节日庆典、绘画艺术、建筑风格、医药艺术、文化典籍等,这一切构成了各个民族不同的灿烂的文化格局和文化特征,成为我国西北地区一枝枝争奇斗艳的奇葩。

但是西北地区丰富的历史文化并没有得到充分的开发和利用,究其原因:一是没有真正解放思想,小农意识和农耕文化中“守”的观念很深,只知坐等客商上门,不知外出闯荡市场;二是组织形式松散,缺乏龙头企业或带头人,有自由发展、自生自灭的趋向;三是当前民间文化产品大多采用传统的家庭作坊式生产方式,无法形成产品的规模效应;四是在政府引导和学术研究上,理论与实践严重脱节,很少有人研究如何指导民间文化应用及市场开发;五是对外宣传不足,主管民间艺术的一些指导单位这些年虽说也做了大量的工作,但由于经费、人力等条件的制约,宣传力度还远远不够。再加上民族文化的发展受到外来文化和大众文化的冲击,使得西北地区在文化发展过程中对自己传统历史文化的挖掘和开发不充分,多数民俗民间艺术仍处于自然存在的状态,成为时代和市场宠儿的还为数不多。西北拥有丰富的传统历史文化资源,但大多数民间艺人却守着独特的艺术过着并不富裕的生活。

---

① 才让加:《西北民族地区构建社会主义和谐社会的特殊性》,《西北民族大学报》,2008 年第 2 期。

三、西北地区文化建设的任务

文化是人类创造出来的，但一经生产或再生产出来，就对人类社会发挥着影响，其力量逐渐超过了大自然，而且越来越强大。就个人而言，文化起着塑造个人人格、实现社会化的功能；就群体而言，文化起着整合目标、规范、意见和行为的作用；就社会而言，文化起着整合和导向的作用。[①] 在西北地区，由于历史与现实的主体形态的多样化和多层次性，不同主体在生存环境、生活方式、意识形态和文化传统等方面的差别和对立，以及其现实利益、需要和能力的区别，不同主体之间必然产生个性化、多样性的文化价值观，呈现出文化上的多元格局。这种格局使得西北的文化建设彰显出特别重大的意义。要努力建设有中国特色社会主义的先进文化，继承和发扬各民族的优秀文化传统，努力提高各民族的思想道德素质和教育科学文化水平，为西北地区和谐社会的建设凝聚人心、统一意志，同时也为西北的发展提供精神动力和思想保证。

（一）繁荣民族文化

民族文化是祖国文化百花园中一朵艳丽的奇葩。各民族在长期的生产实践、社会实践、审美实践中创造了个性鲜明、特点不同、精彩纷呈的民族文化，体现着各民族的人文精神、价值观念、民风民俗、话语体系和文化心理结构。各民族文化在漫长的历史岁月中不断被创造、传承和发展，不但具有了丰富的内容、独特的形式，而且也形成了和而不同的多元格局，与源远流长的汉文化融为一体。西北地区的民族文化反映着每个民族本身的根本价值观念与价值取向，是民族精神情感的载体、民族特征的直接表现和民族凝聚力之所在。在经济快速发展的今天，文化对经济发展的推动作用越来越大，民族文化的健康发展对促进民族地区繁荣和发展的作用也愈显重要。

首先，民族文化的繁荣发展为西北社会的发展提供素质支持。一个社会是否和谐，一个国家能否实现长治久安，很大程度上取决于全体社会成员的思想道德素质和科学文化素质的高低。以道德信念为核心的道德人格对人的道德实践起着最稳固、最深层、最重要的作用。只有通过理性的自我选择，外部命令才能转化为内部责任，个人行为选择及人们之间的利益关系才能得到一种经常性的有效调控。发展教育科学文化事业，培养全面发展的中国特色社会主义建设者和接班人，可以为社会稳定奠定坚实的人才基础。在全社会普及科学知识，弘扬科学精神，形成崇尚科学、鼓励创新、反对迷信和伪科学的良好氛围，在一定程度

① 刘玉照，等：《社会转型与结构变迁》，上海人民出版社，2007 年版，第 112 页。

上也能有效地减少社会不安定因素。①

其次,民族文化的繁荣发展为西北社会的发展提供原动力。社会发展需要一定的精神动力。在文化繁荣的过程中,人的心理、思维、道德和信仰、理想等因素将整合成强大的精神动力,形成对社会和谐发展的支持力量。西北各民族的风俗习惯、宗教信仰、语言文字以及社会结构等是在长期的历史进程和特殊的地理环境下经过多种文化的相互碰撞、汇合后逐渐形成的,具有独特的、无以取代的文化形态与文化特征。虽然文化的存在和发展是以政治、经济的发展为前提的,但是文化的发展在很大程度上能够更好地促进政治、经济的发展。少数民族地区的经济发展起点低,社会发育程度相对较落后,但是千百年来形成的民族文化却深入人心,并且指导着人们的经济社会行为。以藏传佛教文化与社会的关系来说,藏传佛教已成为藏族、蒙古族、裕固族、土族等少数民族绝大多数人的基本信仰。在长期的生产和生活过程中,藏传佛教文化已渗透到信教群众生活的方方面面,包括文学艺术、政治经济等一切领域。所以,要建设西北就必须发展和繁荣西北的文化,只有在文化繁荣发展的基础上才能表现出对发展战略、发展方向、发展道路的认同,进而在实践中能动地推动和谐社会建设的进程。具体来看,社会心理决定人们是否真心实意从事某项事业,进而影响社会发展的成败;人们的思维方式从多方面影响着发展策略的选择及发展方向的定位;信仰、理想是人生奋斗的精神力量源泉,反映出对历史发展规律的深刻认识,决定着社会发展能否一代接一代地传承相继。

(二)构建和谐文化

和谐文化作为一种全新的文化形态和文化范式,是实现民族团结、提高民族凝聚力的精神纽带和思想保证。它以和谐为思想内涵,以文化为表现方式,融思想观念、理想信念、社会风尚、行为规范、价值取向于一体,包含着对和谐社会的总体认识和评价,是社会发展和文化建设的有机结合。② 在当今西北多元文化并存的格局下,各种文化之间难免有相互抵触和碰撞的地方,因此,西北地区的文化建设一方面要弘扬各民族优秀的历史文化,另一方面也要坚守中华民族文化一元主体地位,在主导文化带动下,促进各种文化和谐相处、共同繁荣发展。只有以这种和谐理念来引领西北地区文化建设,才能促进各种文化的和谐发展。

倡导西北地区和谐文化建设理念,首先必须要有和谐的态度:一是要有尊重和善待各民族文化的态度。民族文化是各民族人民赖以生存的精神家园,各级

---

① 中央党校邓小平理论和“三个代表”重要思想研究中心:《社会主义和谐社会建设的四维路径》,《光明日报》,2006 年 6 月 20 日。

② 秦刚:《构建和谐社会必须着力建设和谐文化》,《光明日报》,2005 年 10 月 18 日。

政府不应以管理者的身份对少数民族发号施令,应学会尊重和善待各民族的文化选择,自觉充当维护各民族文化和谐的调节者。二是要有保护和借鉴、吸取他民族文化精华的态度。纵观许多古民族文化的兴衰,不难发现,有些民族文化之所以从强盛走向衰落,是因为他们在发展过程中很少或根本没有学习的理性态度,从而导致文化系统的全面落后,最终酿成衰败。三是要有保护和拯救民族文化的态度。保护和拯救民族文化是民族地区的人们义不容辞的责任,因为一些民族文化正走向式微的现象在民族地区比较普遍。其次,建设和谐文化要用和谐的方法:在领导文化建设方面,要用和谐的领导方法,坚持统揽全局,协调各方的需要和利益,不能简单粗暴地对待各民族文化;在文化建设的决策上,要用和谐的决策方法,坚持民主集中制原则,充分发扬民主,让各种不同民族文化充分展示各自的优势,真正让那些符合各民族群众意愿的优势文化占领西北地区的主流文化市场;在区域文化建设上,要用和谐的发展方法,坚持统筹城乡发展,既要注意民族地区城市的文化建设,也要重视民族地区农村的文化建设;在文化建设的指向上,要用和谐的群众工作方法,坚持以人为本,牢固树立群众观点。

当前我国文化建设正处于一个重要发展机遇期,西北地区文化也面临巨大的发展空间。在西北民族地区的和谐文化建设中,必须坚持从实际出发,尊重各民族文化自身的发展规律,坚持指导思想一元化与文化多元化的和谐发展,旗帜鲜明地弘扬时代的主旋律,用和谐的态度和和谐的方法,努力创作与传播多样化的文艺作品,创造多样化的文艺形式,满足不同民族、不同阶层、不同群体对文艺多样化、个性化的需求,通过长期坚持不懈的努力,在全社会培育和谐文化精神,倡导和谐文化理念,营造和谐文化氛围,使西北地区的多元文化也成为和谐文化,真正发展西北地区的文化优势,为西北地区改革、发展与稳定作出应有贡献,让文化成为实现西北地区有效治理的"软权力"。

(三)培植中华民族共同文化

西北地区各个民族创造了异彩纷呈的民族文化;在保持各民族独特文化的基础上促进中华民族共同文化的发展,也是一项重要的文化建设任务。西北地区各民族尽管有自己本民族的历史文化,但都是中华民族文化的一部分,各民族固有的民族文化不能代替中华民族文化。相反,从文化发展的长远角度来看,培植中华民族共同文化,让各民族文化在中华民族共同文化的大前提下繁荣发展,而不是以各民族文化取代祖国统一文化,才是西北地区文化和中华民族文化发展的正确道路。

首先,要倡导爱国主义精神,增强各民族的中华民族意识。这种爱国主义精神体现在以下三方面:一是向心力。各民族都心向中华民族大家庭,都认同中华民族的历史是各民族共同缔造的历史,都认同中华民族文化是各个民族共同创造的多元一体的文化，都认同自己是中华民族大家庭的一个成员，都认同中华民族的共同利益同自己民族的利益紧密相连、休戚相关，越来越自觉地把中华民族的共同利益置于本民族的利益之上，不断地为实现、发展和捍卫中华民族的共同利益而奋斗。二是内聚力。各民族把中华民族的团结统一同自己民族的命运紧密地联系在一起，把维护中华民族的团结统一作为自己最神圣的职责，把其他民族都视为自己的亲兄弟。一旦出现危及中华民族团结统一的分裂事件时，总是能挺身而出，抵御入侵，平定动乱。这种内聚力给一切图谋肢解中华民族的敌对势力确立了不可逾越的屏障。三是奋进力。各民族对中华民族的悠久历史、灿烂文化、壮丽山河以及优良传统，具有强烈的民族自尊心和民族自豪感。他们不仅为祖国的繁荣昌盛而自强不息、顽强拼搏、奋发进取，而且为了祖国和人类的进步事业，为了祖国的主权和领土完整，不惜牺牲自己的一切，直至献出最宝贵的生命。①

其次，要用社会主义核心价值体系引领多元文化的发展。一个国家、一个民族在长期的实践过程中，必然会形成自己的核心价值体系，这是社会系统得以运转、社会秩序得以维持的基本精神寄托。社会主义核心价值体系也是社会主义制度的内在精神之魂，是全党全国各族人民团结奋斗的共同思想基础，在所有社会主义价值目标中处于统摄和支配的地位，其基本内容包括马克思主义指导思想、中国特色社会主义共同理想、以爱国主义为核心的民族精神和以改革创新为核心的时代精神、社会主义荣辱观。要紧密结合西北民族地区干部群众的思想实际，扎实开展社会主义核心价值体系宣传教育，坚持以社会主义核心价值引领社会思潮。只有用社会主义核心价值体系来引领多元文化的发展，才能在尊重差异中扩大社会认同，在包容多样中增进思想共识，形成全民族奋发向上的精神力量和团结和睦的精神纽带，打牢西北各民族团结奋斗的基础。

最后，要同各种分裂主义的思想文化作斗争。2008 年的西藏“3·14 事件”和 2009 年的新疆“7·5 事件”说明，在西北民族地区，具有民族分裂主义性质的思想文化在一部分民族分裂分子中还是根深蒂固，在广大民族地区的民众当中也有一定的市场。这说明我们思想文化战线的相关工作有所削弱，思想文化领域还没有充分清除分裂主义思想文化。因此，占领思想文化阵地，坚持不懈地清除各种分裂主义思想文化对国家主流文化和中华民族统一文化的侵蚀，不断同各种分裂主义思想文化作斗争，是我国西北地区文化建设中的一项战略任务。

---

① 杨发仁：《西部大开发与民族问题》，人民出版社，2005 年版，第 230 – 231 页。

四、繁荣西北地区文化的举措

繁荣西北地区文化,是一项长期的战略任务。西北地区党政部门特别是思想文化战线要紧密结合西北地区文化的现实,除了要按照中央的统一部署和要求,扎实开展社会主义核心价值体系宣传教育,以社会主义核心价值体系引领先进文化建设外,还要把发掘、保护与弘扬历史文化、民族优秀文化以及发展文化产业作为具体抓手。

(一)历史文化的发掘、保护与弘扬

历史文化的发掘、保护与弘扬,在社会主义物质文明、政治文明、精神文明和构建社会主义和谐社会等方面日益产生着广泛的影响,正在成为现代文明建设的重要资源。从本质上来说,这种研究、继承和弘扬本身就是一种建设、一种创新。研究和继承优秀的历史文化,是面向时代的一种创造,是在创造中继承,在推陈中出新,使优秀的历史文化与时代精神融为一体。

西北地区各民族对于开发西北、建设西北、保卫西北,曾经作出过巨大的贡献,同时也创造了灿烂的历史文化。①

第一,西北地区文化是中华民族文化的一个重要源头。羲皇庙位于甘肃省天水市,轩辕黄帝陵(黄陵)位于陕西省黄陵县,炎帝陵位于陕西省宝鸡市。伏羲、黄帝、炎帝原来都是石器时代(原始社会)神话传说中的人物,后来演变成了历史人物。他们被认为是"人文初祖",是"三皇五帝"传说中的代表人物,从现代历史学的观点来看,他们都具有肇造中华民族政治、经济、文化的伟大功绩。华夏族(后来的汉族)和为数众多的少数民族,如匈奴、羌、氐、吴、楚、越(包括两越)、瑶等民族,都把黄帝、炎帝看做是自己的祖先,都认为承袭了黄帝、炎帝所流传下来的中华民族的文化传统。这个历史遗产使中华民族在精神上产生了巨大的凝聚力,是中国大一统思想赖以形成和发展的精神支柱。

第二,西北地区是古代丝绸之路的主道所经过的地区。古代由长安或洛阳出发,经过甘肃、新疆通往西域各国的丝绸之路,对于东方文化与西方文化的交流,对于东方各国与西方各国经济文化的发展,都曾经起到过巨大的推动作用。从新疆轮台县的克孜尔、库车县的洪木吐拉、吐鲁番县的木头沟、鄯善县的吐峪沟,到甘肃境内敦煌县的莫高窟、永靖县的炳灵寺、天水市的麦积山,有为数众多的东西文化交流和荟萃的地方。

第三,长城文化资源。就甘肃来说,甘肃是万里长城所经的重要路段和保存遗迹最多、形态结构最复杂、最能代表"长城文化"的地区。秦、汉、明三代长城

① 谷苞:《关于西北历史文化的特点》,《兰州大学学报》,2003年第3期。

至今仍绵延于陇原东西,总长度超过3000千米。敦煌的玉门关是我国汉长城中现存最完好、气势最雄伟的部分。明长城的西端嘉峪关,为万里长城全线中保存最完整、规模最宏大的关城,享有"天下第一雄关"、"边陲锁钥,长城主宰"的美誉。山丹境内汉、明长城相伴并存,古垒烽堠、驿站古道连绵不断,被誉为"中国长城露天博物馆"。以"两关"为代表的长城文化对国内外游客有着极大的吸引力。

第四,宗教文化资源。宗教文化在西北地区的文化资源中占有重要地位。历史上,伴随着商业活动,西方各国的宗教文化也传入了我国,如印度的佛教,波斯的袄教、摩尼教,欧洲的景教(基督教的聂斯脱利教派),阿拉伯的伊斯兰教。与这些宗教同时传入的,有印度、波斯、阿拉伯以及希腊、罗马等国的文化。这些宗教和有关文化的传入,对我国的哲学、天文、医药、音乐、文学等都产生了相当大的影响。古代丝绸之路上的文化交流,有国内各民族之间的交流,也有与外国的交流,但都是以西北地区的少数民族为中介的。至今西北地区仍是我国宗教文化资源十分发达的地区。

在西北地区文化建设中,要努力发掘、保护和弘扬上述历史文化资源,并使这些历史文化资源与时代精神相结合,不断提高各民族的思想道德素质和科学文化素质,为构建和谐西北提供思想保证、精神动力和智力支持。

(二)民族传统文化的发掘、保护与弘扬

文化最大的特点是积累性,任何一种文化均具有历史传承性,其发展与创造都是在前人的基础上进行的,要是否定传统、割断历史,民族就会成为无根的浮萍,民族的精神家园也无从安置,所以以现代生产、经营方式运作的文化产业也割不断与传统文化的联系。在文化产业的发展过程中,传统文化资源也是重要的、无可替代的资本。传统文化是文化积累中最丰厚的部分,主要表现为传统文化的物化部分(如文物古迹、传统服饰、建筑等)和精神部分(如神话史诗、传统生产生活方式、歌舞艺术等)。①

西北地区各民族在历史长河中创造了丰富多样的民族传统文化。如史诗类有柯尔克孜族的《玛纳斯》,蒙古族的《江格尔》、《青海湖畔的传说》、《汗庆格尔》,藏族的《格萨尔》、《阿克顿巴的故事》,撒拉族的《骆驼泉的传说》,土族的《拉仁布与吉门索》、《黑马张三哥》、《蟒古斯》、《花牛犊》以及回族的《阿丹与海娃》、《回回的来历》、《马来迟的传说》等;演唱类有新疆维吾尔族的"十二木卡姆"演唱、哈萨克族的"阿肯弹唱"、柯尔克孜族的"玛纳斯"演唱(以演唱史诗《玛纳斯》为职业的民间艺人称"玛纳斯奇",在柯尔克孜族人中享有崇高的威

① 李晓霞:《民族传统文化与新疆文化产业的发展》,《新疆社会科学》,2003年第3期。

望)、蒙古族的“江格尔”演唱等;杂技类有“达瓦孜”表演;民族体育类有赛马、马上竞技、摔跤、叼羊等等。民族歌舞是西北传统文化中最富表演与展示性的形式。各民族的传统歌舞艺术多姿多彩,仅以舞姿来看,维吾尔族轻盈舒展,藏族粗犷剽悍,柯尔克孜族活泼,塔吉克族刚健,乌孜别克族优美轻快,塔塔尔族开朗奔放、风趣幽默,与各自的传统音乐、舞蹈语言以及民族服饰等共同构成风格各异、内容独特的艺术表演形式。

民族文化本身是一种巨大的财富,它不但能够为大众(流行)文化提供丰富的营养,而且是民族地区最具竞争力的发展空间和发展领域之一。文化优势可以转化为地缘优势、经济优势,并且是一种可持续发展的优势。随着西北经济的发展,必须展开对文化的发掘和开发。以丰富的少数民族传统文化为重要资本的文化产业的发展,不仅可以带动相关行业的发展,由此推动整个西北地区经济的发展,还可以在一定程度上解决西北少数民族文化的保存与发展问题。

当然,各民族的传统文化毕竟是特定历史时代的产物,我们今天发掘、保护与弘扬这些民族传统文化,也要取其精华,去其糟粕,使之与当代社会相适应,与现代文明相协调,保持民族性,体现时代性,使民族传统文化能够为西北地区经济社会发展服务,为繁荣西北各民族人民的精神生活服务,为繁荣中华文化服务。

(三)大力发展文化产业

党的十七大提出“大力发展文化产业,实施重大文化产业项目带动战略,加快文化产业基地和区域性特色文化产业群建设,培育文化产业骨干企业和战略投资者,繁荣文化市场,增强国际竞争力”。随着我国经济和社会发展进入新时期,发展文化产业必将成为中国应对世界性新技术革命浪潮、推动产业结构升级、转变经济增长方式、实现跨越式发展的重要战略选择。

西北地区历史文化、民族文化底蕴深厚,内涵丰富,地域特色浓郁,自然与人文融为一体,形态多姿多彩,独具魅力,开发潜力巨大。如何使西北宝贵的历史文化、民族文化资源在深入的开发和挖掘中形成品牌、形成规模、形成产业,走出西北、走向全国、走向世界,已成为实施西部大开发战略的重要组成部分。当前和今后一个时期,需要做好以下几个方面的工作:①

一要转变观念。由于诸多原因,西北民族地区对文化在地区经济和社会发展中的重要性认识不足,树立文化经济的新理念,把文化作为产业来发展的意识还比较淡薄。推进西北民族文化产业必须冲破妨碍发展的思想观念,从传统的观念中解放出来,创新思路,着眼于市场需求,把民族文化的继承和发展纳入全

① 曲青山:《挖掘西北民族文化资源》,《光明日报》,2004年9月14日。

国、全世界的格局中去思考；把珍贵的文化资源的开发与地区经济发展和社会进步结合起来，在继承中创新，使丰富的文化产品转化为文化商品；把西北民族文化的价值观、审美观传播出去，展示其强大的生命力。

二要创新机制。建立富有活力的民族文化生产经营机制，是发展民族文化的重要手段。必须在文化建设中引入产业机制，实现文化的自我积累和长期稳定发展；要注重抓好总体规划，按照不同文化类别制订具有科学性、系统性、可操作性的地区间合作规划，从不同的类型着眼，打破省际界限，根据各民族的特点，以“大文化圈”为前提，按照产业的要求，实现社会效益和经济效益的最大化；要建立多元化的文化产业投入机制，理顺政府与产业的关系，健全文化市场体系，完善文化市场管理机制；要鼓励、支持各类文化团体和个人拓展文化市场；要创新用人机制，建立和完善人才激励机制；要结合文化体制改革，加快文化结构调整步伐，建立科学的现代企业制度，建立科学、合理、灵活、高效的管理机制和文化产品生产经营机制；要有紧迫感和前瞻性，力求在机制创新上有新思维、新办法、新措施。

三要规划项目。深入挖掘西北文化资源，变资源优势为产业优势，就必须选准项目，确定项目，加快项目建设。要认真研究和分析西北民族文化的特点、价值、优势及发展前景，以创新的精神搞好项目规划，找准发展民族文化的切入点，对文化资源进行整合、配置，坚持有所为有所不为，避免重复和雷同，集中精力开发优势项目，创造区域特色和民族特色。

四要打造品牌。要经过挖掘和加工，显示出文化的品位和价值。只有把文化资源打造成品牌，将民族文化推向市场，民族文化产业才能形成和发展。因此，必须以市场需求为导向，重视民族文化的“打造”和“加工”，不断创新品牌，不断提高文化品牌在国内外的竞争力，争取最佳的社会效益和经济效益。

五要加大投入。实现民族文化产业的快速发展，在资金投入上需要发挥政府和社会资本（包括个体、民营资本及外资）两个积极性。西北地区必须改革投入模式，拓宽融资渠道，提高资本运营水平，探索建立促进民族文化产业发展的有效投资体制。既要从完全依靠政府投入的观念中解放出来，又要结合西北地区经济及文化产业发展的现状，加大政府的投入和扶持力度，同时应将政府的投入重点放在对民族文化产业前期发展的扶持上来，提供并创造必要的发展条件和环境。对社会资本的利用要坚持用市场经济的办法运作，建立多元化的投资机制，广泛地吸纳社会资本，鼓励有实力的企业、团体、个人依法投资文化产业。

六要优化环境。优化环境是西北民族文化产业发展的前提。这种环境的优化既有硬环境的要求，也有软环境的要求。要注重转变政府职能，将政府办文化向政府管文化（服务）的方向转移，不断强化服务手段，改进服务质量，提高办事效率;要致力于依法管理文化,创造良好的法制和政策环境,加强宏观调控,建立健全地方性文化法规及政策;要努力营造良好的舆论环境,打破传统观念,真正把文化作为产业来认识和发展;要创造优良的社会环境,在促进民族团结进步中保持稳定、和谐、团结奋进的良好氛围;要建立有利于文化消费的市场环境,整顿和规范市场秩序,完善文化市场运行机制及管理体制。

第八章 民族团结

谋求平等、互助、团结、和谐和民族关系，是新中国成立以来党和国家的一贯努力。进入新世纪以来，随着西北民族问题的新发展、新变化，维护民族团结、实现民族平等有了更加重要的意义和新的内涵。真正落实"三个离不开"思想，让"民族团结是福，民族分裂是祸"的思想观念扎根于西北各族人民群众的心灵深处，让各族人民像维护自己的眼睛一样维护西北地区的民族团结，坚决反对任何形式的民族分裂，化解各民族中存在的种种矛盾和问题，实现西北地区各民族团结，是西北地区治理的重要目标。

一、民族团结的目标要求与任务

民族团结，就是各民族之间平等相待，互相尊重，和睦相处，互助合作，共同致力于发展经济和各项社会事业，维护祖国统一，促进社会稳定。

民族团结观是马克思主义民族理论的一个重要组成部分，由马克思、恩格斯共同创立，并得到了列宁、斯大林的进一步发展。在中国革命和建设过程中，以毛泽东、邓小平、江泽民、胡锦涛为代表的党的中央领导集体，结合不同时期的中国具体国情，不断丰富和发展了马克思主义民族团结观，使其成为中国民族团结实践的理论基础。时至今日，这一理论对于我国正确处理民族关系，反对民族分裂，维护祖国统一，加快少数民族地区乃至全国现代化建设的步伐，构建和谐民族关系，仍具有十分重大的理论意义和现实意义。

民族团结是一种精神、一种思想整合力量、一种追求，它对凝聚人心、整合社会起着重要作用。我国是一个统一的多民族国家。民族团结关系到中华民族的生死存亡，关系到国家的安危和各族人民的根本利益。没有民族团结，就没有社会的稳定；没有民族团结，就没有经济的发展；没有民族团结，构建社会主义和谐社会就无从谈起。加强民族团结是顺应历史发展趋势的国策，是符合全国广大人民群众情感和意愿的大举。西北地区要根据国家的总体要求和区域内民族关系的现实状况，从维护西北地区社会稳定，促进经济发展、社会和谐、文化繁荣和建设生态文明的高度,将维护民族团结作为各级党政部门的战略任务和治理追求,以马克思主义民族团结理论和党的民族政策为指导,制定科学合理的目标要求与任务。

(一)平等相待

民族平等是马克思主义民族理论的核心观点,也是中国共产党解决中国民族问题的根本原则。我国社会主义民族关系的本质特征是平等、团结、互助、和谐,其中,民族平等是重要基础。一般来说,民族平等,就是指各民族之间在社会生活各个领域,包括政治、法律、经济等方面所享有权利和所处地位的相同性,也是各种社会权利在各个民族间的平等分配。中国共产党在解决中国民族问题的过程中,高高举起了民族平等的旗帜,在实际工作中给予民族地区和少数民族各种优惠政策,以缩小民族之间的经济、社会发展差距,尽快实现民族的事实平等。今天,妥善处理我国社会主义市场经济条件下的民族平等问题仍然是新世纪新阶段民族工作的重要任务。因为只有实现了各民族之间的平等,民族团结才不是空话,国家才能长期稳定和发展。改革开放以来,尤其是西部大开发以来,西北民族地区经济社会发展明显加快,各族群众的生活水平明显改善,但由于历史、自然等多方面的原因,一些民族地区的经济社会发展仍然比较落后,民族之间、地区之间的发展存在较大差距。这种状况如果长期不能改变,各民族的平等就不可能真正实现。反之,只有各民族都实现现代化,民族团结和谐、共同繁荣进步的目标才能达到。

(二)互相尊重

民族团结的一个重要目标和表现就是各民族互相尊重。互相尊重就是说在民族相处和交往的过程中,要在风俗、习惯、宗教、文化等方面排除偏见,求同存异,尊重对方。互相尊重是中华民族的传统美德,不仅适用于个体之间,也适用于民族之间。西北各民族由于各种原因,在历史发展的过程中形成了不同的语言、不同的习俗、不同的文化。在族际交往的过程中,各民族要和谐相处,就必须对对方给予必要的理解和尊重。在改革开放继续深入的今天,族际交往比以往任何时候都更加频繁,各民族之间形成了广泛和深入的联系。在这种情况下,既要努力实现各民族经济上的平等,也要明确,民族之间的文化和习俗差异是现实的,不可轻易抹杀和消除。为此,各民族同胞必须改变传统的认知观念,承认差异,尊重差异。在不损害其他民族利益的前提下,要尊重各民族选择自己的价值观和行为规范、追求自己的生活方式的权利。

(三)和睦相处

没有各民族的和睦相处,就没有社会的安定团结;没有各民族的和谐发展,就没有国家的繁荣富强。市场经济的发展使得西北民族地区各民族之间经济、文化、科技等方面的联系逐渐增多，交往日益频繁起来。随着这种交往的不断拓展和加深，各民族在族际交往中必然会产生一些利益矛盾。这些利益矛盾从某种意义上来说有其必然性，但是必须通过合理的制度性调解措施来协调和解决。中华民族的多元一体格局，是一个客观的历史发展的产物，各民族在漫长的历史长河中和睦相处的时间居多，也存在着较强的凝聚力。所以，民族之间的和睦相处是民族团结的重要表征。

(四)互助合作

民族互助是我国新型民族关系的基本内涵之一，并已得到国家根本大法的确认。我国《宪法》明确规定："平等、团结、互助的社会主义民族关系已经确立，并将继续加强。"民族互助，顾名思义就是民族之间互相帮助的意思。它是指在多民族的社会主义国家里，各民族在平等团结的基础上，为了共同的利益和奋斗目标，取长补短、互相支持、互相帮助的关系。

民族互助是我国处理民族问题的一个基本原则。我国社会主义市场经济体制的建立和完善，以及民族地区市场化进程的加速，必然对原来的民族互助关系产生广泛而深刻的影响，并导致民族互助关系模式的历史性转换，即从原先以计划经济为基础的民族互助模式，转型为以市场经济为基础的新的民族互助模式。但无论如何，民族互助必然是民族团结的目标和任务所在。

二、新时期影响西北地区民族团结的主要因素

西北地区地域辽阔，民族成分相当复杂，宗教氛围浓郁，使该地区的民族团结和民族和谐面临的问题本来就比较复杂。再加上改革开放的深化和西部大开发的推进，使社会转型加速，社会分化加深，导致影响西北地区民族团结的诱因更为复杂多样。综合来看，这些因素主要表现在以下几个方面：

(一)社会经济层面

社会转型带来的社会结构的变化、新旧两种体制的摩擦和冲突以及人们观念的变化，是影响西北民族地区民族团结的基本诱因。在社会转型期，社会成员在地位、权力、财富等方面的分化逐渐明显，社会分层化随之加剧，不同社会阶层和社会集团的利益明显分化，导致不可避免的利益冲突。而在西北地区，由于地形、居住环境、受教育程度不同等因素，社会成员的分化、社会阶层和社会集团的分化和冲突，常常在形式上表现为民族之间的分化和冲突。新旧两种体制的摩擦和冲突，其实质意味着利益关系和利益格局的重新调整，这在一定程度上引起了利益矛盾和利益冲突，社会各成员必然为自身利益和本民族利益卷入冲突之中。这种以民族利益为主导的倾向性极容易导致民族关系中的"狭隘民族主义"、"民族中心主义"和"狭隘平等主义"，使各民族固守本民族的自我一隅，很

大程度上影响了各民族的团结。

如果说社会转型导致的社会结构变化是其外在表现，那么西北民族地区经济发展的内在动力不足则是内在因素。经济发展的直接推动力量是资金、技术、劳动力等生产要素，而西北地区与全国其他地区相比，存在着“先天不足”——地理位置、基础设施、社会环境、办事效率和思想观念等主客观因素的限制，严重影响着西北地区对资金、技术、人才等短缺资源的吸纳。在已经形成的经济格局中，西北地区变成了发达地区的原材料产地，在市场交易中处于不公平交易的位置。经济体制改革的市场化导向，又迫使西北这样一个“先天不足”的地区与其他地区处在同一起跑线上，其尴尬处境可想而知。就在这样一个“先天不足”的西北地区，汉族人口多，所处自然环境好，经济发展水平较高。如在甘肃，居住在东部和中部的汉族以农业为支柱经济，普通汉族人都能丰衣足食，安居乐业，甘肃省一些较好的中小城市均集中在这里；但居住在甘肃西南部的东乡、保安等民族中的一些成员至今还没有摆脱贫困。宁夏回族自治区的南部山区同甘肃省的部分地区一样是国家级贫困地区，而宁夏川区则以“塞上江南”著称。自然条件、经济水平上的差距使生活在贫困落后地区的其他民族感受到精神上和生活上的不平衡，于是在与汉族进行政治、文化和经济交流的过程中不免产生隔阂与纠纷。这是影响民族团结的客观原因。

此外，西北地区有限的资源驱使各民族为争夺自然资源而斗争，这种斗争也是导致民族不团结的因素之一。

第一类，因土地、牧场和矿产资源产生的民族之间或者民族内部纠纷。由于生态环境的不断恶化，牧场和农田无法满足日益增长的各族人口的生产生活所需，一些民族为了生存不得不与其他民族争夺牧场、土地及矿产资源，导致民族关系问题升级，民族不团结则成为常态。如在青海，没有足够的草场和已经失去草场的牧民为了生活常与其他民族争夺草场。据不完全统计，1990 年以来，青海省共发生草场纠纷 679 起，其中升级为械斗事件的约占 20%，伤 1131 人，死 135 人，造成经济损失 9000 余万元。其中与外省之间的纠纷 64 起，伤 374 人，死 31 人，造成经济损失 1600 余万元；省内州县之间的纠纷 615 起，伤 757 人，死 104 人，造成经济损失 7400 余万元。①诸如此类的事件发生于西北很多民族地区，涉及民族内部、民族之间、多民族当中以及跨省民族当中。接连不断的民族纠纷严重影响了西北民族地区的民族团结。

第二类，由于移民造成经济压力而导致的民族不团结。近年来，内地及西北其他省区的生态环境恶化，一部分人逐步迁入生态环境相对较好的地区，但是移

① 杨才旦：《青海省草山纠纷的成因及对策》，《青海社会科学》，1999 年第 4 期。

民数量、规模、速度的不断增长和移民与当地民族之间竞争的不断增强,造成民族不团结加剧。以新疆为例,大批的汉族人到新疆,为新疆的经济发展注入了活力;“但大量流动人口的到来,对新疆本地民族形成一种无形的压力。市场经济的法则是无情的。在竞争中,能者上弱者下已成为共识,很多本地人由于观念保守,缺乏竞争意识,被抛到市场的边缘,这将直接影响到新疆本地各民族的就业及社会利益的分配”①。利益是诱发分裂的重要因素,由于环境恶化,迁入移民对民族地区利益的剥夺深化了民族矛盾,在很大程度上破坏了民族团结。

(二)思想观念与文化层面

首先,少数民族中的一些民族分裂分子通过各种方式宣传民族分裂思想,严重影响了西北地区各民族之间的团结。

20世纪90年代以来,少数民族的部分成员产生了对中央政府的认同危机,民族分裂分子趁此在意识形态领域制造分裂舆论。其方法很多,主要有:一是利用宗教活动场所和私办经文学校向群众特别是青年灌输分裂思想。二是在大中专学校散布流言飞语,蛊惑人心。三是散发反动传单和音像制品,进行欺骗宣传。南疆四地州已查获非法录音带数千盒,其中宣传民族分裂思想的有1000多盒,有人竟然把这些录音带拿到饭店、集贸市场去播放。四是文艺界的一些分裂主义分子和分裂思想严重的人,以写历史、写小说为名,肆无忌惮地篡改、歪曲新疆历史,制造分裂舆论。五是境外的民族分裂主义分子通过网络、电台、报纸和反动刊物向我国进行渗透宣传。他们打着“学术”的幌子,大肆宣扬和倡导单纯依宗教和语言划线的所谓“历史文化共同体”、“突厥文化共同体”、“伊斯兰文化共同体”等谬论,鼓吹“新疆维吾尔民间文学是土耳其民间文学不可分割的一部分”、“泛突厥主义对突厥学的学术研究是有贡献的”等,为分裂祖国制造文化依据和历史依据。②这使得民族团结受到了前所未有的挑战。

其次,由于文化多元化和冲突化观念的影响,宗教走入了绝对对立的误区,统一的具有共有核心价值的中华民族共享文化未能形成,中华民族缺乏共同一致和各民族共同归服的文化旗帜。文化多元主义和冲突论是传自西方社会的一种文化理论,其本质是一种政治观念,认为各种文化在价值上是不可比的,因而也不能融合,只能互相独立和自由发展,所以文化的冲突是不可避免的。这对于一个多民族国家来说极为有害。我们坚决不走文化专制主义和强制文化同化道路,但整个中华民族必须有一种共同的文化气质,一种共同的宗教性文化精神。在迈向现代化的过程中,中国宗教文化除了固有的儒佛道三家外,伊斯兰教和基

① 王颖:《人口流动与新疆民族关系初探》,《新疆社会科学论坛》,2002年第1期。

② 尹筑光、茆永福:《新疆民族关系研究》,新疆人民出版社,1996年版,第226-228页。

督教的影响也日渐增强；西方传教士夹杂其民族和国家利益的宗教侵入，带来了西方“唯我独尊”的宗教文化观；中国已有的宗教也各自为政，互相攻讦，视他教为洪水猛兽。这种现象在西北地区尤为突出。西北地区生活着几十个少数民族，仅新疆就有47个民族，形成聚居状态的少数民族也有30多个。由于西北地区的少数民族大都有全民族信仰的宗教，不同的宗教之间以及同一宗教的不同教派之间的矛盾和冲突有时较为激烈，加之社会发展促进了民族地区一定程度的经济发展，各民族的利益冲突均以宗教冲突的形式表现出来。这种宗教乃至于文化的对立在很大程度上动摇着民族团结。

再次，不尊重少数民族风俗习惯和宗教信仰的事件时有发生。有些地方由于对民族知识和民族与宗教政策了解不够，常出现违反少数民族风俗习惯、损害少数民族宗教信仰的现象。如由于对信奉伊斯兰教民族的不了解或认识不深刻，有些报刊登载信仰伊斯兰教民族十分忌讳的信息和报道；有些地方对于信仰伊斯兰教民族群众的饮食注意不够，清真饮食不卫生；有些报刊出于猎奇等心理，大肆渲染少数民族落后婚俗，将民族风俗的个别现象夸大为普遍现象，丑化少数民族。这种现象致使民族间产生敌意，必然不利于民族团结。

（三）政策层面

民族政策是一个国家为了调整民族关系，解决民族问题，促进民族发展所制定和采取的一系列方针、措施、手段。一个国家的民族政策是否合理，执行是否得当，直接关系着民族关系能否正常发展，关系着民族团结能否实现。

政治调控的弱化和失当是影响民族团结的直接诱因。民族问题是社会政治总问题的一部分，正确处理民族问题，促进民族团结，是保证西北地区政治社会稳定的基础。然而，影响民族团结的因素复杂多样，主要是民族问题与宗教问题。这不仅牵扯到不同民族的政治、经济、文化关系，而且也牵扯到各民族的民族心理、民族习俗与民族生活方式等方面，还与民族的历史渊源、关系流变等密切相关。因此，调控和处理民族团结问题不仅仅是民族问题，更是宗教问题，其难度极大，调控者不仅要具备实事求是的科学态度，更要具备高瞻远瞩的调控艺术。如果对已存在的宗教问题缺乏及时有效的调控，或者调控对策与措施失当，就会进一步激化矛盾，使民族团结丧失群众基础。在处理民族关系和宗教关系的问题上，我们往往走向两种偏颇：一是一味强调少数民族的民族特性和自治权，甚至借口民族区域自治，对一些严重违法的宗教活动和煽动民族对立的言行听之任之。这无形中促进了民族分裂活动，影响了国家统一，使民族团结成为一句空话。二是完全忽视少数民族的自治权，采取过激的政策和措施，不尊重少数民族的民族性和宗教信仰。这在一定程度上遏制了少数民族自身发展的潜力。由于国家政权的不当干涉，政治合法性也遭受挑战，民族团结不再被提上日程，取而代之的是各少数民族为争夺权力而消极抵抗、斗争。无论是哪种偏颇,都在很大程度上影响着民族团结,甚至破坏以往的民族团结。因此,中央政府在加强政治调控的同时更应调控得当,最大限度地实现各民族利益,促进民族团结。

另外,民族区域自治是否有效实施也是影响西北地区各民族团结的重要因素之一。从整个国家权力资源的有限性和各地相互得失的意义上来说,民族自治地方自治机关的权力与非民族自治地方政权机关的权力存在着一定的"此消彼长"关系,这实际上也涉及整个国家权力的分配问题。一般说来,民族自治地方自治机关的权力比同级非民族自治地方政权机关的权力要大一些,因为民族自治地方的自治机关除拥有同级一般地方政权机关的职权外,还拥有自治权。然而在我国改革开放的过程中,一方面,许多一般地方特别是其中的经济特区、沿海经济开放城市获得了很多很大的自主权,另一方面,民族自治地方的许多在过去计划经济条件下确立的自治权特别是经济自治权变得意义不大甚至丧失意义。两相比较,民族自治地方的自治权实际上在减少或缩小。

此外,民族区域自治问题更多地体现为自治权保障机制不健全,突出表现为自治权缺乏顺畅落实的制度环境条件,具体说就是没有与其相匹配的一套制度环境体系,从而使得现有的自治权在当前新的政治、经济、文化环境中变得模糊和抽象,难以落实。同时,自治机关自身的管理体制不科学,机构臃肿、效率低下、人浮于事、政企不分、开支浪费等情况普遍存在,严重限制了自治权的发挥。另外,民族自治机关与上级国家机关、其他地方政权机关之间的关系不顺畅,自治权的落实普遍受到上级国家机关和其他机关一些部门性、行业性的限制。例如,自治机关对国务院所属部委制定的规章中不适合民族自治地方特点的规定,一般都难以作出变通或补充规定。全国哲学社会科学规划领导小组批准的"九五"国家重点课题《体制改革过程中民族区域自治制度法制发展问题研究》课题组,曾就对民族自治权落实情况的预测进行过一次问卷调查,反馈信息中表示乐观的占31%,表示不乐观的占56%,表示不知道的占13%。①

最后,一些人对政府给予少数民族的优惠政策产生质疑,认为这违反宪法所明确规定的"法律面前人人平等的原则"。一方面,少数民族优惠政策(主要是教育方面)使得没有得到优惠政策照顾却和这些少数民族共同生活于同一条件下的汉族怀有一种被剥夺感或是被疏离感,认为优惠政策实际上损害了他们的利益,使他们感到不平等,继而引发抱怨和不满,甚至于对少数民族产生敌视心理。另一方面,很多人认为教育的不公正是社会的最大不公正,教育资源的有限

① 罗通达、刘子寿、李绍明:《完善民族区域自治法问题研究》,四川人民出版社,1997年版,第277页。

性与生源的广泛性，导致教育领域竞争越来越激烈，而教育背后又附带着个人未来的前途和社会资本，因而成为所有中国人不可等闲视之的资源。因此，对少数民族在教育等方面的优惠政策，使得社会上出现了一些为了高考而更改民族的社会现象，这在一定程度上又剥夺和减少了民族地区考生的权利和机会。这些不正当的社会行为不仅严重削弱了民族政策的权威性，而且由于利益驱动，也在一定程度上激化了民族矛盾，影响了民族团结。

（四）重大恶性暴力犯罪事件对民族团结的影响

民族团结与民族分裂是对立的，对民族团结最大的破坏就是民族分裂分子组织的重大恶性暴力犯罪事件。2008 年发生的西藏“3·14 事件”和 2009 年发生在新疆的“7·5 事件”，是新中国成立以来由“藏独”分子和“疆独”分子发动的最大规模的恶性暴力犯罪事件。这两起事件对西北地区的民族团结造成了极其严重的影响，其严重后果至今难以消除。

2008 年 3 月 14 日在拉萨市区发生的打砸抢烧严重暴力犯罪事件，是由达赖集团有组织、有预谋地精心策划煽动，境内外“藏独”分裂势力相互勾结制造的。这一事件对我国西北藏区也产生了严重影响，甘肃省、青海省部分藏区也发生了暴力分裂事件。在甘肃省甘南藏族自治州，由于受西藏拉萨“3·14 事件”的影响，该州的部分地方发生多起打砸抢烧事件，少数不法分子呼喊反动口号，打着分裂的旗帜，采取暴力手段，对部分临街铺面、学校、医院、政府机关以及民房车辆等实施打砸抢烧，给社会稳定和人民生命财产造成了严重危害。发生在西北地区的这些不稳定事件不是偶然的，是同拉萨“3·14 事件”遥相呼应、紧密相连的，都是经过周密策划的，是有组织、有预谋、有准备的，总根子就是达赖集团。他们的险恶用心就是要制造动乱，干扰北京奥运会，破坏国家安定和谐的局面，以达到分裂祖国的罪恶目的。

新中国成立后，新疆形成了民族团结和社会稳定的大好局面，但是境内外“东突”势力一再制造骚乱和武装暴乱，企图分裂国家。2008 年以来，“东突”势力开始了新一轮的破坏活动，针对北京奥运会先后制造了多起暴力恐怖事件。特别是 2009 年 7 月 5 日发生的新疆维吾尔自治区乌鲁木齐市打砸抢烧严重暴力犯罪事件，是由境内外恐怖主义势力、分裂主义势力、极端主义势力精心策划组织的，给各族群众的生命财产造成了重大损失，给当地的正常秩序和社会稳定造成了严重破坏。“7·5 事件”对新疆维汉两个主要民族的关系产生了极其恶劣的影响。据我们事后调研体会，事件后，维族与汉族的关系总体上处于敌视、防范、互不信任、不愿交往的状态。特别是生活在乌鲁木齐经历过事件的汉族人，他们当中的很多人都是生活在新疆的第一或第二代汉族人，发生这样的事让他们失望，他们内心深处很痛苦，许多人都有离开新疆的想法。

国家统一是西北各族人民的根本利益之所在，社会稳定是西北发展进步的前提和保障，民族团结是西北各族人民的生命线。民族团结是各族人民之福，民族分裂是各族人民之祸。只要“藏独”分子和“疆独”分子存在，西北地区的民族团结就存在着重大隐患。

三、新时期维护西北地区民族团结的对策选择

民族团结是解决我国民族问题的重大原则，实现各民族共同繁荣发展是我们党在民族政策上的根本立场。加强民族团结是顺应历史发展趋势的国策，是符合全国广大人民群众情感和意愿的大举。在新时期，要加强民族团结，巩固民族和谐，需要做好以下几个方面的工作。

（一）以经济发展带动民族地区社会全面发展

发展是硬道理。西北地区的经济发展不仅是一个经济问题，而且是一个重大的社会问题与政治问题。这一问题解决得如何，不仅影响西北地区广大群众的政治态度，更重要的是影响民族团结、祖国统一等重大战略问题。因此，必须加快进行西北地区经济建设，以经济发展带动社会发展，以此有效地维护民族团结、社会稳定和边疆安全。市场经济体制的确立，为西北地区经济社会发展提供了深厚的动力基础，同时为经济主体的活动提供了广阔的舞台。各经济主体在利益的驱动下充分发挥其积极性和能动性，在依靠西北地区自身优势的同时，充分利用发达地区或发达国家的有利条件来实现常规发展。市场经济的完善要求各民族在分工的基础上互惠互利、相互依存，而由于西北地区各民族在人文环境、区位以及自然资源等方面的不同分布，民族之间的分化已经成为一个客观事实。因此，现代市场经济作为营造各民族利益共同体的核心力量，必须进一步加强，使之从经济利益上形成汉族离不开少数民族、少数民族离不开汉族、少数民族之间也相互离不开的坚实基础。在各民族之间发展差距拉大、收入差距拉大、竞争力悬殊的情况下，国家必须强化针对不同民族的宏观调控体系，把各民族的发展差距控制在一个适当的范围之内。

（二）坚决反对民族利己主义，强化各民族的“国族”意识

民族主义是增强民族自尊心、自强心和自信心的最有力的工具。它有利于一个国家凝聚民心、民力，造就一种自强不息、团结一心、同仇敌忾、同心同德的社会氛围，能最大程度地促进民族团结，促进国家繁荣富强。特别是当国家的独立、主权、统一面临威胁之时，民族主义能转化为强烈的爱国主义情愫，转化成维护国家统一完整的巨大合力。然而民族主义是一把双刃剑，强烈的民族意识会导致对其他社会身份的忽视及对其他社会责任的懈怠，民族利己主义就是一个典型的表现。民族利己主义表现为大民族主义和狭隘民族主义。大民族主义是

一种认为自己的民族比其他民族优越,因此对其他民族进行歧视、忽视、同化甚至于侵略和压迫的民族主义;狭隘民族主义是一种保守、盲目排外、过分强调和争取本民族利益的民族主义。一般而言,在一个国家中,民族利己主义中的大民族主义占据主要地位,狭隘民族主义只是被动防御性的。但是,这两种形式的民族利己主义在本质上是相同的,都过分注重本民族的利益,忽视其他民族的利益,在现实生活中影响了民族团结。在我国尤其是西北地区,民族利己主义主要表现为大汉族主义和地方民族主义,因此,坚决反对大汉族主义和地方民族主义是我们新时期反对民族利己主义的主要任务。在反对大汉族主义和地方民族主义时,必须注意树立正确的原则,运用正确的方法。在原则上,除少数有预谋地破坏民族团结、国家统一的民族分裂分子外,对大民族主义和狭隘民族主义的反对基本上属于人民内部矛盾。在方法上,对有大民族主义和狭隘民族主义思想的人,要本着批评、教育的原则,耐心地说服教育,不要乱扣帽子、乱打棍子,要防止把问题夸大化,引起民族之间的矛盾和纠纷。

在反对民族利己主义的同时,应当强化各民族的"国族"意识,培植对中华民族的认同意识。民族认同有两方面:一是各民族成员对本民族的自我认同和情感依附;二是各民族成员对"国族"的认同和情感依附,对我国而言,即对中华民族的认同意识。培养"国族"意识,主要是在国家观念下形成一种集体意识,一种国家和公民意识。美国学者格罗斯提到:先进的政治制度有两点具有革命性意义的重要变化。第一点变化就是将国家成员联系到一起的社会纽带的变化。原始血缘亲属纽带、共同血统的部落政治制度被一种地域联系所取代,这种地域联系根植于邻里关系之中,通过普通的公民权而制度化。第二点变化是公民权的出现。公民权是第二个更高层次的身份认同,以地缘关系为基础,并且与个人权利、议会政府和法律统治相联系。公民权创制出双重的认同:一是对部落的认同(种族上的认同);二是对国家的认同(政治上的认同)。① 事实上,增强对国家的认同,也就是完成了对"国族"的创造。在现实中,并非每个国家都完成了这一过程。新中国成立以来,特别是改革开放以来,党和政府高度重视各民族的平等地位,努力挖掘各民族的文化遗产,进一步加强了各民族的自我认同。但是,我们还没有形成与民族国家相适应的"国族"观念,因而在一定程度上忽视了对中华民族认同意识的培养和加强。在今后相当长的时间里,应当把强化各民族的"国族"意识,培植对中华民族的认同感作为一项根本性的战略任务来抓。一是培植中华民族的共同文化,并且形成对这一共同文化的认同。二是强

① 〔美〕菲利克斯·格罗斯:《公民与国家:民族、部族和族属身份》,王建娥、魏强译,新华出版社,2003年版,第20页。

化各民族对中国领土和人民的认同意识,这是爱国主义的前提,也是民族团结的保证。三是各民族强化对社会主义制度和国家政权体系的认同。社会主义制度和国家政权体系是各族人民共同奋斗的政治基础,也是各族人民共同奋斗的政治成果。维护社会主义制度,巩固我国的国家政权是实现民族和谐、国家安定的基本保障。四是强化各民族公民对公民权利的认同。我国宪法规定了公民的基本政治权利,对这种基本政治权利的认同,是我国民主政治建设和运行的基本前提,而民主政治又是各民族团结的重要条件。因此,强化对公民基本权利的认同是民族团结的重要途径。

(三)不断完善民族政策

中国的民族政策的基本内容,如坚持民族平等、民族团结、民族区域自治以及促进各民族共同发展繁荣等都是正确的;但是,随着国内外形势的不断变化,在实践中,一些政策也需要应新时代的要求不断作出调整。

第一,必须坚定不移、持之以恒地贯彻民族平等、宗教信仰自由的政策。民族平等是民族关系得以建立和发展的前提条件。没有民族平等,就没有民族团结,更谈不上民族合作和交流。因此,我们必须坚持民族无论大小、先进与落后均一律平等的政策,这是我们党一贯坚持的最基本的民族政策。在新中国成立之初,为解决历史遗留下来的不平等问题,抱着"还少数民族的账"的思想,中国共产党制定民族政策时在教育、就业、计划生育、干部培养等方面给了少数民族特殊的照顾。这对于缓解社会矛盾、协调民族关系和维护国家统一都起到了一定的积极作用。但是,这些政策只是在当时的历史背景下有积极意义。随着时间的推移和国内外形势的不断变化,这些政策浮现出了一些潜在的矛盾和冲突。我们需要不断完善这些政策,使其在新的形势下适应新的需要。在优惠政策方面,有必要用地域代替民族特性作为确定优惠范围的依据。这一考虑的初衷是,生活在民族地区的无论是汉族还是少数民族都面临着相同的社会经济条件,他们的起点都比发达地区低。实际上目前的西部大开发政策就属于这一思路,凡生活在民族地区的人们都可以享受一些经济优惠政策。这对于维护民族关系、促进民族团结都是有益的。但是也要考虑到民族地区的汉族和少数民族还是有差别的,汉族的教育水平和生活条件相对比少数民族要高,因此,在实施中还是需要区别对待的。未来要将针对少数民族个体的一些教育、就业上的优惠政策转为针对整个民族地区的优惠政策,或者说民族地区的各民族群众都能享受到的优惠政策。只有如此,才能消除各民族因利益之争而导致的不团结。当然,这不是在很短的时间内就可以解决的问题,不仅要依靠政府的宏观调控,更需要全民族的团结一心。

第二,要不断完善与发展民族区域自治制度。民族区域自治制度是多民族国家所认同和实行的一种政策，只要适合本国国情，这一制度就有它存在的合理性。中国的民族区域自治制度实行60多年来，虽经历了风风雨雨，但也取得了引人瞩目的成绩，积累了宝贵的经验。在目前及今后的一段时间内，我国仍需毫不动摇地坚持民族区域自治制度，同时也要不断完善这一政策。

完善与发展民族区域自治制度，首先要解决认识问题。一些国家公职人员对于民族区域自治制度的现实内涵并未搞清楚，并未给予应有的重视。此外，民族区域自治制度及其理念在广大民众特别是汉族中及在社会上还未形成广泛的民众基础，这在一定程度上弱化了这一制度的运行。因此，应对民族区域自治制度的现实意义与政治意义加以宣传，奠定广泛的民众基础。其次，要处理好民族区域自治中的分权与集权问题。这关系到民族团结与政治稳定。向地方让渡权力过多，将会弱化中央政府的职能，使中央权威受损，甚至还会造成地方主义或分离倾向；向地方让渡权力太少，则会造成集权，不利于地方的发展。因此，要把握好让权的尺度，将发展与团结置于首位。再次，尽量对少数民族干部实行异地交流任职，尤其要推动少数民族干部到沿海发达地区任职。目前国家实行的沿海发达地区汉族干部到边疆地区挂职锻炼的政策对当地的帮扶作用很大，如实行与民族地区干部的双向交流，其所带来的现实作用与政治作用更大。最后，应正确认识不同民族和不同地区的发展差距和发展趋势，努力缩小各民族的发展差距，实现民族团结。不同地区和不同民族的发展差距既有历史原因也有现实原因，对此要有充分的认识。要引导各民族成员看到我国不同地区、不同民族之间发展差距存在的长期性，也要看到任这种差距长期拉大对国家和民族长远发展的不利影响，从而高度重视和采取有效措施正确解决地区和民族发展差距问题。要教育各民族成员进一步深刻认识汉族离不开少数民族、少数民族离不开汉族、少数民族之间也互相离不开的真理，既要看到缩小不同民族、不同地区的发展差距是一个长期的过程，又要进一步树立和坚定缩小民族和地区之间发展差距的责任感和自觉性，要站在实现中华民族伟大复兴和维护国家统一与安全的战略高度来认识缩小地区和民族发展差距的重要性。当前，要进一步落实邓小平同志关于两个大局的思想，进一步加强国家宏观调控，加大国家财政对西北少数民族地区的转移支付力度；既要重视少数民族地区的自然资源开发，又要重视少数民族地区的人文资源开发；要进一步加强少数民族地区的基础设施建设，加快发展少数民族地区的教育事业，注重人力资源开发，进一步促进民族文化的理性化转型，提高少数民族地区的自我发展能力。只有逐步缩小了不同地区和不同民族的发展差距，民族团结才能有可靠的基础。

（四）进一步加强对少数民族干部和人才的培养工作

在多民族国家，各民族对公共权力的分享和分配，既是民族平等的体现和保障,也是政治资源的博弈过程。在此过程中,需要国家适度干预,制定有利于少数民族的权力分配规则,使其分享到更多的政治权力。这不仅是实现长治久安的政治谋略,更是富有效率的政治安排。在我国,这种政治智慧具体表现为少数民族凭借其民族身份,可以优先获得参政议政的机会。《宪法》第122条规定:国家帮助民族自治地方从当地民族中大量培养各级干部、各种专业人才和技术工人。《民族区域自治法》第18条规定:民族自治地方的自治机关所属工作部门的干部中,要尽量配备实行区域自治的民族和其他少数民族的人员。少数民族干部来自各民族人民群众,熟悉本民族的历史和现状,了解本民族人民的思想感情和要求愿望,了解本民族和本地区的风俗和特点,是党和政府与少数民族群众之间的桥梁和纽带,发挥着不可替代的重要作用。

此外,民族干部的状况衡量着一个民族的发展水平和进步程度。大力培养少数民族干部,是中国共产党的一贯方针,是党的民族政策的一项重要内容,是民族工作的一项重要任务。江泽民强调:"完善民族区域自治制度、全面贯彻落实《民族区域自治法》的关键,在于大力培养少数民族干部,加强民族地区的干部队伍建设。"①胡锦涛指出,少数民族干部是党和政府联系少数民族群众的桥梁和纽带,是做好民族工作的重要骨干力量。他指出,培养少数民族干部的工作,事关社会主义现代化建设目标能否实现的大局,事关民族问题能否正确解决的大局,事关社会稳定国家长治久安的大局。新时期构建社会主义和谐社会,离不开各民族干部的艰苦奋斗和开拓创新,也离不开各民族大量的建设人才的大力支持。加强民族团结,促进少数民族和民族地区加快发展,关键是大力培养和造就一支德才兼备的少数民族干部队伍,这是解决我国民族问题的关键,是少数民族和民族地区构建社会主义和谐社会的关键。

要做好少数民族干部和人才的培养工作,就要抓好教育培训。一是以提高思想政治素质为重点,加强理论培训。坚持用马克思列宁主义、毛泽东思想、邓小平理论和"三个代表"重要思想武装干部,使他们牢固树立马克思主义祖国观、民族观、宗教观,增强政治坚定性和政治敏锐性,在大是大非问题上,始终做到认识不含混、态度不暧昧、行动不动摇,自觉反对民族分裂,坚决维护祖国统一。二是加强业务培训。适应新的形势和发展的需要,按照"缺什么补什么"的原则,重点加强对各级各类干部进行培训。同时,选送少数民族专业技术骨干到内地高等院校或科研院所学习深造,选送少数民族优秀专业技术人员到国外留学进修,选送少数民族中青年干部到内地高校培训,重点培养高层次专业技术人才和熟悉现代经济管理等方面工作的干部。如成立于2003年的为我国专门培

---

① 《民族工作文献选编(1999—2002年)》,中央文献出版社,2003年版,第36页。

养少数民族干部和民族工作干部的重要基地——中央民族干部学院，几年来开办了大量的各种类型的培训班，对培养造就一大批适应民族地区发展需要的专门人才，建设一支德才兼备、全心全意为各族群众服务、受各族群众爱戴的少数民族干部队伍，起到了重要作用。三是调动各民族干部的积极性，加强不同民族干部之间的团结合作，使他们成为牢固树立“三个离不开”思想的表率，共同带领各族群众团结奋斗，建立新功。在党的民族干部工作中贯彻人才兴国战略，是新时期做好民族工作的必然要求。胡锦涛同志指出，要制定更加优惠的政策，采取更加灵活的措施，营造更加良好的环境，吸引和凝聚各类人才真心实意地为民族地区的发展贡献聪明才智。他要求，要把做好少数民族干部的培养和选拔工作作为管根本、管长远的大事，制定周密计划，认真组织实施，持之以恒地抓紧抓实抓好。

（五）营造民族团结的社会氛围

要加强对全体国民进行马克思主义民族观和民族知识教育，提高全体人民对民族与宗教问题的认识。由于种种原因，目前还有不少人对马克思主义民族观和民族理论不够了解，许多人民群众的民族知识和宗教知识很少。这种状况会影响到他们处理民族问题的态度，并且容易造成民族矛盾。为此，需要对广大干部和群众进行马克思主义民族观和民族理论教育，进行民族与宗教知识教育，使全体人民对于我国的民族情况、民族政策以及各民族的历史文化与宗教信仰等方面的情况有较为系统的了解，从而自觉尊重少数民族文化和宗教信仰，帮助少数民族发展经济和文化教育事业，维护民族团结。另外，民族团结教育要从小抓起。一个人的人生观、价值观大多是在从小生活的社会、家庭、学校等环境中形成的。如果整个社会没有形成良好的社会氛围，民族团结之花不可能开在小朋友的心中，也不可能在其之后的成长道路上起积极作用。民族团结的基础在于相互了解与尊重。在一些民族地区，为了促进各民族的交往，民族教育应以民汉合校为主，倡导互学语言，尤其是长期在民族地区工作的汉族同志应该主动学习少数民族语言，这样会拉近民族情感，有利于民族团结。

（六）加强民族团结教育工作

加强民族团结，维护祖国统一，是全国各族人民的根本利益所在，也是加快少数民族和民族地区发展的基本前提和重要保障。要加强民族团结，加强教育工作是核心。通过教育，可以使广大人民群众在内心深处奠定民族团结理念，在实际行动中进一步推动民族团结工作的开展。因此，首先要继续在各民族中深入开展马克思主义民族宗教观和党的民族宗教政策的宣传教育，提倡向民族团结进步模范集体和个人学习，使“汉族离不开少数民族，少数民族离不开汉族，各个少数民族之间也相互离不开”的思想深深扎根于各族人民心中，这是维护民族团结和社会稳定的根本保证,也是一项长期任务。实践证明,多年来进行的民族观教育是正确的。同时,尤其要注意对青少年和公众进行民族团结传统和民族政策的教育,使公众能正确理解和贯彻执行党的民族政策。2008 年 12 月 9 日,教育部和国家民委办公厅印发了《学校民族团结教育指导纲要(试行)》(简称《纲要》)。《纲要》规定,各级教育行政部门和学校必须保证民族团结教育课程的时间安排,小学和初中阶段每学年要保证 10 ~ 12 个学时,高中阶段,普通高中每学年保证 8 ~ 10 个学时,中等职业技术学校每学年保证 12 ~ 14 个学时。在西藏"3 · 14 事件"和新疆"7 · 5 事件"后,2009 年 7 月 16 日,教育部、国家民委印发了《全国中小学民族团结教育工作部署视频会议纪要》(简称《纪要》)。《纪要》透露,根据国家统一要求,民族团结教育课程列为地方课程的重要专项教育,今后,小学要在三、四年级开设《中华大家庭》课程,五、六年级开设《民族常识》课程,初中一、二年级开设《民族政策常识》课程,普通高中一、二年级开设《民族理论常识》课程,中等职业技术学校要开设《民族理论常识实践教育》课程。尤为引人关注的是,根据《纪要》,我国将把民族团结教育纳入小学阶段考查和中、高考及中职毕业考试范围,试题分值不低于政治科目总分的 15%。民族团结教育从小抓起,让民族团结思想扎根于民众内心中,充分确保了民族团结工作的有效进行。

不仅应当在学校进行民族团结教育,还应当通过长期在媒体和进机关、进社区等多种形式的宣传教育,使广大干部群众尤其是各级党政部门的领导干部真正认识到民族问题的重要性、长期性、艰巨性、特殊性和复杂性,懂得什么是正确的民族观,清楚党和政府制定了哪些民族政策,制定这些民族政策的依据是什么,这样,在想问题、做事情时才能站得更高,想得更远,从促进民族平等、团结和共同发展繁荣的高度去考虑问题,认真自觉地贯彻落实《民族区域自治法》和党的各项民族政策。只有加强宣传教育,领导干部才能够避免或对少数民族的疾苦漠不关心,或认为对少数民族的照顾是一种"恩赐",或只考虑本民族利益的错误思想和行为,增强责任感,为民族团结进步多做工作,而不是在民族问题上经常讲外行话,甚至不利于民族团结的话;一般老百姓可以避免以本民族的价值观去评判别的民族,多一些理解和宽容。

在强调教育的同时,还应发挥民族领导干部的模范作用,促进民族团结。民族领导干部要充分奠定在民众中的信任与支持的基础,充分关心、帮助有困难的群众,真正做到民族之间在人格、人性、人情上的融合,坚决反对互相猜疑、排斥、歧视以及两面派等不利于民族团结的做法。无论汉族干部还是少数民族人士,都要做民族团结的模范。在民族地区工作的汉族干部,要责无旁贷地帮助少数民族发展经济文化,帮助少数民族干部健康成长,要广泛联系少数民族干部、群众，少数民族中的上层人士、宗教界人士以及在各个方面有影响、有代表性的少数民族人士，与他们保持密切联系，以诚相待交朋友，和他们肝胆相照、荣辱与共。要从政治上信任他们，从生活上关心他们，从工作上体贴他们，在民族内部发生矛盾时要依靠他们，相信他们的工作。民族干部，特别是其中的党员干部，要热爱本民族，关心本民族群众，及时反映本民族群众的要求和意见，同时要积极联系其他民族群众，与党中央在政治上保持一致，识大体顾大局。

总之，一定要在全社会长期不懈地进行党的民族理论、民族政策、民族法律法规以及民族基本知识的宣传教育。党的各级干部尤其是领导干部，包括汉族干部和少数民族干部，要深入系统地学习和把握党的民族理论和民族政策的精神实质，学会运用马克思主义的立场、观点、方法来观察和处理民族问题，不断提高应对复杂问题的能力。要发挥大众传媒在民族宣传教育中的作用，坚持正确的舆论导向，加强对新闻媒体、出版从业人员的教育和培训，加强对出版物、广播影视作品和互联网信息的管理，多宣传党的民族政策，多推出有利于民族团结的好作品，防止出现伤害民族感情、损害民族团结的内容。要加强对各族青少年的民族理论和民族政策的宣传教育，有关教育内容要进学校、进教材、进课堂，使“三个离不开”的思想观念深深扎根于各族青少年心中，使他们从小树立正确的人生观和民族观，确保我国各民族同呼吸、共命运、心连心的光荣传统代代相传。①

（七）抓好“3·14事件”和“7·5事件”后的民族团结工作

“3·14事件”和“7·5事件”后，西北地区根据中央要求和各民族地区实际，展开了新一轮的民族团结工作。

西北藏区，主要是甘肃省和青海省藏族地区，围绕“共同团结奋斗，共同繁荣发展”这一民族工作永恒的主题，结合普法宣传教育活动，以出动宣传车、悬挂横幅、张贴标语、举办宣传专栏等形式，广泛宣传《民族区域自治法》等法律法规，宣传民族团结进步事业的重要性，深入开展民族团结进步宣传月活动和民族团结进步创建活动，开展以“三个离不开”、“四个维护”为主要内容的爱国主义、社会主义教育，深入揭批了达赖集团的反动本质，揭露了“3.14事件”的真相。

“7·5事件”使新疆的民族团结经受了一次十分严峻的考验。各族群众相互救助，生死与共，涌现出了许多感人故事，充分证明新疆民族团结的基础是牢固的、经得起考验的，各族人民风雨同舟、休戚与共的深厚感情是坚不可摧的。与此同时我们也要看到，这一事件在部分不同民族群众中造成了心理隔阂和对

① 《引导干部群众深刻认识党的民族理论和民族政策——深入开展民族团结宣传教育活动系列评论之五》，来源：http://www.chinatibetnews.com/pinglun/2009-09/16/content_302506.htm.

立情绪，对新疆长期以来所形成的民族团结的大好局面带来了创伤。“7·5事件”以来，新疆紧紧围绕“谁是我们的敌人，谁是我们的兄弟姐妹”这一鲜明主题，扎实开展各项工作。党和政府在各族群众中大力开展理顺情绪、消除隔阂、弥合民族关系创伤的工作，取得了一定成效；但要使新疆民族团结恢复到“7·5事件”前的和谐状态，还要做大量艰苦细致的工作。特别是当前，境内外“三股势力“仍在使用各种卑鄙手法，不遗余力地挑拨民族关系，煽动民族仇视，企图制造民族冲突，破坏新疆团结稳定的大局，因此推进新疆民族团结工作更具有现实紧迫性。

“3·14事件”和“7·5事件”对西北地区的民族团结造成的伤害是深远的，在短期内消除其影响也是相当困难的。西北民族地区党政部门、各族人民群众必须将民族团结工作作为一项战略性任务，常抓不懈，并将民族团结工作与党和国家的各项民族政策、民族地区经济社会发展、各族人民生活水平的不断提高相结合，才能取得实际效果。

实践证明，在西北少数民族地区，民族团结是一个永恒的主题。什么时候民族团结搞好了，什么时候社会就安定了，经济就发展了，各族人民生活就改善了；反之，就会出现社会混乱，经济建设和各项事业就会遭受挫折。因此，从这个意义上讲，坚定不移地加强民族团结，是各族人民的共同愿望，是推动西北民族地区经济社会平稳快速发展的必然要求。

下篇

西北地区治理的特殊性

任何治理既有自己的基本目标和价值指向，同时，也必然要考虑到治理对象的特殊性。我国西北地区的治理是国家总体治理的重要组成部分，要符合和适应国家在不同时期的总体目标和要求，完成国家的治理目标和任务；但同时，西北地区自身的特殊境况决定了在西北地区治理中也要特别注意治理的特殊性。与全国其他地区相比，民族问题、宗教问题、政治文化问题、经济问题、生态问题，构成了西北地区治理的特殊性。

第九章　民族问题

从历史上看，西北地区是我国民族问题最尖锐、最复杂的地区。新中国成立后，尽管党和国家坚持马克思主义的民族政策和民族原则，在少数民族地区实行民族区域自治制度，西北地区的民族问题也随着国家性质的根本改变而改变，民族矛盾成为人民内部矛盾，但是，民族问题不单纯是民族间的差异问题，而是一个包含历史、政治、文化及传统习惯在内的复杂问题，因此，在现今及将来很长一个历史时期，国家对西北地区进行有效治理首先应当考虑的特殊问题就是民族问题。

一、西北地区民族问题的现状、特征及发展趋势

(一)西北地区的民族构成

中国是一个拥有13亿人口、55个少数民族的大国。从地域上看，西北地区是我国少数民族的主要居住区，其中回族、维吾尔族、藏族、哈萨克族、东乡族等人口较多的民族集中分布在西北地区。各少数民族与汉族的分布呈现出明显的“大杂居，小聚居”的状态，而且在西北地区的人口分布中，少数民族在总人口中的比重明显高于全国平均水平，除陕西外，新疆、青海、宁夏、甘肃的少数民族人口都占有较大的比重。(见表9-1)

表9-1　西北省区汉族与少数民族人口比重①

省区	总人口（万人）	汉族（万人）	占总人口比重（%）	少数民族（万人）	占总人口比重（%）
陕西	3605	3587	99.51	18	0.49
甘肃	2591.72	2351.75	90.74	239.97	9.26
青海	542.5	291.2	53.68	251.3	46.32

① 数据来源：2005年11月全国1%抽样调查数据，http://www.stats.gov.cn/tjgb/rkpcgb/，其中陕西省的数据来源于《中国统计年鉴——2001》，中国统计出版社，2001年版，第100页。

续表 9－1

省区	总人口（万人）	汉族（万人）	占总人口比重（%）	少数民族（万人）	占总人口比重（%）
宁夏	595	381	64.02	214	35.98
新疆	2008.15	798.03	39.74	1210.12	60.26

（二）西北地区民族问题的主要表现

从国家政权系统对西北地区治理的角度讲，西北地区的民族问题主要表现在以下几个方面。

1. 落后的民族经济

西北地区经济社会发展相对落后的一个重要方面，就是少数民族地区更加落后的现实。西北地区特别是广大的农村仍以手工劳动、半手工劳动为主，农业的现代化和机械化水平远远低于东部地区，经济的二元化特征明显，结构性矛盾突出；文化教育事业落后，人口整体素质偏低；基础设施落后，社会服务体系不完善；人们的观念落后。因此，"我国的民族问题虽然表现复杂多样，但是从根本上说是少数民族和民族地区迫切要求加快经济文化发展与自我发展能力不足的矛盾"①。经济的落后状况使民族地区大量的社会矛盾都集中表现在经济发展问题上，这既是经济问题，也是社会问题和政治问题。具体来讲，有以下几个方面：

（1）经济基础薄弱且结构不合理

西北民族地区由于历史的原因和自然条件的限制，经济基础十分薄弱，国民经济仍停留在传统的农业阶段，工业化水平低，规模和总量小，质量差。农业仍是劳动密集型，受耕地、灌溉条件、科技和人的因素的制约，难以形成规模化、产业化经营，增长困难。同时，民族地区的经济结构极不合理。第一产业比重大，第二产业比重小，第三产业增长缓慢。在第一产业中，粮油作物种植比重很大，占绝对地位，其他作物比重小，是以粮食为主的单一结构。牧区以牧业为主要的经济来源，且为粗放型，集约化程度低。在经济成分中，国有经济比重大，非国有经济比重小。总体来看，西北民族地区经济基础薄弱，产业化水平低，结构不合理，关联度低，协调性差。

（2）文化教育科技事业落后，人口整体素质偏低

西北地区尤其是民族地区的教育落后问题特别突出。在整体教育设施方

① 郝时远、王希恩：《中国民族发展报告（2001—2006）》，社会科学文献出版社，2006 年版，第 4 页。

面，基础教育办学条件差，学校规模小、布点散，基础设施投资严重不足；同时由于基础设施和教育条件落后，教师待遇低下，仍存在着“孔雀东南飞”的现象，师资力量相当薄弱。在教育质量方面，这些民族地区的家庭由于子女多，教育支出较高，再加上学校资金受限，导致了“三高三低”的恶果，即辍学率、复读率、留级率高，入学率、巩固率、升学率低。① 在文化生活上，民族地区的文化事业落后，现代文化对群众影响小，人们被束缚在传统的文化氛围中，保守落后。落后的科学文化教育，直接导致人口素质的整体偏低，特别是文盲人口比重居高不下。据统计，在文盲人口占15岁及以上人口的比重这一数据上，宁夏为13.80%，青海为18.40%，甘肃为19.33%，均远远高于全国的8.40%这一比重。② 多年来，这种教育的落后状况所导致的知识资源严重不足，已经成为制约西北民族地区经济和社会发展的最大瓶颈。

(3)基础设施落后，社会服务体系不完善

西北民族地区多在大山深处或草原腹地，自然条件十分复杂，各种交通运输方式受到限制，发展严重滞后，而且基础设施规模偏小。这成为西北民族地区经济发展的薄弱环节，严重制约着西北地区经济的发展。同时，交通的不便导致信息不畅，社会服务体系不健全、不完善。这无疑是西北民族地区经济发展的一个重要的障碍性因素。

(4)人们的观念滞后

思想观念往往主导着人们的行为方式，虽然它不是经济发展的直接原因，但它从深层次影响经济的发展。落后保守的思想泯灭了人们的进取精神，使人们安于现状，不思进取，甚至阻碍进步，对社会经济的发展影响极大。西北民族地区由于多是偏远地区，受现代思想尤其是市场经济的价值准则影响较小，持有很多不利于现代经济发展的观念。这些思想在西北民族地区都不同程度地存在着，是落后的、保守的，与市场经济要求竞争、追求利润最大化、突出个人价值等格格不入，制约着民族地区经济的发展。

2. 民族分裂主义

长期以来，民族分裂主义势力是影响西北地区政治稳定和国家对西北有效治理的重要因素。从我国历史看，生活在祖国西北边陲的各族人民与内地人民历来同呼吸、共患难，共同为维护祖国统一、反对外来侵略而携手并进，作出了巨大的贡献。但是，我们更应该看到，“我国的民族团结事业与祖国统一还受到很

---

① 郝时远、王希恩：《中国民族发展报告(2001—2006)》，社会科学文献出版社，2006年版，第160－161页。

② 《中国统计年鉴2008》，中国统计出版社，2008年版，第102页。

多消极因素的影响和威胁。民族分裂主义、宗教极端主义、国际恐怖主义在我国的部分民族地区制造了一些导致民族关系紧张的事件,严重地破坏了来之不易的民族团结局面"①。残酷的事实也证明,这一问题在我国的西北民族地区更加严重。

改革开放以来,随着整体社会环境的相对宽松和民族地区治理方式的变化,西北的民族分裂主义势力重新泛起。他们建立组织,发展成员,内外勾结,制造恐怖事件,从事分裂国家的非法活动。特别是"东突"分裂势力利用国内外形势的变化,在新疆等地策划、组织、实施了一系列爆炸、暗杀、纵火、投毒、袭击等暴力活动,严重危害了我国各族人民群众的生命财产安全和本地区的社会稳定,并对有关国家和地区的稳定构成了威胁。

要对民族分裂主义势力的阴谋活动进行有效治理,必须从深层次认识民族分裂主义。民族分裂主义是民族主义的表现形式之一,也是20世纪世界范围内最为严重的民族问题之一。对于当代以多民族国家为主体的世界国家格局来说,民族分裂主义势力在国际社会和相关国家中都不具有合理性和合法性。这是因为民族分裂主义是民族主义极端性的产物,而且它一般与恐怖主义活动有联系。所以相关国家打击民族分裂主义的活动自然成为反对恐怖主义的组成部分。民族分裂主义活动是指在一个主权独立、领土完整的国家内部,由于民族问题在内外因的作用下激化,进而造成通常表现为非主体民族或少数民族中某些极端势力要求建立独立国家的政治诉求、暴力活动甚至军事对抗行动。② 民族分裂主义主要依据民族自决原则,并以人权为由加以渲染,由此谋求合法的政治地位和国际社会包括某些国际势力的支持,以实现独立建国或高度自治为目标。

在西北地区,主要存在的是新疆的民族分裂主义势力。新疆民族分裂主义的出现是19世纪末20世纪初由帝国主义,特别是英俄帝国主义造成的。在解放前的半个世纪,民族分裂主义势力是中国社会动荡的原因之一。新中国成立以来,国内外民族分裂主义一直没有停止过在新疆分裂祖国、破坏民族团结的罪恶活动,多次策划叛乱和暴乱,制造打砸抢事件。近十多年来,西方敌对势力加紧对新疆进行渗透、分裂、颠覆活动。新疆境内外民族分裂主义以泛伊斯兰主义和泛突厥主义为理论基础,以"东突厥斯坦独立论"为其思想体系的核心,鼓吹建立所谓的"东突厥斯坦伊斯兰共和国"。目前,民族分裂主义向纵深发展,主要是恐怖主义,它是集民族分裂、宗教极端和暴力恐怖为一体的邪恶势力,是以

① 吴敏:《我国反对民族分裂主义政策的监督机制与效果分析——以新疆地区为例》,《江南社会学院学报》,2008年第2期。

② 郝时远:《民族分裂主义与恐怖主义》,《民族研究》,2002年第1期。

宗教极端和暴力恐怖手段企图将新疆从祖国分裂出去的极端民族主义。①

恐怖主义具有明显的政治目标（或民族分离、分立、分裂，或宗教极端，或极端地反政府、反社会），有组织、有计划地不加选择地采用爆炸、暗杀、纵火、投毒、劫机、绑架、制造骚乱等残暴手段袭击包括妇女、老人、儿童在内的平民及政府行政、执法机关，制造大规模的恐怖气氛，从而将其政治信息传递给更广泛的群众，企图实现其罪恶的政治目标。

"东突"恐怖主义的许多活动都是精心组织、严密计划的。如1997年乌鲁木齐和伊犁的"2·5"骚乱，选择的是汉族群众欢度春节的日子；1997年乌鲁木齐的"2·25"爆炸案发生在举国哀悼邓小平同志逝世的日子；2008年北京奥运会前后，他们先后策划了"3·7"炸机、"3·23"聚众滋事等暴力恐怖破坏活动，制造了"8·4"、"8·10"、"8·12"等三起严重暴力恐怖案件；2009年的"7·5事件"，是新疆历史上规模最大的由境内外"东突"分子组织实施的暴力恐怖事件，事件造成的财产损失和人员伤亡震惊世界，对新疆形成的恐怖阴影至今难以消除。"东突"恐怖主义的活动既有针对武警、公安干部和爱国宗教人士的，也有平民百姓被其杀害或致伤的，包括各个民族的妇女、儿童和老人。

大量事实表明，境内外"三股势力"为了实现其"新疆独立"的妄想，在西方反华势力的支持操纵下，近年来进一步加大了勾连聚合力度，逐步形成了"东伊运"、"东突解"等暴力恐怖组织在幕后"搞武斗"，热比娅及"世维会"在前台"唱文戏"，境内"三股势力"暗中策应，共同实施分裂破坏的斗争局面，使分裂与反分裂斗争的形势更趋复杂，面临的维稳压力不断增大。

从以上分析可以看出，在西北的新疆地区，民族分裂主义及其新生代"东突"恐怖主义以颠覆、分裂中国及有关国家的完整统一，推翻现行政治制度，取消合法执政党的地位为目标，其实质不是民族问题，而是政治问题，其性质也不是人民内部矛盾，而是敌我矛盾，这势必威胁到国家统一、政治稳定、民族团结，因而国家对西北地区的治理应把打击民族分裂主义作为长期的任务。

3.历史遗留问题在民族关系上的负面影响

在剥削阶级占统治地位的社会里，国家政权被统治民族的统治阶级所垄断，而被统治民族基本上处于无权的地位。新中国成立前，我国各民族在政治上是不平等的，不仅统治阶级对被统治阶级（主要是汉族对少数民族）实行政治压迫，而且大民族与小民族、强民族与弱民族之间（主要指不同少数民族之间）也存在着以大欺小、以强凌弱的状况。新中国建立后，废除了民族压迫制度，各民族在政治上取得了平等的地位；但由于族体规模、组织程度、区位优势和各自所

① 潘志平：《"东突"恐怖主义透析》，《新疆社会科学》，2002年第1期。

掌握的政治资源的不同,各民族在实际政治生活中政治影响的大小是不同的。这些历史遗留问题及其后遗症不可能在短期内消除,如果触及这些历史的疮疤,很容易引起一些民族的不满和反感,即使有些与现实生活关系不大的事件也会给民族关系的正常发展带来很大的影响,如对历史事件的描述、对历史人物的评价等。

4. 不同民族之间由于边界、水利、草原、森林、矿产资源等方面的矛盾而产生的纠纷

改革开放以来,随着人口数量的急剧增长,商品、市场经济的发展,各民族群众的权利意识、利益意识、资源意识的增强,不同民族群众之间相互争夺土地、森林、矿产、水源、草场的纠纷也有增加和增强的趋势。另外,由于西北民族地区历史的复杂性,一些少数民族地区的行政界限没有得到明确的划分,存在着较大的争议,这也造成了一些争夺山林、矿山等自然资源的群体性事件。新中国成立以来,这种矛盾冲突就不断出现,而现代不断加剧的资源紧缺性使这一问题显得更加严重,有时两个地区的民族矛盾会从群众性行为上升到两地政府行为,有时甚至出动警力来维护地区利益。这其中许多都是同一民族之间发生的冲突。如2004 年 5 月,青海囊谦县藏族群众与西藏丁青县藏族群众因采挖虫草发生纠纷,进而演化为群体性冲突,虽得到平息,但双方群众比较普遍的对立情绪并没有随之消失。① 甘肃省 14 个地、州、市的 54 个县、市、区与陕西、四川、青海、新疆、内蒙古、宁夏等 6 个省区的 49 个县、市、旗接壤,仅民族地区的边界线就长达 8628 公里。本省民族地区之间以及民族地区与其他地区之间也存在较多的边界争议。河西走廊的 4 个自治县中,肃南裕固族自治县与邻省和周边 15 个县、市有 7118 平方公里的地域争议;肃北蒙古族自治县与周边新疆、内蒙古、青海三省区及本省的肃南县和本地区的阿克塞县、敦煌市、安西县、玉门市存在边界、草原和矿山纠纷;甘南藏族自治州不仅与四川、青海两省存在边界纠纷,而且自治州内各县之间以及县域内部各乡、各村之间也存在大量的草山、矿产纠纷。②

此外,资源林业的开发、天然林保护和退耕还林还草等政策的实施切断了这些地区农牧民的传统收入渠道,也会引起纠纷。这些纠纷的存在使西北民族地区的发展受到了限制,同时,也给西北民族问题的解决带来了困难。国家政权系统在制定和实施政策、法律的过程中也必须注意对这些问题的解决。

5. 对跨界民族的管理问题

众多跨界民族的存在是我国现阶段民族问题的一个重要方面。我国 55 个

① 徐晓萍、金鑫:《中国民族问题报告》,中国社会科学出版社,2008 年版,第 116 页。

② 徐黎丽:《论民族关系与民族关系问题》,民族出版社,2005 年版,第 13 页。

少数民族中有30多个与境外的同一民族相邻而居，从这一意义上看，可以说我国少数民族中多半是跨界民族。同一民族的成员虽分属于不同的国家，但他们语言相通，风俗相同，在心理素质和思想感情上有许多共同的东西或一定的同一性，有的相互之间还有血缘和姻亲关系。[①] 无论从理论还是现实角度来讲，"跨界民族往往容易把境外的同胞当作自己精神和物质的后盾，昭示本民族与众不同的优势和力量，并举起民族统一的旗帜，希望和同胞一起建立自己的国家。从这一意义上说，跨界民族问题几乎都关系到领土主权问题，如果一国内部跨界民族问题处理不当，就极易导致国外的同源民族发生连锁反应，引起他们的声援和抗议，从而使跨界民族问题不断升级，甚至牵涉到邻国政府的介入，引发边疆地区动荡以及邻国间关系紧张"[②]。由于我国是一个有许多跨界民族的国家，特别是西北地区的跨界民族较多，所以对跨界民族的管理也就成为我国西北地区治理中的一大难题。

6.民族问题与宗教问题交织在一起

西北地区的许多民族信仰同一种宗教，这就使得民族问题和宗教问题联结在一起。在许多情况下，宗教在很大程度上构成民族的特征之一，成为一个民族的文化和心理要素。因此，有些问题发生以后，其性质既像民族问题又像宗教问题，很难作出明确的区分。有些问题的起因是侵犯了少数民族的宗教信仰，但对此作出反应的却是整个民族，也就是说，问题的起因是宗教，而表现形式却是民族问题。可见，民族问题往往与宗教问题交织在一起共同发生作用，加大了国家对其治理的难度。

此外，各民族传统文化与现行生活方式相互适应、相互协调的问题和生态环境等问题也普遍存在于西北地区，影响着国家政权的有效治理。

二、西北地区民族问题的现实特征

民族问题是民族的伴生物，它在不同时期具有不同的内容，表现出不同的特征。今天的民族问题在内容和特征上都不同于以往的民族问题，同时在不同地区有不同的表现。中国西北的民族问题尽管具有我国民族问题的共性，但又具有自身的特点。基于时间、空间因素和西北地区民族问题的特殊表现，西北地区的民族问题具有一些现实特征：

（一）发展问题是西北地区民族问题的核心

西北地区的民族问题在现阶段主要表现在西北地区少数民族的经济、社会

① 唐鸣：《社会主义初级阶段的民族矛盾研究》，中国社会科学出版社，2002年版，第55页。

② 栗献忠：《跨境民族问题与边疆安全刍议》，《学术论坛》，2009年第3期。

和文化发展问题上。

西北地区是我国最不发达的地区，国家级的贫困县有相当一部分都在西北地区，如甘肃的定西、宁夏的固原等地，而在这些地区中少数民族占有相当大的比重。2007 年广东、江苏的人均 GDP 均超过了 30000 元（其中广东为 33151 元，江苏为 33928 元），而西北五省区的人均 GDP 均在 20000 元以内，特别是甘肃只有 10346 元，最高的新疆也只有 16999 元。[①] 在基础设施建设方面，西北的公路密度只有全国平均密度的三分之一，许多民族地区的乡村缺电、缺水。经济的落后必然导致社会事业的落后，在西北民族地区，又表现为各民族之间的差距。这些差距的拉大会产生许多新的民族问题，甚至危及国家政权的稳定。正如邓小平同志所说："社会主义社会最大的优越性就是共同富裕，这是体现社会主义本质的一个东西。如果搞两极分化，情况就不同了。民族矛盾、区域间矛盾、阶级矛盾都会发展，相应地中央和地方的矛盾也就发展，就可能出现乱子。"[②]可见，在现阶段，以经济社会发展滞后为主要内容的民族问题在西北地区表现得尤为突出。发展不仅仅是西北地区民族问题的解决措施，而且是一个重要的现实特征。

（二）维护社会稳定和国家统一是西北地区民族问题的重要特征

西北地区民族问题突出地表现为民族分裂主义势力制造"西藏独立"和建立"东突厥斯坦共和国"的问题。这一问题危及我国的国家统一，影响着我国的社会稳定，甚至造成地区动荡。民族分裂主义势力利用民族问题和宗教问题进行一系列的破坏活动，而且造成了一些地区的紧张气氛，威胁到西北地区各族人民的生命财产安全和地区性稳定，给人们的学习、工作、生活带来了不利影响。可见，维护西北地区的社会稳定和国家的统一是现阶段我国西北地区民族问题的重要特征和主要任务。

（三）西北地区的民族问题是历史问题和现实问题的统一

民族问题具有长期性的一般特征，有了民族就产生了民族问题。西北地区的各个民族都是在历史的发展过程中形成的，我国现阶段的民族问题不仅仅是现实问题，而且是历史问题和现实问题的统一，所以民族问题的解决尤其西北地区的民族问题必须考虑其历史性因素和现实性因素的统一。历史问题和现实问题的统一是西北地区民族问题的现实特征之一。

由于民族本身所具有的民族意识的深厚性和延续性，民族间发生在历史上的交往无论是冲突还是和谐，无论是对抗还是互助，都会在相当长的时间里留存

① 《中国统计年鉴（2008）》，中国统计出版社，2008 年版，第 52 页。

② 《邓小平文选》（第 3 卷），人民出版社，1993 年版，第 364 页。

在人们的记忆之中,影响人们的行为。还有的民族会把历史上曾经发生的民族间的不愉快或者冲突作为衡量和处理今天的民族关系的参考,从而直接或间接地影响今天的民族关系。旧的民族关系的遗存会在一定的条件下演变为现实的冲突。

现阶段我国民族问题存在的根源并没有消除,而且由于历史因素及其影响还在,西北地区的民族问题仍然是一个客观存在,并随着社会的发展不断以新的形式表现出来。我国现阶段的许多民族冲突和历史的惯性有关,有些历史上的经济利益冲突延续至今。这种历史问题和现实问题的交织在西北地区治理中表现在各个方面。

(四)西北地区的民族问题是人民内部矛盾与敌我矛盾的交织

自社会主义改造完成以来,我国大规模的阶级斗争已不复存在,但阶级斗争仍然没有完全消失,还会在一定条件下和一定范围内存在着,民族地区亦是如此。我国现阶段的社会矛盾从整体上看基本是人民内部矛盾,是在全国各族人民根本利益一致前提下的矛盾。这些矛盾表现在各民族对政治权利平等的要求、经济文化发展的要求、使用民族语言文字的要求、保持各自文化传统的要求等方面,也有基于局部利益和某些具体事件而产生的民族间的矛盾与冲突。

民族问题毕竟是一个既复杂又敏感的问题,西北民族地区局部的、一定领域的具有敌我矛盾性质的民族问题会不时体现出来。因为境内外还存在着民族分裂主义势力,世界上还存在着企图利用民族问题进行分裂我们国家、颠覆我们政权、破坏我国社会稳定的西方敌对势力。民族分裂主义势力和西方敌对势力狼狈为奸,进行着各种各样的阴谋活动。这就使得本来就非常复杂的民族问题变得更加复杂,人民内部矛盾和敌我矛盾就有可能交织在一起。这种交织为判断西北地区民族问题的性质增加了困难,更为问题的顺利解决增加了难度。可见,人民内部矛盾和敌我矛盾的交织是现阶段西北地区民族问题的重要方面。

(五)国内问题和国外问题相互影响

我国是一个多民族国家,其中大多数民族并非我国独有,而是分居于其他多个国家,这使民族问题往往越出我国的国界。交通的发展、通讯技术的发达和对外交往的增多,再加上我国多个民族居住在边境地区,尤其是西北的新疆地区,使得境内外的民族在民族问题上容易相互影响,这种影响会表现在民族心理、民族观念上,有时还会表现在民族行动上。在新疆地区经常发生的情况是,当我国边境地区的经济状况不如相邻国家的时候,我国边境的民族便会跨越边境,流入别的国家,当我国的经济状况得到改善后,他们又会回到我国境内。同样,相邻国家的民族也会进入我国边境地区居住。

使民族的国内问题和国际问题相互影响的另一种情况是,有些国家基于本民族和本国家的利益,蓄意利用别国的民族问题打开缺口,找到借口。西方国家对中国就采取了国内民族问题国际化的策略,在我国西北民族地区发生的一些影响较大的民族矛盾往往就有西方敌对势力的插手。当他们利用民族问题干涉我国内政时,会同我国新疆地区的民族分裂主义相互配合,使我国西北地区的民族问题既有国内因素又有国际因素,而且往往交织在一起。

此外,西北地区的民族问题和宗教问题常常交织在一起,这是由我国少数民族一般都信仰宗教造成的。这给我们判断民族问题和宗教问题带来了困难,也成为西北地区民族问题的一大特征。

三、西北地区民族问题的发展趋势

根据现阶段民族问题的主要表现和现实特征分析,我国西北地区民族问题的发展趋势有以下几个方面:

(一)民族问题基本上是非对抗性的人民内部矛盾,但对抗性的敌我矛盾仍将长期存在

在今后相当长的一段时间内,我国社会主义民族关系的经济政治基础、领导力量和指导思想从总体上看仍然不会有大的改变,这就决定了我国民族关系的性质总体上仍然是在人民内部根本利益一致基础上的非对抗性的矛盾。

但由于我国各民族的阶层构成会随着经济结构的变化而发生广泛、深刻的变化,我国的民族关系和民族问题的性质在总体不变的前提下也会不断发生变化。由于西部大开发战略的实施,一些过去经济发展滞后的没有现代工业的民族地区也会出现一些工业,这会大大加速民族地区经济的发展,为民族问题的解决提供坚实的基础。同时,随着市场经济的建立和发展,我国民族地区各民族的阶层构成将会日益多样化,不仅民营创业人员和技术人员、外资企业的管理人员、个体经营人员、私营企业主、中介公司的从业人员等社会阶层会不断发展并分化出新的阶层,使得民族地区的社会结构更加复杂化,而且各民族之间以及各民族内部围绕经济利益产生的具体矛盾也会增多,这些属于人民内部的非对抗性矛盾会越来越突出,越来越明显。同时,也应该看到,在今后很长的一段时间内,西北地区的民族分裂主义会长期存在,西方国家不会放弃对我国采取分化和西化的战略,国内外、境内外敌对势力不会放弃利用民族问题分裂中国的图谋,因此我国西北民族问题在一定程度上仍会受到国内外、境内外阶级斗争的影响,表现为对抗性的具有敌我矛盾性质的民族问题仍将长期存在,并有可能在一定条件下以激烈的暴力恐怖方式爆发出来。

判断西北地区民族问题的发展趋势,就要严格区分两类不同性质的矛盾,注意区分人民内部矛盾与敌我矛盾的界限,认真分析引发矛盾和问题的主要因素,

准确定性。是什么问题就要按什么问题处理,不能把涉及少数民族成员的一般民事纠纷和治安案件简单归结为民族问题,只有那些与反对共产党领导和社会主义制度、破坏祖国统一的少数分子的矛盾才是敌我矛盾。是什么人的问题就解决什么人的问题,是什么地方的问题就在什么地方解决,不能夸大事态,不能误判矛盾的性质。在当前及今后一个时期尤其要将"藏独"势力与"疆独"势力分裂国家的敌对破坏活动与普通刑事犯罪相区别,把受欺骗和胁迫的群众与"藏独"分子、"疆独"分子相区别,团结大多数,孤立打击极少数,不断巩固反分裂斗争的群众基础。

(二)民族问题主要类型的构成在总体上不会改变,但各种类型的具体情况和相互关系会发生一些相应的变化

在整个社会主义初级阶段,我国民族问题主要类型的构成在总体上不会改变,即在民族问题的主体上表现为汉族与少数民族之间的问题和少数民族相互之间的问题,在民族问题的内容上表现为民族经济问题、民族政治问题和民族文化问题,在民族问题的形式上表现为民族隔阂和民族纠纷。但是随着我国经济、政治、文化、社会等方面的发展,我国民族问题的具体类型及相互之间的关系也会发生相应的变化。

随着少数民族人口在全国人口中相对比重的不断增大和少数民族经济、政治、文化发展水平的提高,有可能出现一些局部范围内少数民族在与汉族的矛盾中处于矛盾的主要方面的情况。虽然少数民族相互之间矛盾的地区性特征不会有大的改变,但随着我国人口流动的扩大和频繁,不同的少数民族各自超出原有的居住区域,彼此之间产生问题的机会和可能性将会增大。

在今后的一段时间里和未来的发展中,民族之间、地区之间经济发展的差距在历史惯性的作用下可能进一步拉大,但相对差距在西部大开发政策因素的作用下却有可能缩小,人们关注的重点有可能从单纯的物质需求转到政治权利的行使和文化价值的实现上来,使民族政治矛盾和民族文化矛盾有可能较之过去表现得更加突出。

经济的发展、交通的发达、通讯技术的进步使民族地区各民族间的人口流动扩大,交往更加频繁,信息沟通有所增强,不同民族成员对其他民族文化的了解逐渐增多,民族隔阂即使不会完全消失,也将会不断地减少。民族间的交往增加了民族纠纷发生的次数,但交往的频繁也会使民族纠纷的规模缩小。

四、在解决西北地区民族问题上存在的问题

新中国成立以来,我国彻底改变了以前不平等的民族关系和少数民族无权的状况。我国从国情和各民族地区具体实际出发,坚持民族平等、民族团结、各

民族共同繁荣的原则,制定了民族区域自治制度,在宪法的指导下制定了《民族区域自治法》和相关法律法规及政策。这为解决民族问题起到了指导作用和积极的推动作用;但在具体实施和贯彻中由于多种原因,也存在着不容忽视的问题。

(一)国家权力分配不当和分享不均

“政治意指力求分享权力或力求影响权力的分配。”①在一个多民族国家,国家权力在各民族之间的分配和分享是处理民族关系的一个重要变量。自新中国成立以来,我国最大限度地消除或减少由国家权力分配和分享引起的民族问题,但权力资源与大多数资源一样,是有限的,具有稀缺性,不管如何公平公正地分配民族间的国家权力,仍可能产生这样或那样的问题。主要表现在以下方面:

1. 汉族与少数民族之间的权力关系问题

就全国情况而言,一是汉族人口占绝对多数,二是汉族居住地区的经济、政治、文化较为发达。“汉族无论在政治、经济、文化乃至军事各个方面都有绝对优势。”②由此决定了在整个国家政治生活中,虽然汉族和少数民族具有平等的权利,但各自掌握的权力资源是不平均的,汉族在整个国家的政治生活中拥有更多的权力资源,拥有更大的影响力。就西北少数民族地区而言,仍然存在汉族成员在当地国家行政机关中占据要职的状况。

2. 少数民族之间的权力分配状况

就西北地区而言,由于各少数民族在本地区的人口数量的差异,其对当地权力资源的掌握和政治影响力也存在不均。在整个国家的政治生活中,各少数民族所掌握的权力资源也是不均的,有的少数民族拥有较大的影响力,有的少数民族则拥有较小的影响力。

3. 中央国家权力机关与民族自治地方(自治区)自治机关的权力分配状况

我国《宪法》对中央和地方的国家机构职权划分作了“遵循在中央的统一领导下,充分发挥地方的主动性、积极性的原则”的规定,而且《宪法》和《民族区域自治法》对中央国家权力机关和行政机关与民族自治机关各自的职权作了较为系统的规定;但由于一些规定表述不清楚以及各民族地方情况的复杂和利益上的矛盾,在具体的政治运行过程中特别是中央国家权力机关和行政机关与民族自治地方(自治区)自治机关权力交叉的地方,往往存在一些意见分歧和冲突。

4. 民族自治地方自治机关与上级国家权力机关和行政机关之间、不同级别

---

① 艾伦·C. 艾萨克:《政治学:范围与方法》,浙江人民出版社,1987 年版,第 21 页。

② 周恩来:《民族区域自治有利于民族团结和民族进步》,转引自任一农、杨牧之、宋镇铃主编:《民族宗教知识手册》,中央党校出版社,1994 年版,第 24 页。

民族自治地方自治机关之间的权力关系状况

我国民族分布的“大杂居，小聚居，交错杂居”的局面，使得我国民族自治地方的分布也呈现出较为复杂的状态。这决定了我国民族自治机关的隶属关系复杂，使得民族自治机关与上级或下级的权力关系问题既包括上级国家权力机关和行政机关是否尊重民族自治地方自治机关的自治权以及民族自治地方的自治机关是否恰当地行使自治权的问题，也包括上级自治机关的自治权与下级自治机关的自治权的协调问题。民族自治地方的人民政府在实际的行政过程中如何处理不同层次的自治民族管理本民族内部事务的权利的关系也是需要妥善加以协调的问题。①

5. 民族自治地方自治机关与非民族自治地方国家权力机关和行政机关之间的权力大小状况

一般说来，民族自治地方自治机关的权力比同级非民族自治地方国家权力机关与行政机关的权力要大。这是因为民族自治地方拥有许多自治权。然而，在改革开放的过程中，许多一般地方特别是东南沿海的经济特区有很大的自治权，而民族自治地方的许多在过去计划经济条件下确立的自治权尤其是经济自治权几乎没有真正的意义。两相比较，民族自治地方的自治权还有减少和缩小的情况。

此外，在民族自治地方内部也存在着权力分配不当或分享不均的状况。

（二）民族政策的失误与滞后

政治是“以社会权威的名义为社会制定和实施决定的人类活动”②。公共政策的制定和实施是社会政治系统的一项主要的功能，它由现实的社会关系所决定，反过来又给现实社会关系以巨大的影响。在一个多民族的国家里，公共政策的一个重要方面是民族政策。一个国家执政党和政府的民族政策直接影响着该国民族关系的状况和民族问题的解决。

任何事物的发展都不是一帆风顺的，党和政府的民族政策在逐步发展、完善的过程中曾出现过这样或那样的问题。而无论是在政策执行上还是在政策制定上出现的问题，都使我国的民族关系遭到了或大或小的损害。

自新中国成立以来，我国在民族政策上的失误主要表现在两个方面：一是政策失误，二是政策滞后。新中国成立后很长一段时期中，出现了不少没有正确执行民族政策或违反民族政策的事，包括：没有根据民族平等原则组织联合政府；在政府机关中没有配备适当名额的少数民族干部，或者配备了但对少数民族干

① 周平：《少数民族政治关系分析》，《云南社会科学》，1998 年第 2 期。

② 〔美〕杰克·普拉诺：《政治学分析辞典》，胡杰译，中国社会科学出版社，1998 年版，第 121 页。

部不够尊重;不尊重少数民族的风俗习惯;侵犯少数民族的利益;个别地方存在严重侮辱、歧视少数民族的情况,引起了少数民族的不满甚至极大的不满,致使当地的民族关系很不正常,个别地方还引发了群众性的骚乱。① 这些失误给我们国家的民族工作带来了许多困难,也为我国后来的民族问题的解决带来了困难,影响了民族关系的正常发展和地区稳定。

党的十一届三中全会之后,根据一切从实际出发、实事求是的思想路线和"一个中心,两个基本点"的政治路线,党和国家在纠正长期以来特别是"文化大革命"期间"左"的错误的同时,恢复了正确的民族政策,制定和实施了一系列新的民族政策,不仅修复了过去因为政策失误而遭到损害的民族关系,而且使我国平等、团结、互助、合作的社会主义民族关系在改革开放和现代化建设的新形势下有了新的全面的发展。新时期党和政府的民族政策在内容上更加丰富,在体系上趋于完善,在方法、手段上也有许多创新。② 但是,随着改革开放的发展和市场经济体制的建立,民族关系出现了许多新问题和新情况,我国的民族政策也表现出了某种程度的滞后。过去在计划经济体制下或根据计划经济思路制定的一些民族政策已不适应市场经济条件下调整民族关系和解决民族问题的需要,应当进行一些清理和修改。

就目前的情况而言,我国民族政策的滞后主要表现为民族政策的修订、制定和更新与新时代背景下民族地区现实的不完全协调,包括民族平等团结政策的宣传不够广泛深入,民族自治县和民族乡改制后的自治政策的落后,市场经济条件下支持少数民族经济发展的财政照顾和优惠政策、金融政策、民族贸易和民族用品生产优惠政策、对外开放和对外贸易优惠政策等方面的滞后问题。③

(三)民族法制不够完备

在向市场经济转轨的新形势下,一些民族法律法规存在一定的局限性,其中有些内容已经明显不适应新的形势,不利于少数民族和民族地区的发展。新的形势对加强民族立法、执法,健全民族法制,实施民族法律法规的监督和宣传教育,都提出了新的更高的要求。目前我国民族法制面临许多问题。

1. 立法滞后,民族法制尚待完备

我国现有的有关民族的法律法规的数量不多,质量有待提高。我国现行的民族法律法规大都比较抽象,约束力不够,可操作性不强。有些法律法规是在计划经济体制下制定的,有时代局限性,特别是经济方面的规定更是如此,不能完

① 黄光学:《当代中国的民族工作》(上),当代中国出版社,1993 年版,第 102 页。

② 王铁志:《新中国民族政策发展的历史轨迹和时代特点》,《民族研究》,1999 年第 5 期。

③ 杨盛龙:《新形势下民族政策和民族工作体制的发展》,见郝时远、王希恩:《中国民族发展报告》(2001—2006),社会科学文献出版社,2006 年版 ,第 121 - 123 页。

全适应社会主义市场经济体制的要求。对民族自治地方享有的经济管理权限和自主权的规定不够具体,不够明确,很难操作。民族法制建设中特别需要加强经济方面的立法,建立和完善民族法律法规体系。自治区自治条例久久不能出台,自治权也就难以落实。另外,对各民族间的经济文化交流、少数民族传统文化的保护、少数民族风俗习惯和语言文字的尊重也应有相关的立法。

2. 执法不力、不严

在现阶段,我国的民族法律法规在政治权利方面执行得较好,而在经济权利方面的执行中存在着不足,主要表现在一些法律法规没有得到很好的贯彻和落实。这些问题存在的原因是多方面的:有些是法律内容规定不全,比如,对违反《民族区域自治法》及相关法律法规如何处置,规定得并不清楚;有些法律弹性太大,执行中不好掌握,在实际的操作中,很多人重视政策轻视法律法规;有时因为有关部门的文件不能通过,也就无法执行;再加上有些部门和人员的法制观念淡薄,就会在具体执法过程中出现执法不力和执法不严的现象。

3. 监督民族法律法规实施的机制不够完善

在我国大多数民族地区,在具体的法制建设中重视立法而轻视法律法规的具体贯彻实施,也就影响到法律实施的监督。很多领导部门的干部缺乏民族法律意识,领导不力,许多人甚至以为民族地区的立法、执法和监督是民族工作部门和民族地区的事。缺乏相应的机构负责实施民族法律法规,督促落实抓得不够,也就谈不上形成法律权威。

4. 民族法制宣传教育不广泛、不深入

在少数民族地区,由于地处偏远山区或草原腹地,交通设施落后,再加经济社会发展迟缓等因素,许多干部和群众的法律意识与建设社会主义法治国家的要求还有很大的差距。由于教育的落后,少数民族群众的文化素质较低,受传统观念和社会习惯影响较深,法律意识比较淡薄。民族地区地理环境、语言文字不同,干部队伍量少质弱,普法宣传力度和宣传材料不足等等,使民族法制宣传和教育不能够广泛地深入到群众当中。

(四)经济社会转型的影响

我国经济社会体制的转轨,不可避免地影响到我国现阶段的民族关系和民族问题的有效解决。

我国的民族关系应该说是在计划经济条件下建立的,主要依靠行政手段。计划经济对少数民族地区的经济发展和我国民族问题的解决起到了积极作用,但同时也有不利的影响:在高度集中统一的计划经济体制下国家对民族地区的支持和照顾,不能有效激发民族地区的活力,增加了其对国家的依赖性,形成了只靠“输血”发展的畸形经济机制;无视市场的计划造成了与价值背离的价格体系,国家以低于价值的价格将某些初级产品调拨到工业较为发达的地区,使少数民族蒙受了一定的经济损失,产生了一定的不满情绪;计划经济条件下的"条块分割"和对人口流动的严格控制,也限制了民族地区的相互交往。目前,计划经济体制影响下的许多民族问题还未解决,又面临着向市场经济体制的转轨,在转轨中产生的许多问题将给我们带来新的挑战。

总之,在处理民族问题的过程中出现的由国家权力分配不均、民族政策和相关政策失误与滞后、民族法律法规不够健全和完备以及经济社会体制转型等造成的各方面问题,是客观存在的,正确认识和解决这些问题,无疑是国家实现对西北民族地区有效治理的前提。

五、处理西北地区民族问题的原则

西北地区的区位特点和民族问题的特殊性,以及国家在治理中存在的诸多问题和操作上的失误,给国家治理造成了困难;现阶段国际、国内形势的变化以及国内经济、政治、文化等各方面的发展也给国家的治理带来了新的难题。要处理好西北地区的民族问题,必须坚持以下原则。

(一)民族平等、民族团结和各民族共同繁荣的原则

实行各民族平等,即各民族不分大小、强弱,不论先进、落后,不管聚居、散居,在政治、经济、文化、社会各方面,在法律上和事实上处于同等的地位,实现完全的权利平等;加强民族团结,即各民族在平等的基础上和睦共处,紧密联系,友好往来,真诚合作;促进各民族共同发展繁荣,即所有的民族在平等团结的基础上,在政治、经济、文化各方面都得到发展繁荣。民族平等、民族团结和各民族共同繁荣是我们党和国家处理民族关系、民族问题的最基本的原则,要处理好西北地区民族问题必须坚持这一基本原则。

民族平等、民族团结和各民族共同繁荣三者之间是密切相关的。民族平等是民族团结的基础和前提。真正的民族团结只能在各民族平等的基础上实现。民族平等越完全、越彻底,民族团结也就越紧密、越巩固。谁破坏了民族平等,谁就破坏了民族团结。民族团结是民族平等的条件和保证。没有民族的团结,各民族就不可能真正实现或取得平等地位。在我国现阶段,各民族在政治上、经济上、文化上获得了平等的权利,但事实上却没有达到完全的平等,还必须迅速发展社会主义各项事业,民族团结则是社会主义事业的胜利保证之一。只有加强民族团结,才能逐步消除民族隔阂和民族分裂主义,从而逐步铲除民族间不公平的思想基础。民族平等和民族团结是各民族共同繁荣的保障。如果各民族长期处于不平等的地位,就会使有的民族得到较快发展,长期处于先进地位,有的民族发展较慢或停滞不前,一直处于落后地位,就不可能实现各民族共同繁荣。如

果民族之间不团结,不能和睦相处,那么各民族的发展都会受到阻碍。只要实现了民族平等,加强了民族团结,就一定会实现各民族共同发展繁荣。各民族的共同发展繁荣是民族平等、民族团结的动力。只有各民族的经济文化都得到迅速发展,才能消除民族间在经济文化发展水平上的差距,实现彻底的民族平等,才能消除民族间的隔阂和不信任的心理,实现并巩固民族团结。可见,这三个方面是缺一不可的,共同构成了处理民族问题的基本原则。

西北地区民族问题的解决必须从民族平等、民族团结和各民族共同发展繁荣的原则出发。任何处理民族问题的手段、方式、方法、步骤的选择和确定,在总体上都必须服从和服务于这个大目标,任何偏离这个大目标的手段、方法和方式,即使在个别问题上或在小范围内暂时可能取得某种成效,也是不可取,不能采纳和运用的。任何民族问题包括西北地区民族问题的处理是否正确,关键就看在总体上是否对民族平等、民族团结、各民族共同繁荣起到促进作用。正如胡锦涛在新疆考察工作时指出的:"民族团结是新疆各族人民的生命线,是做好新疆一切工作的重要保证。要高举各民族大团结旗帜,坚定不移贯彻落实党的民族政策和宗教政策,坚持和完善民族区域自治制度,深入持久开展民族团结宣传教育活动,大力推进民族团结进步事业,引导各族干部群众牢固树立汉族离不开少数民族、少数民族离不开汉族、各少数民族之间也相互离不开的思想,打牢民族团结的思想基础,推动各民族和睦相处、和衷共济、和谐发展,始终做到同呼吸、共命运、心连心,巩固和发展平等团结互助和谐的社会主义民族关系。"①

(二)国家统一的原则

国家统一是各民族共同的根本利益,任何团体、任何宗教、任何个人都应当维护国家统一。维护国家统一,是处理民族问题必须坚持的重大原则,处理西北地区的民族问题更应该强调国家统一高于一切的原则。我国自古以来就是一个统一的多民族国家。从秦到清,2000 多年间,封建割据虽然不能完全清除,但整个中国的主流是统一。在现阶段,我国各族人民也只有联合在统一的国家内,才能巩固和发展民族成果。无论是过去、现在还是未来,少数民族地区和汉族地区的发展,合则获利,分则受害。坚持多民族国家的统一,是我国进行社会主义现代化建设、实现民族发展和繁荣的需要,是我国各族人民的根本利益所在。

把坚持国家统一作为处理西北地区民族问题的一个原则,就要旗帜鲜明地反对西北地区民族分裂主义势力分裂国家的行径。西北地区少数民族分裂主义势力打着民族问题的旗号,企图破坏国家统一,而且在很长时期内可能还会存

① 《胡锦涛在新疆维吾尔自治区干部大会上发表重要讲话》,来源:http://news.xinhuanet.com/politics/2009-08/25/content_11942627.htm.

在,我们只有在坚持国家统一的原则下,才能有效打击民族分裂主义势力及其暴力恐怖活动。

(三)坚决维护国家利益的原则

国家是各民族最高利益的代表者,也是各民族利益的捍卫者,一个民族的发展、尊严是和国家的地位联系在一起的。在一个多民族的国家,可以说,没有国家的利益,就不会有民族的利益。坚持维护国家利益的原则既是维护国家权威的需要,也是处理民族地区民族问题的需要。在处理西北地区的民族问题时,无论是涉及民族与国家的关系,还是民族与民族的关系,都必须优先考虑国家利益。如果不优先考虑国家利益,各地方、各民族自行其是,地方主义、民族本位主义就会抬头,甚至民族分裂主义就会大肆活动,破坏国家统一,最终各地方、各民族的利益也会受到损害。所以必须强调国家利益高于其他利益的原则。

我们强调维护国家的最高利益,不是要损害各民族的利益,而是为了更好地实现各民族的利益。从根本上讲,国家利益和各民族的根本利益是一致的,我们强调捍卫国家的利益,也就是维护各民族的根本利益。在西北少数民族的主要居住区域,处理民族问题,任何过分地、突出地强调某个或某些民族的单一利益,忽视国家利益的行为都是有害和不容许的。

(四)维护人民利益的原则

我们党的宗旨是全心全意为人民服务。从群众中来,到群众中去,一切依靠群众,一切为了群众,为群众谋福利,争取维护人民利益,是我们党在长期的革命斗争实践中形成的优良传统。它是党的事业能够得到广大人民群众的理解、拥护和支持从而获得成功的一个关键因素,也是党能够不断解决面临的各种矛盾,克服前进道路上的各种困难,从胜利走向新的胜利的一个重要原因。

国家在处理西北地区的民族问题时,离不开西北地区各族人民的支持,所以要把维护西北地区各族人民的利益作为一个重要原则。处理西北地区的民族问题,从某种意义上也可以说是一个调整西北民族地区各民族之间利益关系的过程,或者说是在民族之间进行利益协调或重新分配的过程。以维护各族人民的根本利益为原则,是这一过程能够公正、合理进行的关键。在对民族间的利益进行协调和重新分配时,必须从各族人民群众的长远的、根本的、整体的利益出发,以满足最广大人民的最大利益为直接目的,把长远利益与眼前利益、根本利益与具体利益、整体利益与局部利益、各民族的共同利益和各民族的不同利益结合起来,真正使各方面的利益都能够得到兼顾和一定程度的满足,从而使民族平等得到最终的彻底的实现,民族团结得到进一步加强,各民族的共同发展得到促进。

(五)实事求是的原则

实事求是,就是使思想和实际相符合,使主观和客观相一致,认识事物发展的本来面貌，把握事物发展的客观规律。实事求是是马克思主义思想的精髓，是无产阶级及其政党正确认识、对待和处理各方面问题所必须遵循的原则。

民族问题错综复杂，对民族问题的认识和处理需要实事求是，任何主观臆断、草率行事都可能造成灾难性后果。对民族问题实事求是，就应当判明民族问题的性质，界定所发生的问题是不是民族问题，不能把凡是涉及少数民族的问题都归纳在民族问题范围之内。比如民族分裂主义势力借民族问题搞分裂，危及国家统一大局，我们不能把它仅仅视为普通的民族问题，而应该界定为政治问题。对民族问题不能过于敏感，也不能简单地淡化和漠视。明明属于民族问题，却不敢定性或作了不恰当的定性，没有作为民族问题加以考虑，同样是没有做到实事求是，本来可以顺利解决的问题也会变得难以处理，造成消极后果。

西北地区从地理位置上看，具有自身的特殊性，这是事实；在历史上长期存在民族压迫、民族剥削、民族歧视、民族纠纷等，这是事实；西部大开发战略的实施，民族地区经济、政治、社会、文化的发展使民族问题更加复杂化，这也是事实；民族分裂主义势力和恐怖势力存在，这还是事实。我们在处理这些问题时更需要坚持实事求是的原则。

（六）具体问题具体分析的原则

具体问题具体分析，就是根据不断变化的实际，对于各种情况不同的具体问题，分别进行具体的认识和处理。在处理西北地区民族问题时具体问题具体分析，就是根据现阶段西北地区民族问题的现实特征，针对不同问题提出不同的解决方案。

从新中国成立到现在，60 多年的时间过去了，实践也充分证明，从我国具体实际出发制定的民族区域自治政策，对解决我国民族问题，维护国家统一，促进各民族的平等、团结和繁荣起到了积极作用。但从教训方面讲，新中国成立后在处理民族问题上也有失误，这些失误都与背离具体问题具体分析原则有关。无论是从经验还是从教训看，我们都必须坚持用具体问题具体分析的原则处理民族问题。

在处理西北地区的民族问题时，必须从西北地区的实际出发，具体分析西北地区民族问题的特点。由于经济与社会的快速发展，现阶段充满着剧烈的裂变性和多样化，从而导致民族问题具有普遍性、长期性、复杂性、国际性和重要性。对涉及西北地区民族关系的各种问题要坚持以团结、教育、疏导、化解为主的方针，具体问题具体分析，是什么问题就解决什么问题，避免事态扩大和矛盾激化，要维护法律尊严，维护人民利益，凡属违法犯罪的，不论涉及哪个民族，信仰何种宗教,都依法处理。①

用具体问题具体分析的原则认识和处理西北地区的民族问题,还应根据具体情况,运用不同的策略和方法,处理和解决具体的民族问题。各种具体的民族问题,由于性质、内容、形式、产生原因不尽相同,在处理时绝不能采取同一模式。不同地方的民族问题应结合本地区的实际去解决,不同民族的问题应结合相关民族自身的特点去解决,不同领域的民族问题也应在不同领域内解决。用同一模式去解决各种民族问题往往会使问题更加复杂,所以在处理西北地区的民族问题时必须坚持具体问题具体分析的原则。

(七)厉行法治的原则

依法治国,建立社会主义法治国家是我国的治国方略。对于一个多民族国家来说,民族问题主要是一个国家的内部事务,是一个国家的内政问题。因此,对民族问题要按照国家法律法规来处置。这就要求各个民族必须强化法律意识,法律面前人人平等,法律面前各民族一律平等,不允许任何人、任何民族拥有超越法律以外的其他特权。民族问题一旦出现,应根据问题的性质和本身表现,用法律的手段加以解决。同时,在民族问题的处理中,国家机关干部也要依法办事,特别是处理民族问题的各级政府的工作人员要牢固树立法治观念,在处理民族事务时,真正做到有法可依、有法必依、执法必严、违法必究。

西北地区由于教育文化的落后,一些少数民族的法律意识淡薄,甚至用风俗习惯和宗教教规处理一些事务,造成了一些新的违法事件。国家机关必须进行法律知识宣传,让少数民族群众知法、懂法进而去守法。

(八)及时、联合处理原则

民族问题本身具有复杂性和敏感性,西北地区的民族问题更复杂、更敏感,如果长期搁置,可能会影响民族地区少数民族群体的正常生活。所以一旦出现民族问题的苗头,应立即果断地采取某些措施,争取处理过程中的主动权,将这些问题消灭在萌芽状态之中,减少其负面影响和后遗症。反之,如果在问题发生之初不积极主动,加上有时在判断上的失误,就会使局面变得更加复杂甚至难以控制。国内外的经验教训告诉我们,处理复杂的民族问题应及时,反对长期搁置听之任之。

民族问题往往不是独立地表现出来,而是表现为社会问题、政治问题、经济问题、教育和文化问题等等。从实践上看,某一个具体的民族问题也会涉及社会生活的方方面面,涉及政权系统的各个机关。例如,少数民族的扶贫问题可能涉

① 《中国的民族政策与各民族共同繁荣发展》白皮书,来源:http://politics.people.com.cn/GB/1026/10126896.html.

及规划、财政、交通、民族工作等许多部门；一件由经济纠纷引起的冲突，会涉及经济管理、司法、治安、民族工作等许多部门。对于这些问题，仅凭一个部门的努力是很难解决的，只有各个部门相互联合、相互配合才能处理。国家的权力机关、司法机关、行政机关也应该在这些问题上联合，共同解决存在的问题，统一认识，统一行动，相互配合。

处理民族问题的这些原则并不是孤立的，其中有的是基本原则，是解决所有地区民族问题的指针，有的是针对西北地区的具体问题而提出的，有的是基于某一领域的问题而提出的；有的站在国家和民族的角度去看，有的站在维护各族人民利益的角度去看。但是不管从哪一个角度、哪一个方面去看，解决西北地区的民族问题时都不能把它们孤立起来。

六、解决西北地区民族问题的主要对策

为摆脱西北民族地区政治、经济、文化等各个方面的落后现状，减少西北民族问题的制约因素，预防和避免民族矛盾激化，维护国家统一，加强民族团结，保证我国各项事业的顺利发展，要在充分认识西北地区民族问题的严重性和重要性的基础上，坚持处理西北地区民族问题的原则，并从国家政权系统对西北民族地区治理的角度掌握应对西北地区民族问题的主要对策。

（一）力促发展，实现各民族共同繁荣

发展是解决民族地区一切困难和问题的根本途径。要深入落实党中央、国务院关于加快少数民族和民族地区发展的一系列重大举措，将这些政策转化为推动民族地区发展的强大动力。要充分利用国家实施积极财政政策、扩大内需的有利时机，加大解决民族地区民生问题的力度。要认真研究落实基本公共服务均等化的实现途径，进一步加大对民族地区的财政转移支付力度，增强民族地区政府提供公共服务的能力，逐步缩小民族地区与发达地区在享有公共服务方面的差距，使民族地区各族群众逐步享有与发达地区一样比较均等的就业、住房、医疗、教育、基本公共文化、公共服务水平和良好生活环境，不断提高各族群众的生活质量和水平。要以《民族区域自治法》为依据，尽快研究、建立、完善资源开发和生态补偿机制，以保证地方政权机构的正常运转，解决农牧民的长远生计问题。①

（二）强化国家认同，确保国家统一

我国在《宪法》中明确规定中华人民共和国是统一的多民族国家。中国之

① 中共中央统战部：《坚持贯彻落实党的民族政策，巩固和发展各民族大团结》，《求是》，2009 年第 16 期。

所以自称多民族国家，是由于它是各民族共同缔造的国家，国家肯定了各民族的政治地位，尊重各少数民族的政治权利，主张各民族一律平等，国家政权是由各民族共同执掌和分享的。① 无论是单一民族国家还是像我们国家这样的多民族国家，都应该强化国家观念。我国西北地区地处边疆，而且民族分裂主义势力具有分裂国家的图谋，所以必须坚持马克思主义的国家观，增强各族群众的国家观念和国家意识。

国家是一个民族存在的必要条件。一个人是属于一个民族的，但首先是属于一个国家的。每个民族除了自己鲜明的民族意识外，还应有更高层次的国家意识，对国家的认同意识应建立在对民族的认同之上。在多民族国家里，国家构建政治现代化的一项基本任务，就是尽可能地将国民(公民)对各自民族的忠诚转变为对国家的忠诚，这是国家作为现代公民国家的先决条件，也是所有民族国家的政治体制得以存在的前提。②

在一个多民族共存的国家，国家的凝聚力是至关重要的，它直接关系到国家的统一。国家的统一不仅表现为主权独立和领土完整，还必须体现国内各民族在根本利益一致基础上的团结和凝聚。中华人民共和国国家意识的核心内容包括：中国是世界上历史最悠久的国家之一，中国各民族共同创造了悠久的历史和光辉灿烂的文化；中国是社会主义国家，社会主义制度是中华人民共和国的根本制度，各族人民在中国共产党的领导下，在马列主义、毛泽东思想、邓小平理论、“三个代表”重要思想和科学发展观的指引下，建设现代化国家，最终目标是实现共产主义；中华人民共和国是全国各族人民共同缔造的统一的多民族国家，各民族之间是平等、团结、互助的关系；各少数民族聚居地方实行区域自治，行使自治权；在维护民族团结的斗争中，要反对大民族主义，主要反对大汉族主义，也要反对地方民族主义；国家尽一切努力，促进全国各民族共同繁荣；《中华人民共和国宪法》是国家的根本大法，具有最高的法律效力。③

从我国国家意识的核心内容我们可以看出，强化国家意识主要是为了确保国家统一。我国西北地区因民族问题和地缘关系特别需要强化国家意识，树立牢固的国家意识，这样才能增强民族的凝聚力，把中华民族统一到国家主权和领土范围之内。

---

① 周平：《民族政治学导论》，中国社会科学出版社，2001 年版，第 90 页。

② 热扎克·铁木尔：《高举民族团结和国家统一的旗帜深入持久地开展反分裂斗争》，《新疆社会科学》，2002 年第 2 期。

③ 都永浩、王禹浪：《论民族意识与国家、国民意识的关系——兼论国家凝聚力的重要性》，《民族研究》，2000 年第 3 期。

（三）充分发挥政治制度优势，确保政治稳定

国家政权系统对西北地区的治理和西北地区民族问题的特殊性，要求我们必须充分发挥我国政治制度的优势，加强民主政治建设，确保政治稳定。

1. 坚持和完善人民代表大会制度

人民代表大会制度是我国的根本政治制度，是我国各族人民共同行使国家权力的制度。我国《宪法》、《选举法》和《全国人民代表大会组织法》规定，全国人民代表大会中，各少数民族都应当有适当名额的代表；全国人大常委会组成人员中，应当有适当名额的少数民族代表；有少数民族聚居的地方，每一聚居少数民族都应当有代表参加当地的人大。这些规定及其实施，保证了各少数民族人民以平等地位和汉族人民一起充分行使当家做主、参与国家事务管理的民主权利，无疑应当坚持。

为了使少数民族的利益要求、政治意见能够更充分、更全面地反映和表达，并将其纳入人大的利益综合机制和决策程序之中，有必要进一步完善少数民族代表的选举方法，保证少数民族代表由少数民族成员当选，使当选的少数民族代表只具有少数民族的族别身份特征，真正成为少数民族群体利益和意见的代表，保障少数民族的集体权利和公民个人权利的结合。①

2. 坚持和完善政治协商制度

政治协商制度是我国政治制度中的一个特点和优点。中国人民政治协商会议是有广泛代表性的统一战线组织，其成员包括各少数民族代表。争取和团结少数民族上层人士，同他们结成统一战线，使我国统一战线组织更具广泛性。在目前新的历史条件下，从应对民族问题、做好民族工作的角度看，坚持和完善政治协商制度，要注意争取和团结那些在少数民族中有影响的中青年代表或领军人物，对那些拥护党的基本路线、坚持四项基本原则、坚持改革开放、有较高的思想政策水平、有一定组织领导能力和社会声望的党外少数民族人士，要适时推举他们在国家机关担任领导职务。

3. 坚持和完善民族区域自治制度

民族区域自治制度是我国的一项基本政治制度。实行民族区域自治，体现了国家充分尊重和保障各少数民族管理本民族内部事务权利的精神，体现了国家坚持实行各民族平等、团结和共同繁荣的原则，对发挥各民族人民当家做主的积极性，发展平等、团结、互助的民族关系，巩固国家的统一，促进民族自治地方和全国社会主义建设事业的发展，起到了积极的作用。实践证明，坚持实行民族区域自治，必须切实保障民族自治地方根据本地实际情况贯彻执行国家的法律

① 敖俊德：《关于我国少数民族选举制度的几个问题》，《民族研究》，2004 年第 1 期。

和政策;必须大量培养少数民族的各级干部、各种专业人才和技术人才;民族自治地方必须发扬自力更生、艰苦奋斗精神,努力发展本地方的社会主义建设事业,为国家建设作出贡献;国家必须根据国民经济和社会发展计划,努力帮助民族自治地方加速经济和文化发展。

随着社会主义市场经济的建立和民族区域自治的实践,民族区域自治制度也应当不断完善。在新的历史条件下,坚持和完善民族区域自治制度需要从以下几个方面加强工作:

第一,不断激活和发挥民族区域自治制度促进经济社会发展的功能。民族区域自治制度作为一项政治制度,除了强大的政治功能外,它的功能应该是综合而非单一的,除了保障少数民族自治权力和维护国家统一的功能外,同时应该有促进民族自治地方经济社会发展的功能。过去这方面的功能没有很好地发挥出来,这应成为今后完善民族区域自治制度的首要内容。由于历史、地区差异、文化科技等因素,少数民族地区经济、社会、文化等方面的发展成为他们的普遍要求和共同愿望。经济、社会、文化等方面不能发展,民族自治地方政治权利的保障在一定程度上就是一句空话。在现阶段,我们完善民族区域自治制度就是要重视它的经济功能和社会发展功能。只有不断激活和发挥民族区域自治制度的这两大功能,才能体现出社会主义制度的优越性。

第二,保障民族自治地方的自治权。自治权是民族区域自治制度的基本要素之一。自治权是民族自治地方的自治机关依法享有的管理民族地方事务的各项权力的总和。这是一项包括多方面内容的权力,其主旨是自治机关依据民族自治地方的实际,执行国家的政策法律。要坚持和完善民族区域自治制度,必须保障这些权力得到很好的行使。凡是在自治地方的企业、团体、个人,应当遵守国家法律和民族自治地方的法规,尊重民族自治地方的自治权,自治机关也必须依法保障开发者、投资者的合法权益。目前,为了促进民族自治地方的发展,应当十分重视经济建设方面自治权的充分使用。自治权的行使,既需要发挥自治地方的积极性,用好自治权,又必须有上级国家机关的支持和帮助,还要通过经济发展、社会进步、人的素质的提高,为自治权的充分行使创造良好的社会条件。

第三,实行真正的民族区域自治。真正的民族区域自治必须是依照宪法和法律的规定所进行的自治,必须是真正体现了自治民族自己当家做主,必须是实现和维护了国家统一,保障了少数民族的平等权利,增进了民族团结,促进了自治地方的经济社会发展和各民族的发展进步。要做到实行真正的民族区域自治,应当处理好以下关系:一是自治机关和上级国家机关的关系。就上级国家机关而言,应当依法保障和尊重民族自治机关的自治权力。对民族自治机关而言,作为地方一级国家机关,应当服从上级国家机关,各项权力的行使应依照法律规定进行。二是行使自治权的民族和其他民族的关系。自治机关应保障本地区内各民族都享有平等的权利,非自治民族对行使自治权的民族应给予充分尊重。总之,实行民族区域自治是中国解决民族问题的政治形式,但形式不等于目标,真正的区域自治应当是形式与内容的统一,即采用民族区域自治的形式,达到自治民族当家做主,自治地方的自治机关行使自治权,依法对民族自治地方的各项事务进行管理的目标。

第四,加强自治机关建设。为完善民族区域自治制度,促进民族地区的发展,必须在政治体制改革中不断地完善民族自治机关建设,把民族自治机关建设成统一、高效、廉洁的地方国家机关。自治机关人员的配备应努力做到依法治理、结构合理、素质优化。坚持民主集中制,发扬党内民主,密切联系群众,尊重群众的首创精神,完善民主科学决策制度。努力提高管理能力,提高工作效率,把民族自治地方的各项事业管理好。完善民主监督制度,建立健全权力的约束机制,坚持公平、公正、公开的原则,自觉接受党内和社会监督。全心全意为人民服务,树立良好形象。

第五,做好少数民族干部的培养、选拔、任用工作。新中国60多年的历史经验表明,大力培养少数民族干部,加强少数民族地区干部队伍建设,是实行民族区域自治、完善民族区域自治制度的关键,是加快少数民族地区经济发展、实现各民族共同发展繁荣的关键,是做好民族工作和少数民族地区各方面工作的关键,对于巩固和发展全国和少数民族地区民族和睦、安定团结的局面,维护祖国统一,反对民族分裂至关重要。现阶段市场经济体制的建立和改革开放的深入,要求我们把培养、选拔和任用少数民族干部的工作提高到一个新的水平。要坚持干部队伍革命化、年轻化、知识化、专业化的方针,坚持德才兼备的原则,坚持任人唯贤的干部路线去选拔少数民族干部,并对少数民族干部进行教育,不断提高他们的科学思维能力、领导能力。要加强对少数民族高级干部的培养,同时也要加强少数民族地区基层干部队伍的建设。

4.坚持和完善中国共产党领导的多党合作制度

中国共产党对我国各项事业领导地位的确立,是我国民主建设能够有序进行,政权、政策、政局能够长期稳定,民族问题能够得到及时、有效处理,民族和睦、安定团结的局面能够不断巩固和发展的根本保障。前苏联民族问题激化以至于最后解体的关键,就是苏共的解体和领导权的丧失。我们要吸取前苏联的教训,坚持和完善党的领导,加强党的团结统一,在党的集中领导下贯彻落实民族地区的各项政策。中国共产党党员、党的各级组织不能以民族划界。党中央对全国各自治区的领导干部统一任免,是党的集中统一领导的重要体现。

总之,国家制度对民族地区包括西北民族地区的治理非常重要,为西北地区的政治稳定提供了基础性保障，解决西北地区民族问题，离不开这些制度作用的充分发挥，任何以这样或那样的借口否定上述国家基本政治制度的做法，都会对西北地区民族问题的解决造成无法估量的损失。

（四）加强法制建设，确保民族平等

民族平等不是一句简单的法律语言或一个高度概括的政治原则，它包含着丰富的、具体的内容，并且和社会生活的许多方面有密切的联系。以政治权利为例，要实现各民族的政治平等，就应当使各民族真正地拥有选举权和被选举权，拥有言论自由，拥有担任公职的权利。这些都涉及法律问题，只有通过法律的制定和执行，才能使各民族的平等权利得到实现，得到保证。这就要求我们在新时期对西北民族问题的治理要加强民族法制建设，确保民族平等。具体说来主要应加强以下方面的工作：

1. 加强民族立法

立法是法制建设的基础性工作。要做好少数民族法律法规的创立工作，充分体现全国统一的法制原则，在中央国家机关加强立法的同时，积极推进地方的民族立法。考虑到民族地区的差异，也考虑到中央和地方的权力划分，在民族立法方面，除了中央国家机关制定的一批重要的法规外，还必须发挥地方的积极性，因地制宜地制定地方性的民族法规。由于市场经济体制的变化都反映在经济关系上，所以民族立法首先要着眼于调整民族之间的经济关系。民族立法要尽量明确具体，便于操作，避免过于原则，失于笼统，以便所立法律法规能够正常执行。

2. 强化法制意识

法律的遵循有赖于人们法律意识的强化。作为国家法律的民族法，具有普遍约束力，和其他法一样都是国家意志的体现，每个公民都有义务自觉地、切实地加以遵守。为提高各民族的法律意识，需要有针对性地加强宣传工作，并将其纳入国家的法制宣传之中，特别要重视对青少年的宣传。法律的遵守和法律意识的强化还特别需要各级党政机关及其工作人员带头学法、带头守法。

3. 公正执法

法律面前人人平等是一个重要的法制原则。举凡涉及民族关系的问题，只要法有明文，就应当依照法律的规定，用法定的程序加以解决。在执法上应该防止认识的偏颇和行动的犹豫。由于民族问题的复杂敏感，有的人会认为用法律处理民族关系可能难以奏效，以至于用法律处理民族关系问题时左顾右盼。法律是无情的，更是公正的，执法者应不偏不倚地决断是非曲直，忠诚于国家利益。如果在民族关系中有法不依，或是法外用罚，或是用风俗习惯、宗教信条来执法，那将直接损害法律的尊严，并产生极坏的心理效应，使民族关系失去准绳，造成恶劣后果。

4.完善法制建设的监督机制

在法制建设中,法律监督是一个重要的环节,这在民族地区法制建设中显得尤为重要。法律监督是维护法制统一的重要措施,法制的统一对于多民族国家来说也是维护国家统一的一个原则。同时,法律监督也是维护法律权威的重要保证。我国的法律监督是多样化的,既有专门的监督机构进行监督,也有社会监督。专门机构的监督主要包括权力机关的监督和行政机关的监督。权力机关的监督是通过各级人民代表大会及其常委会对民族法的实施进行有效监督;行政机关的监督主要是政府机构中民族事务委员会的监督。社会监督是指社会组织和人民群众对民族法实施的监督,它包括社会组织的监督、社会舆论的监督和人民群众的监督。民族法律监督是民族法制不可缺少的组成部分。在西北民族地区,如果不能建立完善的法律监督机制,就不能保证法律的公正实施,也就确保不了各民族的真正平等地位。

(五)增加族际交流,确保民族团结

在民族地区,增加各民族之间的交流是解决民族问题、实现民族团结的一项重要举措。

要增进族际交流,首先要尊重各民族的特点。各民族的特点是其在长期的历史发展过程中适应各自不同的地理环境、生产方式、生活机遇等而形成的,广泛反映了各民族在经济生活、政治生活、文化生活和社会生活等方面的差异,特别集中地体现为民族之间文化的差异,即民族之间在语言文字、风俗习惯、心理素质、思维方式、价值取向、道德情感等方面的差异。尊重民族特点,要求从少数民族地区,特别是民族自治地方的实际情况和当地的政治、经济和文化的特点出发,贯彻执行国家的法律和政策,开展和进行工作;要求尊重和保护各民族使用和发展自己的语言文字的自由,尊重和保护各民族改革或保持自己的风俗习惯的自由,尊重和保护各民族保持和发展自己传统文化的权利,保障各民族的宗教信仰自由。不同的民族只有相互尊重对方的民族特点,彼此才能有正常的交往,才能对对方的民族特点有客观的认识;只有对对方的民族特点有客观的认识、全面的了解、深刻的理解,彼此的尊重才是牢固的。增进族际交流的根本途径在于从政治、经济、文化和社会等各个方面加强、扩大和深化民族之间的社会交往。要加强、扩大和深化民族之间的社会交往,首先就必须大力发展社会主义市场经济,加速全国特别是我国西北少数民族地区经济发展的步伐,提高民族地区的生产力水平和城市化水平,同时逐步改革户籍制度,逐步放宽对城市和农村之间和不同地区之间人口流动的限制。

增进族际交流能消除民族之间由历史原因造成的民族隔阂和民族偏见,提高各民族在国家范围内的认同意识，引导各民族干部和群众正确地认识和对待其他民族与本民族的语言文字、风俗习惯和宗教信仰，增进和培养民族干部和群众彼此的亲密感和亲近感。族际交流是民族融合的过程，只有这一非强制性的过程与我国的制度、法律、政策相结合，才能真正地使各民族团结在中华民族的统一大家庭之中。

（六）完善国家政策，确保民族繁荣

国家对西北民族地区的政策包括两个方面：一是民族政策，二是其他的优惠政策。所以，完善国家政策主要包括完善我国的民族政策和完善其他的优惠政策两个方面。

1. 完善我国的民族政策

新中国成立后，国家根据处理民族问题的大政方针以及少数民族和民族地区的具体情况制定、实施了多方面的民族政策。这些政策在实践中不断发展和完善，逐渐成为一个完整的体系。主要包括：坚持民族平等；维护和促进各民族的大团结；实行民族区域自治；发展少数民族的经济事业；大力培养使用少数民族干部；发展社会事业，促进少数民族全面进步；尊重少数民族的宗教信仰和风俗习惯。这些民族政策对实现西北民族地区治理、解决西北地区民族问题发挥了积极作用。今后的主要问题是如何进一步落实和完善这些民族政策，以造福于广大西北少数民族群众。

2. 完善其他的优惠政策

国家针对西北民族地区实际，还制定了一系列的优惠政策，这些政策包括：

第一，进行财政支持或政府直接投资。国家不断加大对西北民族地区的投资，加大转移支付力度，许多专项贷款向西北民族地区转移和倾斜。国家将加快水利、交通运输、通讯等基础设施建设，改善西北民族地区的投资环境，促进西北民族地区的资源优势向经济优势转变，吸引外资和沿海资金的进入。

第二，实行优惠的金融信贷政策。国家银行有选择地加大对西北民族地区重点行业、重点项目的信贷支持力度，开发新的信贷品种，拓宽服务领域，提高金融服务水平，建立新的融资机制和信用保证体系，加强财政与金融的配合运作。

第三，税收优惠政策。国家税务总局从2001年1月1日起对设在中国西北的外资企业，按现行税率的30%征收企业所得税，执行期满之后三年内，可以按税率的15%征收企业所得税。在不断开发和发展西北民族地区经济的过程中，国家应该实行更多的税收优惠政策。

第四，人才优惠政策。东部沿海地区科技人才可以通过技术入股、承包经营等多种形式参与西北地区开发，国家实行“户口不迁，身份保留，来去自由”的政策；国家加强对西北地区少数民族技术骨干的培训；鼓励民族地区结合本地实际，研究制定人才引进政策。

此外还有发展科技、教育、文化等方面的政策，这些政策对西北民族地区的治理和西北地区民族问题的解决起了十分重要的作用。今后，根据西北民族地区的实际情况，国家应当继续制定和实行一系列优惠政策，促进西北民族地区经济社会快速发展。

（七）推进综合治理，确保社会和谐

西北地区的民族问题在相当长的时期内将继续存在，如果处理不好，将对国家的前途和命运产生重大影响。而西北地区的民族问题具备世界上所有民族问题中最复杂的一面，所以解决西北地区的民族问题要通盘考虑，标本兼治，综合治理，确保民族地区社会和谐。正如胡锦涛在新疆考察时指出的："保持新疆社会稳定，首先要旗帜鲜明地维护祖国统一、反对民族分裂。要坚持标本兼治、重在治本，落实各项治本措施，提高各族干部群众思想觉悟，做好新形势下群众工作，正确处理人民内部矛盾，筑牢保持稳定的社会基础，切实维护祖国统一、维护民族团结、维护社会稳定。"①

民族问题是西北地区治理中必须要认真面对的问题，西北地区各级党政部门必须要站在国家战略的高度，切实解决好民族问题，这样西北地区才会实现其治理目标。胡锦涛总书记在2009年中央民族工作会议暨国务院第四次全国民族团结进步表彰大会上指出："正确处理民族问题，切实做好民族工作，是加强党的执政能力建设的重要内容。各级党委都要按照中央的要求，进一步加强和改善对民族工作的领导。要加强领导，落实责任，把民族工作摆上重要议事日程，经常研究民族工作中的重大问题，制定政策措施，作出工作部署，并切实抓好落实。"西北地区党政部门应当自觉地遵照这一指示，做好西北地区今后的民族工作，推进民族问题的逐步解决，从而为中华民族伟大复兴作出西北地区的贡献。

① 《胡锦涛在新疆维吾尔自治区干部大会上发表重要讲话》，来源：http://news.xinhuanet.com/politics/2009-08/25/content_11942627.htm.

第十章 宗教问题

西北地区是我国宗教氛围浓郁、多种宗教并存的地区，在这里，伊斯兰教、藏传佛教等都有众多信徒。无论在历史上，还是在现阶段，西北地区都是一个容易产生宗教矛盾的地区，因此，宗教对西北地区以及全国的政治和社会稳定有着重要影响。特别是随着国家宗教信仰自由政策的落实，宗教在西北地区出现了强劲反弹之势，宗教徒大量增加，宗教寺院大规模修建，宗教迅速向人们的生活渗透。宗教的盲目膨胀和其影响力的扩张，给西北地区的治理产生了明显的消极影响。如何既贯彻宗教信仰自由政策，维护广大信教群众的权利，引导宗教与社会主义相适应，又有效制止和打击那些以宗教活动为名，实则从事违法犯罪活动的行为，是国家治理西北面临的重任。

一、西北地区宗教问题的主要表现

西北地区宗教问题主要集中在新疆。新疆宗教政治化、政治宗教化的特点十分明显，这是 20 世纪 90 年代以来新疆不断发生以维吾尔族为主体的民族宗教政治骚动的主要原因。所以西北地区的宗教问题，主要应该是新疆地区的宗教问题。

（一）泛伊斯兰主义对新疆的影响

“泛伊斯兰主义”是 19 世纪下半叶开始形成的一种社会思潮，首倡者为阿富汗人哲马鲁丁·阿富哈尼。他宣扬所有伊斯兰国家和民族应该联合起来，抵御基督教国家的进攻，建立政教合一的“大伊斯兰帝国”。奥斯曼帝国统治者阿卜杜勒·哈米德二世有意借其恢复专制统治，扩大在穆斯林地区的影响，曾加以大力鼓吹。泛伊斯兰主义无论在形式和内容上如何变化，它的根本宗旨是“振兴伊斯兰”，实现“伊斯兰复兴”，扩大伊斯兰教在世界范围内的势力和影响，最终“建立世界穆斯林共同体”。这是泛伊斯兰主义思想的核心和本质。和其他民族主义思潮相比，泛伊斯兰主义有强烈的政治化倾向，其典型口号是“不要东方，不要西方，只要伊斯兰”。泛伊斯兰主义思潮对阿拉伯伊斯兰世界社会、政治、经济、文化和意识形态，乃至国际政治生活产生着重大影响。

20 世纪初，泛伊斯兰主义开始传入新疆，并与泛突厥主义一道成为“东突”分裂分子鼓吹新疆独立的思想武器。20 世纪 30 年代初期，麦斯武德、伊敏等在泛伊斯兰主义和泛突厥主义的基础上，逐渐建立了自己的思想体系和政治纲领，并发起了“东突厥斯坦运动”。在外部势力的支持下，“东突”分裂主义分子在 20 世纪 30 年代曾屡屡发动叛乱，图谋建立独立的“东突厥斯坦国”，如军阀马福兴在英、日扶植下建立“南疆回教国”，伊敏建立“和田伊斯兰教国”，沙比提大毛拉建立“东突厥斯坦伊斯兰共和国”等。在抗日战争时期，麦斯武德、伊敏、艾沙等“东突”分子在新疆联合政府中占据高位，他们趁机大肆宣传泛伊斯兰主义和泛突厥主义。新疆解放后，“东突”分裂主义头目惶惶如丧家之犬，逃亡海外；但是他们并没有停止自己的分裂活动，而是改而在国外纠集残余势力，拼凑分裂主义组织。从 20 世纪 40 年代初到 80 年代末，新疆境内的分裂分子在国际势力的影响和支持下，制造了数十起分裂事件。90 年代以来，他们借助世界范围内民族主义崛起之势，在新疆大肆从事分裂国家的活动，制造了一系列骇人听闻的恐怖事件，谋求“新疆独立”。

泛伊斯兰主义和泛突厥主义，在当今虽然是两种口号和宗旨都不同的思潮，但在现实生活中往往相互援引，成为民族分裂主义的根源。当前构成我国新疆民族问题主要威胁的“东突厥斯坦独立论”，就是泛伊斯兰主义和泛突厥主义的直接产物。新疆境内外的民族分裂主义就是以泛伊斯兰主义和泛突厥主义为理论基础，并和新疆境内的极端民族主义相结合的产物，也是国际敌对势力妄图把新疆从中国分裂出去的这一政治需要的产物。它制造操突厥语和信仰伊斯兰教的各民族同其他民族间的对立和仇视，鼓吹“新疆独立”，妄图建立所谓的“东突厥斯坦伊斯兰共和国”。①

从我国历史和现实的角度看，新疆是宗教问题最复杂的地区。自近代以来，泛突厥主义、泛伊斯兰主义是我们国家治理新疆面临的最大难题，也是新疆多次发生动乱的主要根源之一。泛突厥主义、泛伊斯兰主义思潮及其活动，有历史的、民族的、宗教的、政治的和国际的多种原因。这一思潮在不同的历史时期也有不同的内容，但其本质是制造民族分裂，破坏国家统一。这一本质是我们永远不能掉以轻心的。

（二）伊斯兰原教旨主义对新疆的影响

伊斯兰原教旨主义也称“政治伊斯兰”，主张政教合一的政治体制和社会伊

① 热扎克·铁木尔：《高举民族大团结和祖国统一的旗帜，深入持久地开展反分裂斗争》，《新疆社会科学》，2002 年第 2 期。

斯兰化。其中的极端派坚决反对世俗主义,反对“西化的”现政府,反对一切非伊斯兰和反伊斯兰的思想和制度,鼓吹“圣战”,鼓励为真主之道而牺牲,主张使用一切手段,包括暴力恐怖手段建立政教合一的政权,最终实现“绿化”世界的目标。

极端伊斯兰原教旨主义是现代世界各国民族、文化、宗教及教派以及各种政治力量之间尖锐复杂矛盾的反映,也是国际政治斗争的一个怪胎。它以偏激的政治主张和极端的行动手段介入国际政治,构成当代国际恐怖主义的一种类型。

近20年来,极端伊斯兰原教旨主义在国际上相互勾结,规模比以往更加广泛,逐渐发展为一种全球性的政治瘟疫,构成破坏世界稳定的主要因素之一。极端伊斯兰原教旨主义在冷战结束后,开始调整策略,转移战略目标,向后苏联权力真空地区拓展势力,加紧进行渗透。近年,以区域活动为表现形式的极端伊斯兰原教旨主义思潮笼罩了整个中亚地区。

极端伊斯兰原教旨主义在新疆周边国家的抬头,更加助长了“东突”恐怖势力的凸起。它追随极端伊斯兰原教旨主义,由原来通过媒体宣传转向频繁从事地下秘密活动,旨在将我国新疆和哈萨克斯坦七河地区从各自所属国家的版图上分裂出去,建立一个独立的“政教合一”的“纯”伊斯兰国家。他们提出了“捍卫伊斯兰,灭杀异教徒”、“驱逐异教徒”、“进行圣战”的极端伊斯兰原教旨主义的口号,并在人民群众集中的公共场所实施纵火、投毒、爆炸等恐怖活动。“东突”势力所实施的这些活动严重侵害了新疆各族人民生存和发展的基本人权。20世纪90年代以来,“东突”势力大量组织实施暴力恐怖活动,严重侵害了新疆各族人民的生命财产安全。据不完全统计,1990年至2001年,境内外“东突”势力采取爆炸、暗杀、投毒、纵火、袭击、骚乱及暴乱等方式,在新疆境内制造了200余起暴力恐怖事件,造成包括全国伊斯兰协会常委、新疆维吾尔自治区政协副主席、喀什艾提卡清真寺主持阿索汗·阿吉和喀什地区泽普县波斯喀杉派出所指导员胡达·拜尔迪·托乎提及其家人在内的各民族群众、基层干部、宗教人士等162人丧生,440多人受伤。2002年后,他们又先后在新疆境内制造多起暴力恐怖事件。乌鲁木齐“7·5事件”给各族人民的生命和财产造成了巨大损失。截至2009年7月17日,共造成197人死亡(其中绝大部分是无辜群众),1700多人受伤,331个店铺和1325辆汽车被砸烧,众多市政公共设施被损毁。同时,这种恐怖活动的负面影响也造成了新疆投资环境的恶化,从而导致投资的减少和经济发展的滞缓,并且影响到新疆的对外贸易往来和文化交往。①

① 中华人民共和国新闻办公室:《新疆的发展与进步》白皮书,新华网2009年9月21日,http://news.xinhuanet.com/politics/2009-09/21/content_12090105_1.htm.

目前,在新疆周边国家活动的"东突"恐怖势力组织之一"雅那—阿亚特"(汉译"新生")由一些滞留境外的新生代组成。自1997年成立以来,其主旨是从事"除奸"活动,目标是采取极端恐怖手段暗杀在我国政府、军队任职的少数民族领导干部和爱国宗教人士。其行动口号是"与中国进行坚决斗争,为了最终取胜,宁可牺牲民族"①。

事实证明,极端伊斯兰原教旨主义是"东突"恐怖势力用宗教煽动迷惑群众、破坏祖国统一、挑起宗教对立、制造民族失和、滥杀人民的理论核心。对此我们应有正确的认识,高度警惕其发展活动。

(三)非法修建宗教活动场所,大办地下经文学校

新疆大规模修建清真寺的热潮开始于20世纪80年代初。它首先出现于南疆地区,并迅速蔓延到全疆各地。据不完全统计,至1998年年底,新疆清真寺数量已达24000座,其中90%属维吾尔族穆斯林所有,80%是近10年内修建的,相当一部分是未经有关部门批准的非法宗教场所。目前,新疆清真寺的数量、密度和人均拥有量已远远超过了沙特、土耳其、埃及、伊朗等传统的伊斯兰国家。新疆清真寺的绝对数量和人均相对数量在世界伊斯兰国家和地区中都位居前列。其绝对数量仅次于约有2亿穆斯林的印度尼西亚,是中亚5国清真寺总量的近5倍。从人均相对数量上来说,则是世界上清真寺最多的地区之一。新疆共有穆斯林约900多万,有清真寺24000座;伊朗约有6000万穆斯林,清真寺5400座;埃及约有4300万穆斯林,清真寺17000座;突尼斯约有700万穆斯林,清真寺650座,简易宗教活动场所2000个。② 从上述数字中我们可以看出,新疆地区清真寺的数量已经远远超出正常宗教活动的需要。

据调查,在喀什、和田、阿克苏、克孜勒苏等地区有民族分裂分子或宗教极端分子在清真寺公开攻击党的民族政策、宗教政策、计划生育政策、民族区域自治政策,煽动宗教狂热、民族仇恨和反汉排汉情绪,鼓吹"新疆独立",散发各种反动宣传品等情况。③ 事实证明,非法修建的宗教活动场所成为民族分裂主义分子攻击党和政府、攻击社会主义制度、策划分裂和恐怖主义活动的场所。可见,宗教的盲目膨胀给西北地区的治理带来了严峻挑战。

除了非法修建宗教活动场所外,还出现了大办地下经文学校的现象。新疆地区尤其是南疆地区,在20世纪80年代初期,私办经文学校的现象已十分普遍。地下经文学校的创办,有利于改革开放后新疆地区宗教活动的复兴,也有利

① 哈萨克斯坦俄罗斯和中亚研究所:《中亚的极端主义》,转引自李琪:《打击"东突"恐怖势力是国际反恐怖斗争的组成部分》,《新疆社会科学》,2002年第2期。

② 马品彦:《新疆反对非法宗教活动研究》,《新疆社会科学》,2003年第4期。

③ 马品彦:《新疆反对非法宗教活动研究》,《新疆社会科学》,2003年第4期。

于青少年对宗教知识的掌握。但是,民族分裂主义和宗教极端主义分子为了达到自己的政治目的,在他们控制的地下经文学校里,不是向学生尤其是青少年传播宗教知识,而是向他们灌输分裂思想和宗教极端思想。从地下经文学校出来的"塔里甫",不少人成为分裂组织、宗教极端组织和恐怖组织的成员或骨干分子。

(四)利用宗教干预行政、司法、教育、婚姻和计划生育等政策

近几年来,随着宗教氛围和宗教意识的不断增强,"以教干政、以教压政、以教代政"的现象日益突出。有的打着振兴宗教事业的旗号,争夺宗教领导权;有的呼吁用伊斯兰教教规、教法代替国家的法律、法规;有的公开向信教职工群众征收天课(伊斯兰教课税);有的采取威胁、恐吓等手段,诬蔑攻击爱国宗教人士;有的假借伊斯兰教教义,公开反对和抵制计划生育政策;有的鼓吹从政府领取结婚证、身份证、营业执照、驾驶执照等违反教规,并煽动群众抵制等。

20 世纪 90 年代后期,在南疆部分地区,特别是个别非法宗教活动和宗教极端主义猖獗的地方,清真寺的作用已超越了政府有关部门,一些政策的落实、税费的征收等,均需征得宗教教职人员的认可或支持才能顺利进行,甚至还有清真寺对群众交纳的公粮和税费进行提留的现象。少数民族青年结婚需由宗教人士念"尼卡",否则即使在政府领取了结婚证也不予承认;不信仰伊斯兰教的少数民族干部、群众去世后,不给站"则那孜";个别宗教人士干预干部任免,听命于他们的就支持,否则就得下台。这些不正常现象的出现,使南疆部分穆斯林聚居区的党员、干部信教的情况日趋严重,部分党员、干部为了保住自己的位置,为了去世后阿訇能给站"则那孜",不得不讨好阿訇,甚至采取了"退党"这种极端的方式。这种现象的出现产生了十分恶劣的影响,进一步助长了非法宗教活动的蔓延和宗教极端势力的气焰。

(五)宗教教派之间争夺宗教领导权引起的混乱

近几年来,在一些非法宗教活动猖獗的地方,一些地下经文学校毕业的"塔里甫"为争夺教权和宗教活动场所控制权,或极力诬蔑、贬低爱国宗教人士,甚至煽动不明真相的信教群众把爱国宗教人士赶出清真寺,或打着"新教派"的旗号,要求建立"本派"的清真寺,并担任主持该宗教活动的阿訇。一些宗教极端分子则乘机兴风作浪,大肆鼓吹宗教极端主义和民族分裂主义思想,恶毒攻击、迫害爱国宗教人士,为地下"塔里甫"夺取政权和清真寺的控制权呐喊助威。对爱国宗教人士的打击迫害不仅助长了非法宗教势力和宗教极端主义势力的气焰,也使许多积极拥护、靠拢党和政府的爱国守法的宗教人士在支持宗教活动时面临着极大的精神压力。

(六)宗教问题与民族问题相互交织引发的社会矛盾比较突出

在大多数群众都信仰宗教的少数民族地区,与汉族发达地区经济社会发展的差距进一步拉大的现实,引起了少数民族群众干部、知识分子的心理不平衡和失落感。在改革开放的条件下,各民族之间进一步扩大交流,不可避免地出现了利益、文化、宗教、风俗习惯等方面的碰撞,某些宗教的民族性又出现了强化的趋向。如近些年来由于伊斯兰教遭到来自社会某些方面的伤害而引发的信仰伊斯兰教的少数民族的强烈反应。从1988年的"性风俗"事件,到1993年的"脑筋急转弯"事件,再到"猪年话猪"引发的一连串的事端,导致广大穆斯林的强烈抗议活动,充分证明在社会主义初级阶段,宗教和民族的关系仍然十分密切。特别是还要看到,民族宗教界中还有少数敌视社会主义、破坏民族团结的人,他们以宗教领袖或教职人员的身份,打着维护民族利益的旗号,从事反动的政治活动,更增加了民族问题与宗教问题相互交织的程度。

(七)境外敌对势力利用宗教对我国的政治渗透逐步加剧

随着我国对外开放的逐步扩大,宗教方面的国际交流越来越频繁。从目前状况看,一方面,促进我国宗教界与国外宗教界的友好往来是发展的主流,这不仅有利于我国宗教的正常发展,而且对于推进国家的外交工作也起到了积极作用;另一方面,对外开放越扩大,境外宗教对我国传教的力度也越大,特别是境外敌对势力利用宗教对我国的政治渗透更为加强。他们在我国周边地区设立广播电台进行空中传教;利用各种渠道向我国境内偷运宗教宣传品;利用来华旅游、探亲、经商、讲学等机会从事传教活动;在我国出国打工、留学人员中传教布道;直接、间接提供经费修建教堂寺庙;插手干涉我国宗教事务,培植地下势力,同我国爱国宗教组织争夺信教群众,对抗中国政府;支持新疆、西藏少数民族分裂主义分子搞分裂祖国、破坏民族团结的活动等等。境外敌对势力的这些活动影响着我国宗教的正常发展,给民族分裂主义带来了可乘之机。

总之,西北地区尤其是新疆的民族分裂活动,都是披着宗教的外衣,以公开合法的活动掩护其秘密非法的活动,把政治渗透、思想污染、宗教煽动等与分裂活动交织在一起,使得宗教问题往往具有政治性质。宗教的盲目膨胀和其影响力的扩张使一些民族地区的宗教活动开始干预基层政权,使政治权力出现变质现象,并冲击教育和婚姻等领域;宗教教派之间的纠纷不断升级;宗教的民族性和民族的宗教性增加了民族问题的复杂程度。① 某些宗教的教义中还包含有明确的政治主张,势必对信教民众的政治认知、政治情感、政治态度、政治评价以及政治行为产生影响,从而对国家政权系统进行现代治理构成阻力甚至挑战。

① 马啸原:《边疆少数民族政治发展与政治稳定》,云南大学出版社,2000年版,第208-209页。

另外,在甘肃、青海藏区,宗教问题也较为突出,主要表现在:一是达赖集团利用宗教进一步加紧对藏区的渗透,与达赖集团的斗争将变得长期而艰巨。二是寺院僧尼人数过多。部分信教群众在向寺院布施时存在攀比心理,有的群众为筹措朝费、布施而倾其所有,甚至还借贷,经济负担较重。三是宗教干预行政、立法、教育、计划生育和群众生产生活的现象时有发生。四是极少数僧尼公民意识、法制观念依然淡薄,寺院中等级观念、特权思想有所抬头。

二、在贯彻落实宗教信仰自由政策过程中存在的问题

我国自改革开放以来,长期坚持并贯彻宗教信仰自由政策,取得了很好的效果,着重进行少数民族地区的宗教事业发展,维护了少数民族的各方面利益,为国家的统一、稳定和繁荣作出了巨大贡献;但是在贯彻和执行宗教信仰自由政策时,也出现了一些失误,具体表现在以下方面:

(一)宗教信仰自由立法实践中的问题

我国对宗教信仰自由的法律保护历来十分重视。毛泽东早在《论联合政府》一文中就指出:"根据信教自由的原则,中国解放区允许各种宗教存在……只要教徒们遵守人民政府的法律,人民就给予保护。信教和不信教的各有他们的自由,不许加以强迫和歧视。"根据这一指导思想,中华人民共和国成立后颁布的四部宪法都明确规定我国公民有宗教信仰自由。我国现行《宪法》规定:"中华人民共和国公民有宗教信仰自由。任何国家机关、社会团体和个人不得强制信仰宗教者不信仰宗教,不得歧视信仰宗教的公民和不信仰宗教的公民。国家保护正常的宗教活动。任何人不得利用宗教信仰破坏社会秩序、损害公民身体健康、妨碍国家教育制度的活动。宗教团体和宗教事务不受外国势力的支配。"

除了《宪法》对宗教信仰自由的规定外,到目前为止,我国有30多部法律和法规在条文中明确规定保护公民的宗教信仰自由,包括《刑法》、《民法通则》、《民族区域自治法》、《选举法》、我国境内外国人宗教活动的管理规定、宗教活动场所管理条例和宗教管理实施方法等。尽管有这么多的法律、法规进行约束,但仍然存在问题,主要是:其一,对政教分离原则未作出明确规定。我国《宪法》区分了宗教行为自由和宗教信仰自由,并确立了独立办教的原则,但并未对政权分离的原则作出明确规定。政教分离原则意味着国家政权应与宗教保持适当距离,客观上为国家权力的行使设定了一个界限。尽管我国事实上是一个政教分离的国家,但《宪法》对于这一原则尚未明确规定,而且事实上国家权力干预宗教事务的例子也不少。其二,关于宗教信仰自由的立法体系尚未形成,宗教领域无法完全依法管理。我们应该看到,宗教立法一直是我国的薄弱环节,在中华人

民共和国60年的历史上几乎是一片空白,只有《宪法》的原则性规定,而缺乏具体的操作程序。虽然20世纪90年代国务院出台了关于宗教的三个行政法规和规章,但其法律位阶较低,不是国家立法机关制定的正式法律,具体内容还有待进一步深化和完善。因此,在现实生活中,很多方面不得不沿袭过去依政策管理的模式。

(二)宗教方面的立法滞后,法规缺乏可操作性

以新疆地区为例,非法宗教活动日渐猖獗,直到其对新疆的政治稳定以及正常的社会秩序、工作秩序、生活秩序和宗教活动构成严重威胁和影响时,我们才开始认识到必须依法律来加以管理。1988年,新疆维吾尔自治区出台了第一部地方性宗教行政法规:《新疆维吾尔自治区宗教活动场所管理暂行规定》。其后,又在20世纪90年代相继制定了《新疆维吾尔自治区宗教活动管理暂行规定》、《新疆维吾尔自治区宗教职业人员管理暂行规定》和《新疆维吾尔自治区宗教事务管理条例》等三部法规。这些法规为宗教事务的管理提供了法律依据,标志着自治区宗教事务管理开始由"政策之治"进入"法律之治",其意义毋庸置疑。

但应当指出的是,这四部法规都是在有关部门在宗教事务管理上面临严重压力,非法宗教活动大量出现后才制定的。当时问题已十分严重,有些方面甚至积重难返。问题不仅如此,这些法规除明显地表现出滞后性外,还存在着缺乏可操作性的问题。如规定中大量使用了"禁止"、"不得"等严厉的措词,却未能就违规行为制定具体惩治措施,结果必然造成法规的可操作性差,甚至无法实际操作,使其权威性大打折扣。实施法治不仅必须做到"有法可依、有法必依",还必须做到"违法必究"。如果难以依据有关法律、法规对违法者追究法律责任,那么该法律、法规所应有的法律效力必然受到削弱。目前,新疆的宗教法规就存在这种问题,因此在打击非法宗教活动时就不能充分发挥其应有的效率和作用。新疆非法宗教活动之所以发展成为影响新疆稳定的主要危险,与宗教方面的立法滞后、现有宗教法规缺乏可操作性不无关系。

(三)宗教事务的依法管理不力

党的十一届三中全会以后,我们党纠正了"文化大革命"中在宗教问题上"左"的错误,全面恢复和贯彻了党的宗教信仰自由政策。随着宗教信仰自由政策的落实,新疆地区在宗教问题方面出现了反弹现象。由于人们对这一现象不够警惕,没有及时加以正确引导,反弹逐渐演变为宗教狂热。在一些地区,宗教狂热不断升温,宗教问题大量出现。如干涉他人的宗教信仰自由,向青少年灌输宗教思想;超越正常宗教活动的需要和群众的经济负担能力,大量新建、扩展宗教活动场所;违反伊斯兰教规定借债朝觐等。

这些现象虽然也受到了政府有关部门的重视,但由于认识上的不统一,该地

区特别是那些穆斯林聚居的城镇、乡村出现了一系列问题，如：强迫信教者信教，强迫党团员和青少年信教；违反政教分离原则，宗教干预行政、司法、教育、婚姻和计划生育等党和国家的政策；违规新建、扩建宗教活动场所；甚至恢复被废除的宗教封建特权和宗教剥削制度，强征天课和摊派。这些问题的出现都与对宗教事务的管理不力和局部地区管理失控有很大关系。

（四）对宗教政策法律法规的学习宣传不够深入

以甘肃为例，个别宗教界人士和信教群众的法律和政策意识比较淡薄，且在处理教派之间的关系及事务方面，有感情用事、说过头话、做过头事的现象。宗教教派内部还存在一些潜在的不安定因素，极个别教职人员不是在国家法律和政策规定的范围内从事宗教活动，在群众中造成了不好的影响。另外，个别地区的宗教政策宣传力度不够。据调查，就“您认为在不同教派之间提倡以和为贵是否正确”这一问题，一些地区的部分干部和群众在认识上还存在一些比较模糊的看法。比如在甘肃省阿克塞县民主乡的18位被调查者中，只有2位认为这句话是正确的，其比例只占11.1%；而不同意这句话，认为其不正确的人达到9人，比例高达50%；还有7人表示不知道。① 可见，由于对宗教政策和法律法规的学习宣传不够深入，人们对党和国家的政策和法律认识模糊，出现问题也就在所难免。

三、处理西北地区宗教问题的根本原则、基本原则及具体原则

基于西北地区的特殊性和宗教问题的复杂性与敏感性，处理西北地区的宗教问题既要坚持我国处理宗教问题的根本原则，又要坚持解决宗教问题的基本原则，还要坚持针对具体问题的具体原则。党和国家只有依据这些原则才能对西北地区进行卓有成效的治理，同时，这对西北地区的宗教工作也有着极大的指导意义。

（一）处理西北地区宗教问题的根本原则

根本原则是我国处理宗教问题的前提性原则。主要包括：

1. 国家安全原则

国家安全是一个包括政治安全、经济安全、军事安全等在内的整体概念。冷战后，经济安全在国家安全中的地位明显上升，许多国家的安全战略都把经济安全视为最重要的目标。但是，我国西北地区尤其是新疆地区的民族分裂主义在“泛伊斯兰主义”、“泛突厥主义”以及“极端宗教原教旨主义”思潮的影响下，与境外民族分裂主义进行的渗透相配合，企图颠覆社会主义政权和社会主义制度，

① 高永久、马方：《当代甘肃民族社会问题》，民族出版社，1998年版，第159－161页。

取消中国共产党的领导地位和合法执政党地位,这严重影响到我国的国家安全尤其是政治安全,并使我国统一和安全的权重进一步增大。鉴于西北地区的需要,我们坚持国家安全原则,目的是让我们认识到西北地区宗教问题政治化和政治问题宗教化的复杂程度,在处理西北地区的宗教问题时,把某些问题放在国家安全的高度去处理,时刻警惕宗教极端分子的本质所在。

2. 国家统一原则

国家是一个民族存在的必要条件,国家统一是一个民族发展的前提。我国56个民族的存在和发展离不开国家和国家统一。我们知道,利用宗教进行分裂破坏活动是新疆境内民族分裂主义分子搞分裂的一个突出特点。他们利用穆斯林在麦加的朝觐对新疆进行渗透活动,并以各种方式收买拉拢朝觐人员,散布煽动分裂的宣传品,灌输分裂思想。可见,披着宗教外衣的民族分裂主义的本质是破坏祖国统一,所以我们要针对这一地区的特殊性,始终高举国家统一的大旗,把国家统一摆在一个原则性的位置,放在国家和民族发展的高度,时刻警惕宗教极端主义的新动向。特别是披着宗教外衣的"东突"势力对新疆各族人民实施的暴力恐怖活动,是对中国宪法和法律的公开挑战,是严重的反社会、反人类的暴力犯罪行为。中国政府依法打击"东突"势力的破坏活动,是为了维护国家统一的原则,为新疆的发展进步创造一个安定、祥和的社会环境,符合新疆各族人民的共同心愿,得到了各族人民的衷心拥护和大力支持。①

3. 国家利益原则

在国家产生后,人们将国家作为共同生活的最大范围,这一范围内全体成员的共同利益就是国家利益。对于多民族国家来说,其社会利益和国家利益则包含着各个民族的共同利益。② 可见,我国的国家利益就包括我国各个民族的利益。没有国家利益就没有各个民族的共同利益,各个民族的共同利益是我国国家利益的重要组成部分。而在我国新疆地区,少数民族分裂分子打着宗教的旗号,强调本民族利益,并不断地制造大量的破坏活动,这严重破坏了其他民族的利益,进而损害了国家利益。他们利用群众朴素的宗教感情和民族感情,煽动不明真相的群众制造多起骚乱和暴乱事件,名义上是维护民族利益,实际上是分裂国家。没有统一的国家,也就不会有统一的国家利益。对于我国这样一个多民族国家而言,强调国家利益,不是削弱民族利益,而是为了保护民族利益,并更好地实现民族利益。在国家政权系统对西北的治理中,针对特殊的宗教问题的存

---

① 中华人民共和国新闻办公室:《新疆的发展与进步》白皮书,来源:http://news.xinhuanet.com/politics/2009-09/21/content_12090105_1.htm.

② 王浦劬:《政治学原理》,北京大学出版社,2005年版,第48页。

在，我们必须强调国家利益高于民族利益的原则，把治理西北地区、解决宗教问题与实现国家利益有机结合起来。

4. 政治稳定原则

在民族政治发展中，多民族国家必须认真面对政治发展中的不稳定问题。政治不稳定在民族政治发展中主要有民族性政治不稳定、制度性政治不稳定、政策性政治不稳定和宗教性政治不稳定等类型。宗教性的政治不稳定是由宗教因素而引发的，导致政治不稳定的直接因素是宗教或宗教问题。① 我国从整体上看是稳定的，但就新疆而言，明显地存在由宗教或宗教问题引起的局部的、间断的冲突动荡，也可以称之为宗教性的政治不稳定。这应引起我们足够的重视。稳定压倒一切，稳定是我们国家进行改革和发展的前提条件和保证。所以，处理西北地区宗教问题要坚持政治稳定的原则，站在政治稳定的高度认识和处理这一问题。

(二)处理西北地区宗教问题的基本原则

基本原则即处理我国宗教问题的普遍性原则，是保护正常宗教活动的原则，主要是处理宗教问题中非对抗性的人民内部矛盾的原则。主要包括：

1. 宗教信仰自由原则

宗教信仰自由是我国处理宗教问题的一项长期的基本国策，并作为我国公民的一项基本权利被载入《宪法》。

所谓宗教信仰自由，就是说：每个公民既有信仰宗教的自由，也有不信仰宗教的自由，有信仰这种宗教的自由，也有信仰那种宗教的自由；在同一宗教里，有信仰这个教派的自由，也有信仰那个教派的自由；有过去不信教而现在信教的自由，也有过去信教而现在不信教的自由。中国共产党所说的宗教信仰自由的核心内涵是人民充分享有信仰宗教或者不信仰宗教的自由。之所以坚持这一原则，从理论上讲：一是因为宗教有着深刻的社会根源和人们的认识根源，这些根源不消失，人们就不可能从宗教的束缚中解放出来。二是宗教信仰属于思想认识问题。“我们不能用行政力量消灭宗教，也不能用行政力量去发展宗教。”②宗教信仰自由原则涉及中国共产党对宗教信仰的态度。我们实行宗教信仰自由的原则和政策，就是要把信教和不信教的人、信这种教和信那种教的人都团结起来，大家和睦相处，彼此尊重，把意志和力量集中到建设有中国特色的社会主义事业上来。“一方面，从我们党和政府来说，要坚定不移地贯彻执行尊重和保护

① 周平：《民族政治学导论》，中国社会科学出版社，2001 年版，第 313 页。

② 中共中央文献研究室综合研究组、国务院宗教事务局政策法规司：《新时期宗教工作文献选编》，宗教文化出版社，1995 年版，第 253 页。

公民宗教信仰自由的权利、保护正常宗教的活动、保护宗教界合法权益这些长期不变的基本政策；另一方面，从宗教界来说，要坚持中国共产党的领导，拥护社会主义，坚持独立自主办教的原则，坚持在宪法、法律、法规和政策规定的范围内开展宗教活动。”“概括起来，我们处理同宗教界朋友之间的关系的原则是政治上团结合作，思想信仰上互相尊重。”①

2. 政教分离原则

政教分离原则是指，宗教对国家来说是个人私事，国家不能干涉，同时，宗教也不能干预国家机关的行政、司法、教育、文化、婚姻等社会事务。宗教事务与国家政治事务的分离，并不意味着广大教徒和宗教界人士不可以问政治和参与政治，恰恰相反，广大教徒和宗教界人士也是国家的主人，享有和其他公民同等的建设和管理国家的权利。同时，这一原则也并不意味着宗教信徒和宗教团体享有超越国家宪法和法律的任何特权，国家对宗教信徒及其组织的宗教活动和宗教事务可以放任不管，而是说公民有选择信仰宗教的自由权利，对此，国家不予干预。国家既不能以行政手段去压制和取缔某种宗教和教派，也不能以行政手段去推行某种宗教和教派；反过来，任何人也不得利用宗教去干预国家权力的行使。

从历史上看，宗教往往依靠国家政权的力量排斥异己，从而依附于政治，来求得自己的生存和发展；而统治阶级为了维护自己的统治，也往往要利用宗教这股社会力量，将其作为愚弄人民群众，对人民群众进行精神统治的一种工具。在这个过程中，统治阶级既要利用宗教和教派之间的矛盾，又要人为地掀起宗教和教派之间的纷争，达到其统治的目的。其他各种政治权力也往往要利用宗教来实现自己的政治目的。因此，江泽民同志指出：“纵观世界历史，统治阶级总是要利用宗教来加强统治。”②

任何一种宗教，为了强化信徒的信仰或招徕信徒，都要竭力强调自己崇拜对象的绝对至上性和绝对万能性，这就使得它难免带有排他性。宗教的神圣性和非理性等特点往往能使信徒为其赴汤蹈火，而且一旦被某些政治集团和社会势力所利用，往往会在民族和宗教之间燃起仇恨的火种，成为引起社会事端的重要因素，从而激化社会矛盾，引起社会动荡。反过来，宗教作为一种文化和精神追求，如果卷入政治纷争，也往往成为各种政治势力打击的对象。这时，它就会超出信仰的范畴而变质，不仅会影响到自身的正常发展，而且往往会招致灭顶之

① 中共中央文献研究室综合研究组、国务院宗教事务局政策法规司：《新时期宗教工作文献选编》，宗教文化出版社，1995 年版，第 210 页。

② 中共中央文献研究室综合研究组、国务院宗教事务局政策法规司：《新时期宗教工作文献选编》，宗教文化出版社，1995 年版，第 200 页。

灾。① 鉴于历史教训,中国共产党更加注意人民的利益,使宗教和政治分离,并使之成为处理宗教问题的基本原则之一。

3.依法管理宗教事务原则

依法对宗教事务进行管理,这主要是针对我国自新中国成立以来对宗教事务的管理以行政管理为主的不足提出的。其目的是确保政策的连续性和稳定性,克服宗教工作中的随意性和盲目性,增强宗教管理工作的严肃性和透明度。依法对宗教事务进行管理,就是政府依法对宗教方面的法律、法规和政策的贯彻实施进行行政管理和监督,这是政府管理社会事务的重要职责,是建设社会主义国家和实行依法治国方略的必然要求。要推进宗教法制的建设,逐步把对宗教事务的管理纳入制度化、法制化的轨道。要坚持“保护合法,制止非法,抵御渗透,打击犯罪”的原则。国家依法对宗教事务进行管理,保护正常的宗教活动,制止和打击利用宗教进行的各种违法犯罪活动。

我国少数民族分布在祖国各地,在个别地区,对待和处理有关宗教问题的政策稍有变化,往往会引起宗教界人士及信教群众的疑虑不安,甚至引发一些其他社会问题。所以在少数民族宗教工作中,一定要坚持依法管理宗教事务,遇事要认真调查,深入分析,依法处理。

强调依法对宗教事务进行管理,是为了依法切实保障宗教信仰自由,保证正常宗教活动的有序进行,保护宗教团体的合法权益。任何宗教都没有超越宪法和法律的特权,都不能干预国家行政、司法和教育等国家政策的实施。不能以宗教信仰自由和政教分离为借口,放弃或摆脱国家对宗教事务的管理。绝不允许利用宗教反对党的领导和社会主义制度,破坏国家统一和国内各民族之间的团结,绝不允许利用宗教损害国家和社会的利益,损害其他公民的合法权利和身心健康。政府工作人员既要敢于管理,又要善于管理,努力提高依法管理宗教事务的水平。

“坚决打击利用宗教进行的犯罪活动,在依法保护公民宗教信仰自由权利和正常宗教活动的同时,必须依法坚决打击利用宗教进行破坏活动的反革命分子和其他刑事犯罪分子。要采取有力措施坚决制止借宗教问题煽动群众闹事,扰乱社会治安,破坏国家统一和民族团结。对触犯刑律的要依法处理,对勾结境外敌对势力,危害国家安全的首恶分子,要从严惩办。”②

4.独立自主、自办教会原则

① 刘仲康:《论中国共产党处理宗教问题的基本原则和策略》,《新疆社会科学》,2002年第3期。

② 中共中央文献研究室综合研究组、国务院宗教事务局政策法规司:《新时期宗教工作文献选编》,宗教文化出版社,1995年版,第219页。

独立自主,就是我国宗教以独立的姿态屹立于世界宗教之林,反对境外宗教团体和个人干预我国的宗教事务,坚决抵制境外敌对势力利用宗教对我国进行渗透活动。自办教会,就是我国信教群众自己开办教会,不受外国势力的干涉。提出独立自主、自办教会原则的原因有二:一是我国曾经长期受到帝国主义国家的侵略和掠夺,有的宗教被帝国主义控制和利用过;二是在新的历史条件下,西方敌对势力加大了利用宗教对我国实施"西化"和"分化"的力度,出于维护国家独立、主权和领土完整的需要,以及使宗教自身摆脱境外宗教势力的渗透和控制的需要。这一原则为我国社会各界所欢迎,并得到了世界许多国家宗教组织和人士的理解和支持。要继续鼓励和支持宗教界在独立自主、平等友好、互相尊重的基础上开展对外交往,增进与各国人民及宗教界的相互理解和友谊,为维护世界和平作出积极贡献。要有针对性地加强对外宣传工作,把我国宗教信仰自由政策的实际情况介绍给各国人民及宗教界,以增进了解,减少误会,争取良好的国际舆论,维护我国世界大国的国际形象。

5."政治上团结合作,信仰上相互尊重"原则

无神论者和宗教信仰者在世界观上是对立的。所以,在少数民族宗教工作中,一定要坚持实事求是,一切从实际出发,具体问题具体分析,客观对待;切忌盲目跟风,人云亦云,忽"左"忽右。要善于运用唯物辩证法,坚持"两点论",既要看到正面,又要看到反面,既要看到成绩,又要看到问题,既要看到主流,又要看到支流,既要看到过去,又要看到将来,既要看到内部联系,又要看到外部联系,尽可能全面正确地把握实际情况,实事求是地处理问题。

无神论者和宗教信仰者在政治上、经济上的根本利益是一致的,在思想信仰上的差异是次要的,要坚持"政治上团结合作,信仰上相互尊重"的原则。江泽民指出:"宗教界人士的政治倾向、言行、品德、宗教修养,对信教群众有着重要影响。"①政治上团结合作,信仰上相互尊重,是中国共产党处理同宗教界人士关系的一项重要原则。1991 年 1 月 30 日,江泽民邀请中国各宗教团体的领导人到中南海做客时首次提出了这一原则,他指出:"我国各宗教团体的主要领导人,是同我们党长期合作共事中经受了考验,可以完全信赖的朋友。在我国宗教界还有一大批同我们党真诚合作的朋友。""概括地说,我们党处理民宗教界朋友之间的关系的原则是政治上团结合作,思想上相互尊重。这一点是永远不会变的。"②这一原则是党对统一战线理论的新发展,得到了宗教界人士和广大信

① 《江泽民在全国宗教工作会议上发表重要讲话》,来源:http://news.xinhuanet.com/news/2001-12/12/content_159914.htm.

② 中共中央文献研究室综合研究组、国务院宗教事务局政策法规司:《新时期宗教工作文献选编》,宗教文化出版社,1995 年版,第 209-210 页。

教群众的衷心拥护。2001 年 12 月,江泽民在全国宗教工作会议上进一步提出:"尊重信教群众的信仰,是把我国一亿多信教群众紧密团结在党和政府周围的前提。如果对他们的信仰不尊重、不理解,甚至采取错误的做法,广大信教群众就不会靠拢我们,就会与党和政府离心离德。我们共产党人坚持马克思主义的无神论,但不能简单地把无神论与有神论的差异等同于政治上的对立,无神论者与有神论者思想信仰虽然不同,但在如爱国、维护国家统一、拥护社会主义等涉及政治立场和政治方向的原则问题上是可以一致的。因此,必须坚持政治上团结合作、信仰上相互尊重。"①实践证明,只有在政治上团结合作,才能做到信仰上相互尊重;只有在信仰上相互尊重,才能有效地巩固和加强政治上的团结合作,有效地巩固和发展党同宗教界的爱国统一战线。

(三)处理西北地区宗教问题的具体原则

这里所说的具体原则,是指针对西北地区某些具体的、某一领域内存在的宗教问题所采用的原则。这些原则具体包括:

1. 慎重稳妥原则

宗教问题尤其是少数民族地区的宗教问题,随着我国少数民族宗教在长期变化中的新特点而变化,这些特点之一就是敏感性强;再加上少数民族宗教问题往往又与民族问题交织在一起,处理宗教问题的任何不慎,不但可能刺激信教群众的宗教感情,也有可能伤害民族感情,影响民族团结,引起民族纠纷。因为,在全族信教的一些少数民族中,宗教的影响渗透在人们物质生活和精神生活的各个方面,以致对待某个民族宗教信仰的态度,常常被看做对待这个民族的态度。民族感情和宗教感情交融在一起,使得宗教问题在我国少数民族中成为非常敏感的问题。②

由于宗教问题的敏感性,处理宗教问题的任何不慎,都极易触动信徒的敏感神经,引发不满和突发事件。同时,在处理宗教问题时,也要采取稳妥的办法,既不急于求成,又不急躁冒进,稳扎稳打,在综合平稳中求得问题的顺利解决。在新的国内、国际形势下,宗教问题更趋于复杂。我们在处理某一宗教问题时,必须坚持慎重稳妥的原则。

2. 积极引导原则

宗教和社会主义属于不同的思想体系。当社会主义作为一种社会制度建立起之后,就形成了人类社会一个全新的社会形态:社会主义社会。宗教所倡导的

① 江泽民:《在全国宗教工作会议上的讲话》,《江泽民论有中国特色的社会主义(专题摘编)》,中央文献出版社,2002 年版,第 373 - 374 页。

② 郭清祥:《关于现阶段处理少数民族宗教问题的分析与思考》,《民族研究》,2004 年第 1 期。

宗教信仰与社会主义所倡导的无神论从思想体系上是对立的。所以，对待宗教问题，我们不能用行政或强制的力量来解决，尤其是对于一些文化素质不高、法律意识淡薄、不能正确及时分辨事情性质的宗教信徒更是如此。我们要坚持积极引导的原则，使其与社会主义相适应。

积极引导的方法很多。首先是进行法制规范。这是宗教健康发展和宗教活动沿着正常轨道开展的基本保障。其次是正面教育。面对广大教徒和宗教界人士，我们要让他们走爱国守法之路，树立正确的世界观；对有些错误认识应以批评教育为主，从多个方面分析，讲清应该如何做的道理，少斥责和批判；要创造条件让他们开阔视野，增长见识，以增加宽容度，并通过典型事例的示范作用去启发和积极引导；还应充分发挥有影响的上层爱国宗教人士的作用。①

3."剥离"原则

宗教问题从来就不是孤立地存在的，它总是同政治、经济、文化、民族等方面历史和现实的矛盾相交错，具有特殊复杂性。从国内外形势的发展出发，科学分析宗教问题，深刻认识宗教问题的特殊性，正确把握宗教的活动规律，是我们做好宗教工作和处理宗教问题的前提。从历史和现实的角度看，我国的宗教也具有世界宗教的主要特点：第一，宗教的存在有着深刻的社会历史根源，将会长期存在并发生作用；第二，宗教与一定社会的经济、政治、文化问题交织在一起，对社会的发展和稳定产生重大影响；第三，宗教常常与现实的国际斗争和冲突相交织，是国际关系和世界政治中的一个重要因素。②

在新的历史条件下，在整个经济体制转轨和社会转型的现代化建设过程中，权利和利益的分配出现了新的格局和情况，使各种矛盾和冲突增多，并且其长期性、群众性、民族性、国际性和复杂程度更加剧烈，这应引起高度重视。当代中国宗教方面的问题基本上属于人民内部性质的群众性问题，但也不排除有的问题带有对抗性质。这需要我们潜心研究，准确甄别，把人民内部矛盾和非对抗性的矛盾从两类不同性质的矛盾中剥离出来加以处理。对于人民内部矛盾，只能用耐心说服、改进工作的办法来解决，绝不能把非对抗性矛盾当做对抗性矛盾，人为树敌，也不能把非对抗性矛盾激化为对抗性矛盾，自讨苦吃。对于一些人借用宗教问题引发事端、制造动乱，也不能丧失警惕，必须严肃对待，果断处理。要把重点放在"抵御渗透，打击犯罪"方面。经验证明，对具有群众性的宗教问题，宜解不宜结，宜疏不宜阻，宜散不宜聚，尤其不能用夸大问题的严重性来掩盖自己的错误和无能。要深入实际，深入群众，切实了解情况，正确认识和处理涉及宗

① 刘仲康：《论中国共产党处理宗教问题的基本原则和策略》，《新疆社会科学》，2002 年第 3 期。

② 冯今源：《当代中国宗教的两个重要理论问题》，《世界宗教研究》，2003 年第 2 期。

教的各种矛盾，及时研究解决重大问题，提高处理复杂宗教事务的能力。①

4. 联合处置原则

宗教问题在当代世界已涉及国际政治、世界和平、国家安全、社会稳定、经济发展、民族关系、法律秩序等重要方面。从宗教的全球化，尤其是文化全球化意义上看，“世界宗教已经培育了具有巨大权力和资源的宗教精神和政治精英，他们有能力动员军队和人民，能够形成跨文化的认同感和效忠感，或者能够提供根深蒂固的神学基础和合法的社会基础。在这些方面，世界宗教毫无疑问构成了前现代时期最强有力的和最重要的文化全球化形式”②。在宗教全球化的推动下，宗教问题的国际化趋向也越来越明显。一方面，国与国之间进行的宗教文化交流有所加强，这为世界范围内宗教的发展起了促进作用，同时也为世界和平发展作出了贡献；但另一方面，国与国之间由宗教问题引起的摩擦和纠纷也不断增多，对这些问题的处理，仅仅靠一个国家难以完成，必须加强国与国的联合，寻求解决途径。

更为严重的是，极端宗教势力、民族分裂主义分子和恐怖主义分子在宗教全球化的浪潮中进行破坏，分裂国家，危害人类和平与安全。美国的“9·11 事件”就是典型事例。在我国西北地区，表现出下列特征：国内外民族分裂势力里应外合，共同行动的手段越来越多，而且变化多端；国内外民族分裂集团和社会邪恶势力加强联系，互相声张，并有暴力与恐怖主义倾向；国内的民族分裂活动频繁，与周边国家和地区的问题纠缠在一起，引发了地区性的国际争端等等。③ 对于这类问题，我国必须与周边国家和地区进行联合打击，方可取得成效。

另外，我国西北少数民族宗教问题的解决，也应该由国家各级机关和宗教界、信教群众和非信教群众联合起来，配合作战。不要认为宗教问题就是宗教界的事务，要注意形成联合解决的防线，防患于未然，达到治理的目的。可见，无论是对于国内层次上的宗教问题，还是国际层次上的政策问题，都应该坚持联合处理原则。

以上对于处理西北地区宗教问题的原则，我们从国家治理的角度将其分为根本原则、基本原则和具体原则，但实际上这些原则并不是孤立地存在，孤立地起作用的，而是必须有效地结合起来才能发挥作用，达到国家政权系统对西北地区综合治理的目的。

---

① 任杰：《中国共产党的宗教政策》，人民出版社，2007 年版，第 456－457 页。

② 〔英〕戴维·赫尔德：《全球大变革》，杨雪冬等译，社会科学文献出版社，2001 年版，第 465 页。

③ 王宏刚：《新形势下我国民族宗教问题的发展趋势与党的统一战线工作》，见刘建、罗伟虹主编：《宗教问题探索》（2001 年文集），宗教文化出版社，2002 年版，第 14 页。

四、积极引导宗教与社会主义社会相适应的主要举措

引导宗教与社会主义社会相适应是一个长期的战略目标，指明了正确处理我国社会主义社会条件下处理宗教问题的大方向。从各地区的实际看，在具体做法上，应结合本地区的实际来引导宗教与社会主义社会相适应。就我国西北地区而言，要解决宗教问题，必须坚持宗教与社会主义社会相适应的战略目标，要在西北地区宗教问题现状的基础上，看到我国宗教工作中的问题，坚持解决西北地区宗教问题的各种原则，进而有针对性地提出一系列具体的措施，达到对西北地区综合治理的目标。这些措施主要有以下几个方面：

（一）巩固和发展中国共产党和宗教界的爱国统一战线

我国是一个多民族、多宗教的国家，许多民族都与宗教有着密切的关系。因而把宗教纳入统一战线的范围，正确地认识和对待宗教问题，制定出统战政策，对于我国的安定团结以及社会主义精神文明、物质文明和政治文明建设，都具有非常重要的意义。宗教界人士和宗教团体是党和政府联系、团结和教育广大信教群众的桥梁，是带领群众爱国守法，维护社会稳定和民族团结，共同致力于建设中国特色社会主义的骨干力量，更是积极引导宗教与社会主义社会相适应，创立与我国社会主义社会相适应的中国化神学体系的依靠力量和带头力量。要巩固和发展中国共产党同宗教界的统一战线，应该做好这些工作：

1. 加强爱国主义教育，弘扬爱国主义传统

爱国主义历来是中国人民团结奋斗的一面旗帜。祖国的山川土地，是各族人民生存发展、创造历史的舞台，是哺育各民族成长的摇篮。只有国家统一、繁荣和富强，才会有各民族的尊严和地位，才能有各民族的发展和进步。对任何民族、任何人来说，国家的利益先于一切，高于一切，重于一切。要采取各种各样的途径和方式，加强爱国主义传统的教育。加强爱国主义教育，必须弘扬爱国主义优良传统。我国各民族有着爱国主义的优良传统，这些传统深埋入中国各族人民的心里，并成为我们不断前进和发展的动力。在新的历史条件下，我们应该弘扬我们的爱国主义传统，并使这一传统不断发扬光大。

2. 正确处理中国共产党和宗教界人士的关系

中国共产党是我国社会主义事业的领导核心，是无神论者，倡导马克思主义，而我国宗教界人士是有神论者，有自己的宗教信仰，这从思想上看是截然对立的。但是我们要看到这种对立是次要的，中国共产党和宗教界人士在根本利益上是一致的。所以，我们决不能用强制力或行政力量去干涉宗教界的事务，要坚持按照“政治上团结合作，信仰上相互尊重”的原则，处理中国共产党和宗教界人士的关系。实践证明，只有在政治上真诚地团结合作，才能真正做到信仰上

相互尊重；只有在信仰上相互尊重，才能有效巩固和加强政治上的团结合作。这是中国共产党统一战线理论在新的历史条件下在宗教工作中的新发展。

3. 支持宗教团体加强自身建设

在中国，宗教团体对信教群众有着重要的作用，是党联系信教群众的桥梁。江泽民指出："宗教团体是党和政府联络、团结、教育宗教界人士和信教群众的桥梁。要指导、帮助和支持宗教团体结合自身的特点，加强思想、组织和制度等方面的建设。"①在思想建设方面，要结合各宗教的特点，指导宗教团体加强对教职人员和信教群众进行爱国主义、社会主义的教育，进行有关政策和法律的宣传教育。在组织建设方面，要帮助宗教团体加强全国和地方宗教团体的领导班子和工作班子的建设，积极配备后备力量，稳妥解决新老交替问题。少数民族宗教教职人员后继乏人的问题主要表现在这样几个方面：第一，缺乏一支能同党亲密合作的新的宗教界上层代表人物队伍；第二，缺乏一批从事宗教职业的少数民族年轻教职人员；第三，宗教院校多数办的不够理想，条件差，存在许多实际问题，难以培养出合格的教职人员。针对这些问题，需要尽快从现有的中青年教职人员中有计划、有组织地物色一批新的代表人物，并进一步办好宗教学校。②

（二）坚持、完善和贯彻宗教信仰自由政策

宗教信仰自由是中国共产党的一贯主张和政策。这一政策的基本点包括既尊重和保障人们信教的自由，又保障人们不信教的自由两个方面。在少数民族中，当全面正确地贯彻执行党的宗教信仰自由政策时，宗教活动就平稳正常，民族和睦，社会安定；当违背党的宗教信仰自由政策时，必然刺激信教群众的宗教情感，不利于民族团结和社会安定。新中国60多年的实践证明，在任何情况下，在少数民族地区和少数民族中，处理宗教问题都要始终如一地贯彻执行党的宗教信仰自由政策。

1. 加强党的宗教政策的宣传教育工作

我们必须牢固树立"宗教无小事"的思想，不断加强党的宗教政策的宣传教育工作，高度重视寺院管理工作和法制宣传教育工作。一是坚持用马克思主义宗教观和党的民族宗教政策及各项法律法规依法管理宗教事务，不断提高民族宗教政策水平和依法执政水平，把寺院法制宣传教育作为一项经常性、基础性工作常抓不懈。二是宗教事务管理部门的公务人员要进一步加强对党的民族宗教政策和法律法规的学习，及时了解并解决寺院存在的各种困难和问题，掌握寺院

---

① 《江泽民在全国宗教工作会议上发表重要讲话》，http://news.xinhuanet.com/news/2001-12/12/content_159914.htm.

② 郭清祥：《关于现阶段处理少数民族宗教问题的分析与思考》，《民族研究》，2004年第1期。

动态，对寺院不但要敢于管理，而且还要善于管理，经常性地向寺院讲解党的宗教政策、法律法规，组织开展寺院爱国主义、社会主义和政策法制宣传教育活动，引导宗教与社会主义社会相适应。统战、宗教等部门要相互配合，统一步伐，形成合力，把开展寺院法制宣传当做义不容辞的责任，做好寺院的经常性管理工作和法制宣传教育工作。三是对宗教神职人员的教育要坚持经常开展。一方面，宗教管理部门的领导和干部要去经常讲、反复讲；另一方面，要巩固、保持寺院中已建立的各种学习制度、学习方法和学习小组，让神职人员在寺管会的组织下，经常性地开展学习。四是对信教群众的教育要常抓不懈，使广大信教群众牢固树立起拥护党的领导、拥护社会主义制度的坚固防线，自觉与分裂祖国、破坏民族地区稳定的不法分子划清界限，并做坚决斗争。

2. 加大保护与加强管理并举

实际上，政府与宗教团体之间应该是一种泾渭分明的法治关系，而不是一种模糊不清的人治关系，依法管理是必行可行之策。宗教信仰自由并不代表提倡宗教，更不是人为扩大宗教影响。宗教活动于社会之中，必然会涉及社会公共利益和国家利益，对其管理的原则是保护合法，制止非法，打击犯罪，确保宗教活动规范有序进行。① 只有这样，才能在准确甄别的基础上，依法保护和依法管理同时并举。因此，国家在依据宗教信仰自由政策保护公民宗教信仰自由的同时，对宗教引发的问题比如邪教、分裂势力等必须加强管理，把加大对正常宗教活动的保护与加强对非法宗教活动的打击有机结合起来。

3. 有必要对我国的宗教作些改革

改革不仅是宗教自身发展的需要，同时也是贯彻落实我国宗教信仰自由政策的需要。良好的政教关系取决于两个方面：其一是政府对宗教的社会作用有正确的估计，制定出了符合国情的政策法律；其二是宗教团体对所处的社会政治制度及经济发展采取认同的态度。我国以开放的姿态面对世界，加深了我国与他国宗教界人士的交往，使得一部分教职人员的社会参与意识增强。政府对他们的这种认知应加以鼓励和引导，宗教界也应提高参政议政的意识，双方做到政治上团结合作，信仰上相互尊重。还应注意到，经济的发展、城市化的加剧使教徒的教规意识开始弱化，这打破了农业社会中宗教活动场所形式的单一性。活动场所的随意性和活动方式的多变性使得国家对宗教的管理复杂化，其中最重要的一点就是要区分非法宗教活动与正常宗教活动。可见，仅仅对宗教政策进行完善发展是不够的，应该把宗教自身的改革和我国宗教信仰自由政策的完善结合起来。

① 金泽、邱永辉主编：《中国宗教报告（2008）》，社会科学文献出版社，2008 年版，第 55 页。

(三)依法管理宗教事务

依法治国是我国治国方略的重要组成部分,当然也包括对宗教事务的管理。政府对有关宗教的法律、法规、政策的贯彻实施进行行政管理和监督,依法管理宗教事务。具体地说,就是依法保护公民的宗教信仰自由权利,保护正常的宗教活动,保护宗教团体的合法利益;依法制止各种不属于宗教范畴的非法宗教活动,取缔非法组织;依法抵制境外敌对势力利用宗教进行渗透;依法打击打着宗教旗号进行的分裂活动和犯罪活动等。依法管理宗教事务是我们实行依法治国方略的必然要求,是中国共产党总结国际国内处理宗教问题的经验教训所得出的重要结论,它能够解决中国宗教工作中存在的问题,并使中国对宗教事务的管理逐步走上法制化、制度化的轨道。在依法管理宗教事务的过程中,应做好下列工作:

1. 积极立法,使宗教事务的管理有法可依

依法加强对宗教事务的管理,首先要有"法"。1982 年中央 19 号文件《关于我国社会主义时期宗教问题的基本观点和基本政策》中指出:"为了保证宗教活动的进一步正常化,国家今后还将按照法律程序,经过同宗教界人士充分协商,制定切实可行的宗教法规。"1991 年,党中央、国务院在《关于进一步做好宗教工作若干问题的通知》中,再次明确指出:"要加快宗教立法工作。国务院宗教事务局应抓紧起草有关宗教事务的行政法规。各省、自治区、直辖市也可根据国家的有关法律和法规,结合当地实际情况,制定地方性的有关宗教事务的行政法规。"虽然国家强调宗教立法,但由于多方面的原因,宗教方面的立法明显滞后。所以,要依法管理宗教事务,必须加强宗教方面的立法。具体立法中应注意把握几个原则:一是注意处理好依政策行政和依法行政的关系,注意党的政策的连续性,把行之有效的宗教政策上升为法律规定,为正常的宗教活动提供法律保护,制止非法行为,打击利用宗教进行的违法犯罪活动;二是严格掌握立法依据;三是处理好保护与限制的关系。① 针对西北地区尤其是新疆地区非法宗教活动非常猖獗的现象,当务之急是加强立法工作,只有有法可依,才能严厉打击非法宗教活动,保护正常的宗教活动。

2. 认真执法,将宗教活动纳入法制轨道

依法管理宗教事务的要旨是"保护合法,制止非法,抵制渗透,打击犯罪"。具体是指政府对有关宗教的法律、法规和政策的实施进行行政管理和监督,政府依法保护宗教团体和宗教活动场所的合法权益,保护教职人员履行正常的教务

① 朱良锢:《依法管理宗教事务的实践与探索》,见刘建、罗伟虹主编:《宗教问题探索》(2001 年文集),宗教文化出版社,2002 年版,第 74 页。

活动和宗教活动，依法规范其行为，确保宗教活动在法律和政策规定的范围内进行。另一方面，制止和打击一切利用宗教进行的违法犯罪活动和境外渗透活动。

第一，规范合法宗教活动。到目前为止，由于我国少数民族地区没有制定和实施一些地方性法律法规，或者制定后因为某些因素未能实施，给我们保护和规范宗教活动带来了困难。从现实情况看，加强对西北少数民族地区宗教活动及其活动场所的管理，需要解决好三个方面的问题：一是抓紧地方性宗教法规的建设，建立和健全各种规章制度。宗教法规包括综合性法规和单行法规。要加快宗教立法，健全各种教会、寺院的管理制度。二是支持和帮助寺院搞好自养事业，结合大力发展经济、文化教育科技事业，加强对宗教活动场所的管理。少数民族地区的宗教活动场所有各种功能，包括组织宗教活动功能、加强文化交流功能以及进行经济活动和管理日常生活事务的功能，要依法对其进行管理。三是加强基层党组织建设、政权建设和社会主义精神文明建设，增强信教群众的法制观念。①

第二，制止和打击非法和违法犯罪活动。西北地区的非法宗教活动非常严重，以新疆地区为最。近年来，新疆各级党委和政府采取了一些措施对非法宗教活动进行了制止和打击，但是非法宗教活动以及以宗教为名进行的犯罪活动仍然存在。这些活动主要包括：干涉他人宗教信仰自由，强迫他人信教或参加宗教活动；违反宗教法规，擅自新建、扩建宗教活动场所；宗教干预行政；违反宗教法规，在宗教活动场所之外举行集体宗教活动；违反宗教法规，擅自开办经文学校，私带宗教学生；无宗教教职人员合格证书即主持宗教活动，未经批准擅自印刷、散发、销售宗教印刷品和音像制品等等。② 这些非法宗教活动不仅影响地区稳定，而且危及国家利益和这一地区各族人民的利益，因此，必须进行有效的打击和制止。在具体操作中，各级国家机关、宗教团体、人民群众要联合起来，拧成一股绳，依法加大力度，进行打击和制止。对境内借宗教之名进行分裂之实的活动，更要严惩不贷，不留任何喘息之机。

第三，坚决抵制境外势力利用宗教进行渗透。境外势力利用宗教对我国进行渗透是指境外团体、组织和个人利用宗教从事各种违反我国宪法、法律和政策的活动和宣传，与我国争夺信教群众，争夺思想阵地，企图"西化"、"分化"中国。利用宗教进行渗透有两种情况：一种是企图控制我国宗教团体和干涉我国宗教事务，在我国境内建立宗教组织和活动据点，发展教徒；另一种是打着宗教的旗号企图颠覆我国政权和社会主义制度，破坏我国主权、领土完整和民族团结。这

① 郭清祥：《关于现阶段处理少数民族宗教问题的分析与思考》，《民族研究》，2004 年第 1 期。

② 马品彦：《新疆反对非法宗教活动研究》，《新疆社会科学》，2003 年第 4 期。

两种情况在我国西北地区尤其是新疆地区都存在。我们“要十分警惕和坚决抵制境外敌对势力利用宗教对我国进行渗透”①。首先,要进一步提高各级党政干部对做好抵御渗透工作重要性的认识,认清境外势力利用宗教进行渗透的危害性,加强各级党委、政府对抵御渗透的领导,相互加强协作,建立有效的工作机制;其次,提高基层干部依法管理、依法处理境外渗透问题的实际能力,将这一工作纳入法制化轨道。当然,抵御境外利用宗教对我国进行的渗透活动,关键是处理好国内的宗教问题,做好国内的宗教工作。

3. 大力普法,为依法管理宗教事务打下群众基础

普法是法制化的一个重要环节。大力普法,是依法管理宗教活动的重要条件。西北少数民族地区由于教育文化落后,交通设施落后,基层干部和群众的法律意识十分淡薄,再加上宗教教义教规的严格限制,往往会被一些民族分裂分子利用宗教进行控制,阻碍依法管理宗教的进展。所以,必须在这些地区加大法律法规的宣传教育力度,争取在群众中树立法律意识,并扩大法律的受众面,形成依法管理宗教事务的群众基础。

(四)坚持党和政府的领导,不断解放和发展民族地区生产力

我国的历史实践和现实告诉我们,处理宗教问题,加强少数民族宗教工作,必须坚持中国共产党的领导。我国西北地区许多少数民族受宗教组织的影响较大,尤其是在全民信教的地区,宗教组织存在于每一个角落,渗透到社会生活的方方面面。这些地方的基层党组织,要全面贯彻落实党和国家的统战、民族和宗教政策,密切联系群众,全心全意为广大群众服务。要正视宗教组织的存在及其活动。既要坚持团结,又要坚持原则,正确处理好基层组织和宗教组织之间的关系;既要充分发挥和调动少数民族信教群众在社会生活上的积极因素,又要限制他们的消极影响,把广大教民团结在党的周围,组织和动员他们参加到社会主义现代化建设中来。

加强党和政府对宗教工作的领导,具体包括两个方面的内容。

第一,各级党委和政府都要重视宗教工作。加强党和政府对宗教工作的领导,要求各级党委和政府按照中央制定的各项方针、政策,关心、重视和做好宗教工作。党的宗教工作是党的统战工作和群众工作的重要组成部分。既要做好宗教工作,巩固和扩大党领导的各民族宗教界的爱国统一战线,又要做好广大信教群众的工作,团结他们为社会主义建设事业共同奋斗。前者是做好宗教工作的关键,后者是做好宗教工作的基础,两者相互依存,相互促进。

① 中共中央文献研究室综合研究组、国务院宗教事务局政策法规司:《新时期宗教工作文献选编》,宗教文化出版社,1995年版,第198页。

各级党委和政府都要从战略的高度重视宗教工作，把它引入议事日程，定期研究分析宗教工作形势，认真检查宗教法规和政策贯彻落实的情况，及时解决存在的问题。

第二，协调各有关部门共同做好宗教工作。宗教工作涉及社会生活的许多方面。凡是有信教群众的地方，就有贯彻落实党的宗教政策的任务，就有宗教工作。各级党委和政府要有力地指导和组织一切相关部门，统一思想，统一政策，并分工负责，密切配合，共同把宗教工作做好。

由于历史原因，我国西北民族地区发展相对落后，所以，帮助这一地区发展经济和文化教育事业，不断解放和发展生产力，全面建设小康社会，就成为各级党委和政府的一项艰巨任务。同时，这也是处理好少数民族宗教问题的物质基础。只有大力发展少数民族和民族地区的经济、文化教育事业，才能提高少数民族素质，才能不断做好少数民族宗教工作。

（五）促成联合治理机制，遏制和打击利用宗教分裂国家的活动

我们清楚地看到，宗教极端主义势力、民族分裂主义势力和恐怖主义势力已经联合起来，在世界范围内进行破坏活动和暴力恐怖活动。这三股势力为了达到自己的政治目的，口喊“人权”口号，却破坏“人权”；打着宗教的旗号，却在统一国家内或在不同国家、不同宗教信仰的多民族人民中播种仇恨，甚至挑起同一宗教信仰的不同地区、不同民族之间的恶战。现实告诉我们，在我国西北地区，极端伊斯兰原教旨主义是“东突”恐怖势力利用宗教煽惑群众、分裂祖国、挑起宗教分立、制造民族失和、产生国家摩擦、滥杀无辜人民的理论核心和资本。对此我们应有清醒的认识和高度的警惕。

另外，从地缘政治和大国博弈的角度看，中亚战略资源丰富，各种势力并存，各种矛盾交叉，是东方利益冲突的战略要地。美国为了争夺中亚资源，进一步削弱俄罗斯和中国，企图利用俄高加索和我国新疆的民族、宗教问题，把原教旨主义祸水引向中、俄，进而控制中亚，直逼中国和俄罗斯。

基于我国新疆及其周边地区的国内、国际形势，我们应该积极倡导中亚国家、俄罗斯和中国的联合治理机制，遏制和打击利用宗教分裂国家的活动。这一机制不仅仅是国与国之间、政府与政府之间的，而应该扩大范围，在各国爱国组织和团体之间，在各国爱好和平的民众之中进行大力宣传，使其认识到这些问题的严重性，并逐步建立国与国之间、政府与政府之间、组织与组织之间、团体与团体之间、各国人民之间的自上而下的联合治理机制，遏制和打击利用宗教分裂国家的活动，维护各国的统一和稳定。

第十一章　政治文化问题

“政治文化”(Political Culture)的概念是美国当代政治学家阿尔蒙德于1956年提出来的,他认为:“政治文化是一个民族在特定时期流行的一套政治态度、信仰和感情。这个政治文化是由本民族的历史和现在的社会、经济、政治活动进程所形成的。人们在过去的历史中形成的态度类型对未来的政治行为有着重要的强制作用。政治文化影响各个担任政治角色者的行为、他们的政治要求内容和他们对法律的反应。”①它能够准确和真实地展现公民、政治组织以及社会群体的政治心理、政治态度和价值取向,体现民族国家政治变迁的内在思想轨迹,因此成为研究一个民族、一个国家政治生活的基本工具而被广泛运用。

从中华民族整体看,中华民族的政治文化是中华大地上的各民族共同创造的,是多元一体的政治文化。自各民族政治体系纳入统一的国家政治体系起,经过长期的民族分化融合,我国的政治文化已具有“一脉多传”的特点。然而,由于西北地区各民族特有的政治地理环境、生产生活方式、宗教习俗、文化传统、心理素质等,在此基础上形成的西北地区的政治文化是具有多结构、多层次、多因素的亚政治文化体系。这种政治文化对区域内公民的政治认知、政治情感、政治态度、政治价值观产生着极其深刻的影响,并构成西北地区治理的政治心理基础。因此,从治理的角度来讲,必须要充分把握和认识西北地区的政治文化状况,使之符合西北地区的政治文化现实。因为一旦治理活动脱离特定的政治文化土壤,就会差之毫厘,谬以千里。因此,研究西北地区政治文化的特点,明确西北地区政治文化发展的内容,通过政治社会化改进西北地区政治文化的现状,对推进西北地区的政治现代化进程,维护西北地区的政治稳定和社会发展,实现西北地区的有效治理,具有重要意义。

---

① 〔美〕阿尔蒙德、小鲍威尔:《比较政治学:体系、过程和政策》,曹沛霖等译,上海译文出版社,1987年版,第29页。

一、西北地区政治文化的特征

任何一种政治文化都不是一朝一夕形成的，而是在其漫长的历史长河中积淀和凝聚下来的。我国是一个有着两千多年封建专制统治传统的国家，小农自然经济的长期延续、宗法制的社会构造、儒学的国家意识形态化、权力阶层的支配与匡约，使中国传统政治文化呈现出家长本位、权力崇拜、自律诉求、“潜规则”以及均平取向的主要特征。① 这种政治文化构成了我国传统社会政治文化的主导形态，是我国传统政治生活的文化基础。

西北地区是我国的有机组成部分，长期受我国传统政治文化的影响，因而具有中国传统政治文化的基本特征。但是，西北各民族由于其独特的民族亚文化、宗教信仰、民族语言、生活习惯等方面的特点，也形成了独特的民族政治亚文化。这种政治文化与我国主导型的传统政治文化虽然在主体取向上一致，但也具有自己的特点，如西北各少数民族都是全民信教的民族，回族、东乡族、维吾尔族等信仰伊斯兰教，蒙古族、藏族等信仰藏传佛教，因此，无论是在日常生活中，还是在政治生活中，宗教信仰都是其应有成分。虽然民族成分不同，生活方式各异，但是各民族在政治生活中由于其宗教信仰的强烈影响和特有的民族传统文化和民族精神，又都表现出基本一致的倾向。这种倾向有别于我国传统主导型的政治文化，既关注政治又不积极参与政治，既过着世俗的人间生活又憧憬美好的来世福音，既具有顺从于政治、服从世俗政权的一面，也具有超乎政治、不问因由的一面，其间还带有一种飘忽不定、随遇而安的特点。具体而言，我国西北地区的政治文化具有如下特点：

（一）传统政治文化与现代政治文化并存

中国的政治文化有着两千多年的深厚积累，形成了古代以君主“治国之道”为核心、以儒学为主流的传统政治文化：“一方面，他们渴望得到权威的保护，以避免相互倾轧和财富被剥夺，这就使他们把一元的有绝对权威的政治领导看成是一种自然现象；另一方面，他们又畏惧这种严厉的权威，避免与猛虎般的政府权威发生摩擦。”②而西北地区一来长期受中国传统政治文化的影响，二来地理位置具有封闭性，经济社会文化发展相对缓慢，因而其政治文化不但具有本地区特色，而且更多地具有中国传统政治文化的基本特质。特别是在西北地区农牧民的政治行为中，传统政治文化至今仍保持着强大的影响力，在实际生活中表现

① 对中国传统政治文化的这一分析可详见马庆钰著《告别西西弗斯——中国政治文化分析与展望》，中国社会科学出版社，2002 年版。

② 陈丽珍：《现阶段中国政治文化与政治现代化》，《探索》，1999 年第 4 期。

为:人们习惯于借助传统的习俗和方式来解决各种经济社会问题;具有强烈的等级观念、特权意识、宗法传统,尊官畏官,重言轻法,人身依附突出,缺少政治信任和政治宽容,容易结成各种非正式的政治团体;缺乏自主参与意识,有限参与意识与非参与意识还有较大的市场,对政治有疏远和逃避倾向,容易产生过激的政治行为等。①

具体讲,中国西北地区传统政治文化主要表现为:

第一,服从性。按照经典的政治文化分类标准,中国传统政治文化属于臣属型政治文化,它要求天下所有子民都服从于上层统治者的统治秩序,按照以儒家思想为主导的传统文化所教导的良民行为模式去生活。对于西北各民族而言,这种服从性不仅强调对于君权的依附和顺从,而且也注重其民族政治文化对主导型政治文化的迎合和顺从。这种依附和顺从在中国几千年的历史发展中似乎已经达成了某种默契:各民族都顺从于世俗皇权的统治,皇帝承认各民族宗教信仰的合法性。伊斯兰教本意中即有"顺从"之义,"穆斯林"就是"和平者"、"顺从者"的意思。伊斯兰教不仅要求信徒们服从真主的意志,服从宗教政权,而且要求他们服从世俗的政权。佛教也反对鄙视他人或与人为敌,要求逆来顺受,不得反抗政权。这些宗教教义的传播和主导型臣民政治文化的双重影响和制约,使西北各民族政治文化的依附性特征表现得尤其明显。

第二,封闭性。西北各民族政治文化的封闭性主要是指因其地域的封闭性而产生的较强的自我复制能力,它能够自觉地和以儒家思想为核心内容的传统主导型臣民政治文化保持一致,同时,又存在适度张力,以维护自己的民族特色。因此,它不仅具有中国传统政治文化的封闭性特征,而且也具有由各民族自身文化而决定的封闭性特征。西北各民族政治文化的这种封闭性,源于我国传统社会结构和传统文化的封闭性和自我复制图式。正是这种典型的封闭性特征和由此而形成的民族政治文化与主导型政治文化之间适度张力的存在,才使得中国几千年封建社会虽朝代更替频繁而主导型政治文化形态一直延续不衰。

第三,疏离性。长期以来,西北各民族都倾向于关注国家政治生活。如回族群众在清真寺的星期五"主麻"礼拜后,聚在一起多谈论现实政治问题和国家政策;藏族群众平时聚在一起也多谈论政治等问题,并表示对社会秩序的关心。但是,绝大部分民众对政治仅仅停留在关注和谈论的层次上,很少更深地去探究,积极参与政治生活就更少了。实际上,这种对政治的疏离感源于历史上形成的西北各民族"政治边缘人"的角色定位。在长期的历史传统政治生活中,由于上层统治者推行大汉族主义,把其他少数民族视为"蛮夷",少数民族成员基本不

---

① 周平:《云南少数民族政治文化论》,云南大学出版社,1995年版,第158页。

参与政治生活，长此以往，形成了西北少数民族回避政治、远离政治的心态。

然而，经过改革开放以来几十年的发展演变，随着西北地区现代化进程的加快推进，具有现代气质的政治文化在西北地区也不断生长。有学者将中国政治文化现代化的总体趋势概括为："从家长的政治文化走向民主的政治文化；从人治的政治文化走向法治的政治文化；从子民的政治文化走向公民的政治文化。"①西北地区政治文化的发展趋势也符合这一总体趋势，其政治文化正朝着现代型政治文化的方向发展，具体表现为政治文化的世俗性、自主性、开放性、进取性和融合性。

一是世俗性。随着改革开放的深化和市场经济的发展，西北各民族成员的思维方式、价值观念和政治取向发生了深刻变化，公平、民主、法制、竞争、参与、开放的观念深入人心，主体意识日趋强烈。人们不再盲目崇拜，畏惧权威，而是能从自身利益的角度进行理性思考，并较为积极地关注国家政治生活和参与政治活动，世俗化成为西北各民族政治文化的基本特征。各民族成员越来越重视在其周围世界中可以见到的因果关系，个人往往自信他们拥有改变环境的能力，并选定有助于自己改变环境的行动方案。改革开放使人们拥有更多的信息、机会、生活方式和社会化渠道，人们对政府的评价更具现实性，看重的是政府的实际作为和实际效果，在政治上不再盲目服从，而是进行理性化的思考和判断。

二是自主性。确立市场经济体制以来，西北各民族最大的收获之一，就是从根本上摆脱了自然经济的小农思想，形成了进取、开拓、创新的观念，培养出了自主、自立精神，增强了平等、民主意识。市场经济的运作是一种难以抗拒的物质力量，它使人们成为相对独立的利益主体，直接唤醒和强化了西北各民族成员的自主意识，使之认识到自我权利、利益、尊严、责任和风险等。这种自主意识觉醒的结果之一，就是人的积极性、创造性和主动性空前高涨，社会活力空前增加，社会政治生活中的法治化要求空前迫切，自觉地支撑起抉择自己命运之舟的风帆。

三是开放性。改革开放使西北各民族的政治文化打破了封闭保守、自我维持的传统发展模式，建立起了一种开放的政治心理结构，呈现出对社会变革和发展的适应性和容纳吸收不同性质文化的气质。随着改革开放和西部大开发战略的深入，西北各民族成员的政治主体意识将进一步增强，政治参与程度将不断提高。同时，他们的法治观念也将进一步增强，开始确立理性地依法表达政治意志和利益的思维及行为方式，要求依照法治精神和法定程序进行政治决策，对其他民族、其他人的不同政治观点、不同政治习俗、不同政治行为和不同政治价值观

① 马庆钰：《告别西西弗斯——中国政治文化分析与展望》，中国社会科学出版社，2002 年版，前言第 11 页。

都有一定的宽容精神。

四是进取性。随着信息化社会的到来，国家政治体系充分利用各种大众传媒在西北各民族中广泛传播主导型政治文化，加快其政治社会化进程，大多数社会成员不再听天由命、盲目顺从，而是勇于革新、开拓创新，他们对政治体系和世界表现出理性和科学的态度，积极投身到国家政治体系的完善和政治稳定的维护之中，主体意识、权利意识、竞争意识、平等观念、致富思想、进取精神等正在成为政治文化的主流。这是西北各民族树立现代公民政治文化的内在动力。

五是融合性。不同政治文化间存在相互融合的特性，一种政治文化往往会有选择地吸收他种文化中的积极因素，对之加以改造和吸收，从而不断丰富自身，因而，政治文化具有相当大的融合性。随着我国社会一体化进程的加速发展，不同民族间的政治文化也加速了其融合进程，西北各民族内部、西北各民族与国内甚至国际世界的政治文化交流日益扩大。这必然使得西北各民族的政治文化与其他类型的政治文化相互碰撞、吸收与融合，西北各民族在保持自己民族政治文化特色的同时，对其他民族政治文化中积极、合理的因素将加以容纳和吸收，呈现出较强的融合性趋势。

(二)主流政治文化与非主流政治文化并存

主流政治文化对规范社会生活起着重要作用，指导和影响着非主流政治文化。改革开放以来，我国在政治、经济、文化等方面都发生了翻天覆地的变化，加上国家实施积极的西部大开发战略，这使得我国西北地区的政治文化打破了封闭保守、自我维持的传统发展模式，在一定程度上呈现出对社会变革和发展的适应性和容纳不同性质文化的开放性，形成了主流与非主流政治文化并存的政治文化结构模式。

西北地区的主流政治文化，是通过党政系统长期以来的政治社会化进程，在西北地区确立起来的以马克思主义为指导的社会主义先进政治文化，最主要的就是社会主义核心价值体系，即马克思主义指导思想、中国特色社会主义共同理想、以爱国主义为核心的民族精神和以改革创新为核心的时代精神、社会主义荣辱观。社会主义核心价值体系是社会主义制度的内在精神之魂，是社会主义意识形态大厦的基石，是社会主义文化建设的根本。没有社会主义核心价值体系的引导，整个社会主义建设就会迷失方向。只有努力构建具有广泛感召力的社会主义核心价值体系，用以引领和整合多样化的思想观念和社会思潮，才能在尊重差异、包容多样的基础上保持全社会共同的理想信念和道德规范，形成全民族奋发向上的精神力量和团结和睦的精神纽带，打牢全党全国各族人民团结奋斗的思想基础。建设社会主义核心价值体系，不仅是实现文化自身和谐的关键，也是促进整个社会和谐的中心环节，是社会主义社会发展进步的“生命线”。

社会主义核心价值体系也是西北地区政治文化的主流和主体。长期以来，西北地区各族人民在党的领导下从事社会主义建设事业，他们基本上认同社会主义核心价值观，主要表现在：

第一，马克思主义在思想文化与意识形态领域占据主导地位。改革开放以来，思想文化和意识形态领域的变化翻新是一个不争的事实；但是，从总体上讲，马克思主义在西北地区思想文化与意识形态领域的主导地位并没有发生重大变化。各族人民在共同创业奋斗的过程中，能够坚持马克思主义的指导地位不动摇，特别是对邓小平理论、"三个代表"重要思想、科学发展观、和谐社会等新形势下的中国化马克思主义高度认同。

第二，中国特色社会主义共同理想得到各族人民的共同认可。中国特色社会主义是各族人民共同奋斗的旗帜，也是引领西北地区各族人民全面实现小康社会、共建家园的理想追求。中央实施西部大开发以来西北地区的新发展、新变化，特别是广大农牧民生活条件的不断改善，使各族人民认识到只有中国特色社会主义才是正确的道路选择在，中国共产党的领导和社会主义道路是靠得住的。

第三，以爱国主义为核心的民族精神和以改革创新为核心的时代精神得以贯彻。西北地区民族差异大，各民族对国家的认同也不完全一致，但以爱国主义为核心的民族精神和以改革创新为核心的时代精神依然得到践行。各民族是一个共同体，是同一个大家庭的成员，爱国是每个公民的义务。同时，顺应时代要求，不断改革创新，加快区域内经济社会文化建设，实现西部开发目标，缩小东西部之间的经济社会发展差距，也是各族人民共同的心声。

第四，社会主义荣辱观是各族人民共同的道德基础。社会主义荣辱观是对我国各族人民共同道德规范的高度提炼和概括。生活在西北大地的各族人民尽管风俗习惯不同，伦理道德也存在一定差异，但在长期生活中能够彼此和睦相处，遵循共同的道德规范，维护良好的民风民俗，形成和谐的社会关系。

同时，不可否认的是，西北地区是一个极其特殊的区域，民族、宗教、地域、文化、环境等方面的多样性，决定了西北地区在主流政治文化占主导地位的同时，各种非主流政治文化主要是民族政治文化、宗教政治文化和地域政治文化也同时并存。这些非主流政治文化以亚文化的方式广泛存在。这种非主流政治文化不可能在短期内消失，并且在有些情况下是主流政治文化的一种补充形式，在有些情况下则作为对抗主流政治文化的亚政治文化而存在。

（三）宗教政治文化浓郁

西北地区是我国少数民族的聚居区，要了解西北地区的政治文化，不了解西北地区少数民族的宗教习俗和民族心理特性，终不过是雾里看花，难见其真。

宗教是人类历史上古老而普遍的社会文化现象，是人在面对不可知的自然的或社会的异己力量的处境中产生的特殊的认识方式和活动方式，它随着社会历史的变迁而变化发展。宗教在西北地区是一种普遍而重要的社会存在，具有广泛性、包容性、群众性、民族性和国际性特点，至今还在社会和人生的各个方面发挥着重大影响。

西北少数民族的一个首要特征就是其全民信仰某种宗教，因此，宗教生活就成为其社会生活中不可或缺的一部分。这使得西北少数民族的政治文化带有明显的宗教性特征。宗教为其信徒提供了最基本的价值观念，这些价值观念往往成为信教的民族成员进行政治认知、形成政治情感和产生政治评价的重要心理基础。

在西北地区，信奉伊斯兰教的少数民族占大多数。伊斯兰教在西北地区少数民族政治人格的塑造、政治价值观和政治态度的形成、政治行为模式的确立中发挥着独特而巨大的作用。伊斯兰教具有宗教—政治合一性，用美国已故著名历史学家斯塔夫里阿诺斯的话说就是："伊斯兰教既是一种宗教信仰，也是一种社会法规和政治制度；它不仅为信徒们提供宗教戒律，而且为个人和公众生活提供了明确的规范。"①对于伊斯兰教的宗教—政治合一性，我国学者刘靖华与东方晓在他们合著的《现代政治与伊斯兰教》中作了深入的分析。② 他们认为，伊斯兰教的宗教—政治合一性可以写成如下的序式，即：伊斯兰宗教信条—道德伦理—社会组织—政治文化—法律。他们对这一序式的解释是：宗教信条是使这一信仰得以维系的基本因素，它规约着穆斯林的行为方式和信仰方式。人们认识了信条也就能超越信条。道德伦理是出自人的本性的真正法则，同时也是表现出来的社会本身，是一种政治。在伊斯兰教中，穆斯林所追求的人生最高理想和完善境界是"灵魂拯救"，类似于基督教中的"再生"，属于个人道德和形而上学论证层面的范畴，而要实现"灵魂拯救"，则必须经过"道德实践"和"道德完善"。穆斯林必须在社会环境中进行自身的道德修养，深刻的道德实践对信仰者的宗教自我完成具有内在价值。社会组织是人类为了生存所能借助的必然形式。伊斯兰教不但是一种政治意识形态，而且是一种特殊的社会组织和社会力量。它是以穆斯林的信仰和诚笃感情为基础的有自身组织系统的社会团体。在伊斯兰教中，有三个宿命论规约着穆斯林的文化心态，遂积淀为特殊的政治文化。一为"道德宿命论"，认为人生来就是负罪的，但归宿有两种可能，不是升天国就是下地狱，只要行善，真主就会拯救他；二是"生命宿命论"，认为人之生死是注定的，无论如何行事也逃脱不了死亡的命运，但是，只要行善，真主就会尽可

① 〔美〕斯塔夫里阿诺斯：《全球通史：从史前史到21世纪》（第7版），董书慧、王昶、徐正源等译，北京大学出版社，2005年版，第212页。

② 刘靖华、东方晓：《现代政治与伊斯兰教》，社会科学文献出版社，2000年版，第1－7页。

能地使他远离危险的境地;三为"信仰宿命论",认为穆斯林必须把对命运的信仰完全视为个体自身对于真主及其意旨的深沉而热烈的奉献。这是伊斯兰教的基础,它不仅记载于《古兰经》中,更体现于穆斯林大众的行为中,见之于《古兰经》中的是宗教蕴意,见之于穆斯林行为中的则是政治体现。可见,伊斯兰教的宗教—政治合一性的实质就是宗教与政治的同构和结合,即伊斯兰教不仅是一种宗教信仰,而且是一种社会和政治制度以及具有普遍性指导意义的生活方式,它广泛而深刻地规约着穆斯林社会的行为模式。

中国的伊斯兰教是历史上中华文明与伊斯兰文明相互交流的结果。在漫长的社会历史发展过程中,伊斯兰教虽然经过了传统儒家文化的重新诠释,并与我国社会不断适应,但其宗教—政治合一的基本特性并没有消失。这一特性使得在现实社会政治生活中,伊斯兰教对我国广大穆斯林群众特定政治行为模式的形成产生着全方位的影响和规约。伊斯兰教在西北地区少数民族政治社会化过程中无疑发挥着巨大的影响。

其一,以伊斯兰教为精神纽带的穆斯林社区为广大穆斯林提供了基本的社会化场所。

伊斯兰教是维系广大穆斯林群众的精神纽带,各族穆斯林群众一般围绕清真寺聚族而居,形成了大大小小的穆斯林社区,伊斯兰教在其中对穆斯林群众的社会生活和行为模式发生着全方位的规约和影响,维系着穆斯林社区的存在和发展。可以说,穆斯林社区为穆斯林群众提供了"生于斯,长于斯"的基本社会化场所,直接影响着每个穆斯林的成长过程。清真寺成为每个穆斯林社区精神文化的象征和社会关系的纽带。绝大多数穆斯林公民自出生起,就在社区这个共同体里学习、劳动,参与社会生活,结成社会关系。人们在此过程中获得基本的政治信息,认识社会政治生活,分享社区共同文化、共同意识和价值观念,形成一定的政治行为模式。一些在外工作或学习的穆斯林公民,虽然他们并不长期生活在社区中,并能够接触更多新的思想观念和信息,但他们的社区意识都很强烈,尤其是每逢穆斯林的重大宗教活动或节日,他们大都会回去参加。这些人虽然长年生活在外面,但他们在日常生活中一直坚守伊斯兰教条和宗教戒律,不敢有丝毫懈怠,可见他们的行为模式受伊斯兰社区生活方式影响之深。

其二,伊斯兰教的宗教—政治合一性使穆斯林公民形成了独特的少数民族政治亚文化。

政治文化是社会成员对政治对象的心理取向。以马克思主义为指导的社会主义政治文化是我国社会占主导地位的政治文化,但对于我国信仰伊斯兰教的少数民族来说,由于受伊斯兰宗教政治文化的深刻影响,这些少数民族在接受社会主导政治文化的同时,也形成了具有明显伊斯兰文化特征的民族政治亚文化。

对此有的学者曾分析："对于民族共同体来说，尤其是那些全民信教并且只信仰一种宗教的民族来说，民族宗教是占绝对统治地位的意识形态，对民族共同体的影响极其深厚，甚至于完全支配着民族共同体成员的心理世界和民族社会生活。"①虽然这种说法有过于绝对之嫌，但其说明的道理不容忽视。

伊斯兰教对穆斯林政治亚文化的影响主要有以下两个途径：

第一，伊斯兰宗教组织的影响。任何一个宗教，在其形成和发展的过程中都会出现宗教职业者和一定的宗教组织，随着宗教的兴旺发展，宗教组织和制度也日渐发展和完善。伊斯兰教在其形成和传播的过程中逐渐发展出了一套严密的宗教组织制度和专业的宗教职业者，穆斯林们往往通过宗教组织联系起来，共同生活。在我国，其典型形式就是穆斯林群众一般围绕清真寺聚居。伊斯兰宗教组织往往利用穆斯林对伊斯兰教的虔诚信仰和崇拜，对穆斯林群众的心理和行为保持着巨大的影响力，宗教职业者往往通过向穆斯林群众传教的过程，向他们宣传和灌输伊斯兰教法所主张的政治价值观，有的甚至从宗教观念出发，对世俗政治结构和政治过程直接发表评论，从而直接或间接地影响着信徒们对现行政治体系特别是国家政治体系的情感和评价。

第二，伊斯兰教教义的影响。伊斯兰教教义与其宗教组织相结合，对穆斯林公民的政治社会化过程产生着深远的影响。伊斯兰教教义本身就内含着一套完整的关于人类社会政治生活和政治秩序的思想逻辑体系，这一思想逻辑体系构成了西北少数民族政治亚文化的核心要素。我们从以下两方面来分析伊斯兰教教义对西北少数民族公民政治亚文化的影响：第一，伊斯兰教教义影响穆斯林公民的政治人格。伊斯兰教有六大基本信仰，包括信真主、信天使、信使者、信经典、信末日和信前定，其中信真主是最基本的信仰，是其他信仰的基础。穆斯林的一切意念和动机，都是和他们的信仰联系起来的。神圣的宗教信仰结合伊斯兰宗教—政治合一的特性，使得穆斯林群众（包括西北少数民族群众）形成一种独特的政治人格，他们相信政教合一并坚信宗教高于眼前的世俗政治。因此，在现实政治生活中，穆斯林群众（包括西北少数民族群众）往往游离于社会政治生活之外，他们大都相信超人间的理想世界的存在，他们以一种超人格的力量来寄寓自己的人生幸福，有着把自身奉献给他们所信仰的神秘力量的真诚愿望。这种强烈的宗教性使人们的政治人格具有浓厚的神圣性，而呈现出一种超乎现实的人格理想。因此，他们往往倾向于不愿意通过积极参与世俗政治生活来追求现世的幸福，而是期望通过虔诚的宗教信仰为来世祈福。第二，伊斯兰教教义影响穆斯林公民的政治情感和评价。伊斯兰教教义主张社会正义、平等、公平、宽

① 周平：《民族政治学》，高等教育出版社，2003 年版，第 190 页。

容、和平等信念，穆斯林群众往往会将这些观念作为自己虔诚信仰的一部分，在现实社会生活中认真践行，这些信念自然就成为穆斯林群众对现实社会政治生活进行情感判断和价值评价的依据。

二、西北地区政治文化建设的主要内容

任何政权对特定区域的治理都必须与特定区域的政治文化相适应。反过来讲，政治文化并非一块铁板，它也要顺应社会整体环境的变化而变化，也要与治理的目标与要求相适应。这正是政治文化建设所要完成的任务。国家政权系统要实现对西北地区的治理，一方面要充分考虑到西北地区政治文化的特殊性，另一方面也要加强对西北地区政治文化建设的步伐。因此，建设什么样的政治文化，怎样建设政治文化，就成为治理层面必须关注的问题。

我们认为，根据西北地区的政治文化现状，西北地区政治文化建设在内容上要着重从以下几个方面来进行：

第一，削弱传统政治文化的影响力，提高社会主义先进政治文化的统摄作用，最终全面实现西北地区尤其是少数民族地区政治文化的转型。传统政治文化是传统政治体系和政治结构的产物，在一定条件下对现代政治体系的建立和完善不但不具有支撑和推动作用，相反还具有严重的阻碍和破坏作用。所以，西北地区政治现代化要取得显著进展，就必须削弱传统政治文化的影响力，扩大社会主义先进政治文化的感召力，为社会主义政治现代化提供文化心理支持。

第二，塑造有利于社会主义的政治信念，不断提高人们的政治文化素质，增强人们的政治免疫力。坚定的政治信念是指政治主体的政治信念和价值取向与政治系统所体现的信念和价值观基本一致，它有助于社会共识的形成和政治凝聚力的加强，有助于实现政治主体对政治系统的高度政治认同，是政治稳定的坚实基础，也是保持政治系统良性运行的重要条件。社会是在不断变化的过程中向前发展的，如果人们的政治素质低下，那么无论怎样努力也很难使人们摆脱各种错误思想的侵蚀，因为在社会变化的过程中随时会出现各种思潮，伴之而来的必然有不正确的认识。因此要营造一种有利于培养西北地区公民的政治修养，提高他们的政治觉悟的良好的政治文化生态环境。

第三，不断提高西北地区各个民族对国家认同的理性化水平。目前，西北地区群众尤其是少数民族群众对国家的认同的理性化程度和牢固程度较低，容易受到各种因素的影响而产生波动。要提高西北地区各个民族对国家认同的理性化水平，就要在西北地区宣传国家的主要政治组织及其性质、作用，国歌、国旗、国徽等的基本常识，国家的基本政治制度及政治运作程序，群众参与政治生活的方式和途径等等，对西北地区的人民进行广泛、深入、持久的教育，使他们逐步树

立关注国家政治活动的自觉意识。

第四,确立以民主选举为基础的法理型政权取向的主导地位。在民主政治条件下,“政权的合法性来源于人民的授予,民主选举就是最佳的授予方式,合法的政权必须是通过人民选举产生的”①。国家在少数民族地区进行过大规模的民主选举活动,这种产生政权的方式逐步为西北地区各个民族所认识、认可和认同;但传统的以宗教迷信、血缘关系和家族世袭等为基础的政权倾向思维模式依然存在,并时常支配人们的观念和行为。因此,为了适应民主法制建设的需要,必须尽快确立以民主选举为基础的法理型政权取向的主导地位。

第五,在西北地区树立和维护民主意识。在现实中,西北地区少数民族群众的自由、平等意识是比较淡薄的,政治参与意识也相当淡薄,对民主的认知程度、具体评价比较低,在发生社会矛盾时诉诸风俗习惯而不诉诸法律的情况较为普遍。要建立民主政治文化并使其发挥作用,首先要在西北地区尤其是各个少数民族地区的民主法制建设中唤起少数民族公民对自由、平等权利的向往和追求,并使其树立起正确的自由观、平等观;其次要对他们进行民主和法治意识的培养和训练,使其逐步树立自觉、积极参与政治,善于利用政治手段和法律手段解决一切问题的思想意识。

第六,培养和确立积极、主动、健康、合理的政治情感。民主政治文化要求西北地区的公民有主人翁意识和主动参与意识,这不仅是维护自身权益的有效途径,而且也是少数民族地区民主法制建设不断取得进步的强大推动力。因为民主政治建设的关键在于公民对政治的参与程度,只有公民充分、有效、合法地参与政治,才能向政治系统输入充分的利益要求和信息资源,从而催生出科学、合理的政策、法规,保障和维护人们的合法权益。此外,要建立一种开放的政治心理结构,对其他民族、其他人的不同政治观点、不同政治习俗和不同政治行为要有一定的宽容精神,这是民族地区民主法制得以建立和顺利运作的前提条件。

第七,在西北地区培育与民主政治生活相适应的政治能力和政治效能感。“政治能力是指个人参与政治生活的能力,具体表现为政治认知能力、政治参与能力以及参与政治生活的实际经验。”②一般情况下,生活在内地坝区、城镇附近的公民的政治认知能力稍微好一些,生活在山区特别是边远地区的公民的政治知识较为缺乏。西北地区群众的政治认知及参与能力差,政治参与的数量少、质量低,政治经验贫乏。“政治效能主要是分析政治主体对自己政治活动的影响

① 方盛举:《论少数民族地区的政治文化建设》,《云南民族学院学报》,2000 年第 4 期。

② 周平:《论云南少数民族政治文化》,《思想战线》,1995 年第 5 期。

力和结果。"①西北地区群众的政治效能感差,这一事实包含着双重的不信任:既不信任自己的政治能力,对自己的政治参与缺乏信心,也不信任政治体系,不相信自己的政治活动会对政治过程、对政策的制定和执行发生影响。因此,要通过宣传教育、传媒引导和实际参政体验等途径,提高少数民族群众对政治体系的认知水平,并努力使他们形成自发要求获取政治信息的冲动。政治体系要不断开辟和拓展政治参与的渠道和方式,鼓励和正确引导少数民族群众的参与行为,使他们在政治实践中不断积累参与能力,丰富参与经验,感受政治参与对政治决策和政治运作过程的影响力。

三、推进政治社会化进程,加快西北地区现代政治文化建设

西北地区怎样建设先进政治文化?我们认为,一定要遵循政治文化建设的内在规律,通过推进政治社会化进程来实现政治文化建设。

政治社会化是社会个体在社会政治互动中接受社会政治文化教化,学习政治知识,掌握政治技能,内化政治规范,形成政治态度,完善政治人格的辩证过程,是社会政治文化传承的过程。一般而言,政治社会化是由两个相互联系的基本方面交互作用所构成的动态有机体系。一是个体内化,即社会个体接受社会政治文化教化形成政治人格,由生物人、社会人成长为政治人的过程;二是社会教化,即社会政治组织通过传播政治文化并更新政治文化观念,培养政治人,使社会个体走向总体政治社会化,从而实现政治秩序正常化的过程。个体内化与社会教化既对立又统一,是存在于社会与个人的双向交互作用之中的动态的政治互动过程,二者相互依赖,不可或缺,共同构成政治社会化过程的内在逻辑联系。因此,政治社会化与政治文化的关系密不可分,政治社会化是政治文化的存在方式,政治文化是政治社会化的核心内容。换言之,政治社会化一般被认为是塑造政治人的过程,但其实质是政治文化的延续和发展,合格的政治人正体现了其所处社会的政治文化的基本精神。因此,政治文化的延续和发展是政治社会化的最终目标和根本出路,政治文化与政治社会化在现实政治生活中体现了形式与内容、手段与目的的关系。

生活于特定政治体系中的西北各民族始终在进行着自己特有的政治社会化过程,传播和维持着自己民族的政治文化。改革开放以来,随着市场经济体制的不断完善和政治体制改革的逐渐深化,西北地区各民族与国家政治体系之间进一步加深了联系。国家政治体系总是充分利用统一的学校教育和由自己支配和控制的各种大众传播媒介将主导政治文化的内容在各民族中广泛宣传;与此同

① 周平:《论云南少数民族政治文化》,《思想战线》,1995 年第 5 期。

时,西北各民族成员也努力通过电视、广播、报纸、计算机等各种政治社会化的媒介,不同程度地学习和接受了主导政治文化的内容,适应国家政治体系的新要求,从而导致西北各民族政治文化的转变。

(一)大力促进西北地区社会经济建设,为各民族公民的政治社会化奠定坚实的物质基础

经济基础决定上层建筑,政治社会化作为人类社会活动的一部分,也深刻地决定于一定社会物质生产发展的水平。马克思曾指出:"物质生活的生产方式制约着整个社会生活、政治生活和精神生活的过程。不是人们的意识决定人们的存在,相反,是人们的社会存在决定人们的意识。"①在影响社会成员的政治社会化进程的诸多社会因素中,社会经济发展水平处于一个全局性、决定性和深刻性的变量地位,它对社会成员政治社会化水平的影响最重要,最具有决定意义。

1. 制定科学合理的社会发展战略,从根本上保证区域间平衡协调发展

改革开放以来,我国改变了以往以平均为原则的社会发展政策,转而实施了"一部分地区有条件先发展起来,一部分地区发展慢点,先发展起来的地区带动后发展的地区,最终达到共同富裕"②的效率优先的区域梯度发展战略。历史证明,这一发展战略极大地推动了我国的社会主义现代化建设,在短时间内快速提高了我国的综合国力和社会经济发展水平。但是,这一战略并没有实现其"共同富裕"的目标,地区间发展差距过度拉大如今已是不争的事实。③ 同时,社会发展的这种不平衡还有不断加剧的趋势,穷者愈穷,富者愈富,特别是农村地区和西北少数民族地区的社会经济发展相对落后。因此,统筹规划,制定科学合理的区域发展战略,才是消除贫困,保证西部各民族地区与东南沿海地区平衡协调发展,实现全社会"共同富裕"的根本。

2. 加大西北地区扶贫攻坚的力度

西北地区贫困落后的根源在于地域封闭,资源匮乏,交通不便,观念落后,生产力水平低下,这些客观因素仅靠自身难以克服,因此,必须加强党和政府对西北地区的扶贫攻坚工作。第一,要继续加大国家对西北地区的扶贫投入,同时加

---

① 《马克思恩格斯选集》(第2卷),人民出版社,1995年版,第32页。

② 《邓小平文选》(第3卷),人民出版社,1993年版,第374页。

③ 胡联合、胡鞍钢等学者用"一个中国,四个世界"来形容我国的地区发展差距。"第一世界"是上海、北京等高收入地区,人口数约占总人口的2.2%,相当于世界上的高收入国家;"第二世界"是天津、浙江、广东、福建、江苏、辽宁等6个沿海省份,人口数约占总人口的21.8%,相当于世界上的中上等收入国家;"第三世界"是山东、东北、华北中部部分地区,人口数约占总人口的26%,相当于世界上的中下等收入国家;"第四世界"主要是贵州、甘肃、陕西、西藏等中西部地区,人口数约占总人口的50%,相当于世界上的低收入国家。(具体见胡联合、胡鞍钢:《我国地区间收入差距的两极化趋势》,《社会观察》,2005年第6期。)

强对扶贫资金的监管力度。虽然近年来党和政府对西北各民族地区的扶贫投入取得了很大成绩，但相当一部分群众的生活水平仍然十分低下，扶贫工作中还存在着很多问题，如扶贫投入不足，扶贫资金被地方政府闲置、随意挪用甚至被官员贪污等。因此，必须要加大扶贫资金的投入，同时加强对扶贫资金的监管，保证资金的有效利用。第二，要加强西北地区的交通、水利水电、通信、广播电视等基础设施建设。基础设施落后是西北各民族地区社会经济发展的“硬伤”，也是制约经济社会进一步现代化的瓶颈，因此，政府在扶贫中必须加强基础设施建设工作。第三，要促进西北地区科教文卫事业的发展。基础设施建设主要解决经济发展的“硬件”问题，科教文卫事业则旨在解决社会经济发展中的“软件”即人的素质问题。政府在扶贫工作中要在着力于改善群众生活环境和生存条件的同时，坚持从强化教育入手，在投资上倾斜于科学、教育、文化、卫生事业，抓好科学、教育、文化、卫生扶贫，杜绝新文盲的产生，提高西北各民族的人口素质。

3. 抓住西部大开发机遇，以市场为导向，调整优化产业结构，转变经济增长方式

产业结构不合理是西北地区经济社会发展的重要障碍。在西北地区，产业结构发展极不平衡，表现为“三大三小”：第一产业比重大，二、三产业比重小；种植业比重大，林牧渔业比重小；粮食作物比重大，经济作物比重小。产业结构不平衡决定了西北地区经济难以有突破性的发展。因此，抓住西部大开发机遇，调整传统产业结构，转变经济增长方式，对实现经济社会的快速发展至关重要。具体来说：第一，切实加强第一产业。西北各民族地区传统农业生产力的发展面临着严峻的困境，农业基础薄弱，发展后劲不足，投入高而产出低，传统农业只能稳民饱民，而不能富民。因此，首先必须加强农业基础设施建设，不断改善农业生产条件；其次，改变农产品结构单一的状况，以农民增收为目标，积极发展多种经营；再次，要突出草食型、节粮型畜禽业，发展专业养殖和规模养殖。第二，改造提升第二产业。加工业的发展，要在现有基础上紧紧围绕产业升级和更新换代，加快技术改造和技术创新，不断加大招商引资的力度，改善投资环境，形成规模生产。第三，加快发展第三产业。发展第三产业是转移农村剩余劳动力，实现产业结构合理化的重要内容。加快发展第三产业，应在现有第三产业的基础上，以小城镇建设为依托，重点开发具有民族特色的经济和服务项目，如商贸、旅游、信息以及餐饮业、娱乐业、服务业等，不断扩大产业规模，创新投资项目，提高第三产业在整体产业结构中所占的比例。

4. 科学合理地输出劳务，转移农村剩余劳动力

由于“重男轻女”、“多子多福”等传统观念的影响，再加上近年来医疗卫生事业的迅速发展，西北地区人口剧增，人地矛盾突出。人多地少，无地可种，大量

剩余劳动力的产生是不可避免的,通过劳务输出转移剩余劳动力是解决这一问题的最重要途径。更重要的是,在市场经济条件下,劳动力的转移能够极大地促进劳动力与生产资料的优化配置与组合,提高社会生产率。

针对西北地区劳务输出中存在的问题和困境,要科学合理地进行劳务输出,促进西北地区的经济发展,应注意以下几方面:第一,严格实行计划生育政策,控制人口过度增长。第二,促进教育事业的发展,提高人口素质。第三,对劳务人员实施职业技术培训,拓宽就业渠道。第四,调整优化民族地区产业结构,在加强第一产业的同时,大力发展手工业和服务业,扩大手工业和服务业的就业人员数量,就地吸收剩余劳动力。第五,加快小城镇建设,促进农业人口向非农业人口的转移。第六,通过政策引导和制度创新,建立合理有效的人力资源流动机制,使人力资源的流动根据市场供求规律有组织、合理化地进行。

5. 加强环境资源保护,实现西北各民族地区经济社会的可持续发展

有限的自然资源与人类的需求之间充满矛盾与张力,其结果往往是人类社会发展以破坏自然环境为代价。西北地区要快速实现现代化,必须实行“赶超式”发展战略,这不可避免地会对环境资源造成严重破坏。西北地区本身自然条件恶劣,为了生存,人们只能加大向自然索取的力度,过度耕作、过度放牧、滥伐乱砍,使生态环境急剧恶化,地力衰退,草场退化,植被破坏严重。因此,必须要转变发展观念,在经济社会发展中,坚持以人为本,落实科学发展观,实现人类社会与自然界的和谐共存和可持续发展。

6. 加快西北地区的社会主义市场经济建设

社会主义市场经济建设不仅可以增强西北地区经济社会发展的活力,促进产业结构的调整与优化,还能有效促进社会主义民主政治的发展,培育公民的权利意识和民主观念。因此,必须大力发展社会主义市场经济,建立健全市场经济体制。

在推动市场经济建设的过程中,最重要的是加快政治体制改革的步伐,转变政府职能。从经济学角度讲,政府与市场是现代社会两种最基本的制度安排,市场适合私人物品的生产与交换,政府则旨在提供公共物品。市场与政府本质上是一种职能互补的制度安排,“那种认为市场万能或政府万能的观点,认为市场与政府是可以互相替代的观点,都是片面的和不正确的”。然而在传统计划经济体制的影响下,政府职能无限扩张,政府计划取代了市场规律,发挥着社会资源配置的功能。虽然计划经济时代已一去不复返了,但计划经济的“破”与社会主义市场经济的“立”并不是同步发生和完美衔接的。市场经济的建立是一个渐进的过程,特别是在西北地区,政府机关在社会经济生活中仍然发挥着重要的甚至是决定性的作用,政府职能在很大程度上代替了市场规律,市场机制力量微

弱。政府职能的越位和不合理扩张,阻碍了社会主义市场经济的快速发展,这是西北地区社会经济发展水平低,民主政治发展缓慢的重要原因。因此,必须加快政治体制改革的步伐,转变政府职能,发展社会主义市场经济。

(二)推进西北地区政治制度化进程,为西北各民族公民的政治社会化提供制度保障

强有力的政治制度是政治社会化顺利实现的内在要求。只有建立具有适应性、自主性和凝聚性的现代政治制度,才能保证社会政治生活的和谐有序,扩大人民群众的政治参与,促进社会利益整合,实现社会政治发展。虽然改革开放以来我国的政治体制改革取得了巨大成就,政治体系制度化水平不断提高,但其中仍存在不少问题和弊端,特别是在西北地区,民族区域自治制度不完善,社会政治生活的民主化、法制化水平低,政治制度化进程缓慢。政治体制的不完善严重制约了西北各民族群众政治社会化的顺利实现,因此,必须加快推进西北地区的政治制度化进程,为西北各民族公民的政治社会化提供有力的制度保障。针对西北地区的特殊"地情"、"民情",其政治制度化建设应着重注意以下两个方面:

1. 进一步完善民族区域自治制度,充分保障少数民族群众的政治权利,加强和巩固西北各民族公民的国家认同

民族区域自治制度是各少数民族在中华人民共和国内,在国家的统一领导下,遵循《中华人民共和国宪法》的规定,以少数民族聚居区为基础建立民族自治地方,设立自治机关,行使自治权,实现各族人民当家做主管理本民族内部事务的一种政治形式。"在经济全球化、政治民主化和文化多样化的今天,多民族国家内部的民族团结和社会稳定,依赖的是社会全体成员对它的高度政治认同。多民族国家只有承认并适应族裔文化多样化的现实,承认族裔文化群体独特的民族认同和集体权利要求的正当性,在现行国家的政治框架内创造各民族进入国家公共权力结构的制度空间,制定和贯彻切实保障各民族政治权利的政策,使少数民族能够在各个民族平等地共享国家政治权力和利益的前提下,保持和发展其独特的文化传统和生活方式,并且在现代化进程当中共同发展、共同繁荣,才能在各民族中间创造出社会凝聚力和向心力,实现多民族国家社会生活的和谐与稳定。"①民族区域自治制度的实施,在有力维护国家统一的基础上,充分保障了我国少数民族群众当家做主的民主权利,建立了平等、团结、互助、和谐的民族关系,促进了各民族的共同繁荣,为少数民族群众的国家认同奠定了制度基础。

---

① 王建珑:《族际政治民主化:多民族国家建设和谐社会的重要课题》,《民族研究》,2006年第5期。

十一届三中全会后,党的民族区域自治政策得到了恢复和完善。虽然自治机关的民族化没有问题,但我们发现,作为民族自治机关的地方人民代表大会和人民政府在政治生活中发挥的作用有限,存在自治权的旁落和虚置化,导致了自治权的行使不到位和流失的现象。民族区域自治制度的不完善,使西北各民族群众的政治权利和利益得不到有效落实和维护,从而影响了西北各民族群众对国家政权的看法。这种影响对西北各民族公民的政治社会化非常不利,因此,必须加快完善民族区域自治制度。

2. 实现西北地区基层政治生活的民主化、法制化,有效保障西北各民族公民的政治参与

有效的政治参与是公民政治社会化的重要途径。对于公民参与来说,"地方共同体似乎是一个良好的出发点,因为在这里,政治的和政府的问题更加容易理解,人们与政府机关距离较小,公民个人有效参与的机会在地方层次上比在国家层次上要多些"①。因此,加快实现西北地区基层政治生活的民主化、法制化,有效保障西北各民族公民的政治参与,是促进西北各民族公民政治社会化的重要内容。

首先,必须加快政治体制改革的步伐,不断扩大西北各民族公民参政、议政、监政的机会和范围,提高政治参与的质量和水平。对西北各民族公民的参与行为的分析显示,西北各民族公民的政治参与水平总体上较低,参与行为主要体现为被动员参与和非规范参与,参与意识差,政治功效感低。提高西北各民族公民的政治参与水平,一要加快政治体制改革,实行党政分开,充分发挥地方人大的民主功能,保证人民群众当家做主的权利。我们的调查显示,许多西北各民族公民对地方人大能否充分代表人民的意志表示怀疑,人大职能的虚置化严重妨碍了西北各民族群众参与地方人大代表选举的积极性。因此,必须通过改革,合理配置权力关系,充分发挥地方人大的政治功能,调动人民群众参与政治的积极性。二要完善村民自治制度。要进一步落实《中华人民共和国村民委员会组织法》,切实保障西北各民族公民的民主选举、民主管理、民主决策和民主监督权利,培养西北各民族公民的政治权利意识和政治责任感,积累政治经验,提高政治技能。三要拓宽西北农村地区群众的政治参与渠道,实现民意表达的制度化,以减少非规范参与。规范政治参与渠道不畅会导致非规范参与的产生,因此,必须大力拓宽规范政治参与渠道。如进一步完善西北少数民族地区信访、上访制度;大众传媒对少数民族利益给予更多关注;政府部门提高对民意的关注程度,

① 〔美〕加布里埃尔·A.阿尔蒙德、西德尼·维伯:《公民文化》,徐湘林译,华夏出版社,1989年版,第187页。

如推进政务公开,设立乡长接待日,或上级政府定期下派驻村工作组等。这样,通过多种形式鼓励少数民族群众广泛参与公共事务,从而使民意在现有体制框架内得到充分表达,降低非规范参与的概率。

其次,加大地方法制建设力度,为西北各民族公民的政治参与提供法律保障。民主与法制是分不开的,民主是法制的基础,法制是民主的保障,政治生活的法制化是民主政治的本质内容,因此,必须大力加强地方法制建设力度。(1)确立法律在社会生活中的权威地位。特别是地方政府部门要以身作则、厉行法治,政府行为要严格遵守国家法律,实现依法行政。(2)提高地方政府部门和少数民族群众的法治意识。笔者在调查中发现,大多数西北各民族群众法律知识少,法治意识淡薄,许多人甚至根本不知道有《村民委员会组织法》。因此,要大力开展西北地区的普法工作,通过继续深入地开展法律、法规的学习、宣传和教育工作,增强广大农村基层干部和农民群众的民主意识和法制观念,自觉学法、用法和守法,用法律武器维护自己的合法权益,提高法律素质,提高依法办事、依法治村的能力和水平。(3)进一步完善法律体系。实行法治要有法可依,因此,必须加大立法力度,提高立法质量,完善法律体系。具体包括两方面:一是国家层面的法律体系需要不断健全和完善;二是少数民族自治地方自治机关可在其职权范围内,以宪法和其他基本法律为准绳,针对少数民族地区的特殊"民情"、"地情",制定适当的自治条例和单行条例。(4)加强执法队伍建设。法律的有效执行离不开一支高素质的执法队伍,执法队伍建设包括三方面:第一,通过职业培训等方式提高现有工作人员的职业素质和职业道德修养;第二,优化人员结构,通过人员流动实现执法队伍的专业化、年轻化。第三,完善执法队伍内部的监督管理机制,提高执法工作效率,杜绝执法人员违法行为,实现执法的公平、公正和高效。

(三)加强中国特色社会主义政治文化建设与挖掘西北各民族传统文化的现代价值相结合,实现社会主导政治文化与各民族传统文化的有效融合

从政治文化角度看,政治社会化就是政治文化形成、维持和改变的过程。政治文化是政治社会化的内容,政治社会化是政治文化的形式。在特定社会政治生活中,政治社会化具有不同的特点。在社会主义社会,政治社会化就是社会主义政治文化的继承、传播和发展的过程。"社会主义社会的政治社会化的目的在于使全体公民形成自觉的政治意识,提高其政治能力,从而真正实现其当家做主的政治地位和权利,与此同时,培养社会主义政治人才。社会主义社会的政治社会化以无产阶级和广大劳动人民的利益和权利地位为最大政治价值取向和基本内容。它以全体人民的政治实践作为其主要途径,并且强调政治实践和认识的一致性。同时,它还为全体公民进行政治学习提供切实可靠的物质保障、政治

场所、政治机会和法律保障"①。内容合理是形式有效的基础,要充分发挥我国政治社会化的功能,培养合格的"政治人",首先就要加强中国特色社会主义政治文化建设。同时,西北各民族公民的政治社会化也受到自身民族传统文化的深刻影响和制约,"这些亚文化价值比教育和媒体反复灌输的主导意识形态和文化更深深地扎根于人们心中,对每个人的政治态度和行为有着重大的影响"②。因此,要促进西北各民族公民政治社会化的顺利实现,还要充分注意挖掘其传统文化的现代价值,实现社会主导政治文化与各民族传统文化的有效融合。

1. 加强中国特色社会主义政治文化建设

当代中国的马克思主义政治文化,即中国特色社会主义政治文化是我国社会的主导政治文化。这一政治文化与马列主义、毛泽东思想一脉相承,以邓小平理论、"三个代表"重要思想和科学发展观所蕴涵的政治理念和思想为基本内容。加强中国特色社会主义政治文化建设既是中国政治发展的内在要求,也是提高少数民族群众政治社会化水平的基本前提。加强社会主义政治文化建设的具体措施如下:

第一,推进马克思主义意识形态创新。

政治意识形态是政治文化的最核心要素,"它代表着政治文化的属性,规定了政治文化的本质,它在社会意识形态中占据主导地位或统治地位,影响或制约着其他社会意识形态的变化,其他各层次只能通过它才能发挥作用"③。马克思主义意识形态是中国特色社会主义政治文化的核心,发展创新是马克思主义意识形态的本质要求,也是社会主义政治文化建设的基本内容。

马克思主义意识形态创新应包括以下几方面:(1)始终坚持马克思主义在意识形态领域的指导思想地位,牢牢把握中国先进文化的前进方向。(2)根据社会主义现代化建设实践发展的要求,不断变革和发展马克思主义意识形态。理论的创新来源于实践发展的要求,而创新的理论只有放到实践中才能被检验和验证。随着我国市场经济体制的建立,经济发展与世界接轨,人们形成了一系列全新的思想和观念,如新的理想观、道德观、价值观、人生观、利益观、人才观,以及自主、自信、自立、竞争、效率、民主、法治等现代意识,必须将这些新思想科学地纳入意识形态的框架中,实现意识形态的创新。(3)加快构建不同层次的思想文化平台,保持主流意识形态足够的弹性和包容性。与市场经济相伴随的

① 王浦劬:《政治学基础》,北京大学出版社,2005 年版,第 270 页。

② 〔美〕杰弗里·庞顿、彼得·吉尔:《政治学导论》,张定淮等译,社会科学文献出版社,2003 年版,第 280 页。

③ 王惠岩:《政治学原理》,高等教育出版社,1999 年版,第 239 页。

是社会阶层和利益结构的多元分化,社会利益主体的多元化相应产生了意识形态的多元化。因此,必须加快构建不同层次的思想文化平台,适应时代和形势的发展,力求反映绝大多数人民群众的利益,提高马克思主义意识形态的包容性与适应性,对社会其他意识形态进行有效整合。(4)积极应对全球化带来的机遇与挑战,实现意识形态的创新。在全球化过程中,我们必须客观看待外部世界尤其是西方发达国家所取得的科学文化成就,对于其中一些符合人类发展一般规律的、有利于社会主义现代化建设的成果进行批判的借鉴和吸收。只有这样,马克思主义才能永保生机和活力。

第二,构建民主法治的现代政治文化。

民主法治是现代社会的基本价值追求,因此,中国特色社会主义政治文化的建设必须以民主法治为其价值导向。

"今天,几乎每个人都声称自己是民主人士。全世界所有的政治制度都把自己说成是民主制度。"①现代政治制度以民主为其基本价值理念和构建原则,社会主义制度更要创造更为切实的民主作为基本价值导向,因此,建立民主型政治文化是社会主义政治发展的本质要求。具体来说,作为社会主义政治文化的民主应包含以下内容:(1)一切权力来源于人民。人民是国家的主人,一切国家机关的政治权力都来自人民的委托,要对人民负责,接受人民的监督。(2)人民依法享有选举、监督、管理、决策的权力。(3)在社会政治生活中实行多数原则,同时,依法保障少数人的合法权利不受侵害,因为检验一个政权是否民主要看它在多大程度上能够公平地容忍少数。

"法治"是与"人治"相对立的治理形式,二者的根本区别在于"权"与"法"的关系上。在法治社会是"人依法",法大于权;而在人治社会则实行"法依人",权大于法。因此,法治的基本内涵就是实行"法的统治"(Rule of Law),具体包含两条:一是法律面前人人平等;二是法律拥有至高无上的权威。法治是现代民主社会的本质要求,社会主义政治文化建设必须要以实行"依法治国"为基本目标。具体来说,建设法治型政治文化主要包括以下内容:(1)在全社会树立法律至高无上的地位。(2)使法律面前人人平等的观念深入人心。(3)进一步完善社会主义法律体系。(4)建立完善的社会主义法律运行机制。

2.挖掘西北各民族传统文化的现代价值,实现社会主导政治文化与各民族传统文化的有效融合

社会主导政治文化与民族传统文化的亲和性是影响各民族政治社会化效果的重要变量。"政治社会化实际上是特定政治体系将其认可和接受的政治文化

① [英]戴维·赫尔德:《民主的模式》,燕继荣等译,中央编译出版社,2004年版,第1页。

向社会成员传播和扩散的过程,对社会成员来讲,实际是政治文化的内化过程。心理学的研究成果表明,个人在学习和接受某种新的观念和态度时,总是受自己过去知识和经验的影响。如果一种新的观念和态度,与个体过去的知识和经验一致性程度较高,则个体就容易接受这种观念和态度。文化学的研究也表明,一种文化本身是一个整体,构成这一整体的各个组成部分之间有一种相互平衡和保持协调的内在张力。一种政治体系所倡导的政治文化,作为民族整体文化的一个组成部分,也有一种与民族传统文化的其他部分保持平衡和协调的倾向性。中国几千年封建社会中政治社会化之所以成效显著,是因为封建统治者所倡导的政治文化本身就是整个儒家文化的有机组成部分。一些西方发达国家在政治社会化方面的成功经验也表明,特定的政治文化与一个国家的文化传统越契合,则政治社会化效果也越明显。可见,政治社会化的内容与民族传统文化的亲和性程度越高,则政治社会化的功能发挥就越充分。"①因此,充分挖掘西北各民族传统文化中所蕴涵的现代价值,实现社会主导政治文化与西北各民族传统文化的有效融合,是促进西北各民族公民政治社会化的重要途径。

西北各民族中多数全民信仰伊斯兰教,伊斯兰教影响着他们社会生活的方方面面,是其民族认同的精神纽带。伊斯兰教文化中蕴涵着丰富的现代政治理念,如美国学者J M 肯尼迪就认为民主政治更适合与伊斯兰教相容。他在《东方哲学与宗教》一书中说:"伊斯兰政治哲学的教义坚决反对专制统治和坚定地主张个人解放和代议制政府:伊斯兰政府只能为人民所同意和拥有。这个原则是伊斯兰政治哲学的支撑,也直接来源于《古兰经》:'(在真主那里报酬)也归于应答主的号召,且谨守拜功者;他们的事务,是由协商而决定的,他们分舍我所赐予他们的。'一位众所周知的伊斯兰著名学者 Majlis ash-shura. Asad 讲道:'选举的原则是所有政府优先选择的……它使得所有政治问题的处理不但在结果上等同于协商,同时也意味着国家的立法机关必须为社会明确的目标安排集会并进行选举。'这种具有代表意义的集会的功能就是代表人民的意愿。他进一步概括道:'这种具有代表性的特征只能通过自由、广泛的选举才能实现。因此,政府成员必须通过更加广泛的选举产生,妇女和男人均有被选举的权利。'"②

我国学者马明良对伊斯兰政治文化中若干具有现代价值理念的内容进行了分析和挖掘,颇具价值。③ (1)真主主权论。伊斯兰政治文化主张真主主权论,即世俗政治生活中的一切权力都来源于真主,一切权势全是真主的,人只是真主

① 王宗礼:《论政治社会化及其功能发挥》,《甘肃社会科学》,2000 年第 5 期。

② 刘建文:《西北农村地区回族公民政治社会化问题研究》,西北师范大学 2003 届社会学专业硕士学位论文。

③ 马明良:《伊斯兰政治文化的若干特点》,《宁夏大学学报》(人文社会科学版),2001 年第 1 期。

在大地上的代治者。这一观念从宗教角度,从政治信仰和政治道德上彻底排除了任何世俗特权存在的可能,在真主的至高权威下,所有的人都是平等的。这与现代民主政治中的平等原则相类似。(2)政治权力真主委托说。西方政治学说认为政治权力的合法性来源于人民的认同和支持,统治者的权力来自人民的委托。而伊斯兰政治文化主张政治权力合法性的基础是真主意欲、允许和委托,其世俗的合法性则是全体社会成员的信托和同意,同时通过公平、公正和公开的政治协商程序形成公共权力并建立公共管理机构。(3)对政治权力的制约——信仰、道德、法律、制度四结合。政治权力必须受到制约,否则会产生权力的滥用和政治腐化。伊斯兰政治文化中对政治权力的制约是通过运用宗教信仰、道德规范、法律法规和政治制度一体化的措施来实现和保障的。权力的运用者对真正的主权拥有者——真主在信仰上的虔诚、在心理上的敬畏,构成了政治信仰和政治道德的核心,成为制约和监督政治权力的深层因素。同时,伊斯兰民主协商制度和民主监督程序在制约政治权力方面成为深层机制的外在延伸,用以保证实际政治过程中政治权力运行的顺畅和正当。(4)直接政治参与说。西方政治文化推崇一种间接的政治参与模式,西方大多数学者认为直接参与仅适用于"小国寡民",而不适合于人口众多、国土辽阔的现代国家。因此,他们主张一种"代议制"的政府形式,即由人民从他们当中选举代表,代替他们行使公共权力。而伊斯兰政治文化从它产生起就属于参与型政治文化。每个公民都享有各种政治上的自由和权利,承担法定的责任与义务。他们在社会公共生活中都能够自由地发表自己的意见和看法,能够按照自己的愿望直接地、自由地参与选举国家领导人,能够批评政府决策等等。

可见,伊斯兰政治文化中蕴涵着丰富的现代政治思想和理念,特别是其强调的民主、平等、崇尚法律、注重政治参与等观念与社会主义民主政治文化价值具有内在的共通性。因此,深入挖掘伊斯兰政治文化中所蕴涵的现代民主政治观念,提高少数民族传统文化与社会主导政治文化的亲和性和融合度,对于顺利推进西北各民族公民的政治社会化进程,提高西北各民族公民的政治社会化水平具有重要的意义。

(四)扩展政治社会化内容,变革和优化西北各民族公民政治社会化的方式

1.扩展西北各民族公民政治社会化的内容

政治社会化不仅要使个体通过对社会政治生活的认知而形成一定的政治情感、政治态度和政治信仰,而且要使其掌握参与政治生活的知识和技能。在政治社会化过程中,只有这些内容融为一体,才能形成完整的政治人格,其中任何一部分的缺失,都会对政治人格的形成带来消极影响。从西北各民族公民政治社会化的实际状况来看,其政治社会化的内容往往过于狭隘。这是由于长期以来,

"中国是以思想政治工作来替代政治社会化的功能的。思想政治工作是社会或社会群体用一定的思想观念、政治观点和道德规范,对其成员施加有目的、有计划、有组织的影响,使他们形成符合社会要求的思想品德,其主要目的在于培养公民的政治认同情感"①。虽然思想政治教育在传播政治信仰、增强公民对国家政权的积极情感、维护政权合法性、培育公民的政治认同方面具有至关重要的作用,但政治社会化不但包括对公民政治认同的培养,还包括公民对政治的认知、政治理论的学习和政治能力的提高。因此,虽然思想政治教育与政治社会化存在一定的功能交叉,但它不能完全代替政治社会化。而且,在现代社会,国家政权的合法性不仅依靠意识形态的教育,同时也取决于政治制度的合理性与政府行为的有效性等多种因素。

促进西北地区民主政治发展,真正使公民成为有能力参与政治决策的国家主人,就必须在发挥思想政治教育原有优势的基础上,拓宽政治社会化内容。不仅要强化公民对社会主义国家及其基本政治经济制度的认同,也要使其真正认识政治的本质和运行规律,掌握国家、政党、法律、国际政治、公民基本权利和义务等基本政治知识,了解政府和各种权力部门的关系以及政治权力运作的基本规则,掌握有关的民主政治形式,并自己参与管理国家政治事务和地方政治事务,在实践中锻炼政治参与的技能,具备民主政治行为能力,扮演好政治角色,从而胜任当家做主的使命。

2. 变革和优化西北各民族公民政治社会化的方式

第一,明示的政治社会化与暗示的政治社会化相结合。

政治社会化有许多方式,但是在社会化分析中强调得最多的是政治社会化的暗示方式与明示方式之间的区别。明示的政治社会化即直接的政治社会化,包括公开交流有关政治对象的信息、价值观或感情;暗示的政治社会化也称间接的政治社会化,指的是非政治态度的传递,而这类非政治态度也影响人们对政治体系中这些角色和对象的态度。暗示的政治社会化存在于个人生活的各个领域,它通常是明示政治社会化的基础,规定和制约着明示政治社会化的效果和程度,对人们政治观念、政治态度、政治行为的形成起着一种潜移默化的作用。但考察我国以思想政治教育为主要内容的政治社会化可发现,我国的政治社会化往往重明示方式而轻暗示方式。正面、直接的政治理论和情感的灌输是其特点,也是优势,但同时,它对有可能影响公民政治观念、政治态度和行为模式的诸如日常生活习惯的培养、行为方式的养成等非政治性的教化不够重视。这使得明示政治社会化的效果大打折扣。

① 向加吾:《社会转型期提高中国政治社会化有效性的途径变迁》,《理论探讨》,2004 年第 6 期。

要促进西北各民族公民的政治社会化，就必须把明示方式与暗示方式相结合，在继续加强和发挥明示政治社会化优势的同时，更要注重对公民日常生活习惯的培养和行为方式的养成，通过积极、健康的非政治性教化，潜移默化地影响西北各民族公民的政治态度和行为。美国在这方面的经验值得我们借鉴。美国人很注重通过培养儿童的独立意识、自主意识、秩序观念来使公民从小逐渐养成对其所倡导的自由、民主、法治等价值观念的认可和遵从。①

第二，个体学习与社会教化相结合。

政治社会化是社会对其成员进行政治教化和社会成员接受这种政治教化的"社会—个体"双向互动过程。发挥个体和社会的两个积极性和能动性，是确保政治社会化取得成效的重要条件。但考察我国以思想政治教育为主要内容的政治社会化可发现，我国的政治社会化模式往往更接近于一种"社会教化论"而非"社会—个体互动论"，在政治社会化过程中偏重于强调社会组织的主体地位和作用，个体在此过程中仅仅处于被动接受的客体地位，从而严重挫伤了人民群众政治学习的积极性和能动性，极大地限制了政治社会化水平的提高。有关学习的理论告诉我们，任何成功的学习过程都是以个体积极性、能动性的发挥为前提的。事实上，在政治社会化过程中，社会与个体是互为主体的。个体学习发生于社会教化的框架内，社会教化是个体学习的前提；反过来，社会教化又以个体学习为实现手段。因此，要促进西北各民族公民政治社会化的顺利实现，就必须在充分发挥当前思想政治教育优势的同时，注意调动西北各民族公民个体政治学习的积极性和能动性，使其积极配合国家的政治教育，自觉将社会教化的内容内化于自己的观念结构和行为方式当中。

第三，政治观念内化与个体社会实践相结合。

政治社会化是观念内化与行为外化的统一。对于"政治人"的培养来说，"光学习政治观点和原则还不够；在政治原则变成一个人的社会存在之前，还必须付诸社会行动"②。马克思主义认为，政治既是一门科学，也是一门艺术。这说明政治有其存在和运行的内在规律，并具有很强的实践性和操作性。参与政治生活必须掌握一定的政治技能。政治技能是在熟练掌握政治知识的基础上对政治知识的创造性发挥和灵活运用。人们学习政治知识的目的在于指导政治实践。在政治实践过程中，通过对政治知识的运用，社会个体不仅加深了对政治世界诸现象及其规律的理解，而且逐渐掌握了政治技能，积累了政治经验，完善了

① 黄育馥：《人与社会：社会化问题在美国》，辽宁人民出版社，1986年版，第151－152页。

② 〔美〕詹姆斯·R.汤森、布兰特利·沃马克：《中国政治》，顾速、董方译，江苏人民出版社，2005年版，第158页。

政治人格,延续和深化了政治社会化的过程。

要实现西北各民族公民政治社会化过程中政治观念内化与个体社会实践的有机统一,就必须在加强政治理论知识学习和意识形态灌输的同时,提高西北各民族公民的政治参与水平。笔者在调查中发现,西北各民族公民的政治参与水平相当低,政治参与的形式意义往往大于其实质内容,群众中普遍存在着政治参与冷漠。这样的政治参与水平显然无法满足有效政治社会化的要求。因此,必须要加快政治体制改革步伐,拓宽政治参与渠道,特别是快速推进西北农村村民自治的发展,使西北各民族群众真正参与到社会政治生活中来,实现民主参与、民主决策、民主监督和民主管理的政治权利。只有通过有效的政治参与,西北各民族公民才能将所学的政治知识运用于社会政治实践,从而形成更为稳定的政治心理特质,使政治人格得到进一步的发展和完善。

(五)发展西北地区教育事业,提高西北各民族群众科学文化素质

教育事业的发展和科学文化知识的普及是顺利实现公民政治社会化的基础。“只有具备了一定的科学文化知识水平,人们才能认识到自己作为一个公民的权利和义务;才能理解政治理论,视野更开阔,对世界的认识也比较深刻、全面;才能有意识地接受外部的灌输,增强其政治社会化要求的自觉性;才能具备逻辑推理能力,形成自己的理性政治情感而不是一时的冲动。”①著名政治社会学家利普赛特的研究表明:“教育如不能使人成为好公民,至少能使他们更易于成为好公民。”“教育被认为可以使人开拓眼界,使他们认识容忍原则的必要性,克制自己不坚持极端主义观点,并增加在选举中作出合理选择的能力。”②研究表明,受教育程度较高的西北各民族公民通常比文盲和半文盲有更高的政治认知水平、更加强烈的政治参与意识和更加熟练的参与技巧,更易于形成理性化的政治情感和评价。

然而,受社会经济发展水平的影响,西北地区的教育事业发展缓慢,人们的受教育程度普遍较低,这成为西北各民族公民政治社会化的重要障碍。因此,要有效提高西北各民族公民的政治社会化水平,就必须大力发展西北地区教育事业,普及科学文化知识,提高西北各民族公民的科学文化素质。

1. 转变观念,切实落实教育事业优先发展的战略

观念的落后是导致西北地区教育事业长期以来发展缓慢的重要原因,因此,在发展教育的过程中,首先要转变政府部门和群众的教育观念。对于政府部门

---

① 赵海立:《巩固与开拓:中国政治社会化的途径选择》,《河南师范大学学报》(哲学社会科学版),2002年第4期。

② 〔美〕利普赛特:《政治人》,刘钢敏译,商务印书馆,1993年版,第38页。

和领导干部来说,要充分认识到教育在社会经济发展中的先导性、全局性和基础性地位,把教育看做是关键的基础设施,将发展教育摆到优先发展的战略地位上来;要充分认识到"教育是经济发展和社会全面进步的重要基础,是提高民族整体素质和创造能力的基本途径,也是提高我国综合国力和21世纪国际竞争力的可靠保证"①。在实际工作中,要抓好教育工作,在制定经济和社会发展规划时要保证教育优先发展的地位,保证教育经费的充足,加强教育基础设施建设,为教育的优先发展提供物质保障。对于各民族群众来说,要转变传统观念,重视教育,特别是要转变崇尚传统宗教教育,排斥世俗教育的旧观念,要充分认识到教育对本民族发展的重要性,充分认识到教育在实现"治穷致富"过程中的重要性;同时,要树立男女平等思想,转变"女子不如男"、"女人再能也是别人的"等落后观念,让女孩也跟男孩一样享受受教育的权利。

2. 建立稳定的教育投入保障机制,不断改善办学条件

贫穷是西北地区教育落后的根源,因此,要发展教育事业,提高群众的受教育水平,就必须建立稳定的教育投入保障机制,保证教育事业的发展具有充足的资金支持。第一,国家投资是教育经费投入的主渠道。据统计,"甘肃历届省委、省政府都高度重视民族教育,多渠道筹措教育经费,投资逐年增加,效益不断提高。'七五'期间,甘肃民族地区教育投入仅3000万元,'八五'期间增至1.4亿元。其中,仅1993年至1998年,甘南藏族自治州就投入6538.9万元。临夏回族自治州在从1997年至1999年上半年的不到3年的时间里,教育投入就达到了8838万元"。第二,动员各种社会力量如企事业单位、群众团体等,积极捐助教育事业。据统计,"甘南、临夏两州1985年以来累计教育捐资超过了1000万元,在尚未达到小康水平的甘肃民族地区,这是一个很了不起的成就"。② 第三,加强对教育经费的监督管理,杜绝挤占挪用和浪费教育经费的现象,同时,合理配置教育资源,提高教育资源的使用效率,确保有限的教育经费效用的最大化。

3. 大力发展基础教育,提高民族素质

基础教育即初等教育,是整个教育事业发展的奠基工程,无论是高等教育、继续教育,还是成人教育或职业技术教育,都要立足于一定的基础教育之上。基础教育的普及是一个民族文明程度的重要标志。西北各民族地区基础教育薄弱,要发展基础教育,首先要全面普及九年义务教育。其次,要全面推进素质教

① 《深化教育改革　全面推进素质教育——第三次全国教育工作会议文件汇编》,高等教育出版社,1999年版,第21页。

② 范鹏:《甘肃民族地区教育发展对策研究》,《甘肃社会科学》,2001年第6期。

育,努力提高人才培养质量。西北地区基础教育落后的一个重要原因是应试教育观念根深蒂固,在学校中,为提高升学率,人为的留级、变相的体罚、分数至上的思想相当普遍,使学生负担过重,留级率高,部分学生因此而辍学。民主社会的合格公民首先是身心得到全面发展的人,因此,必须加快教育体制改革,全面推进素质教育。

4. 大力加强师资队伍建设

教育振兴要靠高素质的师资队伍。在西北地区中小学中,师资力量不足现象非常严重,尤其是缺乏音乐、美术、外语等方面的教师,因此,很长一段时期许多学校不得不招聘一些代课教师,这些人大都没有受过专业训练,难以保证教学质量。此外,由于这些地区经济落后,交通不便,地域环境闭塞,许多老师不愿意在此任教,甚至连不少本地的教师都不愿在家乡工作,想调到城镇中去,即使是组织硬性分配去的,也有许多人不安心工作,整天想通过找关系走后门调出去。要加强师资队伍建设,首先要大力发展师范教育,为社会提供数量足、质量高的教师资源。其次,要对在职教师包括民办教师有计划、有步骤地进行专业培训,提高职业素质。再次,要切实提高教师待遇,稳定教师队伍。待遇差是教师队伍建设遇到的最大难题,近年来国家出台了许多相关政策,但大部分因为地方财政困难而无法落实,虽然教师工资标准同其他行业差距不大,但实际收入却大打折扣,且社会地位低。因此,必须提高教师的待遇和社会地位,特别是在住房、医疗卫生、子女就业等方面给予优惠照顾,调动他们工作的积极性。

5. 加快发展职业技术教育和成人教育,使教育直接与西北地区经济社会发展结合

发展职业技术教育,将教育与社会经济发展结合起来,是促进西北地区教育事业进一步发展的关键。基础教育旨在普及最基本的文化知识,不在于培养职业技能。而大部分青少年在九年义务教育结束之后,就要进入社会就业,职业技能的缺乏使其感到在学校学的知识无用武之地,这种现实极大地挫伤了广大群众接受普通教育的积极性,同时使一大批受过初等教育甚至中等教育的人才白白浪费。因此,必须在“普九”教育的基础上,针对地方经济社会发展的特点,采取灵活多样的办学形式,加快发展职业技术教育和成人教育。西北地区的职业技术教育要办出特色,紧密结合当地社会经济发展,采用多种形式,使职业教育成为从事生产和技术革新的重要阵地,把单一的升学教育变成主要为当地经济社会发展培养人才的素质教育,增强教育的区域适应性。

四、用现代政治文化引领西北地区政治发展

西北地区现代政治文化建设是一个长期复杂的历史过程,基于西北地区的

民族性特征，在西北地区建设现代政治文化具有特别重要的战略意义。如何建设现代政治文化并用现代政治文化引领西北地区的政治发展，是一个特别值得关注的研究课题。

(一)推进西北地区现代政治文化建设

1. 现代政治文化建设是一项综合建设工程

现代政治文化建设既是国家政治现代化建设的重要内容，也与国家内外部环境相关，是一项综合建设工程。就内部而言，国家的政治文化模式、政治文化内容以及政治文化的发展水平与国家的政权组织形式、政治制度、政治发展目标等政治体系内的结构、组织和发展水平息息相关，这些不同组织和结构之间相互影响，在动态的"输入"和"输出"的互动关系中，逐渐形成国家的政治文化模式和政治文化内容。因此，就内部而言，政治文化作为政治体系内的一项重要内容，其形成与发展必然受到诸多内部因素的限制与影响，是政治体系自身建设的重要内容，政治文化现代化建设必须同时推动政治体系中其他内容的建设。就外部而言，政治文化建设与国家的经济、教育、社会、历史等多方面的因素相关联。国家的经济发展水平、经济发展模式深刻地影响着国家政治发展水平和政治发展模式，政治文化建设与国家的经济发展水平和模式息息相关。教育在国家的政治文化建设中发挥着不可替代的作用。一国的教育水平、教育普及化程度是衡量现代化国家的重要指标，也是现代政治文化价值理念有效传播的重要途径，公民接受教育，成为社会人的同时也成为政治人。政治文化是公民对国家政治体系的心理层面的反映，对于政治体系的态度以及评价有很多是通过对传统价值体系的继承而来的，社会历史因素在此发挥了重要作用。如何在既定的社会历史条件中积极引导现代政治文化价值观的确立，需要进行深入、长久、艰苦、不懈的探索。

我国西北地区的现代政治文化建设必然要受政治文化建设一般规律的支配，它必然是一项综合性建设工程，而不是孤立的、单兵突进式的发展。动态地看，我国政治生活的总体变化、政治制度与体制的发展变化，对西北地区政治文化建设产生着重大的指导作用，西北地区政治文化建设必然与国家政治生活的发展变化息息相关。因此，如何适应国家政治发展变化，如何紧跟国家政治体制改革的步伐，加快推进西北地区政治体制改革，对西北地区现代政治文化建设具有直接性作用。同时，推动西北地区经济社会跨越式发展，加大促进民族地区教育发展力度，并将西北地区现代政治文化建设与各民族历史文化传统相结合，使各民族政治文化的核心内容具有现代政治文化性质，而外在形式又符合各民族自己的历史文化传统，是西北地区现代政治文化建设中必须要加以认真考虑的问题。

2. 现代政治价值观的确立是西北地区政治文化建设的核心

西北地区政治文化建设的核心是在各少数民族中确立民主与法治、平等与互利、团结与合作、权利与义务、民族与公民、爱族与爱国等现代政治价值观。

现代政治价值观是世界历史发展的产物,代表着现代社会的基本价值取向和目标要求,符合人类社会的可持续发展与生存,是当代人类政治文明的结晶,是被世界历史发展证明了的能够体现人类政治生活的基本价值取向和目标理念。它普遍地适用于不同国家、不同民族;只不过,这些现代政治价值观在不同国家、不同民族那里有不同的内涵和表现形式而已。对于西北地区而言,首先需要解决的是各民族对国家的认同问题,因为"政治认同的状况直接决定着民族成员对现行政权的情感和评价,以及对它的输入和输出的取向"①。要在国家认同的基础上发展不同民族之间的相互信任和宽容态度,从而形成稳定和有效的政权体系,从而最终建立起多民族共享的现代政治价值观。在西北地区,应在承认民族间差异性与多样性的基础之上,求同存异,充分认识各民族政治发展的历史前景,协调不同民族间的分歧与误解,使不同民族之间确立相互信任与宽容的态度,在自我认同的基础上能够认同其他民族共同体,并且最终形成对国家共同体的自觉认同。现代政治价值观的建立不仅是西北多民族地区政治文化建设的问题,更是引领各少数民族融入世界历史发展潮流、走上自我繁荣发展轨道的必由之路。

3. 克服民族政治文化中的消极狭隘因素是西北地区政治文化建设的关键

民族政治文化是民族共同体特有的对政治体系的情感、态度和评价。西北地区各个民族因宗教、传统、习俗等不同而形成了不同的政治文化,这构成多民族统一国家中各不相同的民族政治亚文化。这种民族政治亚文化中往往夹杂着民族至上主义、民族本位主义、民族排他主义等与现代社会不相适应的消极狭隘因素,其中最极端的表现形式就是民族认同超越国家认同,形成民族分裂主义。

民族分裂主义作为政治学中的重要议题,引发了诸多学者对它的关注。"民族分裂主义活动是指在一个主权独立、领土完整的国家内,由于民族问题在内外因的作用下激化,进而造成通常表现为非主体民族或少数民族中某些极端势力要求建立独立国家的政治诉求、暴力活动,甚至军事对抗行动。"②民族分裂主义对现存政治体系进行不同程度的否定,阻碍国家的稳定和统一,已无法适应现代世界历史发展的潮流,对多民族国家现代政治文化建设更具有颠覆性的消极作用。它将不同民族的思想禁锢起来,而且常常以民族自决为其借口,使民族

① 周平:《民族政治学》,高等教育出版社,2003 年版,第 194 - 195 页。

② 郝时远:《民族分裂主义与恐怖主义》,《民族研究》,2002 年第 1 期。

间的矛盾和冲突上升到政治领域。在民族分裂主义的鼓动下，民族成员常常显示出非理性的一面，造成国家分裂、社会动乱、民族仇杀的悲剧。为此，我们必须深刻认识到，克服西北民族政治文化中的狭隘因素，破除这些狭隘因素对各民族成员的思想束缚，建设具有社会主义性质的、统一的现代政治文化，是西北地区政治文化建设的关键。当然，在西北地区建设现代政治文化，并不是要破除各个民族的文化边界，而是要积极融合不同民族间的文化形式和内涵，形成具有包容性和开放性的现代政治文化体系，营造各民族共同繁荣发展的美好景象。

4. 规范公民的政治行为是西北地区政治文化建设的落脚点

思想引导行动，没有正确的价值观念，就不会有理性的行动方式。西北地区的政治文化建设要着眼于规范公民的政治行为，并将其作为现代政治文化建设的落脚点。

政治行为作为政治文化的外在表现，是政治情绪的表达。在多民族国家中，由于民族的历史文化传统不同，各民族的利益诉求不同，在统一的国家范围内如何有效地进行利益表达，不同民族对其有不同的看法和解读。在国家的现代化建设过程中，由于传统的烙印还在民众心理中存在，一些民族共同体中的人们还在使用传统的手段来进行政治表达。一些具有浓厚宗教气息的民族往往利用民众对宗教的忠诚与崇拜，煽动民众的宗教热情，利用宗教方式表达政治诉求。在民主、平等、法治等现代观念尚未深入人心，又受到民族分裂主义分子煽动的情况下，民族共同体的利益诉求不是通过正常的渠道进入国家政权体系，而是采取非法的、暴力的甚至恐怖的手段来进行。因此，规范各民族成员的政治行为自然就成为西北地区现代政治文化建设的着眼点和落脚点。

针对民族问题的复杂性，西北地区要规范各民族成员的政治行为，一方面要进一步扩大民众的政治参与渠道，培养公民的政治参与技能，让公民在日常的生活实践中能够享受到正常的政治参与带给他们的利益和优势；另一方面，要依法采取适当的手段规约公民不当的政治行为，让民众能够认识到不当的政治行为可能带来的严重后果，以期在此过程中帮助公民建立现代政治价值观。同时，西北地区在引导公民政治行为的过程中，一定要注意结合不同民族的传统习俗以及宗教信仰，科学合理地将现代价值观念植入民族共同体成员的日常生活以及思想观念中，让公民在日常生活中自觉地发现现代价值理念带给他们生活上的变化，使之自主自觉地践行现代政治价值观念，形成理性、规范、合法的行为方式。

（二）用现代政治文化引领西北地区政治发展

现代政治文化并不会自发生成，也不会天然地、积极主动地成为推动政治发展的力量。要使现代政治文化对政治发展起积极作用，就需要人们运用自己的政治智慧，将现代政治文化的作用充分发挥出来。根据现代政治文化在政治体系中的独特作用，用现代政治文化引领多民族地区的政治发展，无疑是一个明智的选择。

用现代政治文化引领多民族地区的政治发展，就是用现代政治文化的内容，对各民族成员进行政治观念革新，使其确立现代政治人格，从而自觉适应和参与国家政治发展的活动与过程。本来从内在机制上讲，政治文化与政治发展是相互作用的，政治发展促进政治文化发展，政治文化发展会反作用于政治发展。但是，如果只通过政治发展带动和促进政治文化发展，不重视政治文化的反作用，政治发展的进程和效果都会受到影响。因此，用现代政治文化引领政治发展是充分重视和提升政治文化的作用，将政治发展的主体——政治人的思想、观念、精神状态看做是推动政治发展的"活"的内在核心要素，而不再将目光仅仅局限于政治制度、政治体制、政治组织等这些具有"物"的性质的领域，并通过现代政治人格的培养，使政治体系中那些"物"的因素真正发挥其作用。

在西北多民族地区，民族身份是人们的基本身份，因民族身份而产生的民族观念差异是客观存在的，在短期内也是没法消除的，这种民族身份必然体现在人们的政治心理、政治行为之中。用现代政治文化引领西北地区政治发展，并不是将民族身份以及因之产生的不同政治心理彻底消除掉，而是在承认民族差异的前提下，在充分考虑和照顾各民族特别是少数民族利益的前提下，使各民族接受现代政治文化，并将其构筑为共同的主流政治文化，如现代国家观、权力观、权利义务观、法治观、民主观、自由观等，从而在一系列重大政治原则、政治制度、政治行为、政治思想观念上形成共识，成为推动西北地区政治发展的合力。

用现代政治文化引领西北地区的政治发展，必须旗帜鲜明地反对形形色色的民族分裂主义，反对民族仇恨，反对民族暴力、民族暴乱和恐怖主义，维护统一多民族国家大家庭的共同利益，倡导民族宽容、民族和睦、民族团结、民族和谐。因为民族分裂主义者往往以民族自决为借口，将本民族利益置于其他各民族利益之上，借助民族传统和民族文化的外衣，宣传和策划民族分裂活动，甚至不惜以暴力恐怖方式制造血案，追求狭隘的民族独立。

第十二章　经济问题

经过改革开放三十多年的发展,我国经济社会发展的不平衡特征越来越突出。就全国而言,西北地区无疑是我国经济社会发展最为滞后的区域,西北各省区几乎就是贫穷、落后、封闭的代名词。事实一再证明,越是经济社会发展落后的区域,国家治理的难度越大。西北地区相对落后的经济社会状况,构成了西北地区治理的又一特殊性。如何贯彻落实科学发展观,实现超越式发展,尽快提升经济社会发展的水平与质量,实现西北地区的有效治理,是摆在西北地区各级党政部门面前的艰巨任务。

一、西北地区经济发展现状

西北地区是中华民族的发祥地。在相当长的历史时期里,它是我国经济社会发展中的先进地区,是中华民族的政治、经济、文化中心,在中华民族的历史上曾创造过无数的辉煌。但是近代以来,西北地区与东部地区相比,经济社会发展越来越落后,对国家治理西北产生着现实性影响。

(一)经济发展总体水平低

改革开放以后,东部与西北地区国民生产总值的差距逐渐扩大,其过程表现为:20 世纪 80 年代初开始扩大,80 年代中后期明显扩大,90 年代到 21 世纪初期,东部则远远地把西北地区抛到了后面。经过几年西部大开发战略的实施,差距的相对量有所缩小,但总体仍然不容乐观。

据统计,2006 年,西部 12 个省区的 GDP 总和不到人民币 4 万亿元,约占全国 GDP 的 17%;而东部地区 GDP 达到 2 万亿元的省份就有 3 个。2008 年 3 月 28 日,由中国社会科学院财贸所倪鹏飞博士牵头,两岸城市竞争力专家共同携手,国内著名高校、国家权威统计部门和地方科研院所近百名专家历时大半年时间联合完成的《城市竞争力蓝皮书:中国城市竞争力报告 No. 6》在北京发布。《报告》在对全国 200 个城市以及 33 个城市群的综合竞争力进行定量研究和分析后发现,无论是城市还是城市群的综合竞争力,都是港澳台领先,西北居后。

在城市竞争力综合排名前20强中，西部城市榜上无名；而在城市群综合竞争力格局中，来自西部地区的城市群除了成渝城市群之外，综合竞争力整体偏弱，东西发展差距明显。①

(二)产业结构不合理

在西北地区产业结构中，第一产业比重高于全国，农业经济特征明显；第二产业比重低于全国，工业化水平低；第三产业比重高于全国，但以传统的流通与服务业为主，新兴第三产业比重低，对经济发展的服务支撑功能较差。国有经济方面，东部地区非国有经济发展迅速，逐步取代国有经济成为区域经济发展中的主要推动力量；而西北地区改革开放前国有企业所占比重就高于东部地区，受传统计划经济体制的影响较东部地区更为深刻，接受市场经济的管理原则难度更大，在这种制度的"路径依赖"作用下，西北地区非国有经济发展明显落后于东部地区。迄今为止，西北地区的国有化程度依然很高。据《中国西北经济发展报告(2006)》分析，2005年西北地区国有及国有控股企业增加值占各地区国有及规模以上非国有工业企业增加值的比重远高于东部地区。西北地区工业增加值的绝大部分是由国有经济贡献的，非国有经济贡献份额很少。就资源分配方式而言，东部地区的市场化进程明显快于西北地区，市场取代计划成为资源配置的主要方式较其他地区领先一步。

总体而言，西北地区整个工业贡献率较东部低，加之不能像东部地区一样大量引进国外先进技术和设备，产业技术水平明显低于东部。西北地区的乡镇企业同样总量低，规模小，发展潜力有待进一步开发。

(三)固定资产投资规模小

从量的方面来看，改革开放以后，由于种种历史原因，西北地区的固定资产投资相对缓慢，与沿海发达地区的差距越来越大。从长远来看，这既是地区经济差距的一种表现，更会对较落后地区的经济社会发展带来许多不利影响。另外，值得注意的是，由于西北产业效益较低，本来就紧张的资金又通过各种渠道流向了东部地区。如何稳定西北投资数额，也是西北经济社会发展亟待解决的问题。

从质的方面来看，西北地区基本上完成了由农业社会向工业社会的过渡，刚刚进入工业化的初期阶段，经济增长方式与东部地区存在着明显的差异。在西北地区，大多数省区的经济增长主要依靠增加投资。随着市场化的扩大和竞争的加剧，这种侧重依靠资本积累的经济的持续增长会遇到愈来愈大的困难。

(四)收入水平总体偏低

随着地区经济发展差距的加大，各地区居民之间的收入差距也在逐渐加大。

① 李蕊、兰圣伟：《城市竞争力排名折射东西差距》，《西部时报》，2008年4月1日。

目前东部地区人均 GDP 是西北地区的 2.5 倍，比改革开放之前增加了 0.5 个百分点。1999 年，东部地区人均 GDP 为 10732 元，西北地区为 4302 元，2006 年，东部为 26875 元，西北为 10894 元，差距由 6430 元扩大到了 15981 元，增加了近 150%。2006 年与 1999 年相比，东部地区人均 GDP 增长了 150.4%，西北增长了 153.2%，西北地区增长速度比东部地区快 2.8 个百分点，两地区的相对差距由 149.5%缩小到了 146.7%，缩小了 2.8 个百分点。由此我们可以得出一个基本结论：西部大开发以来，东部地区与西北地区发展的相对差距略有缩小，绝对差距明显扩大。

若将经济特区最富裕的农民与西北最贫穷的农民相比，前者的收入竟比后者高出 70 倍！今天，中国的几百个贫困县中许多集中在西北地区，几千万贫困人口中最贫困的 2000 万人口，较大部分也集中在西北地区。

西北三省（甘肃、宁夏、青海）城乡发展差距调研报告[①]显示，从恩格尔系数来看，由于西北三省城乡居民收入的提高，恩格尔系数总体上都呈下降趋势，但城乡恩格尔系数的下降具有不同的特征。除青海省在 20 世纪 80 年代城镇恩格尔系数有所反弹外，其他两省城镇居民家庭恩格尔系数在整个时期都在比较稳定地下降，几乎没有反弹，这也和城镇居民收入持续较快上升有很大关系。而在农村，恩格尔系数下降速度慢，而且波动幅度大。2004 年，三省农村恩格尔系数还在 40%以上，青海和甘肃农村恩格尔系数分别达到 48.5%和 48%，表明西北三省农村居民在相当长的时期仍徘徊在温饱线上。城镇恩格尔系数则已经降到 37%左右，基本进入小康阶段。

（五）社会发展相对落后

国家统计局发布的《2007 年中国全面建设小康社会进程统计监测报告》称，2000 年—2007 年，我国经济保持较快发展，居民生活质量明显提高。按照目前趋势，我国到 2020 年可实现全面小康目标。但同时，地区之间的发展呈不均衡状态。东部地区已经走完了农村全面建设小康进程的近一半的路程，估计再过 10 年左右可基本实现全面小康；中部地区走完了四分之一的路程；西部地区的实现程度仅为 1.3%，刚刚达到总体小康水平。《报告》认为，作为基础较为薄弱的区域，西北地区 2007 年全面建设小康社会的实现程度为 64.6%，比 2000 年提高了 12.3 个百分点，年均增长 1.76 个百分点，按此趋势，有可能到 2023 年基本实现全面建设小康社会目标。[②]《报告》显示，我国东部地区有望在 2012 年左右

① 这项调研是中国（海南）改革发展研究院调研组于 2006 年 8 月 20 日—9 月 2 日在甘肃、宁夏和青海三省展开的，旨在了解西北地区城乡差距的现状及造成城乡差距扩大的体制和机制性原因。

② 李雁争：《西部实现全面小康要比东部晚 11 年》，《西部时报》，2008 年 12 月 26 日。

基本实现全面建设小康社会目标。

教育方面，从规模看，1997 年西北地区高等学校达到 89 所，占全国大学总数的比例为 9% 左右，其中 43 所在陕西，17 所在甘肃，18 所在新疆，11 所在青海和宁夏。从受教育年限看，西北农村人口受教育年限普遍低于全国平均水平。甘肃城镇居民平均受教育年限为 9.27 年，农村居民平均受教育年限为 5.68 年，城乡相差 3.59 年。从学业完成情况看，2000 年甘肃学业未完成率城市为 2.77%，镇为 3.64%，乡村高达 9.59%，乡村比市高 6.82 个百分点，比镇高 5.95 个百分点。从文盲率来看，根据第五次人口普查，青海为 18.03%，甘肃为 14.34%，宁夏为 13.40%，而该三省文盲人口又多集中在农村，尤其是山区和牧区。调查显示，2000 年甘肃 15 岁及以上人口中，文盲率为 19.68%，其中城镇文盲率为 7.11%，乡村文盲率为 24.19%，城乡差距为 17.08 个百分点，与 1990 年相比，城乡文盲率分别下降了 8.3 和 22.4 个百分点，乡村文盲率下降幅度大于城镇，城乡差距缩小了 14.09 个百分点。2000 年，青海省城镇人口文盲率为 7.85%，低于全省平均水平 10.18 个百分点，乡村人口文盲率为 23.45%，高于全省平均水平 5.42 个百分点，二者相差超过 15 个百分点。①

公共服务方面，西北贫困地区政府所提供的公共服务一直处于很低的水平，覆盖的宽度、深度都很有限。西北地区社会保险、养老保险的覆盖率不到 5%，仅为东部的十分之一。西部大开发战略实施以来，西北地区基础设施（比如交通条件）状况有了相当大的改善，但教育、医疗、社会保障等基本公共服务未有明显改变，加之公共服务历史上欠账较多，造成了贫困地区公共服务水平相对下降，与东部地区的差距不断扩大。

二、落后的经济状况对治理的影响

政府治理作为社会的上层建筑，必然受经济基础的影响和制约。西北地区相对落后的经济社会发展状况，严重地制约着党和政府的治理能力、治理水平和治理绩效。

（一）西北地区地方政府治理成本居高不下

成本通常指被用于生产过程的所有生产要素的总价格。政府为达到公共目的，提供公共物品和半公共物品，实现公共利益，必然要耗费一定的成本。这些成本通过税收由纳税人提供。尽管目前普遍存在着“重产出，轻投入”的现象，成本仍是绩效测评的重要因素，与产出、效果一起决定着绩效的高低。在我国，

① 中国（海南）改革发展研究院：《加快建立农村公共服务体制，缓解城乡差距——西北三省区（甘肃、宁夏、青海）城乡发展差距调研报告》，《开发研究》，2007 年第 5 期。

关于政府治理成本的研究仍属薄弱环节。就欠发达地区甘肃而言，政府成本研究尚处在“缺位”状况，政府成本理论“短缺”，地方政府治理成本居高不下，社会负荷日益增加，这影响了预期的政府治理变革目标。

下面以闫磊、刘澈元对甘肃省政府治理成本的研究为例来说明。1978 年至 2005 年，甘肃省地方政府治理成本呈逐年增长的趋势，年增长率为10.57%，而同期财政支出增长率为 13.90%，差额为 -3.33%。这说明在此期间财政收支差额开始由正值转变为负值，且日益增大。就各市县而言，以 2005 年为例，地方政府财政收支差额普遍为负值。通过对 GDP 产出与财政支出差额的相关分析，可以看出：两者相关系数为 -0.61535，表现出的是 GDP 产出与财政支出差额的负相关。

从单位行政管理费支出实现的 GDP 来看，我国东部地区为 102.6 元，西北地区为 48.1 元，仅仅相当于东部地区的 46.9%。可以看出，以这一项指标来衡量，西北地区的政府行政效率低下，与东部地区相比差距还很大。

从 1978 年到 2005 年，甘肃省各年度每投入 1 元的行政管理费获得的生产总值有着较大的波动，总体水平偏低。从表 12 -1 的对比中，可以清楚地看到这一点。

表 12 -1　2005 年各省单位行政管理支出获得国内生产总值①

地区	1 元行政经费产出(元)	地区	1 元行政经费产出(元)	地区	1 元行政经费产出(元)
天津	142.261	湖北	68.781	福建	133.098
广西	66.338	上海	132.680	山西	60.430
山东	113.636	海南	59.740	河北	103.614
重庆	59.471	江苏	100.518	陕西	58.873
广东	1 00.492	宁夏	56.697	北京	99.566
四川	54.573	浙江	94.696	内蒙古	54.527
河南	87.529	甘肃	45.501	辽宁	87.094
新疆	45.013	吉林	80.227	云南	44.455
江西	79.618	青海	34.667	黑龙江	79.237
贵州	30.375	湖南	74.622	西藏	8.986
安徽	72.851				

① 闫磊、刘澈元：《欠发达地区地方政府治理成本实证分析——以甘肃省地方政府为例》，《甘肃行政学院学报》，2008 年第 2 期。

(二)西北地区地方政府治理绩效低下

西北地区落后的经济社会发展,使得地方政府治理绩效相当低下。一是各种问题都要依靠政府部门去解决,但政府事实上对一些问题是无能为力的,于是就成了应急型政府,只要一时能将大事化小、小事化了,就认为达到目的了。这样的应急型政府很难制定和实施战略性目标,也难以集中人力、物力、财力去解决关键性问题,从而影响了政府治理绩效。二是因政府追求政绩工程而带来的负面影响。各级地方政府在追求政府绩效的过程中产生了一些非理性化倾向,主要表现在地方政府官员为实现经济性或非经济性的功利,追求社会轰动效应,不计成本和实效,盲目上短、平、快的“政绩工程”,形成政府成本上升、政府绩效低下的局面。近年来,甘肃省兴起了各级政府每年为民办“实事”的活动,也是“政绩工程”的一部分,让人哭笑不得。先是每年年底各级政府大张旗鼓地列举出下一年度将哪些事作为“实事”来办,接下来是第二年年底时总结办了多少“实事”(当然一定是全部办完或基本办完),再是凑个总数,要么办十件,要么办二十件,最后是办哪些“实事”往往还要问计于民。政府是人民政府,政府本来就是办实事的政府,何需大张旗鼓地宣传,还要经过精心挑选?人们不禁要问,除了这些“实事”,政府还在办哪些事?除了“实事”以外那一定就是虚事,虚事就是形式上的事,是不必要的事,这样的事还办它干什么?而且,一个政府如果一年只办十件或二十件实事,那么大部分时间就都是在办虚事了。如此堂而皇之地愚弄人民,实在是让人们对现今政府“刮目相看”。三是因政府追求形象工程、面子工程而带来的负面影响。认真研究一下就会发现,新世纪以来几乎绝大多数地方政府都上马了一些形象工程、面子工程,不考虑本地实际,搞一些标志性建筑,建一些与地方百姓关系不大的设施,上一些不符合科学发展观要求的项目,制定一些脱离当地实际的规划。如,甘肃省玉门市 2005 年 10 月投资 1500 万元重建世纪广场。这个世纪广场于 2003 年建成,占地 7 万平方米,总投资约 700 万元。对于这个人口不足 19 万人的县级市来说,原建的广场已经相当豪华了。但是时隔两年,当地领导居然认为世纪广场标准不够高,不够豪华,竟要扒掉重建。这 1500 万元在当地也是一笔不小的财力,相当于玉门市每个居民要为这项“形象工程”出资 80 元。①四是地方政府过分注重经济发展,忽视社会全面进步。尽管中央一再要求用科学发展观指导经济社会发展,统筹经济发展与社会发展,追求社会全面进步,但就是无法彻底改变地方政府只追求经济增长,不顾及其他方面的情况。特别是由于西北地区资源型经济比重大,通过不科学地

① 闫磊、刘澈元:《欠发达地区地方政府治理成本实证分析——以甘肃省地方政府为例》,《甘肃行政学院学报》,2008 年第 2 期。

开发自然资源来促进经济增长，成为各地政府增加财政收入、推动地方经济增长的主要手段。这给一些地方经济的可持续发展带来了严重影响，也成为生态环境不断受到破坏的主因。如2006年4月甘肃徽县血铅超标事件，共发现368人血铅超标（100ug /L以上），而造成污染的徽县有色金属冶炼公司是在10年前就被批准上马的。该企业的污染物长期未实现达标排放，大量含铅烟尘常年超标排放。据测算，该企业仅2003年排入大气中的铅就达201吨，浓度约为568毫克/立方米，超出最高允许排放浓度800多倍，周围土壤也受到了不同程度的污染。对这一长达10年的违法排污，当地政府与环保部门难辞其咎。[①] 五是地方政府绩效管理方面存在着问题。没有一套科学的符合西北地方政府实际的绩效管理办法，也从客观上影响了地方政府追求科学合理的绩效。从目前情况来看，西北地区各级政府大都制定了政府绩效管理办法，但这些办法是否科学，能否真正实施，特别是能否让当地群众参与到对政府绩效的评估中来，由人民来评价政府，才是关键问题。如果政府绩效评估只是罗列一些指标体系，且往往由上级政府部门参与评估的话，从中国政治长期存在的弊端来看，肯定不能得出真实的结论。

（三）西北地区地方政府执行能力偏弱

政府执行能力的高低从某种意义上讲是政府能力中的决定性方面。如果没有强有力的执行能力，那么政府的决策再正确，规划方案再完美，也往往流于形式或无法付诸实践。西北地区地方政府执行能力偏弱是一个不争的事实。地方政府执行能力偏弱主要表现在：一是该做的事不做，本来是政府职能部门的事，但故意不做；二是承认这是自已应该做的事，但总是找一些客观原因，故意拖延不做；三是一边做一边看，如果被催得紧，就做得多、做得快，如果没人监督和过问，就做得少、做得慢；四是面子上做，形式上做，也就是假做，实际上不做；五是政府部门互相扯皮，互相推诿。造成西北地区地方政府执行能力偏弱的原因是多方面的，既有政府财政拮据方面的原因，也有政府部门长期以来体制、机制不健全方面的原因，既有公务员素质低下的因素，也有传统政治的流弊。

（四）政府治理投入不足

政府治理也是一个投入产出式的活动。治理投入的数量、质量决定着产出的状况。政府治理投入既包括人才、物力、财力的投入，也包括投入的对象和内容，产出主要是公共产品的数量与质量。如何在人力、物力、财力有限的情况下，将其投入到治理的主要领域，获得最大的产出效益，是政府治理必须要精打细算

① 闫磊、刘澈元：《欠发达地区地方政府治理成本实证分析——以甘肃省地方政府为例》，《甘肃行政学院学报》，2008年第2期。

的。从现代政府的性质和治理的基本领域来讲,政府治理投入是向公共领域提供公共物品,即公共安全与秩序、公共基础设施建设和公共服务三个方面。

但是,对照西北地区现状,政府在上述三个领域中的投入都是相对不足的。近年来发生在西北地区的各种暴力犯罪事件数量不断上升,特别是民族分裂主义势力的大规模暴力犯罪活动对西北地区的政治稳定、经济发展、社会和谐、民族团结构成了极大威胁,说明西北地区特别是民族地区在公共安全与秩序方面的治理存在问题,民族地区政府在危机管理方面还存在许多需要反思的地方。在公共基础设施建设方面,西北地区自西部大开发战略实施以来,尽管取得了长足发展,但是与西北地区经济社会发展进步的要求相比还存在很大差距。西北地区的城市公共交通、城市公用事业、公路、铁路、航空、管道、通讯、电力等设施还无法支撑西北地区经济社会快速发展的需要。西北地区的相对落后,主要就是在公共基础设施建设领域的落后。这些领域都需要在政府主导下通过公共投入与市场机制相结合加以解决,但是西北地区政府在这些方面的作为显然是不够的。在公共服务方面,伴随着政府体制改革的推进和政府职能的转变,我国西北地区政府公共服务职能不断得到改善,各级政府公共服务质量有了一定提高;但是,与人民群众日益增长的社会公共需求相比,西北地区各级政府的公共服务职能还较为薄弱,政府公共服务职能不到位的问题仍然很突出,政府公共服务均等化还是一个遥不可及的远景。如何顺应政府改革的要求,适应市场经济体制的要求,建设公共服务型政府,是西北地区地方政府改革的必然逻辑。同时,实现基本公共服务均等化,让西北地区各族人民在就业服务和基本社会保障、义务教育、公共卫生、基本医疗、公共文化、公益性基础设施和生态环境保护等方面逐步实现均等化,并有公共财政制度、收入分配制度、城乡协调发展制度、公共服务型政府制度做保障,是西北地区政府面临的艰巨任务。

三、加快政府治理改革,促进西北地区经济又好又快发展

在西北地区,落后的经济制约着政府治理;反过来,政府治理的好坏又对经济发展起着重要的反作用。如果政府治理得好,则对经济发展起着促进作用;如果政府治理得不好,则会使落后的经济雪上加霜。客观地讲,西北地区经济发展中的一些不利因素如自然条件、人文环境在短期内是难以改变的,而政府治理则是一个相对独立于外在环境的因素,人的主观能动性的发挥具有较大空间。因此,如何从改善政府治理入手,充分发挥政府的作用,是西北地区改变经济落后面貌的重要抓手。甘肃省提出“人一之,我十之;人十之,我百之”的甘肃精神,说出了西北落后地区如何在客观条件不利的情况下,通过充分发挥人的主观能动性,以求经济社会全面发展的愿望。要将这一精神融入西北地区政府治理中,

就要求西北地区地方政府通过积极主动地推动政府治理改革，加快西北地区经济社会又好又快发展。

（一）转变政府治理职能，加大机构改革力度

行政管理体制改革、政府机构改革是我国改革开放以来持续时间最长的改革，每次改革也或多或少存在这样那样的问题。党的十六大以来，我国启动了新一轮机构改革。党的十七大进一步提出要加快行政管理体制改革，建设服务型政府。行政管理体制改革是深化改革的重要环节。要抓紧制定行政管理体制改革总体方案，着力转变职能、理顺关系、优化结构、提高效能，形成权责一致、分工合理、决策科学、执行顺畅、监督有力的行政管理体制。健全政府职责体系，完善公共服务体系，推行电子政务，强化社会管理和公共服务。加快推进政企分开、政资分开、政事分开、政府与市场中介组织分开，规范行政行为，加强行政执法部门建设，减少和规范行政审批，减少政府对微观经济运行的干预。规范垂直管理部门和地方政府的关系。加大机构整合力度，探索实行职能有机统一的大部门体制，健全部门间协调配合机制。精简和规范各类议事协调机构及其办事机构，减少行政层次，降低行政成本，着力解决机构重叠、职责交叉、政出多门问题。统筹党委、政府和人大、政协机构设置，减少领导职数，严格控制编制。加快推进事业单位分类改革。按照党的十七大的要求，我国政府治理职能改革的定位是公共服务型政府，与这一定位相关的机构改革为大部制。

构建公共服务型政府既是世界发达国家政府改革的共识，也是我国经济社会发展的必然选择。“公共服务型政府”的基本内涵是：为全社会提供基本而有保障的公共产品和有效的公共服务，以不断满足广大社会成员日益增长的公共需求和公共利益诉求，在此基础上形成政府治理的制度安排。[①] 大部制即大部门体制，按照业内专家的提法，是指为推进政府事务综合管理与协调，按政府综合管理职能合并政府部门，组成超级大部的政府组织体制。其特点是扩大一个部所管理的业务范围，把多种内容有联系的事务交由一个部管辖，从而最大限度地避免政府职能交叉、政出多门、多头管理，提高行政效率，降低行政成本。

2008年8月，中国共产党第十七届中央委员会第二次全体会议通过了《关于深化行政管理体制改革的意见》，确立了我国深化行政管理体制改革的指导思想、基本原则，确立了到2020年我国深化行政管理体制改革的总体目标和今后5年的重点任务，确立了组织实施这项重大改革的具体要求。根据《关于深化行政管理体制改革的意见》精神和中央编委的具体部署，全国范围的新一轮地方政府机构改革全面展开。至2009年，西北各省区省级政府机构改革情况如

① 迟福林：《全面理解“公共服务型政府”的基本涵义》，《人民论坛》，2006年第03A期。

下:陕西省新组建省工业和信息化厅、省人力资源和社会保障厅、省环境保护厅等5个厅,设立工作部门42个,其中省政府办公厅和组成部门25个,直属特设机构1个,直属机构16个,另设置部门管理机构5个;甘肃省设置42个工作部门,另设置部门管理机构6个;青海省设置工作部门35个,其中省政府办公厅和组成部门24个,直属机构11个,另设部门管理机构6个;宁夏回族自治区设置工作部门35个,其中自治区政府办公厅和组成部门24个,直属特设机构1个,直属机构10个;新疆维吾尔自治区设置工作部门42个,其中政府办公厅和组成部门27个,直属特设机构1个,直属机构14个,另设置部门管理机构(规格为副厅级)6个。

需要指出的是,对于西北地区来讲,机构改革既是中央的统一部署和要求,更要将其作为推动地方改革的关键。西北地区各省级人民政府如果消极被动地从保护政府部门利益和官员利益的角度出发,只是搞平衡、走过场,那么这次机构改革就难免重复以往几次改革的老路。如果能够按照中央精神和要求,在新一轮改革中结合西北地区实际,真正形成充满活力、更有效率、有利于科学发展和社会和谐的行政管理体制,无疑将对西北地区未来经济社会又好又快发展提供重要的组织和制度保证。

(二)加强干部队伍建设,厉行治贪治庸

再优再好的政府机构和治理体制,都是由人来操作运行的。西北地区政府治理中执行能力偏弱的问题,其实也是干部队伍的问题。因此,加强干部队伍建设历来被视为强化政府治理的关键性环节。早在2002年,党的十六大就提出:要加快干部人事制度改革,努力形成广纳群贤、人尽其才、能上能下、充满活力的用人机制,把优秀人才集聚到党和国家的各项事业中来;以建立健全选拔任用和管理监督机制为重点,以科学化、民主化和制度化为目标,改革和完善干部人事制度,健全公务员制度;扩大党员和群众对干部选拔任用的知情权、参与权、选择权和监督权;实行党政领导干部职务任期制、辞职制和用人失察失误责任追究制;完善干部职务和职级相结合的制度,建立干部激励和保障机制;探索和完善党政机关、事业单位和企业的干部人事分类管理制度;改革和完善干部双重管理体制;打破选人用人中论资排辈的观念和做法,促进人才合理流动,积极营造各方面优秀人才脱颖而出的良好环境。西北地区相对落后的经济社会状况,决定着政府部门、干部队伍在经济社会发展中的主导性作用。

我国干部队伍中存在的最大问题是腐败。众所周知,改革开放以来我国政治腐败成为上至党和国家领导人,下至平民百姓共同关注的问题。腐败不除,党国不宁,人心不稳。党和国家包括各级地方党政部门也采取了一系列举措治理腐败。对于西北地区来讲,治理腐败固然重要,但是,除了腐败问题外,干部队伍中那些“不作为、乱作为、不会作为”的官员，同样要引起人们的高度关注。思想观念落后、僵化、保守，不思进取，缺乏创新，官本位主义盛行，是人们对西北地区干部队伍的强烈印象。贪官、恶官固然是人民的公敌、政府身上的毒瘤，庸官、混官也同样是人民身上的寄生虫、政府体内的慢性毒药。因此，政治领域除了治贪以外，还要治庸，这从某种意义上说是比机构改革更具有深刻意义的变革。在这方面，甘肃省兰州市的治庸计划一度受到人们的高度关注。

2005 年 5 月，中共兰州市委通过了一项特别决议——关于整治干部平庸行为的计划，对各级领导班子组成人员，包括全市各级党委、人大、政府、政协、法检机关以及人民团体和事业单位的所有干部的“不作为、乱作为、不会作为”等平庸行为，通过谈话告诫、通报批评、岗位调整、降职使用、辞职辞退、法纪处理等办法，集中进行整治。兰州市委书记陈宝生郑重承诺：市委将旗帜鲜明地站在“治庸”第一线，态度坚决地抓好“治庸”计划的落实，铁面无私地整治任何平庸行为，决不让“治庸”计划流于形式。市长张津梁表示：从他本人做起，各级领导班子要率先纠正自身存在的平庸行为；领导班子是否平庸，主要看工作中的难点化解了没有，群众关心的热点缓解了没有，经济社会发展的亮点培养了没有。为了确保“治庸”计划的有效实施，市委制定了相应的保障措施：完善干部日常监督管理制度，建立干部轮岗交换制度，全面实行中层干部竞争上岗制度，建立工作任务限期办结制度，建立一般干部末位淘汰制度，建立健全激励机制等。兰州市“治庸”计划实施两年间，全市党政机关 180 多名各类“不干事”和“乱干事”干部被降职或撤职。被降职或撤职的干部要么是工作作风不扎实，观念陈旧，艰苦奋斗意识不强，“不干事”、“干不了事”；要么是政令“中梗阻”，以交情代替政令，以好处支配政令，以喜好改变政令，执法行为不规范，个别部门和单位利用职权乱检查、乱罚款、乱摊派，用公款相互宴请，“乱干事”。此事一经公开就在当地引起了街谈巷议，被称为政府“铁腕治庸”。很多市民表示心里非常痛快，认为管理干部就是要用这种让干部上得去也下得来的硬手段。在当地党政机关，此次通报的情况也引起了强烈的震动，一些干部开始反思自己的行为，生怕因工作积极性不够、行为不检等成为下一批次的“治庸”对象。兰州市此次“铁腕治庸”表现了当地政府建立廉洁高效干部队伍的坚定决心，值得学习和借鉴。①

传统上，一讲到干部队伍建设，往往通过一系列干部制度来进行，如干部的交流、学习、教育、培训、选拔、任用等方式。这些方式是必要的，在干部队伍建设上也起到了积极作用；但是，这些往往触不到干部队伍灵魂的深处，也没有从根本上整治干部队伍中那些“不作为、乱作为、不会作为”的庸官。类似兰州市的

① 《就是要让庸官难保乌纱帽》，来源：http://news.qq.com/a/20070809/001395.htm.

治庸计划、廉政风暴、问责风暴的真正实施及其长效化、制度化，才是提高干部队伍素质的治本之策。如果西北地区各级政府都能够长期不断地将治贪、治庸作为干部队伍建设的抓手，常抓不懈，西北地区干部队伍的面貌必将发生根本性变化。

(三)降低治理成本，建设廉价政府

西北地区治理面临的一个很大的问题和困境是治理成本居高不下，政府性财政支出占财政收入的比重远高于东部地区。这里面除了我国政府共同存在的问题外，就西北地区来讲有三个特殊原因：一是西北地区经济落后，财政收入有限，许多基层市县级政府是吃饭财政、补贴财政。一些地方政府特别是民族地区地方政府靠自己的财政收入连自己都无法养活，更不用说拿出资金发展经济社会文化事业了。二是治理所需经费相对来讲是一个比较固定的数额，无论是发达地区还是不发达地区，政府用于治理的费用基本是一致的，这就使得落后地区治理费用的比重明显高于发达地区。三是西北地区地广人稀，交通不便，自然增大了政府治理成本。新疆维吾尔自治区的面积相当于全国的1/6，从乌鲁木齐出发到区内任何一个地级政府所在地，都十分遥远。甘肃省从最南的陇南市到最北的酒泉市是一个狭长区域。甘肃省酒泉市的面积为167996平方千米，比我国许多省份的国土面积还要大。从兰州市出发到酒泉市约700多千米，从兰州市出发到陇南市武都区约500千米。青海省国土面积约714694平方千米，是我国仅次于新疆、西藏和内蒙古的第四大省，省内交通和自然环境也十分复杂。这种地理特征、自然条件和交通状况，极大地增加了政府治理成本。如果不考虑政治、历史、文化等因素，只从经济因素讲，这种行政区划是十分不经济的，政府治理付出的成本自然是高昂的。针对这种客观现实，西北地区各级政府必须要想尽各种办法降低治理成本，建设廉价政府。

客观地讲，如何降低政府治理成本，建设廉价政府，是西北地区政府改革面临的一个难题，但必须要朝这方面不断努力。从现有的基础条件来看，诸如实行电子政务、精简机构、简化行政环节、严格控制政府不必要的财政支出、减少财政浪费、突出治理重点等，都是可以选择的改革措施。其中，实行电子政务是建设高效廉价政府的新型方式，大力推进电子政务建设，对于西北地区政府治理尤其具有重要意义。

电子政务简单地说就是政务工作电子化，即政府在公共管理和服务等政务工作中，全面应用现代信息技术特别是互联网技术进行办公、管理和为社会提供各种公共服务的一种治理方式。从广义上来说，电子政务的范围既包括各级行政机关的政务工作信息化，如国家权力机关、司法机关、政协以及其他公共部门的政务工作信息化，也包括各级党委的党务工作信息化。从更深的层次上来看，电子政务实质上是对现有的工业时代的政府形态的一种改造，即利用信息技术和其他相关技术来构造更适合以互联网为主要特征的信息时代的政府结构和运行方式。也就是说，电子政务指政府机构运用现代网络通讯与计算机技术，将政府管理和服务职能进行精简、优化、整合、重组后在互联网络上实现，以打破时间、空间以及条块分割的制约，从而加强对政府业务运作的有效监管，提高政府的运作效率，并为社会公众提供高效、优质、廉价的一体化管理和服务。实施电子政务，是信息化时代政府改革的必然趋势。实施电子政务有多方面的好处，其中之一是提高政府运作效率，有效降低政府的整体管理成本。从传统政务来看，政府主要采用粗放型的管理模式，管理的范围越大，单位管理成本就越高，而效率越低。实施电子政务虽然需要政府投入大量的资金，将现有的政务平台改造成为完整的电子政务平台，但是从整体来看，电子政务所带来的收益远远大于建设电子政务的投入，而且随着电子政务系统使用人数的增加，单位管理成本会递减。实施电子政务有利于帮助政府提高在行政、服务和管理方面的效率，同时可积极推动政府优化办公流程和精简机构等工作。政府的信息网络覆盖政府各级部门，能够为社会公众提供更快捷、更优质的多元化服务。美国实施电子政务后的各项统计数据表明，电子政务能够产生巨大的效益。由于电子政务的实施，从1992年到1996年，美国政府的工作人员减少了24万人，关闭了近2000个办公室，减少开支1180亿美元。在对居民和企业的服务方面，政府的200个局确立了3000条服务标准，作废了1.6万多页过时的行政法规，简化了3.1万多页规定。美国政府在信息技术方面的花费在2002年达到48亿美元，2003年达到52亿美元，其中很大一部分用于电子政务推广。到目前为止，已有超过60%的互联网用户通过政府网站进行事务处理。现在美国政府的网站能够提供包括办公室电话、办公地址、在线报刊、在线数据库以及外部网站链接、外语翻译、个人隐私政策、广告、安全特性、免费电话、技术服务等在内的27种服务。①

应该说，西北地区各级政府对电子政务建设工作给予了高度重视。各地成立了信息化建设工作领导小组，加强了对信息化工作的组织领导。设立政府信息化办公室，负责组织、协调、指导、管理信息化建设，促进了信息化基础设施和信息资源的科学规划及建设，推动了西北地区电子政务的发展。但也应清醒地看到，西北地区电子政务建设水平与国内发达地区相比还存在很大的差距，在电子政务软硬件建设、信息资源共享、信息安全等方面还存在许多问题。在总结以往电子政务建设存在问题的基础上，西北地区各级政府应该进一步提高认识，统

① 《国外电子政务现状与发展趋势》，来源：http://ww.echinagov.com/gov/zxzx/2004/10/27/2015.shtml.

一规划，注重资源整合，加强组织领导和制度建设，加大资金投入及人员培训力度。

(四)端正政治风气，杜绝官场流弊

政治风气是政治社会中的风尚习气，是政治社会中流行的爱好或习惯。政治风气的好坏与政治治理成效密切相关。良好的政治风气有利于良好治理的出现，而恶劣的政治风气必然与恶治相随。西北地区的政治风气并不令人满意，相反，那些官场潜规则、官场流弊倒是给人印象深刻。

西北地区的官场流弊，也就是人们长期以来所批判的传统政治文化中的消极方面，主要表现为：

1. 官僚主义

官僚主义是中国官场久存的积习。在历史上，官僚主义在任何历史时代以及任何设官而治的社会中都可以见到。讲形式，打官腔，遇事但求形式上能交代，一味被动地刻板地应付，一味把责任向上或向下推诿，诸如此类，都是所谓官僚主义的作风。① 邓小平曾对官僚主义有这样的看法："高高在上，滥用权力，脱离实际，脱离群众，好摆门面，好谈空话，思想僵化，墨守成规，机构臃肿，人浮于事，办事拖拉，不讲效率，不负责任，以致官气十足，动辄训人，打击报复，压制民主，欺上瞒下，专横跋扈，徇私行贿，贪赃枉法，等等。这无论是在我们的内部事务中，或是在国际交往中，都已达到令人无法容忍的地步。"②邓小平进一步指出，官僚主义同我们长期对经济、政治、文化、社会实行中央高度集权的管理体制密切相关，以至于破坏了党群关系，违背了社会主义的基本原则，阻碍了社会主义民主政治建设。

2. 人情政治

中国特有的人情政治贯穿在中国的整个政治生活和各项活动中，是社会政治生活得以运行的重要潜规则，并且是社会道德体系的主要组成部分和控制主体。人情往来日益成为政治生活中人与人之间最基本的交往方式。正是人情政治作为官员交往思想的基础，催生了官官相护、官商勾结、权钱交易，人们在以权力为主导的社会中利用人情往来为自己未来的关系网做储备。人情政治不仅使政治生活变味，更为严重的是在政治领域内加强了官官相卫、任人唯亲的腐败现象，形成了政治生活中"一荣俱荣，一损俱损"的共同利益圈子，严重恶化了社会风气，阻碍了社会政治现代化的发展。

---

① 王亚南：《中国官僚政治研究》，中国社会科学出版社，2005 年版，第 2 页。

② 《邓小平文选》(第 2 卷)，人民出版社，1994 年，第 327 页。

3. 官本位思想

两千多年封建社会的历史，使得“官本位”的思想根植于中国百姓心中，“官”位的高低成了评价一个人的标准，而历代读书人都将做官作为人生的重要理想。这样的心理意识统治着国人的内心直到现在，造成了中国人价值目标、价值取向单一的狭隘社会心理。“万般皆下品，唯有读书高”，“十年寒窗无人问，一朝成名天下知”，这些励志的口头禅，实质上就是官本位思想的真实写照。一些党员干部也不知不觉地做了这种思想意识的俘虏，跑官、买官、卖官，弄虚作假、虚报浮夸、骗取荣誉和职位，这是对党和国家的事业不负责任、对民族和人民的利益不负责任的行为，对中国社会的进步有很大的危害。

4. 权力至上主义

人们在社会交往中越来越感觉到权力的重要性，每个人都尽力与各方面的权力拥有者保持良好的社会关系，由此，权力成了社会控制力量，成了人心向往的东西。获得权力就是获得社会资源，权力越大，社会资源就会越多。人们丧失了对权力本身的社会功能的认识，忘记了权力是人民赋予且为民所用的，而是将其作为谋取不正当利益的手段，一味地追求权力带来的好处，形成了掌权者与广大人民群众在各项利益上的差别，造成了官民之间的对立和分化，在社会上产生了恶劣的影响。西北地区由于经济落后，人们利用其他途径和方式获取资源相对困难，社会提供的流动机会也没有发达地区多，许多人不是将搏击商海、自我创业作为选择，而是将进入政府部门求得一官半职作为人生的至高追求，无形中强化了权力至上意识。换言之，在一个经济落后地区，人们对政治权力的追求和崇拜远远超过对其他资源的兴趣和偏好。

5. 政治潜规则

“潜规则”，是相对于“元规则”、“明规则”而言的，顾名思义，就是看不见的、明文没有规定的、约定成俗的，但又是被广泛认同的、实际起作用的、人们必须遵循的一种规则。创造“潜规则”这一概念的吴思先生说：所谓的“潜规则”，便是“隐藏在正式规则之下，却在实际上支配着中国社会运行的规矩”。“潜规则”是一种破坏社会正常秩序的规则，是一种败坏社会风气的规则，是一种让社会上的一部分人产生投机取巧心理的规则，是一种让人们对社会产生不信任的规则，是一种变相腐败的规则。吴思先生在其所著的《潜规则——中国历史中的真实游戏》中，以许多历史的真实案例为我们揭开了中国两千年封建社会的官场潜规则，借古讽今，折射出中国现实社会的丑陋。这种盛行于中国封建社会的潜规则至今还有很大影响，如果我们对照当今中国政治生态加以琢磨，就会发现许多政治潜规则的存在，成为中国官场不言自明的“血酬定律”。

统观今日西北地区官场，上述流弊俯拾即是。

应该说，政府治理成败唯一的评判标准应当是治理成效，治理成效反过来也应该成为评判各级政府和官员工作得失的根本依据。但是，在西北地区，对政府官员的评判也往往遵循着传统政治的潜规则。对于官员来讲，其在官场的一切作为并不是“为民做主”，而是为了自己的官途官运。许多官员为了自己的官运，往往按照那些所谓官场规则行事，拉关系，结权贵，树威望，讲人脉，想尽各种办法为自己的官运铺平道路。更有甚者，一些地方官员将阴阳风水先生奉为上宾，求签打卦，以求自己官运亨通。这在西北地区一些地方早已是公开的秘密，听后不禁使人咋舌。这种早已被作为封建主义思想残余摒弃的政治文化在西北官场如此盛行，却没有得到有力遏制，实在是西北百姓的不幸。

事实一再证明，越是经济落后的地区，政府官员的思想观念越落后，传统政治文化中那些消极过时的官场流弊也越盛行。西北地区落后的经济社会状况为传统政治文化中那些消极过时的官场流弊提供了空间，经济社会的发展不但没有消除官场流弊，反倒使它们越发根深蒂固，并呈现出兴旺发达之势。如何端正政治风气，杜绝官场流弊，是西北落后地区政府改革中不可忽视的内容。如果能够形成奋发向上、充满活力、真心为民、恪尽职守、只争朝夕的政治氛围，则是西北各族人民的幸事，实现西北地区经济又好又快发展也就不是一件难事。

第十三章　生态环境问题

西北地区是我国生态环境最脆弱的区域。严酷而又脆弱的生态环境，是西北地区党政部门直面的又一特殊治理难题。如何真正贯彻科学发展观的要求，在实现西北地区经济社会又好又快发展的同时，保护和恢复好西北地区的生态环境，既关系到西北地区的根本利益，也关系到中华民族的长远发展利益。

一、西北地区生态环境的现状

现有的资料证明，近六七千年甚至万年间，我国境内并未发生过大规模植被区域的自然更替，只是有一些植被界限南北推移的波动，所以，有史以来，西北地区生态环境的总体格局已定。后来生态环境的变化，则主要是人类活动造成的。迄今为止，西北地区主要面临如下生态问题：

（一）荒漠化形势严峻

荒漠化是干旱地区、半干旱地区在风力侵蚀和人类不合理的经济活动的双重作用下形成的草原退化、耕地退化和林地退化的过程。我国是世界上荒漠化最为严重的国家之一。荒漠化缩小了中华民族生存和发展的空间，造成了严重的经济损失，加剧了整个生态环境的恶化。

具体到西北地区来讲，荒漠化已成为西北地区面临的最大的环境问题。西北地区地域辽阔，处于大陆腹地，降水量小，蒸发量大，气候干旱，土地承载力低，生态环境十分脆弱，大部分地区生态环境先天不足。西北地区干旱环境的形成由来已久。进入 20 世纪以后，随着全球气候的变迁，西北地区的干旱程度不断增加。目前，全国荒漠化土地面积为 262.2 万 km^2，且每年正以 2460km^2 的速度扩展。其中，西北地区荒漠化土地面积达 146.9 万 km^2，占全国荒漠化土地总面积的 56%。西北地区共有沙漠（包括风蚀沙地）、戈壁及沙漠化土地 90.68 万 km^2，占沙区总面积 308.13 万 km^2 的 29.4%；已沙漠化土地共有 6.58 万 km^2，占北方已沙漠化土地面积 17.16 万 km^2 的 38.3%。① 西北地区约有 39 万公顷良田、493 万公顷草原及 2000 多千米的铁路线路受到沙漠化的威胁。

地处我国西北地区边陲的新疆的荒漠化土地面积居全国之首,达 7692.1 万公顷,占全国荒漠化土地总面积的 46%。新疆塔里木盆地南缘、塔里木河下游,沙漠南侵速度在每年 10 米以上,170 千米的绿色走廊在消退。新疆气候干旱多风,荒漠广布,镶嵌其间的山地和绿洲处在严重的荒漠化威胁之下,农牧业的基础十分脆弱。近年来,在人口压力增大和土地利用扩展的影响下,新疆沙漠面积增加,风沙危害严重,草地退化加剧,天然胡杨林面积减小,灌区次生盐渍化面广,而且在部分垦区有增无减,荒漠化已成为新疆实现经济振兴的最大障碍。

位于甘肃西部的河西走廊,是古丝绸之路的重要组成部分,这里曾孕育了中华民族灿烂的文化,也是古代中国经济发展的核心区域。时至今日,河西走廊仍是甘肃乃至全国的重点商品粮基地之一。河西走廊的粮食年产量占甘肃省粮食年总产量的 30% 以上,全省 70% 的商品粮和 90% 以上的棉花及 40% 以上的油料、瓜类、羊毛都是由河西走廊生产或提供的。然而,近年来由于人类经济活动的不断扩张,河西走廊千百年来形成的生态平衡被打破,出现了"沙漠向农业区推进"的局面。河西走廊北部的沙漠已开始向中部绿洲步步逼近,风沙线每年前移达 8~10 米。近 30 年,因沙害而弃耕的农田达 12.7 万公顷,尚有 40 多万公顷的耕地处于沙害的威胁之中,在风沙线上有 679 个村镇时刻处在被流沙掩埋的危险之中。

近几年,青海黄河源头荒漠化也急剧发展,几年前尚有一尺多高的草地,而今已露出斑斑沙迹。黄河源头第一县玛多县 20 世纪 60 年代后草地明显退化,1998 年退化面积达到 1.61 万平方千米,占全县草地面积的 70%,其严重程度触目惊心。土地沙漠化导致生物量及生物多样性锐减,致使刚刚脱贫的牧民返贫,并且出现了第一批"生态贫民"。我们的母亲河正在成为"无源之水"!

由土地沙漠化引起的黑风暴灾害频繁。自 1952 年至 1996 年仅 40 余年,西北地区就有 50 次沙尘暴,其中黑风暴达 30 次。1993 年 5 月 4 日至 6 日,黑风暴严重侵袭新疆、甘肃、宁夏地区,造成 85 人死亡,264 人受伤,31 人失踪,85 万头牲畜死亡、失踪或受灾,75 万公顷农作物及果树受灾,多处铁路被黄沙埋没,直接经济损失达 7.25 亿元。② 更为严重的是,黑风暴给西北地区土地沙漠化的生态系统带来的灾害及对环境等造成的短期影响和远期效应无法估量。

① 兰维娟、王俊、毛鹏军:《西北地区生态环境问题与可持续发展探讨》,《农机化研究》,2007 年第 10 期。

② 西部大开发课题组主编:《中国西部大开发指南》(第 2 卷),吉林文史出版社,2000 年版,第 1135 页。

荒漠化不仅是西北地区最严重的自然灾害之一和首要的环境问题，而且已成为全国最严重的自然灾害和首要的环境问题，成为中华民族的心腹大患。如果我们不采取果断措施加以治理，我们的大量国土就将成为不毛之地，最终影响到西北地区乃至全国的可持续发展。

（二）水资源加速枯竭

我国西北地区气候干燥少雨，多年平均降雨量235mm，而地面蒸发量高达1000～2600mm，是世界上干旱缺水最为严重的地区之一。在西北地区的某些地方，由于山高坡陡，水低地高，仅有的水资源也难以利用。具体来说，西北地区水资源枯竭表现在以下几个方面：

一是河流断流日趋严重。河流是人类最重要的淡水来源，然而世界上还没有一个国家的河流断流问题发展到像中国这样严重。黄河，中华民族的母亲河，如今也“病入膏肓”，她旧病未除，又添新病——断流。黄河断流始于1972年，70年代最长的断流历时21天；进入80年代，黄河开始了长时间、大范围断流的历史，1981年，黄河断流时间达128天，断流距离为622千米，创下了当时黄河历史上断流时间和距离最长的纪录；90年代断流现象愈演愈烈，近年来水量急剧减少。与此同时，我国最大的内陆河——滋养着南疆780万各族人民，被誉为当地“母亲河”的塔里木河，也频频发生断流现象，其末端近300千米的河道干涸已达30年，造成了严重的生态环境危机。

二是湖泊退化愈演愈烈。近几十年以来，中国的湖泊普遍发生了湖面萎缩、水位下降、水量锐减、湖水碱化，甚至干涸消亡等情况，西北地区形势尤其严峻。19世纪还烟雾浩渺的罗布泊，由于自然及人为因素的影响，到20世纪初，湖水蒸发殆尽，大片湖滩露了底，最后被流沙覆盖，成为盐碱荒漠的王国。新疆的玛纳斯湖曾经是经济富庶的地方，自20世纪50年代以来，随着石河子的大规模开垦，湖泊储水量锐减，周围地区经济也衰败了。由于人口剧增和大规模的水土开发，新疆西部的艾比湖急剧萎缩，1500平方米的湖地沦为沙漠，严重影响了北部经济带的持续发展，并直接威胁到新欧亚大陆桥的安全运行。据研究，如果不及时采取综合治理措施，确保艾比湖面积不再缩小，那么到21世纪50年代，艾比湖将成为第二个罗布泊，新欧亚大陆桥将被迫改道。甘肃的石羊河由于源区大量开荒，破坏山林、草地，拦截水流，使下游的青土湖消亡了，湖边的民勤县由富变穷。

三是冰川后退，雪线上升。冰川是主要的宝贵的淡水资源，在我国西部特别是西北干旱经济区的经济及社会发展中具有极其重要的作用。冰川融水调节着河川径流的实际变化，使之趋于均匀，是山区河流稳定可靠的水源。近几年来，我国冰川明显后退，雪线上升，造成陆地冰雪总库容量和我国可利用水资源总量下降。在西北地区,自 20 世纪 70 年代以来,祁连山和天山的冰雪线一直处于退缩状态。维系河西走廊 67 万公顷耕地、130 万公顷可耕地、400 万人口、数百个工矿企业、500 万头牲畜生存和发展的固体水库——祁连山冰川的退缩一直在悄悄地进行着。中国科学院兰州冻土研究所多年的观测证实:祁连山冰川的退缩速度东部为 16.8 米/年,中部为 3.3 米/年,西部为 2.2 米/年。黄河源头地区雪线上升,导致黄河来水量减少,这成为黄河断流的一个原因。

(三)沙尘暴

在西北地区,与水资源和土地沙化紧密相关的生态问题就是沙尘暴。据气象部门的统计,从新中国成立到 2001 年的 52 年中,我国共发生沙尘暴 88 次,年平均1.7次。进入 2000 年后,沙尘暴又急剧增加,当年强和特强沙尘天气就达 9 次,为近 50 年之最;2001 年出现 12 次沙尘天气,其中沙尘暴 6 次;2002 年人春后仍是沙尘天气不止,继 3 月 19 日至 21 日发生连续几天横扫大半个中国并波及日韩的特强沙尘暴之后,又出现了几次沙尘暴。这些预示着新一轮的沙尘暴活跃期已经开始,发生频数直线上升。

中科院研究员杨根生等专家近年划分出中国沙尘暴四大中心和源区:一是甘肃河西走廊及内蒙古阿拉善旗,面积达 56 万多平方千米,沙漠、沙地丰富,干旱湖盆多,又是北方强冷空气南下的要塞,极易形成强沙尘暴,是沙尘暴高频区和重灾区,是四个沙源区中最严重的沙暴中心。二是新疆塔克拉玛干沙漠周边地区。三是内蒙古阴山北坡的毗邻地区,农牧交错,土地沙漠化严重,是沙尘暴后发高频区。四是陕、宁长城沿线,风大干旱,沙尘暴发生频率高,持续时间平均超过 20 天。①

风和沙源是沙尘暴发生的主要因素。风,是沙尘暴的动力因素;沙源,就是干燥、疏松地表的沙尘物质。遇到春天上冷下暖的不稳定空气条件,沙尘暴就发生了。人类目前还无法改变大气环流和气候冷暖变化,也不能消灭沙尘源地,只能进行防治和保护,使其有一定程度的减弱。因此,沙尘暴在很长的时间内仍将存在。此外,沙尘暴与地面状况的坚疏关系很大。植被破坏,土地荒漠化,是沙尘暴发生的一个前提;反过来,每一次沙尘暴又导致 4 ~ 5cm 厚度的地表被风蚀,为下一次沙尘暴创造了新的条件。例如,1952 年至 2000 年 5 月,河西地区发生的沙尘暴都是由河西本地形成的。这是由河西上游水源不断减少,干旱湖盆急剧增加,加之绿洲边际地带人为破坏导致严重荒漠化,形成沙尘暴地表物质因素所致。由此来看,沙尘暴的频发和危害是人类咎由自取。

① 李锦、罗凉昭等著:《西部生态经济建设》,民族出版社,2001 年版,第 52 页。

（四）草原退化

草原是人类的生态屏障，中国草原是中华民族的生态屏障。但是，中国90%的天然草原不同程度地退化，其中严重退化草原近1.8亿公顷。全国退化草原的面积每年以200万公顷的速度扩张，天然草原面积每年减少约65～70万公顷。同时，草原质量不断下降。20世纪80年代以来，北方主要草原分布区产草量平均下降幅度为17.6%，下降幅度最大的荒漠草原达40%左右，典型草原的下降幅度在20%左右。产草量下降幅度较大的省区主要是内蒙古、宁夏、新疆、青海和甘肃，分别达27.6%、25.3%、24.4%、24.6%和20.2%。据调查，青海三江源区的草地已呈现全面退化的趋势。陈国明研究发现，中度退化草地面积为$5.7\times10^6hm^2$，占可利用草地面积的55.4%，其中，"黑土滩"（重度退化草地）面积为$1.8\times10^6hm^2$，占退化草地面积的32.1%。①王根绪等研究发现，江河源区六县（达日、玛多、玛沁、治多、曲麻莱、杂多）草地退化面积占草地总面积的34.34%，其中重度退化草地面积占退化草地面积的26.79%，退化草地以及重度退化草地主要分布在达日、玛多、曲麻莱等县，表明黄河源区草地退化比较严重。②甘肃省甘南藏族自治州境内有天然草地272.34万hm^2，可利用草地256.55万hm^2，可利用草场牧草的总贮藏量为129亿多千克，理论载畜量为620个羊单位。目前，甘南州"三化"中度以上草场退化面积达81.40万hm^2，草地中度以上退化面积占草地面积的50%，轻度以上退化面积占草地面积的70%，以碌曲、玛曲、夏河三个县为例，"三化"草地面积1998年年底已达44.25万hm^2。③甘肃省的肃北、天祝等民族自治县草场退化也非常严重，肃北、阿克塞等民族自治县常年受风沙侵扰。④

（五）农业措施对环境的污染

农耕地面积在西北地区的范围十分广阔，在如此广阔的农耕地上，应用的石化产品从化肥、农药，到农地膜、微肥激素等日益增加。这些产品在农作物上的应用种类、范围不断扩大，单位面积使用量不断增加，总量增加更是惊人，加之农业的周期性生产，对化肥产品周而复始的使用，使农业措施对环境的影响日益严重。

首先是肥料类。肥料包括氮肥、磷肥、钾肥和一些微肥。这些肥料的利用率因种类、品种、作物、地力和产量水平的不同而不同，但所有作物对不同品种的化肥的利用率都没有超过一半，并随着产量水平的提高而降低。据对小麦的测量：

① 陈国明：《三江源地区"黑土滩"退化草地现状及治理对策》，《四川草原》，2005年第10期。

② 王根绪、程国栋：《江河源地区的草地资源特征与草地生态变化》，《中国沙漠》，2001第2期。

③ 王胜忠：《甘南州天然草地退化及生态保护对策分析》，《农业科技与信息》，2009年第3期。

④ 王瑾：《试论西北生态现状及草业在生态治理中的作用》，《农业科技与信息》，2009年第10期。

1500 千克左右氮肥的利用率是 39% ~40% ,3000 千克的利用率是 26% ,4500 千克的利用率是 7% ,5200 千克的利用率是 7% 。① 大量被利用的氮素,或以氨的形式挥发,或以游离氧的形式向空中散逸,其中散逸的氮氧化物会破坏臭氧层;还有一部分未被利用的氮素以硝态的氮形式流失,污染地下水和地表水。20 世纪 70 年代,西北大量使用氮肥的农业区打出"肥水井",就与这种流失效应有关。更为严重的是,这对西北地区农业区以此为水源的人具有潜在的危险。同时,过量施用氮肥会使植物体内的硝酸盐含量增加,这样,农作物秸秆和草料被牲畜食用后,会间接传入人体,对人和牲畜发生危害,甚至致癌。

其次是农药类。农药包括杀虫剂、杀鼠剂、杀菌剂、除草剂、植物生长调节剂等,种类较多,主要通过贮存、运输、销售和使用等过程污染环境。虽然西北地区也响应国家保护农地的政策,开始禁止使用化学性质比较稳定、不易分解的农药,推广使用了对环境污染较少的菊酯类农药,但整个农药生产和应用仍以高毒、中毒的有机磷农药为主。西北地区主要的粮食产区都在大量使用这种农药,尽管其残效期已大大缩短,但使用量仍在增加,对人、畜的危害和对环境的污染也在加剧。据测定,有些喷施类农药在喷施的过程中仅有 20% ~30% 附着在作物上,大部分散落到土壤和空气中,它们污染施药地区的空气、土壤、水体,并通过生物富集影响农副产品的质量及安全性,进而影响人类的生存环境和人体健康,若不注意,还会随人们生活水平的提高而增加对人体的危害。同时,单位面积施药量和施药次数的增加,增强了害虫的抗药性,伤害了它们的天敌,使害虫更为猖獗。

再次是塑料类的污染物,主要是指生活用塑料和农地膜。随着现代工业技术的发展,生活用塑料的需要量越来越大,农地膜用量增长迅猛。而塑料制品在自然界中需要经过 200 年左右才能完全分解,长期大量的塑料垃圾在自然界中的积累,危害很大。一是给鼠类、蚊蝇、细菌提供繁殖场所,威胁人类健康。二是残留塑料进入土壤,会影响其理化性状,阻碍植物吸水及根系的生长,进而影响植物植株发育及最终的产量。有资料表明,当每公顷土地的塑料残留制品达到 58.5 公斤时,一般作物减产 10% 。三是散落在田间、路边、草丛、河边的塑料废物,一旦被牲畜误食,会危及健康甚至导致死亡。四是燃烧塑料垃圾会释放出多种化学有毒气体,破坏生态环境,引起鸟、鱼、人体病症,甚至死亡。

(六)西北地区的新环境问题②

在西北经济振兴的过程中,环境保护和生态建设不断深入,新的环境问题也

① 西部大开发课题组主编:《中国西部大开发指南》(第 2 卷),吉林文史出版社,2000 年版,第 1135 页。

② 徐宏力:《警惕西部"新环境问题"》,《中国环境报》,2004 年 8 月 28 日。

不断凸现出来。新环境问题主要表现在城市绿化、城市规划、生态建设、退耕还林中的资源开发、现代新科学技术、环境决策等方面。

首先来说城市建设中出现的新的生态环境问题。在城市现代化过程中存在许多错误观念,最突出的就是“现代化就是水泥化,世界化就是高楼化”。在这种错误思想的指导下,我国西北地区的旧城改造和新兴中心城市建设中的大面积水泥化给城市建设和生态环境建设带来了明显的负面影响,出现了新的环境问题。所谓的水泥化是指用混凝土、沥青、花岗岩、大理石、彩釉瓷砖等建筑材料来硬化城市的现象,硬化的表面包括地面、墙面、屋顶和水体,其初衷在于希望减少城市粉尘,增加建筑美感,提高水体清洁度。然而,“水泥化”所带来的真实效果却是加重了城市的“热岛效应”,增加了粉尘治理的难度,阻碍了城市水的循环,破坏了城市水生态环境系统,造成城市水质变坏,雨水流失,植被受到损害,加剧了城市噪声和水污染,使城市居住环境舒适度降低,对城市生态环境改善造成极大困难。

还有城市绿化当中的问题。植树造林、园林绿化是恢复城市生态环境最有效的措施,早在 20 世纪 60 年代,国际上发达国家就提出建设“森林型生态城市”的口号,呼唤人与自然和谐相处。近年来,我国已开始重视城市生态环境问题,许多大中城市提出建立“森林型生态城市”、“园林型城市”,在城市建设中大力植树造林,园林绿化工作取得了巨大的成绩。但是,采用何种方式和方法来实现“森林型生态城市”值得认真对待。

西北的一些大中城市和新中小城市在建设中,采用“大树进城”的方式来实现“森林城市”的目标。所谓“大树进城”就是从农村或林区购买已经长成的大树,直接移栽到城市,使城市绿化面积、植被覆盖率大幅度、迅速提高,达到城市绿化的效果。然而“大树进城”带来的危害和后果很快就显现了出来。几年的实践证明,“大树进城”后死亡率极高,特别是古树,在移栽、运输过程中都会大量死亡。因为树木的主根被切断,树体受到严重伤害,加上不适应城市新的水土和气候环境,所以会迅速死亡。这种树木的大量死亡,破坏了农村和森林的生态环境,同时加速了珍稀树种的灭绝,给生态环境造成了新的破坏。“大树进城”这种“拆东墙,补西墙”的做法,以牺牲森林和广大农村生态环境为代价,换取城市局部的、暂时的绿色繁荣,违背了自然规律,也违背了环境保护的宗旨,严重阻碍了城市生态建设的健康发展,对西北新兴城市的建设危害极大,是当前出现的新的环境问题。

其次是西北地区退耕还林过程中出现的新的环境问题。调查发现,目前我国实施的退耕还林在政策和技术上都存在着不足,特别是技术上,仍然沿用过去的营林模式。这种模式存在着重大的技术缺陷。按照人工模式建造的森林,树种单一,树龄同一,结构单一,千篇一律,形成的是大片纯林,而不是自然的混交林,特别是在西北地区,以杨树为主。这种森林缺乏物种的多样性,种群结构不合理,不符合森林自然生态的要求,生态基础脆弱,很难建立复杂、稳定的生态系统,而且质量低下,极易受到病虫害和火灾的袭击,其生态功能是很有限的。

现在有人认为退耕还林只要多种一些树就能大功告成,这是一种心态浮躁的表现。搞退耕还林工程,不能满足于挖多少树窝子,完成多少亩的种树指标。有的地方在植树过程中把不该挖的灌木和地面植被也挖了,反而造成二次生态破坏,使生态安全受到威胁。我国当前生态环境形势如此严峻,除了由于我国粗放型经济增长方式造成生态破坏之外,造林方法不科学,营林技术存在缺陷,也是造成我国森林质量不高,不能有效发挥其生态功能的重要原因。植树造林必须尊重自然规律,效法自然,讲求实效,按科学发展观办事。当前,我国西北地区生态建设存在盲目性,退耕还林技术缺乏科学性,这种不符合实际要求的盲动,必然事倍功半,达不到长期目标,这种状况如不加以改进,生态恶化的趋势将继续下去。

最后还有环境决策失误造成的新环境问题。环境保护作为我国的一项基本国策,受到党和国家的高度重视,受到社会的普遍关注,广大人民群众的环境意识也不断提高。但是,当前在西北地区城市建设中,有一些政府官员对环境保护缺乏深刻的了解,对环境问题,特别是对生态恢复的艰巨性、长期性、复杂性认识不足,把环境保护简单化,以为多种一些树就可以一劳永逸,因而在环境决策上往往存在片面、主观和盲目性,出现了急于求成、急功近利、片面追求“政绩”的心态,提出了一些脱离实际、违背科学及自然规律的错误口号和错误方法,并以行政的方式加以实施。例如:有的地方政府提出利用3~5年时间建成森林型生态城市,实施“大树进城”战略,迅速改变城市面貌。这些错误的口号背离了科学发展观,严重脱离实际,误导了环境保护和生态建设;这种错误的决策不仅浪费了大量的资金和人力,还对生态环境造成了新的更严重的破坏,给西北地区已经恶化的环境带来了新的问题。环境决策造成的危害和影响是巨大的,其损失也是难以弥补的。

(七)其他生态问题

严格来讲,自然界中存在的各种灾害都是自然灾害,但人为因素对自然界的改造和破坏,特别是对生态的破坏,导致灾害的发生频率和强度增大,因此可称为生态灾害。西北地区生态环境脆弱,对各种灾害的抵抗力弱,加上人为因素对生态的破坏,各种灾害的发生更加频繁。西北地区地质条件复杂,成矿条件优越,矿产种类繁多,储量丰富,矿产资源开发在西北地区经济中起了重要作用,但由于开采量大,造成了大面积的土地破坏、土地塌陷、地面下降,并引发了水土流失、崩塌、滑坡、泥石流等地质灾害。

二、西北脆弱生态对政府生态治理的挑战

在人类活动的破坏下,西北地区生态环境已经非常脆弱,给西北地区生态问题的治理带来了严重挑战。

一是财力方面。西北地区经济相对落后,各省区财政状况捉襟见肘。在这种情况下,西北各级地方政府往往倾向于进行资源开发,追求经济效益,无暇顾及已经非常脆弱的生态环境,往往形成先污染后治理的局面。出于短期利益和政绩考虑,政府对某些污染十分严重的企业也往往下不了狠心进行惩治,一些地方政府还暗中对其进行保护,因为这些企业很可能是政府财政收入的主要来源。另外,在资源配置和投资决策中,许多地方政府将有限的资源投入短期收益明显的短、平、快项目上,以获取最直接、最明显的收益 ,却无积极性为那些有显著长期收益但成本高、效果显现滞后、周期长的环境保护和治理项目投入和买单。

二是制度方面。生态环境建设结构复杂,内容广泛,制度创新、生态规划的设计、资源评估体系的制定、生态环境与经济发展之间关系的确定、各部门职能的定位等等,都需要认真研究,科学规划。其长期性表现在:西北生态建设基于其艰巨性和复杂性,不可能在短时间内完成,需要大量持续性资金投入,需要政府提供激励性制度安排,有些生态环境问题在目前的技术条件下还无法得到治理,这些都对政府的创新能力、科技能力和管理能力提出了挑战。

三是水资源方面。水资源短缺是西北地区生态环境改善的最大制约因素。西北地区 90% 以上的面积处于干旱半干旱地带,大部分地区的年降雨量在 200mm 以下,气候干旱少雨,蒸发量是降雨量的 10 余倍,西北内陆干旱区的蒸发量则是降雨量的数十至近百倍。西北五省区水资源总量为 2254 亿 m^3,其中地表水 2150 亿 m^3,只占全国的 7.8%;不重复地下水量为 104 亿 m^3。西北五省区现状水平年,城镇需水 38.5 亿 m^3,农村需水 636.8 亿 m^3,总需水量为 675.3 亿 m^3,而总供水量只有 616.5 亿 m^3,总缺水量达 58.8 亿 m^3,缺水率为 8.7%。水资源不仅短缺,而且时空分布极不均匀。大多数城市全年缺水,以西安和乌鲁木齐最为突出;多数内陆河下游严重缺水,南疆塔里木河流域缺水量最大,占西北全区缺水量的 42% 左右,石羊河流域缺水量长期保持在 1 亿 m^3 左右。经济用水挤占生态用水,导致生态环境持续恶化,柴达木盆地的现状生态缺水量达 8 亿 m^3,河西走廊地区现状生态缺水量达 6.34 亿 m^3。①

鉴于生态建设的上述制约性,单个人或私人部门都无法完成如此系统宏大

① 张志强、程国栋:《论西北地区生态环境建设问题与战略》,《干旱区地理》,2001 年第 3 期。

的工程。但是,政府却拥有特殊的资源可供支配,如运用公共权力调配经济资源和科技资源,整合部门力量,制订发展规划,提供政策法律支持,协调区域矛盾,将税收资金作为西北生态建设的资金来源的稳定机制等。这既是政府特有的资源能力优势,又是政府职能有效发挥的资源保障。因此,在治理西北生态环境的过程中,西北地区各级地方政府的职能是其他任何组织和个人都无法替代的。

三、西北地区生态环境治理中的政府角色现状

实践已经证明,西北生态环境的建设和保护无不与政府的强力支持相关,而导致政府强力支持的关键是政府的认识态度。生态环境治理作为一种公共产品,理应由政府提供,同时也是充分发挥政府综合职能的具体体现。可由于西北地区地方政府一些领导和部门认识上的偏差,政府在生态环境治理的发展规划、资金供给、制度安排、人才培养、基础设施建设等职能上严重缺位,西北地区生态环境全局继续恶化,总体不容乐观。具体而言,有以下表现:

第一,政府对西北生态环境治理的重要性认识有限,导致政府职能的严重"缺位"和"失灵"。

有的政府和部门领导班子对生态环境的内涵理解不够,建设生态文明的意识淡薄,不能正确认识人与自然的关系;有的政府不惜以牺牲环境为代价,盲目追求经济增长,把经济发展和生态建设对立起来,一些违背生态环境规律的政绩工程和项目仍在上马;甚至还有一些地方政府出于本地利益或者部门利益的考虑,同意、默许、怂恿或暗地支持一些破坏环境的行为的发生,如陕西省延安市出于经济效益的考虑,违规将延安国家森林公园整体划归旅游企业管理,导致园区8000公顷林地管护困难,宝塔山、清凉山等景区周边树木被毁,生态被破坏,林地被蚕食。正是以上认识的局限性,致使政府在实际工作中对生态建设和保护重视不够,造成社会对生态建设的普遍认同感严重不足。政府缺乏充分、有效、合理地利用生态环境促进经济发展和社会进步的理念,难以形成强大的精神合力和凝聚力。

第二,西北生态环境治理的制度创新不够,地方政府对生态建设心有余而力不足。

政府的主要职责应是研究和提供制度这种公共产品。西北地区各级政府应围绕西北生态环境的开发利用和综合治理制定相应制度,从各方面进行完善和配套,形成整体作用的机制,对现存的制度安排不断进行"帕累托"改进。西北生态环境治理的制度创新包括土地产权制度、生态经济核算制度、生态效益补偿制度、地方政府绩效考核机制、农村社会保障制度、户籍管理制度、职业教育培训制度等诸多方面。由于西北地区各级政府的制度创新力度不够,往往停留在研

讨、试点层面,加上具体细则的制定较为复杂,实践更需时日,造成制度提供不足,经常引发对自然资源的哄抢式与掠夺式开发,导致“公地悲剧”和生态环境的严重破坏。此外,中央政府在政策、规划、资金、管理等方面制度创新不足,造成西北地区地方政府对生态环境问题心有余而力不足,使生态环境雪上加霜。

第三,西北地区政府对人口、资源、生态与经济协调发展的整合不够,政府的调控、引导、服务职能没能很好地体现。

人口剧增、资源紧缺、环境恶化是西北贫困地区经济发展和人民生活水平提高的障碍。在生态环境的恢复与重建过程中,必须打破生态环境恶化与经济贫困的恶性循环,把生态环境问题的解决与经济问题的解决有机结合。协调人口与资源、环境的关系,将开发扶贫、生态建设、人口控制作为一个有机统一的整体,把经济效益、生态效益、社会效益结合起来,是西北地区未来发展的唯一途径。长期以来,经济发展和生态建设涉及发展改革、财政、国土资源、水利、林业、环保、农牧等部门,体制上不甚协调,机制上亦不灵活,不同部门考虑各自利益,各定各的发展规划,开发扶贫与生态建设的有机结合研究不够,难以形成二者合作的机制和平台,政府的调控功能难以奏效,引导、服务职能也只限于局部范围。西北地区要实现生态建设与开发扶贫结合,生态旅游和生态资源整合,必须改革现有条块分割的管理体制,确保政府的调控、引导、服务职能真正得到发挥。

第四,政府投入有限,制约西北生态建设的整体推进。

生态环境治理属于公共产品,政府应承担主要的投资任务。然而实际中,西北地区地方政府的投入十分有限,与生态建设的需要差距甚大。比如当前推行的“退耕还林(草)”与“天然林保护”工程,无论是地方政府还是农民都需要付出一定的成本。对地方政府而言,中央政府拨款主要用于补偿退耕户的损失,推进工程所需的作业设计、建立卡片、合同、资料、表格的制作费用,以及宣传费用、工作人员出差费用、交通费用、年度质量验收费用、种苗运输费用等均无专门的经费来源,都必须由地方政府投入,这构成了地方政府的直接成本。由于生态环境治理的价值主要体现为一种连续的长期收益,短期收益非但不明显,甚至会有暂时利益损失,对任期有限的每届地方政府来说,在投入成本得不到满意的收益回报的情况下,难免缺乏生态建设的积极性。同理,农民参与退耕还林(草)工程的生态补偿标准过低,影响农民收入,加剧了部分农民的贫困程度。另外,退耕地区农牧民的“三料”(农牧民做饭及取暖的燃料、耕种农田的肥料和禽畜吃的饲料)问题始终没有解决好,复耕复砍现象难以防止。

四、政府治理生态环境的理性取径

在政府所面对的各种复杂多样的公共事务、公共问题和公共管理活动中,环境问题日益突出。围绕环境治理和建设环境友好型社会的价值追求，政府管理的重心必须根据公共问题的轻重缓急适时地转移。生态环境建设的核心是要限制或取消引起生态系统退化的各种干扰，充分利用系统的自我修复功能，达到恢复和改善生态环境的目的。在西北地区生态环境治理的问题上，首先要防止对现有生态环境的继续破坏，并尽可能恢复重建已被破坏的生态环境，达到适应当地自然条件并能保持相对稳定和良性发展的程度。这就需要政府从生产经营性的经济活动中逐渐淡出，以生态型政府的角色，关注严重的生态环境问题，积极推行政府主导型的环境治理战略，自觉地把握与运用自然生态及其管理规律，坚持以主动预防生态环境问题为主要特征的管理原则，走生态环境保护与经济社会发展相统一的道路，建立健全生态环境保护法律政策体系，构建与完善多元治理主体的生态环境合作治理模式，并引导社会不断走向生态环境自治，以切实履行政府对全社会的公共管理职能，保证人民群众根本利益的实现。具体而言：

（一）强化政府在环境治理上的责任意识

在环境友好型社会的建设过程中，西北地区各级政府都应该清醒地认识到："人口、资源、环境工作，关系经济发展和社会进步，关系最广大人民的根本利益。切实做好人口、资源、环境工作，不仅关系到我们能否更好地解放和发展生产力，而且关系到我们能否更好地实现、维护、发展最广大人民的根本利益。各级党委和政府要进一步增强抓好人口、资源、环境工作的责任意识，继续坚持党政第一把手亲自抓、负总责。"①同时，要不断强化政府在环境治理上的责任意识，关键是要以科学发展观来指导当前生态环境的治理工作，认识到西北地区经济社会的发展应该是也必须是全面整体的发展。发展不仅体现在经济增长的指标上，还应该体现在人文指标、资源指标和环境指标上。正如江泽民所说："为了实现我国经济社会持续发展，为了中华民族的子孙后代始终拥有生存和发展的良好条件，我们一定要高度重视并切实解决经济增长方式转变的问题，按照可持续发展的要求，正确处理经济发展同人口、资源、环境的关系，促进人和自然的协调与和谐，努力开创生产发展、生活富裕、生态良好的文明发展道路。"②

（二）提升政府的环境治理能力

环境治理能力是政府公共行政能力中不可忽视的重要内容。政府的环境治理能力是一个系统，包括政府对自然规律的认识程度和水平，对环境治理的决策能力、规划能力，预防、控制和治理环境污染的能力，促进环境科学技术创新水平提高的能力，制定出科学的环境保护规划和环境标准以及科学的环境教育、环境

① 李扬文、解振华：《23年环保人见证中国环保风》，《国际金融报》，2005年12月9日。

② 《江泽民文选》（第3卷），人民出版社，2000年版，第462页。

立法、环境税收、环境审计、绿色国民经济核算体系、战略环境影响评价的能力，促进环保产业特别是环保服务业发展的能力，促进循环经济发展的能力，应对各种生态环境灾难的能力，促进环境文化和生态文明建设的能力，有效地借鉴西方发达国家环境治理成功经验的能力，动员公众广泛参与环境保护的能力，有效地规范和界定在环境治理过程中政府与企业、非政府组织、社区、公民等主体的责任、权利、义务的能力。①

政府的环境治理能力尽管具有多方面的规定性，但最突出地体现在政府环境治理制度创新的能力上。西北地区当前的经济发展在不同程度上被环境资源的稀缺性以及日益严重的环境问题所困扰，其深刻的根源在于环境资源配置制度的低效率，即缺乏一种能够把环境资源优势转变为现实经济优势的制度环境，缺乏一整套实现环境资源有效配置的制度框架，缺乏一种公平竞争、真正体现公众利益的制度环境。环境资源在生产、交换、分配、消费等整个经济再生产过程中缺乏激励性制度安排，环境资源利用和保护的经济动力缺乏一种有效的制度保障。低效率的环境资源配置制度必然导致困扰人类社会经济发展的环境灾难，即环境资源稀缺度加剧。环境资源方面的制度创新已经迫在眉睫，推进环境资源治理的制度创新是西北地区各级政府的重大环境责任，也是政府公共管理的重要内容。

（三）政府做好生态环境建设的制度供给

政府的制度安排、体制运行和政策供给是否到位，很大程度上直接影响着西北地区生态环境治理的有效性，关系到生态文明建设的成败。当前，有关西北地区生态环境建设的制度有许多不尽合理的地方，致使地方政府在治理的行为选择上进退维谷，难以协调顺畅。这些矛盾和冲突必然造成制度之间、部门规则之间、部门管理职能之间的交叉和重叠，工作协调难度大，其结果是各部门各行其是，部门治理盛行，治理效率低。

从微观方面来讲，西北地区各级政府要切实拿出符合实际的行动，鼓励和保护对生态环境建设有利的做法。如甘肃省推进参与式民主化管理进程，经过多年的努力，临泽、民乐、甘州、高台等县（区）灌区先后成立了各级农民用水者协会，负责斗渠以下水利工程管理、水权管理、水票管理、水费收缴等。农民用水者协会实行定额用水，避免了搭车收费，减轻了农民负担，减少了水事纠纷。对于这样一些好的做法，地方政府应该出台相关的政策，对其加以保护，在实践成功的基础上，再以法规的形式向更广的地区推广实施。因此，政府应当通过制度创新加强制度供给，按长远目标和高起点的要求制定出科学合理的生态发展规划，建立健全公共利益的实现机制、生态建设与经济发展的整合机制、公众参与的激

① 方世南：《环境友好型社会与政府在环境治理中的作为》，《学习论坛》，2007 年第 4 期。

励机制、利益失调的补偿机制、生态建设资金的筹集机制等等,最大限度地激发公众和社会组织自觉参与的积极性,保证民众在生态环境保护的决策和执行中的话语权、参与权和监督权,使人们能在一个良好的制度环境下各尽所能。

(四)纠正当前还在继续的错误发展模式

如果不顺应自然规律,仅凭人们的主观愿望,去建设一个不符合当地自然条件的人为的新的生态大系统,则往往事与愿违,不仅收不到预期效果,而且不能持久延续,系统将最终崩溃。当然,对于一个人工绿洲、一个城镇或一个小地区来说,可以建设一个有别于当地自然生态环境的新的子系统,但是这些人工子系统的建设,必须以不破坏天然生态大系统的整体性为原则。当前对西北地区生态环境建设的认识,仍存在一些误区。其中较普遍的误解是,简单地以为生态环境建设就是绿化造林,提高森林覆盖率。在西北地区的生态建设中,有些干旱和半干旱的不适合种树的地方,也都在费尽心力地植树造林,年年植树不见树,或多年后仍是一片小老头树,有的地方为了植树造林还超采地下水,"绿了一条线,黄了一大片"。这些做法背离了科学发展,严重脱离了实际,误导了环境保护工作和生态建设,不仅浪费了大量的资金和人力,还对生态环境造成了新的更严重的破坏,给西北带来了新的环境问题。环境决策造成的危害和影响是巨大的,其损失也是难以弥补的。对这种简单化的认识和做法,应予以改正和防止。

(五)建立生态环境建设项目

进入新世纪以来,中央和地方政府加强了对西北生态的保护力度,实施了一系列重大项目和建设工程。迄今为止主要的建设项目有三大内陆河治理项目、甘肃甘南黄河重要水源补给生态功能区生态保护与建设项目、青海三江源生态保护和建设工程、青海湖流域生态环境保护与综合治理工程。

西北地区气候干旱,降雨稀少,沙漠和戈壁广布,塔里木河、黑河、石羊河这三条内陆河滋养着塔里木盆地和祁连山下的1400多万人口,在当地素有"母亲河"之称。然而,20世纪50年代以来,这三大河流相继上演生态悲剧。由于流域内过度开发和农业滥用水资源,塔里木河干流来水日益减少,1972年下游300多公里河道断流,两岸胡杨等固沙林木大面积枯死,尾闾台特玛湖彻底干涸,生态环境不断恶化,下游地区两大沙漠塔克拉玛干沙漠与库姆塔格沙漠面临"握手"危险。全长821公里的黑河流经青海、甘肃、内蒙古3省区,最后注入内蒙古额济纳旗境内东、西居延海。东、西居延海曾是"水色碧绿鲜明,鸟类千百成群"的生态乐园。最近几十年来,随着黑河中游用水剧增,加之过度开垦,流域内生态环境遭到严重破坏,西居延海于1961年干涸,东居延海于1992年干涸。过去20多年间,甘肃省河西走廊东段的石羊河上中游农业开发过度耗水,导致进入下游民勤的地表水量由20世纪50年代的5.9亿立方米减少到目前不足1亿立方米,民勤地下水位持续下降,绿洲内部林草植被快速减少,腾格里沙漠和巴丹吉林沙漠不仅在民勤"握手",而且以年均 8 米的速度侵进,民勤成为西北强沙尘暴的策源地之一。

为了避免严重的生态灾难,中国政府自 2000 年起耗费巨资先后对西北三大内陆河进行了治理。自 2001 年起,中国政府规划投资 107 亿元,对塔里木河流域进行综合治理,治理内容包括灌区节水改造、平原水库节水改造、地下水开发利用、流域水资源统一调度管理等 9 项内容。尽管西北三大内陆河生态治理之路充满艰辛,但政府已将生态文明纳入未来的发展方略,并将继续加大治理力度。

甘肃甘南黄河重要水源补给生态功能区生态保护与建设项目 2007 年 12 月也正式启动,主要包括生态保护与修复工程、农牧民生活生产设施建设、生态保护支撑体系建设等三大工程 17 个子项目,计划总投资 44.51 亿元。甘南位于青藏高原东北边缘,是黄河、长江分水岭地区。甘南黄河重要水源补给生态功能区位于甘南藏族自治州的西北部,黄河流经这里 433 公里。当地有关部门 1956 年至 2004 年的观测数据显示,该地区每年向黄河补水约 65.9 亿立方米,约占黄河总径流量的 11%。若加上四川若尔盖高原来水,黄河流经甘南后,径流量要增加约 108 亿立方米,占黄河源区总径流量的 58.7%。随着人口数量的增加、过度放牧与采伐以及气候的变化,这一地区的生态正逐渐恶化:草原出现了严重退化、沙化现象,433 公里的黄河干流两岸已出现 220 公里长的流动沙丘带,面积达 5.3 万公顷;湿地面积逐渐减小,10 多条河流干涸,整个区域对黄河水的补给能力也因此严重下降。工程实施后,将会有效改善甘南州生态环境,提高黄河水源涵养能力,促进甘南黄河重要水源补给生态功能区的经济社会可持续发展。

三江源地区位于青藏高原腹地,是长江、黄河以及澜沧江的发源地,是我国影响范围最大的生态功能区和重要的生态屏障,总面积 36.3 万平方公里,平均海拔 4000 多米,被誉为"亚洲水塔"。三江源生态保护和建设工程是国务院批准的迄今为止我国最大的生态保护项目,主要包括生态保护、农牧民生产生活基础设施和生态保护支撑三大建设,共有 22 个子项目,总投资 75 亿元。三江源生态保护与建设工程项目实施区主要在以青海省玉树、黄南、果洛 3 个藏族自治州为主体的青海南部高原。工程自 2005 年实施以来,采取退牧还草、禁牧减畜、生态移民、荒漠化治理、草原建设和人工影响天气等一系列措施,已取得阶段性成果。首先,三江源地区生态系统结构逐渐趋于合理,水源涵养功能增强,草地退化态势得到明显遏制。根据遥感分析,2004—2008 年三江源地区生态系统结构变化比较微弱,且变化速率比工程前的几十年更趋缓慢,其变化主要表现在水体局部扩张,荒漠生态系统局部向草原生态系统过渡。其中,草原生态系统变化面积净增加 182.75 平方公里,水体与湿地生态系统面积净增加 43.21 平方公里,荒漠化生态系统面积净减少200.84平方公里。其次，工程实施后，三江源全区草地生产能力提高，草畜矛盾趋缓。减畜工程实施后的2005—2008年4年的草地平均产草量，比减畜前2000—2004年5年的平均产草量提高了21.6%，特别是冬季草场产草量的提高幅度高于夏季草场。另外，通过实施退牧还草、封山育林、退耕还林、黑土滩治理、鼠害防治、水土保持和人工增雨项目，工程实施区植被覆盖度得到明显恢复，水源涵养功能得到初步恢复，源区沼泽、湖泊面积呈现不同程度的扩大。其表现包括：2004—2007年时段的站点年降水量均值为506毫米，比1975—2004年时段净增加28毫米；青海省内向长江、黄河中下游输出的水资源保持优良水质。

地处青藏高原东北部的青海湖总面积4232平方公里，海拔3260米，是我国最大的内陆咸水湖、世界生物多样性保护的重要场所，也是维系青藏高原东北部生态安全的重要水体和阻挡西部荒漠化向东蔓延的天然屏障。2007年青海省《青海湖流域生态环境保护与综合治理规划》获得国家有关部门批复，中央政府将投资15.67亿元对青海湖流域生态环境进行保护与综合治理。青海湖流域生态环境保护与综合治理工程是青海省继“三江源”生态保护项目后的第二个大型生态环境综合治理项目。《青海湖流域生态环境保护与综合治理规划》估算总投资为15.67亿元，其中纳入已有投资渠道实施的工程投资7.15亿元，国家安排专项投资实施的工程投资8.52亿元。规划实施期为10年。据了解，这项工程将在青海湖流域的刚察、海晏、天峻、共和4个县进行，面积29661平方公里。工程的主要建设内容包括湿地保护、退化草地治理、草原鼠虫害防治、沙漠化土地治理、生态保护林建设、退牧还草以及生态移民等。这一项目的实施，将有效保护和恢复青海湖流域生态环境，逐步缓解青海湖水位下降的趋势，维护青海湖地区生态系统稳定，同时还可以极大地改善流域内农牧民的生产生活条件。

上述项目和工程的实施，必将对西北地区的生态环境治理产生重大影响；但是也要看到，西北地区生态问题具有长期性、复杂性，在生态问题的治理上，无论是中央政府还是西北地区地方政府，除了项目和工程建设外，还要抓紧建设环境项目和工程的事后督察机制，使得各项工作能够有始有终。

总之，西北地区各级地方政府要在西北地区乃至全国发展的大背景下，从生态安全的角度，重视西北地区生态环境的治理。随着西北地区各级政府理性化施政水平的提高，有理由相信在不久的将来，西北地区的生态环境一定会得到较大改善。

第十四章　西北地区治理方式及其创新

（代结语）

从政治学的角度探讨西北地区的治理问题，主要关注的是国家政权系统在维护西北地区安全与稳定、促进经济社会发展、保持社会和谐、繁荣民族文化、实现民族团结方面的地位和作用。为此，西北地区治理问题应当明晰治理价值，培育治理主体，完善治理机制，优化治理过程，突出治理绩效，降低治理成本。

一、明晰治理价值

任何治理都是在一定价值的指导下进行的，治理也一定是为实现一定价值而展开的一种理性实践活动。治理的价值是什么？或者说治理要达到什么目标？这是治理理论首先要回答的问题。

在政治学一般理论层面，治理的价值首先是社会安全、稳定、有序。一个政权总是将社会的安全、稳定与有序作为于其治理的首要目标与价值，没有安全、稳定、有序的社会环境，没有一个稳定有序的政治局面，国家的其他发展层面的目标都是空的，是无法顺利实现的，甚至已经取得的成果也会付之东流。其次是经济发展，文化繁荣。在确保社会安全、稳定与有序的前提下，国家政权会将工作重点转移到促进社会经济、文化各个领域的健康发展上，因为这是一个政权得以长治久安的根本保证。社会各领域尤其是经济领域的发展与进步，是国家政权合法性的持久保证，不断促进经济的又好又快发展，将使国家政权获得民众的广泛支持，国家也能因此获得雄厚的实力基础用以协调社会全面发展。再次是社会和谐与进步。一个社会是一个有机整体，社会的发展只有通过整体和谐与进步才能持续。一个经济快速发展的社会，未必是一个整体和谐与进步的社会。这就要求国家不断调整各项政策，促进社会的整体和谐与进步，让发展的成果惠及社会各个阶层，以促进社会进步为最终目标。

就西北地区而言，在确定其治理价值的时候，对上述三个方面都应当给予充分的考虑。西北地区的安全、稳定与秩序，经济社会文化发展的需求，和谐社会的建设与区域内的整体进步,都是治理层面必须加以着重谋划的。但是,由于西北地区面临的一系列问题的独特性、复杂性、持久性,政府在追求治理价值时,一定要将上述价值目标与本区域治理相结合,制定适合西北地区的治理价值目标,同时,在治理价值目标中确定好先后次序。简言之,我们一要将政治稳定、经济发展、文化繁荣、社会和谐、民族团结作为西北地区治理价值目标,二要在这些价值目标中,安排好各个子目标之间的先后次序。关于第一个问题,在中篇中我们已专门进行了论述。这里对第二个问题作些分析。

我们认为,在西北地区治理的价值目标追求中,政治稳定、经济发展、社会和谐、文化繁荣、民族团结五个方面缺一不可,且相互之间密切关联。其中,政治稳定是前提,没有西北地区的政治稳定,就谈不上经济发展、社会和谐、文化繁荣与民族团结;经济发展是基础,西北地区的政治稳定、社会和谐、文化繁荣、民族团结最终要靠经济发展来实现,西北问题本质上是发展问题;社会和谐是体现,西北地区政治稳定、经济发展、文化繁荣、民族团结都要通过社会和谐加以体现,实现了西北地区社会和谐的目标,西北地区政治稳定、经济发展、文化繁荣、民族团结的成果也就体现出来了;文化繁荣是精神风貌,是政治稳定、经济发展、社会和谐、民族团结的精神文化载体,通过繁荣文化,又可以为西北地区政治稳定、经济发展、社会和谐、民族团结提供强大的精神动力;民族团结是保障,没有西北地区各民族之间的团结,政治稳定、经济发展、社会和谐、文化繁荣的目标都无法实现。但是,它们还是有先后次序的:政治稳定第一,经济发展第二,社会和谐第三,文化繁荣第四,民族团结第五。这五个价值目标的实现是一个依次递进的关系,只有上一个目标实现了,才能全面推进下一个目标。

将政治稳定置于各项目标之首,是基于对西北地区历史、现状与未来的分析而得出的结论。从某种意义上讲,在全国范围内,西北地区面临的安全稳定问题只有台湾问题可与之比肩。台湾问题事关中华民族的根本利益,这是每一个华夏儿女心中的共识。今天,在我国西北地区存在的“藏独”、“疆独”势力对国家安全与稳定的威胁,绝不亚于“台独”势力。台湾问题是“硬伤”,只要一次性治愈,就不会复发;而西藏、新疆问题是“软伤”,很难一次性治愈,而且会随着条件和环境的变化不断发作。因此,西北地区治理中面临的最大问题就是如何防止“藏独”、“疆独”势力对国家安全与稳定的威胁。特别是在西北少数民族聚居区,防止各种形式的“藏独”、“疆独”势力的破坏、颠覆与渗透行为,是国家政权机关必须高度关注的重大问题。西北地区各级党政部门必须要以高度的政治责任感,认识到“藏独”、“疆独”势力对西北乃至国家安全与稳定大局的影响。同时,由西北地区民族、宗教问题引发的各种不稳定事件也层出不穷,特别是极端民族势力和宗教势力,利用人们的民族情感和宗教情感,煽动各种反党、反国家、反社会的事件。

改革开放以来,西北地区各级党政部门也一直高度重视安全稳定问题。2008 年 1 月 16 日,西藏自治区主席向巴平措在自治区九届人大一次会议上所作的政府工作报告中强调:要立足强基固本,扎实推进平安西藏建设。要深入开展反分裂斗争,始终坚持把反分裂斗争摆在维护稳定工作的首位,坚决贯彻中央对达赖集团的斗争方针,认清达赖集团的反动本质,理直气壮地揭批达赖,旗帜鲜明地反对分裂,健全反分裂斗争工作机制,严密防范和抵御达赖集团的渗透,严厉打击各种形式的分裂破坏活动,牢牢掌握反分裂斗争的主动权。加大对危害国家安全案件的侦破力度。加强和改进外事外宣工作,进一步挤压达赖集团的国际活动空间。切实加强社会治安综合治理。始终坚持打防结合、预防为主,专群结合、依靠群众的基本方针,完善社会治安综合治理工作机制,加快构建完善高效的社会治安防控体系。深入开展专项整治行动,依法打击各类违法犯罪活动,进一步增强人民群众的安全感。高度重视人民内部矛盾的排查调处工作,拓宽社情民意表达诉求渠道,积极主动地预防和妥善处置群体性事件,高度警惕和严密防范分裂主义分子和其他敌对势力插手利用人民内部矛盾制造事端。进一步强化边境管控工作,有效遏制非法出入境。2009 年 1 月 7 日,新疆维吾尔自治区主席努尔·白克力在新疆维吾尔自治区第十一届人民代表大会第二次会议上所作的 2008 年政府工作报告中指出:要牢固树立"稳定压倒一切"的思想不动摇,按照中央关于维护新疆稳定的重大方针,针对境内外"三股势力"破坏活动,始终保持严密防范、严打高压态势,维护社会政治大局稳定。要切实提高对反分裂斗争长期性、复杂性和尖锐性的认识,旗帜鲜明地与民族分裂主义和非法宗教活动作斗争。始终保持清醒头脑,增强政权意识、大局意识、忧患意识和责任意识,坚决维护祖国统一、民族团结、新疆稳定和中华民族根本利益。始终保持严打高压态势,重拳打击"三股势力"分裂破坏活动,牢牢掌握对敌斗争主动权。坚持"主动进攻、露头就打、先发制敌",把敌人的暴力恐怖破坏活动消灭在预谋阶段和行动之前。加强对重点地区的集中整治,不断压缩"三股势力"的活动空间。

然而令人遗憾的是,在西藏和新疆地方政府大声疾呼安全稳定工作,并作出一系列重大部署确保安全与稳定工作之际,西藏和新疆分别发生了震惊中外的"3·14 事件"和"7·5 事件",将西北地区安全与稳定方面存在的重大隐患再一次暴露在世人面前。人们在震惊之余,不得不再次反思我们过去在这方面工作中存在的问题。人们有理由追问,长期以来,西北地区各级党政军部门都把安全稳定摆在第一位,但为什么分裂恐怖事件还不断发生,而且规模越来越大? 为什么西北地区历史上经济社会发展最好的时期也是民族分裂主义迅速上升的时期？为什么中央和全国各地对西北少数民族地区给予了那么多优惠扶持政策，而一些少数民族还是缺乏起码的国家认同？为什么民族区域自治制度的实行得不到西北民族地区许多人的认同？这些问题是我们治理西北必须要回答的问题。

“3·14事件”和“7·5事件”中血的教训摆在人们面前，我们长期以来对西北地区安全稳定的关注不是夸大其词，更非杞人忧天，威胁、恐怖、暴乱离我们并不远。在西北多民族地区，防止民族宗教问题引发社会动乱，坚决反对民族分裂主义，与“藏独”势力、“疆独”势力进行长期的斗争，确保西北地区安全稳定，必须成为上至各级党政军部门，下至民间社会的共识，成为实现西北地区有效治理的首要价值。只有西北地区安全稳定了，才能谈得上西北地区经济发展、社会和谐、文化繁荣和民族团结。

经济发展是西北地区治理的基础性价值目标。从一定意义上讲，西北地区的许多问题正是由经济发展落后造成的。如果把西北地区的经济发展问题与安全稳定问题相联系，那么它就不仅是一个经济问题，更是一个政治问题了。如果西北地区特别是民族地区经济发展长期处于相对落后的局面，就会加剧西北地区的不稳定，生活在西北地区的少数民族就会因为经济问题而失去政治信心，反过来会试图通过政治方式寻求自己命运的改变。这一点在新疆地区体现得十分明显。新疆各少数民族特别是维吾尔族人私下一直有一种看法，认为今天新疆的落后局面并不是新疆自己造成的，而是中央长期以来的不公平政策造成的。他们普遍认为，新疆资源丰富，发展潜力巨大，但是，中央长期采取剥夺政策，用新疆丰富的资源支持内地发展，反过来，内地发展起来以后，中央又不关照新疆的发展。他们认为，如果新疆自己独立发展，一定会比现在好得多。这种看法当然不正确，但是它反映了经济发展问题与民族问题的内在关系，即如果经济发展问题处理不好就会引起民族问题，民族问题就会上升为政治问题。试想，如果今天西北地区没有改革开放以来取得的成绩，我们如何应对“藏独”、“疆独”势力？反过来，如果今天西北地区的经济社会发展取得十分耀眼的成绩，东西部经济差距没有这么大，“藏独”、“疆独”势力何以立足？民族问题确实是一个很复杂的问题，但对于许多民族成员来讲，其实只是一个利益问题。只要我们能够切实发展好西北民族地区经济，让各民族人民的生活水平得到极大改善，那些“藏独”分子、“疆独”分子、极端宗教势力和极端民族势力就会失去活动的空间，就会失去人心，西北地区的治理环境就会得到极大改善。西北地区经济发展的相对落后局面要求其必须实施超越式发展战略，但区域内经济发展面临的现实状况决定着其发展速度、发展规模、发展质量的有限性。西北地区各级政权面临的压力远远超过东部地区。从全国发展的态势来看，在同样的政策效应和市场化水平下,西北地区发展与东部地区相比,必然要处于劣势地位。这就决定着西北地区要实现超越式发展,只能通过主观因素,改变经济社会发展中的客观不利因素。这一点还要通过国家政策倾斜才能实现。因此,西北地区经济社会发展的重任不只需要西北地区各级党政部门和西北地区各族人民的努力,还要依靠中央的扶持和全国各族人民的共同帮助。

西北地区治理在政治稳定、经济发展的基础上,还要强调社会和谐、文化繁荣。社会和谐、文化繁荣是一个国家、一个地区文明进步的标志,是综合发展观、科学发展观的体现。只讲经济发展,不考虑发展中的人文和社会因素,是一种片面的发展观,也不符合科学发展的要求。进入新世纪以来,西北地区在构建和谐社会、繁荣文化方面取得了不少成绩;但是,西北地区社会和谐、文化繁荣的任务远没有实现。站在新的起点上建设和谐西北、繁荣西北文化,理所当然是西北地区治理的价值追求所在。

之所以把民族团结置于治理目标的最后一位,原因有二:一是西北地区尽管是多民族地区,但少数民族人口从总体上讲依然占少数而不占多数,民族团结问题并没有涉及西北地区所有的区域和人口,在陕西和甘肃两省的绝大多数地方,汉族人口占绝对优势,生活在这里的汉民族几乎与其他少数民族没有关系。因此,西北地区的民族团结问题主要存在于少数民族聚居区。二是民族团结并不是一句口号,更不是一个与政治、经济、文化、社会等方面相孤立的领域,民族团结有其实际内容,更与社会其他领域状况密切相关。民族团结的内容实实在在地体现在各民族共同奋斗、共同发展、共同建设社会主义的历史实践之中,离开各民族的这一伟大实践,离开各民族共同参与改革开放的历史进程,民族团结就只能成为一句空话,一句人人口头喊着而事实上内心深处无动于衷的政治口号。事实一再雄辩地证明,在西北民族地区,没有安全稳定的环境,没有经济社会文化的发展,就没有真实可靠的民族团结。

二、培育治理主体

基于现代社会的多元化特征,现代治理理论普遍推崇多中心治理,即由不同治理主体分别承担不同治理职责,共同实现治理目标。在多中心治理中,政府仍然是最主要的治理主体,承担着主要的社会治理职责。政府通过规划引导、建章立制、制定政策等方式,对社会公共事务发挥主导性的控制与管理作用。但是,现代社会只靠政府是无法实现善治的,政府不可能包揽所有事务,政府应当积极主动地将一些治理事务交给其他主体去承担。这样,既减轻了政府的负担,降低了治理成本,也往往能达到治理的良好效果。从发达国家的经验来看,企业、社会(民间)组织是政府以外的主要治理主体。整个现代社会,实际上就是由政府、企业、民间组织这三大系统构成的,它们共同承担对现代社会的治理任务。

(一)突出政府治理主体功能

政府是现代社会最主要的治理主体,这是由政府的基本职能决定的。所谓政府职能,是政府管理国家事务的职责和功能,是政府活动的基本方向、根本任务和主要作用,是各级政府实现国家意志的有组织的活动。政府职能包括政府的基本职能和特殊职能。我国政府的基本职能是政府的统治职能和对社会公共事务的管理职能。统治职能一般通过行政强力机构如公安机关、国家安全机关、军事机关、情报机关等行使约束性、控制性、防御性、保卫性以及镇压性的职能,主要包括军事保卫、外交、治安和民主政治建设等职能。社会管理职能,主要包括经济职能、文化职能和社会职能。经济职能主要包括宏观调控、提供公共产品和服务、市场监管等;文化职能主要包括发展科学技术、教育、文化、卫生、体育事业等;社会职能主要包括调节社会分配和组织社会保障、保护生态环境和自然资源、促进社会化服务体系建立、提高人口素质、实行计划生育等。我国政府的特殊职能,主要是缩小地区差异、城乡差异,实现共同富裕,确保公有制的主体地位与主导作用,保障国有资产的保值增值。政府职能决定了政府始终是社会治理的主角。

实现西北地区有效治理,促进西北地区物质文明、精神文明、政治文明建设,构建和谐西北,同样要充分发挥政府的治理主体职能。总体上讲,新中国成立以来,西北地区各级党政部门在确保西北地区稳定、发展方面,在实现国家不同历史时期总体目标和任务方面,较好地完成了自己的职能。但是,在改革开放条件下,西北地区各级党政部门对区域内的治理必须要随着形势的变化而不断进行调整。特别是在市场经济条件下,充分发挥西北地区各级政府的治理功能,关键要实现政府职能的转变。

西北地区地方政府迫切需要实现行政权力的优化、管理方式的改善以及行政能力与效率的提高,其主旨应是按照科学发展观的内在要求实现地方政府职能向有所为有所不为的“有限政府”转变,向更加注重效益的“效能政府”转变,向担负政治、行政与道德责任的“责任政府”转变,向依法行政的“法治政府”转变。就其职能定位来讲:(1)切实担负起地方经济调节的职能;(2)为地区发展提供所需的制度基础;(3)为所在地区提供公共产品与服务;(4)在地区构建各主体间的伙伴关系;(5)加强地方生态环境的保护和建设。转变西北地区地方政府职能的主要措施有:(1)强化观念的转变与更新,纠正执政理念上的偏差。(2)规范中央与地方的分权,完善行政权力规制体系。(3)理顺政府与各方的关系,矫正不规范的职能行为。(4)加大地方政府改革力度,建设服务型的地方政府。[①] 只有按照中央的部署和要求,遵循现代政府治理原则,对政府部门进行改革,完成市场经济条件下的现代政府改造任务,政府的治理主体功能才能真正发挥出来。

(二)加强企业社会责任

企业在现代社会中起着举足轻重的作用。企业从事经济活动,是社会财富的主要创造者,也是现代社会人们最基本的依靠力量。企业为社会积聚了大量财富,为人们提供了基本生活依靠。现代社会正是由不断发展壮大的企业取代单一的家庭作坊与个体农业而发展起来的,一个国家的现代化水平在很大程度上也是由企业的规模和水平所决定的。企业当然以营利为主要目的,但是,企业的组织化、专业化高度发展本身为社会分担了一定的管理职能,况且企业在发展过程中也会自觉承担一定的社会职能,因此,企业对于社会而言本身就是除了政府以外的重要治理主体。

企业在社会治理中的力量,主要是通过承担一定的社会责任这一方式来实现的。企业社会责任(Corporate Social Responsibility,简称 CSR)作为一种国际普遍认同的理念,要求企业在创造利润、为股东利益负责的同时,要承担对消费者、员工、社区、环境的责任。企业的社会责任主要包括:(1)可持续发展与节约资源的责任;(2)保护环境和维护自然和谐的责任;(3)承担公共产品与文化建设的责任;(4)承担扶贫济困和发展慈善事业的责任。企业在承担上述社会责任的时候,也就在为政府分忧,承担了一定的社会治理功能。当然,借助企业的力量,通过让企业承担社会责任的方式参与到治理当中来,并不是走过去政府部门对企业进行各种摊派的老路,不是政府方面强行增加企业的额外负担,而应该是企业的自主选择,是企业家从企业长远发展的角度自主作出的选择,是企业家社会责任的体现。政府只是培育良好的社会环境,提倡企业精神。

西北地区的治理除了主要依靠政府部门外,也要积极借助企业的力量,让企业力所能及地承担一定的社会治理职能。这既符合现代企业发展的普遍趋势,更与社会主义条件下企业的使命相一致。

西北地区的现代大中型企业有两个特点:一是大中型企业以国有为主,二是国有企业多为资源型企业。国有企业本来就应该为国家分忧,积极参与社会治理,承担社会责任,何况西北地区国有大中型企业多以资源型为主,在开发利用西北地区丰富的资源发展壮大企业实力的同时,一定要有回报意识,尽其所能帮助西北地区各族人民摆脱贫穷落后状态,过上幸福生活。一直以来,西北地区资

① 张志银:《转变西部地方政府职能对策研究》,《中国党政干部论坛》,2006 年第 12 期。

源型企业在资源开发过程中往往与当地民众发生冲突。这一方面与民众的错误观念有关,另一方面也确实反映了企业与民争利的一面——企业只从自己的利益考虑,以国家法律政策为后盾,只注重自己的经济效益,而不考虑当地百姓的切实利益,引起当地老百姓的不满,引发了一些矛盾和冲突,从企业社会责任的角度讲,值得企业家认真反思。

西北地区的治理,最根本的落脚点是经济社会的发展和人民生活水平的提高,这有赖于现代企业的不断发展壮大。进入新世纪以来,西北各省区都积极致力于经济发展,致力于发展现代企业,通过工业发展和企业改制,提升经济实力和市场竞争力。目前,西北地区各省区都重视推行工业强省战略,提出今后工业发展的重点是进一步优化工业结构,做大做强产业是工业化发展的重中之重。做大做强产业,要积极推动传统产业的改造升级,培育壮大特色优势产业,下大力气培育大企业、大集团,积极培育产业集群,通过工业发展带动整个经济发展。只要经济发展了,工业化水平提高了,一系列高水平、有特色的现代企业建立起来了,西北地区的治理就有了坚实的基础和财力保障,企业也会作为政府的帮手在社会治理方面发挥自己的作用。

(三)扶持和促进社会组织的发展

社会组织一般是指人们为了追求和实现一定的宗旨或目标,依照有关的法律、法规,以公民或团体的身份自愿结成,并按其章程开展活动,不事经营或不以营利为目的的社会组织。在我国,通常认为社会组织是人们为实现特定目标而建立的共同活动的群体,是政党、政府之外的各类民间性的社会组织,主要包括社会团体、基金会、民办非企业单位、部分中介组织以及社区活动团队。

1. 社会团体:是指由中国公民自愿组成,为实现会员共同意愿,按照其章程开展活动的非营利性社会组织,包括学术性社团、行业性社团、专业性社团和联合性社团。

2. 民办非企业单位:是指由企业事业单位、社会团体和其他社会力量以及公民个人利用非国有资产举办的,从事非营利社会活动的社会组织。民办非企业单位依所属行业划分为教育事业类、卫生事业类、文化事业类、科技事业类、体育事业类、劳动事业类、民政事业类等。

3. 基金会:是指利用自然人、法人或者其他组织捐赠的财产,以从事社会公益事业为目的,依法成立的非营利性法人,属于社会组织。

4. 社区活动团队:是指以社区群众为主,因文化知识、兴趣爱好、强身健体等不同需求而自发组织起来的,没有经过社团管理部门登记,但在街道社区有关部门备案的群众性组织。

5. 社会中介组织:是指介于政府、企业、社会团体及个人之间的从事协调、评价、联系等专业性服务活动的社会组织。具体分为商务咨询、社会公益、鉴证监督、准司法类、准行政类等。①

社会组织是公民自发建立的非营利性组织,是基层社会最具活力的团体性力量,它们数量众多,自律性强,反应快捷,对维持现代社会的运行与发展起着越来越重要的作用。有研究者通过对我国社会组织发展与宏观经济社会发展水平的实证分析,从整体发展规模上确定了社会组织与宏观经济发展的内在密切关系,即从社会学和经济学的角度出发,认为社会组织是宏观经济蓬勃发展的产物,特别是第三产业的快速发展带动了整个社会组织的发展,第三产业增加值对社会组织的弹性系数 0.8507 大于 GDP 对社会组织的弹性系数 0.6936 就说明了这一点。社会组织的职能主要不是带来经济效益和经济增长,而是提供居民所需的社会服务、公共服务,弥补政府和市场的不足,为人民和其他各类组织提供更好的生存环境和发展机会,服务社会,创造和谐稳定。②

由于历史和现实制度体系的特殊原因,我国社会组织的发展存在着先天性思想因素不足和后天性培育意识和体制缺乏的问题。在我国西北地区,由于受地理环境恶劣、经济社会落后等原因的限制,社会组织要想实现自身的良性发展和作用的良好发挥,更是难上加难。首先是与东、中部相比较而言,西北地区的社会组织对政府的依赖性更强。"家长本位和权力本位在落后的地区保留得比较完整和顽固,在这种传统政治文化造成的封闭的'习惯'和禁锢中,社会中介组织的存在势必要受到权力本位的弱化。"③再加上西北地区的多民族特点和一些分裂主义者策动的暴力恐怖事件不断发生,使政府对民间团体和组织的监控加强。其次是资金严重不足的问题。西北地区各级政府自身就承受着财政短缺的压力,而大部分社会组织的资金又来源于政府,这就会导致政府"甩包袱"的行为,从而造成了很多社会组织的资金严重不足,甚至一些已经到了名存实亡的处境。最后是既存的社会组织在人民群众中的可信度不高。这一方面是组织本身的原因——成员不稳定、流动性大而导致素质提高不上去,另一方面的原因是西北地区存在着众多少数民族杂居的问题,而每个民族的认同又有很大的差异,这必然会导致不同群体对同一个组织的功能的认同千差万别,实际上,这也导致了一些社会组织的功能的全面发挥。

当然,我们也不能完全否定西北地区社会组织的存在和作用。随着经济发

① 民政部 2008 年社会组织理论研究课题项目:社会组织对经济和社会发展贡献的统计(指标)研究(研究报告),项目编号:2008MZACR001－004。

② 民政部 2008 年社会组织理论研究课题项目:社会组织对经济和社会发展贡献的统计(指标)研究(研究报告),项目编号:2008MZACR001－004。

③ 纳灿辉:《西部地区社会中介组织培育问题探析》,《云南行政学院学报》,2004 年第 5 期。

展、社会转型和西部大开发的不断推进，西北地区的社会组织和团体也有了数量和质量上的明显提高。以新疆为例，2002 年至 2004 年，新疆共登记各类民办非企业单位 1515 个，其中教育类 1016 个，劳动类 140 个，卫生类 115 个，文化类 72 个，民政类 60 个，科技类 43 个，体育类 57 个，其他类 12 个，从业人员 14584 人。① 随着西北地区整体经济和生活水平的提高，再加上一些国外社会团体的资金援助，西北地区社会组织也不断地承担着社会治理的任务。如于 2005 年 6 月启动至 2008 年 6 月结束的卫生九项目/日本社会发展基金赠款加强新疆非政府组织参与性病艾滋病防治能力建设项目（简称卫生九新疆 NGO 项目）的成功开展。这个项目共投入约 66 万美元，支持新疆部分非政府组织开展和实施以社区为基础的艾滋病干预活动，以便更有效地控制性病艾滋病的传播。这个活动共启动实施了 24 个干预子项目，目标干预人群主要包括暗娼人群、吸毒人群及其配偶、街头闲散青少年、建筑工人、煤矿工人等。② 再如陕西省妇联启动并开展的“红凤工程”。这是全国首项专门资助贫困女大学生的社会公益事业，完全采用现代非政府组织的运作模式，取得了良好的社会效益。③ 同时，西北地区的特殊地理环境和复杂气候也给一些社会组织的建立和发展提供了一定的条件，一些旨在进行环境保护、沙漠治理的社会组织应运而生，而且在相关的领域作出了一定的社会贡献。

整个现代社会，就是政府、企业、民间组织这三大系统的总和。因此，社会和谐与否，也要看政府、企业、民间组织三者的关系是否和谐。要使由政府、企业、民间组织构成的现代社会三大系统渐入和谐佳境，从政府层面看，必须强化自身的国际化、多元化和信息化功能，并充分发挥相应的作用，实际上也就是要集所谓的学习型、法治型、创新型、服务型、效率型、效能型政府于一体，形成符合国际化、多元化和信息化要求的政府职能架构。从企业和社会组织的角度说，首先，对政府功能的认识要准确。即应认识到，政府的主要功能是依法行政，管理国家和社会公共事务，具体可落实到通过决策、引导、管理等手段创造更好的市场环境、社会环境和生态环境，提供更多的亲商服务、亲民服务和公共服务。据此，固然应要求政府加快职能转变，但与此同时，又不应把企业自身应做好的事、社会组织自身应做好的事，或者是企业和社会组织应配合政府共同做好的事，要求政府单方面把所有责任承担起来。这显然是不现实的，而且也是一种不公平。其次，企业和社会组织也应自觉地提高素质和水平，尤其是必须在诚信、守法、文

① 武星斗主编：《新疆年鉴》，新疆年鉴社，2005 年版，第 331 页。

② 卫生部国外贷款办公室：《卫生九项目/日本社会发展基金赠款 加强新疆非政府组织参与性病艾滋病防治能力建设》，《中国健康教育》，2008 年第 7 期。

③ 何晔、王绽蕾：《西部大开发中的非政府组织：以陕西省为例》，《学会》，2007 年第 12 期。

明、尽责等方面有所追求和体现。企业和社会组织素质和水平的提高必将有利于和谐社会的营造和形成。总之,只有实现了政府、企业、民间组织共同进取、各尽其责、积极配合的良好局面,即形成了政府、企业、社会组织平衡而互动的三维空间,构建和谐社会这一终极目标才不会仅仅是一种美丽的愿景。

当然,从西北地区现状来看,现代化大型企业数量少,能在全国产生影响的企业更是凤毛麟角,许多大型企业都是资源型的,自身发展面临一系列问题,很难让其承担更多的社会责任。同样,民间组织因观念、经费等问题而无发展空间,传统的社会团体、行业协会只能维持自身生存,新兴的基金会、民办非企业单位数量少,力量有限,让其参与社会治理只是一种奢望。因此,就治理主体结构而言,西北地区各级政府部门仍然是最主要的治理主体,凡事不论大小、公私,人们理所当然地认为都应该由政府来管。这一现状自然是由西北地区相对落后的社会现状和历史惯性所决定的。因为任何治理总是要付出成本的,当一个社会无法承担治理成本的时候,官方机构自然就成为唯一的治理者。西北地区落后的经济社会状况,决定了只能由政府承担主要的治理职责。此外,中国历史上由政府来控制和支配社会的格局,计划经济时代国家统管一切的模式,至今还影响着人们的思维方式。因此,尽管改革开放以来西北地区经受了市场经济的洗礼,现代公民社会的观念和意识也不断生长,但普通民众乃至各级官员仍然认定社会治理任务天然地属于国家和政府。面对这种情况,在西北地区现代社会成长过程中,一方面要使政府治理回归本位,处理好政府与市场的关系、政府与公民社会的关系,加强政府治理职能;另一方面,要积极培育除政府以外的治理主体,将一些政府治理职能交给企业与社会,培养企业的社会责任和义务,扶植民间组织的发展,实现西北地区治理主体结构的优化,达到理想的治理效果。这是西北地区治理中的一项重要内容。

三、完善治理机制

机制一词原指机器的构造和动作原理。后来这一词语被运用到社会领域,指特定社会系统的构造、功能及其相互关系,如经济机制就表示一定经济机体内各构成要素之间的相互联系和作用,治理机制是指治理主体的内在结构、功能及其各要素之间的相互关系。机制的建立,一靠体制,二靠制度。体制主要指的是组织职能和岗位责权的调整与配置;制度广义上讲包括国家和地方的法律、法规以及任何组织内部的规章制度。可以说,通过相应的体制和制度的建立(或者变革),机制在实践中才能得到体现。可以通过改革体制和制度,达到转换机制的目的;也就是说,通过建立适当的体制和制度,可以形成相应的机制。

机制的构建是一项复杂的系统工程,各项体制和制度的改革与完善都不是孤立的，也不能简单地以“1+1=2”来解决，不同层次、不同侧面必须相互呼应、相互补充，这样整合起来才能发挥作用。还要特别重视人的因素，体制再合理，制度再健全，执行的人不行，机制还是到不了位。体制与制度不能完全分离，而应相互交融。制度可以规范体制的运行，体制可以保证制度的落实。

完善西北地区治理机制，主要是指完善政府现代治理机制、完善企业现代治理机制和完善现代民间社会组织的治理机制。从政治学的角度分析，主要是完善政府治理机制。

在任何一个社会系统中，政府治理机制都起着基础性的、根本的作用。完善政府治理机制，实现科学合理的治理，重要的是做好两个方面的工作：一是政府外部环境的建设，二是政府内部权力机制的完善。就政府外部环境建设而言，西北地区各级政府应当积极营造一个良好的外部环境，为其治理服务。西北地区政府治理面临的外部环境是相当严峻的。对于许多中国人来讲，一提到西北就想到地广人稀、发展滞后、条件艰苦、环境恶劣、投资低效。西北地区在国家整体发展格局中被边缘化也是一个不争的事实。西北地区的这一状况是历史性的，并非西北人自己造就的。西北地区各级政府部门一定要通过正常的合法的渠道，将西北地区经济社会发展与社会稳定方面的问题及时反映到中央，通过中央渠道为西北地区发展创造良好的环境；要扩大区域内的对外开放，加强西北地区与内地、沿海、海外的联系。为此，西北地区一定要将自己区域内的发展与国家的整体发展紧密结合在一起，在认真贯彻落实中央各项路线方针政策的同时，力争得到国家层面的各项特惠政策，争取国家在人力、物力、财力上的更大支持，力争将自己区域内经济社会发展与社会安全稳定方面的重大问题上升到国家决策层面，得到国家部门的有力支持。要通过新闻媒体广泛宣传西北地区经济社会发展的成就，让全国对西北地区有一个正确的客观的认识。要加强与东部发达省份、外部世界的联系，通过各种方式取得东部发达省份和外部世界对西北地区的帮助与扶持。就政府自身来讲，其治理活动本质上就是权力运行问题。我国西北地区各级政府如同全国其他地方政府一样，其权力运行机制存在诸多问题。主要是：(1)职责模糊，角色定位不清；(2)议行合一，权力过分集中；(3)制度虚置，程序重于实体；(4)崇拜权力，看法高于宪法；(5)同体监督，防范体系单一。① 针对这些问题，西北地区地方政府要按照科学管理原理，切实改革和完善权力运行机制，建立健全分工合理、责任清晰、运转灵活、监管有力的政府治理结构和运行机制。

---

① 李耘枞：《改革权力运行机制完善政府治理结构》，来源：http://news.xinhuanet.com/theory/2008-09/03/content_9572713.htm.

四、优化治理过程

治理既是一种活动,也呈现为一定的过程。治理实践证明,过程的优化对于实现善治是至关重要的。从政治学的角度讲,所谓治理就是国家政权系统按照某种既定的秩序和目标对社会进行自觉的、有计划的控制和引导的活动与过程。任何治理都是政府的一种自觉的、有计划的实践活动。优化治理过程,就是要在完善决策、贯彻、协调、宣传、控制等治理形式的基础上,将治理的各个环节科学合理有效地衔接起来,从而达到治理的最优化效果,特别要抓住科学决策这个关键环节。西北地区各级党政部门承担着一系列决策任务,一定要优化科学决策过程。

首先要完善决策体制。在现代国家中,决策要通过确定的体制过程来完成。体制过程对于政治决策及其整修过程有着至关重要的意义。它是政治决策活动的形式,规定着政治决策活动的范围,也规定着哪些问题可以进入政治决策过程,它的根本目的在于保证政治决策整修过程的顺利展开,保证政治决策的合法性。改革开放以来,通过一系列政治体制改革,各级党政机关基本上建立了科学完整的现代决策体制,但是,依然存在很多问题,事后决策、个人决策、决策形式主义、决策官僚主义、决策部门主义、矛盾决策、错误决策、决策短视、决策执行不力等现象大量存在。大凡那些不当决策、错误决策,刨根究底,总是与忽视体制的作用或体制不完善有关。因此,如何真正按照决策体制的要求,严格依决策程序进行决策,并不断进行体制创新,完善决策体制,是西北地区各级党政部门及其主要领导人面临的重要问题。尤其是对重大公共事务、大型公共项目、大型投资、城市规划、基础设施建设、民生工程等方面的问题,一定要严格按照决策体制进行,避免决策不当造成重大损失。

其次要坚持正确的决策价值导向。从根本上讲,各级党政部门的决策都要坚持社会主义的价值取向,这是由我国的国家性质所决定的。也就是说,政府的一切决策都要从人民的利益出发,一切决策都是为民谋利的决策,决策只是对各族人民根本利益的综合与表达。政府决策不能成为维护部门利益、集团利益、少数人利益、特殊群体利益的工具。特别是在我国西北地区既存在社会利益分化,又存在民族利益争议的情况下,各级党委和政府一定要坚定地站在各族人民的共同立场上,秉持公平正义的理念,谋划区域内各族人民的共同利益。但是现实中,影响政府正确决策或使决策偏离正确价值导向的情况时有发生,社会上一些组织和团体从自己本行业、本部门、本地区利益出发,通过各种方式影响甚至误导政府决策的情况越来越明显。近年来,在一些重大行业的发展与社会不同群体的利益保障领域,围绕政府相关政策出台的博弈,成为我国政治生活中的新现象。在我国西北地区,还存在不同民族之间、不同地方之间的利益博弈。党政部门自身与民争利,也成为我国政治现象中的一个突出问题。2009 年中国社会科学院法学研究所与社会科学文献出版社发布的《法治蓝皮书:中国法治发展报告 NO.7(2009)》指出,2008 年我国发生的群体性事件规模之大、影响之广前所未有,其中,地方政府与民夺利被认为是罪魁祸首。《蓝皮书》指出,一些地方政府片面强调经济发展,忽视了应有的服务职能,在公共事业范围内大肆侵犯民众权益,其中尤为突出的是侵犯农民的土地权益。因此,西北地区各级党政部门在决策中一定要把各族人民群众的利益置于首位,坚持为民决策、决策为民的原则,为西北各族人民全面建设小康社会、构建和谐社会而努力。

再次要实现决策的民主化。现代决策必须是民主决策。第一,现代决策强调公民、组织和团体的广泛参与,是参与式决策,政府部门有责任为公民提供顺畅的意愿表达渠道,并对表达结果进行整合与采纳,制定出真正符合公众实际需要的政策,要让政府以外的公民、组织和团体参与政府的政策决策和执行过程。第二,实行代议官僚制,尽可能充分地开放担任公职的许可,使各层级公务员具有更广泛的社会代表性,能够反映不同社会阶层和社会群体的利益要求,实现最大范围内的民主,保证政府决策具有最普遍的代表性。第三,政府部门内部的分权可以实现组织中每一个成员的权责一致,有利于培养公务员的"主人翁"意识,从而调动其工作积极性,提高政府办事效率,促进组织效能。第四,推行"阳光行政"。包括两方面:一是政务公开,公开政府的行为及其结果,发挥公民社会的监督和督促作用;二是给予公民建议自由和反对自由,公民可自由提供行动步骤供政府参考。第五,现代民主决策还要求加强政府官员的伦理道德建设,完善监督体制,强化官员的民主决策意识和责任感。

最后要完善决策技术。政治决策的技术过程是政治决策的技术性保障,政治决策效能的高低与政治决策的技术过程所达到的水平成正比。一般来说,政治决策的技术过程,是决策者采用各种决策技术,按照一定的程序进行决策的过程。政治决策的技术过程首先表现为一定的技术程序。从总体上说,这一技术程序由决策的形成和决策的实施与反馈两大阶段组成。具体地说,这一技术程序包括:(1)确定问题,设立目标。(2)调查预测,制订方案。(3)评估并确定方案。(4)实施。(5)反馈。政治决策的技术过程又表现为决策者运用各种决策技术进行决策的过程。信息的搜集和传递、因素分析、线性规划、多元回归分析、成本利益分析、外推预测、模型预测、特尔菲技术、标准分析、网络分析等等已经被广泛地运用于决策程序的每一个阶段。可以说,没有现代的决策技术,现代社会中的一些重大政治决策就寸步难行。政治决策过程是由以上诸多过程所构成的复合过程。这些过程并不是独立发生的,它们同时存在于整个政治决策过程之中,相互交织,相互纠缠,从而使整个政治决策过程呈现出一幅极为复杂的图景。

优化西北地区治理过程,也就是要严格按照优化治理的原则,通过科学设计、合理运用,以最小的成本,达到最优化的治理效果。这对于西北地区来讲,具有特别重要的意义。西北地区地广人稀,交通不便,经济落后,族群多样,宗教发达,人们的思想观念落后,各级政府部门的治理资源也较为有限,因此,如何通过优化治理过程,达到理想的治理效果,是西北地区治理中的一个极其现实的问题。

五、突出治理绩效

任何治理都会产生一定的结果。治理绩效是最终评估治理结果的客观依据。绩效是一个组织或个人在一定时期内的投入产出情况,投入指的是人力、物力、时间等物质资源,产出指的是工作任务在数量、质量及效率方面的完成情况。一般来讲,政府治理绩效,或称为政府绩效,是指政府进行社会经济管理活动的结果、效益及其管理工作的效率、效能,是政府在行使其功能、实现其意志的过程中体现出的管理能力,它包含了政治绩效、经济绩效、文化绩效、社会绩效四个方面。对各级政府治理进行绩效评估,既是发达国家的成功经验,又是中国行政管理体制改革的重要内容。

20 世纪 80 年代以来,政府绩效管理成为发达国家政府改革的重要举措。但是,我国在政府绩效管理方面存在许多问题,主要包括相关的理论研究和实践不足、制度化和规范化程度不够、在实际应用方面有误区、维度体系不够健全、评估设计的内容和体系不够科学。①新世纪以来,政府绩效管理成为我国行政管理体制改革的重要内容。2006 年 9 月 4 日,在国务院召开的部署加快推进政府职能转变和管理创新工作的全国电视电话会议上,中共中央政治局常委、国务院总理温家宝同志指出:"绩效评估是引导政府及其工作人员树立正确导向、尽职尽责做好各项工作的一项重要制度,也是实行行政问责制的前提和基础。有了绩效评估的结果,行政问责才有可靠的依据。要科学确定政府绩效评估的内容和指标体系,实行政府内部考核与公众评议、专家评价相结合的评估办法,促进树立与科学发展观相适应的政绩观。要按照奖优、治庸、罚劣的原则,充分发挥绩效评估的导向作用和激励约束作用,坚决反对虚报浮夸、急功近利,反对搞劳民伤财的形象工程和政绩工程。要抓紧开展政府绩效评估试点工作,并在总结经验的基础上逐步加以推广。"2008 年 4 月 25 日,党的十七届二中全会明确提出,

① 周凯:《政府绩效管理中的问题与分析》,《学习时报》,2005 年 7 月 4 日,第 292 期。

要推行政府绩效管理和行政问责制度，建立科学合理的政府绩效评估指标体系和评估机制。事实表明，政府绩效管理可以提高政府行政效率，增强政府人员的服务意识。

政府绩效管理是一个由绩效计划、绩效实施、绩效考核、绩效反馈和绩效结果应用等方面构成的完整过程。在我国加强政府绩效管理，是一个改革的新领域。各地不断推出的一些改革项目，诸如政务公开、一站式服务、审批制度改革等等，实际上就是政府绩效管理的具体运作。建立健全政府绩效管理，要全面贯彻落实科学发展观和正确政绩观，坚持绩效导向；鼓励创新、协调发展，坚持科学规范、客观公正、群众公认，坚持统筹规划、分级负责、分类指导，充分发挥绩效评估的导向和激励约束作用，不断提高政府管理水平和服务水平。在试行绩效管理制度的过程中，要抓住以下三个关键环节：一是科学设定绩效评估的主要内容和指标体系。评估内容和指标体系的设定，既要重视当前发展，又要重视可持续发展；既要关注城市发展，又要重视农村发展；既要重视经济指标，又要重视社会指标、人文指标、环境指标。要把贯彻落实党的路线方针政策和国家法律法规、实现经济社会发展目标、可持续发展状况、公共服务水平、社会和谐稳定以及控制行政成本、勤政廉政等情况，作为评估的主要内容和设立指标的基本依据，做到既科学合理又易于操作。二是探索建立客观公正的评估机制和基本方法。要建立健全内部考核与公众评议、专家评价相结合，定性评估与定量评估相结合，平时评估与定期评估相结合的评估机制。同时，要研究和完善指标考核、公众评议等具体办法，确保绩效评估的客观性和公正性。三是建立有效运用绩效评估结果的相关制度。要按照奖优、治庸、罚劣的原则，建立和完善相应的奖惩制度，把绩效评估与加强政府自身建设，以及公务员的考核、选拔任用、职务升降、辞职辞退、奖励惩戒等有机结合起来，充分发挥绩效评估在改进政府工作和考核评价干部等方面的重要作用。要研究建立绩效预算制度和审计制度，逐步形成绩效管理的长效机制。①

我国西北地区在政府绩效管理方面存在很多问题，如：传统的“官本位”思想严重，政府和官员总是高高在上，发号施令，无过就是功，对手中的权力没有责任意识；计划经济体制下的“全能政府”的消解仍没完成，政府部门和官员仍然掌握着理应由企业、市场和社会行使的职权；信息化及开放化程度低，给政府绩效管理带来了沟通和交流的障碍；激励机制和反馈机制不健全，给实施绩效管理带来了内部动力障碍；一些地方政府和部门以绩效为名，搞形象工程、政绩工程。

通过建立科学合理的地方政府绩效管理体系，对地方各级政府的管理绩效

---

① 国务委员兼国务院秘书长华建敏2006年12月13日在全国行政院长工作会议上的讲话。

进行评估考核,对推动西北地区各级地方政府治理理念、模式的转变,实现西北地区的高效治理,从而实现西北地区政治稳定、经济发展、社会和谐、文化繁荣、民族团结,具有突破性意义。"政府绩效管理以服务取向、社会取向、市场取向作为基本的价值取向,与责任政府、公平政府、廉洁政府、公益政府、廉价政府和法治政府学理相连。政府绩效管理是一个完整的过程,是运用政府绩效目标、绩效信息、绩效激励、绩效合同、绩效成本、绩效程序、绩效规制、绩效申诉和绩效评估等管理手段和管理机制,提高管理绩效的过程。"①西北各省区要结合自身实际,尽快出台政府绩效管理方面的地方性法规,采用政府绩效评估体系来评判政府公共管理绩效。

六、降低治理成本

治理是一个由政府、企业和社会团体共同协作的过程,任何治理都必然要付出一定的成本,有时甚至要付出极高的成本。然而,企业主要是通过建章立制、发展企业文化、进行企业员工培训和承担一定的社会责任等方式间接承担社会治理任务,其成本由企业自己承担。社会团体是公民自治性组织,其成本也由社会团体内部自己承担。只有政府的治理成本是由国家承担的,即通过国家财政来支付,本质上是花纳税人的钱。因此,治理成本主要是指政府的治理成本,即行政成本。

行政成本是政府行政活动对经济资源的消耗。从成本发生过程看,行政成本是由机构成本、运行成本、专门成本三部分组成的。政府由庞大的政府机构组成,建立政府机构要消耗大量的经济资源,如建筑物、办公设施、交通工具、通讯工具、办公用品等等,这一部分资源消耗可以称之为机构成本;机构要正常运行也要消耗资源,如行政办公费用及人员工资、奖金、福利等等,这部分成本可以称之为运行成本;政府进行某些特定的行政活动时,还要专门消耗一些资源,如为了加强国防建设,需要组建国家军队、进行军事科学研究、修建军事工程、购买军事装备,政府制定某项政策,需要进行大量的调查研究、分析论证,政府举办某项工程,需要专门投资,如此等等,这部分成本可以称之为专门成本。②

长期以来,我国的行政成本居高不下,大约占全国生产总值的2%。1978年至2006年,财政支出中用于行政管理的费用规模增长了143倍,年均增长19.4%,远高于同期年均10%左右的GDP增速,也超过年均13%左右的财政支

① 平原、卓越:《什么是政府绩效管理?》,来源:http://www.pbgchina.cn/newsinfo.asp?newsid=7250.

② 刘华富:《论行政成本》,来源:http://www.xslx.com/htm/szrp/gsmt/2004-10-17-17500.htm.

出增速。行政管理费占财政总支出的比重从1978年的4.71%上升到2006年的18.73%。拿2006年预算内的行政管理费占财政总支出的18.73%这一比例去比较,远远高出日本的2.38%、英国的4.19%、韩国的5.06%、法国的6.5%、加拿大的7.1%以及美国的9.9%。

多位专家认为,五大原因造成了行政成本支出居高不下的状况。首先,机构编制的急剧膨胀是行政管理支出增长迅猛的根本原因之一。九三学社中央的提案中提供了一组数据,我国当前吃财政饭的总人数已达4000多万,还有500多万人依赖于政府的权力实行自收自支。这意味着全国人口中,每二十多人就有一个属财政供养。其次,政府行为和公务消费缺乏有效的约束评价机制。再次,政府支出不公开透明。一方面,政府支出没有全部纳入预算,还存在大量不受监督的预算之外的政府性资金;另一方面,即使在预算内,行政成本也未见详细的数据公布。复次,预算编制不完整,对预算执行的监督不到位。最后,财政体制改革不到位。①

党的十六大报告要求建立"行为规范、运转协调、公正透明、廉洁高效的行政管理体制",第一次把提高行政效率、降低行政成本作为行政体制改革的核心要求之一提了出来。从此,降低行政成本问题成了近年来各界关注的热点问题。各方比较一致的看法是,降低行政成本必须多管齐下。全国政协委员、中国改革发展研究院院长迟福林认为,如果国家两年内分步骤将行政成本降低15%~20%,"每年可节省1500亿元"。要采取综合性措施,把15%~20%的目标按项、按级分解,根据不同部门、不同地区的情况,逐项分解,下达行政成本降低的指标,并且把该指标作为约束性指标。要加大行政成本公开透明的力度,以强化预算为起点,全面推进政府行政支出公开化。首先要赋予各级人大预算委员会预算编制的功能。加强财政部的预算执行功能,剥离其他部门的预算执行功能,尤其是减少各部委的专项资金规模。建立各级人大审计机构,监督政府行政开支并履行财政决算功能。要以落实《政府信息公开条例》为起点,尽快制定《信息公开法》,把行政开支等政务公开化用法律形式固定下来,以提高行政开支的透明度。各级人大编制、审批的各类预决算和政府行政开支中重大项目的进展动态,也要及时、准确地向社会公布。进一步完善各级政府的电子政务系统,逐步将日常行政事项、审批事项、备案事项等通过网络处理,大力推行电子政务,以节约行政成本。削减行政成本,要抓住"楼"、"车"、"会"、"人"等关键环节,实行重点突破。例如,严格规定今后两年内不再新增公务用车,行政机关单位公务

① 《中国行政成本高出世界平均水平25%五原因造成》,来源:http://www.chinanews.com.cn/gn/news/2008/04-29/1234849.shtml.

用车统一调剂;严格明确规定各行政机关招待费总规模下浮20%;严格控制会议数量与规模;对行政浪费以及各种巧立名目的出国公款旅游和会议旅游等加大处罚力度,并及时向社会公开。

我国西北地区经济状况本来就很落后,各级政府部门的财政收入有限。国家统计局的资料表明:2006年东部11省市的平均财政收入为10601876.09元,而西北省区包括西藏自治区在内的平均财政收入仅为1402199.833元,不足东部的14%(仅约为13.226%)。而作为同级的国家直属行政单位,西北地区的财政超支远远超过了东部(2006年东部地区的财政超支28.74%,西北地区的财政超支213.711%)。① 在这种压力之下,拓展其他途径来降低政府治理成本显得尤为重要和迫切。

在财政能力有限的情况下,降低行政成本,提高行政效率,实现最优治理,是西北各级政府一项极其重要的任务。

第一,各级政府一定要严格按照中央关于行政管理体制改革的要求,做好政府改革工作。进入新世纪以来,中央已经根据新的发展要求,对行政管理体制改革作出了一系列重要举措,其中包括降低行政管理成本方面的许多内容。如对各级政府部门行政支出的硬性指标约束,加大财政预算的编制、执行、监督力度,推行政务公开化、行政支出公开化,严格控制政府支出,加大力度整治政府"乱消费"、"高消费"。应当说,中央采取的这些举措对降低行政成本是很有针对性的,也是能够解决问题的。如果各级政府包括西北地区各级地方政府能够严格遵循中央的要求和改革举措,各级地方政府居高不下的行政支出会得到控制并逐步降下来。因此,西北地区各级地方政府一定要认真贯彻中央的改革精神,大力推进行政管理体制改革,切实按照党的十七大关于加快行政管理体制改革、建设服务型政府的总体要求,加快推进政企分开、政资分开、政事分开、政府与市场中介组织分开,规范行政行为,加强行政执法部门建设,减少和规范行政审批,减少政府对微观经济运行的干预,精简和规范各类议事协调机构及其办事机构,减少行政层次,降低行政成本,着力解决机构重叠、职责交叉、政出多门问题,减少领导职数,严格控制编制,这样,西北地区各级地方政府就一定能够在降低行政成本方面取得成效。

第二,西北地区各级政府在降低行政成本方面要有创新意识,在政府改革领域迈出新的步伐。近年来,我国各级地方政府的创新行为取得了积极进展,对我国政府改革起到了很大的推动作用。但是,我国西北地区地方政府的创新极其

① 根据国家统计局的《中国统计年鉴2007》中的数据计算,数据来源:http://www.stats.gov.cn/tjsj/ndsj/2007/indexch.htm.

有限。从2001年以来“中国地方政府创新奖”发布的创新成果来看,除了陕西省杨凌示范区的“服务承诺制”和新疆呼图壁县人民政府的农村社会养老保险制度改革、乌鲁木齐市七道弯乡村务公开获得创新奖以外,西北地区地方政府创新少有收获。① 这从一个侧面说明了西北地区地方政府的创新精神和创新意识不足。因此,西北地区各级政府特别是省级党政部门应当鼓励、动员基层政府部门改革创新,推动各级政府在降低行政成本、提高行政效率方面有所作为。从改革开放以来的情况看,人们普遍认为,西北地区经济落后,但更主要的是思想观念落后,创新精神和创新意识缺乏,各级政府官员的官本位思想严重,干部队伍素质不高。一个地区的经济社会发展状况与该地区的客观与主观条件相关,特别是客观条件在很大程度上会影响该地区经济社会的发展;但是,政治活动、政府行为完全是人的主观创新性活动,与地域条件、经济基础等客观要素相比,它更具有主观性。西北地区要发展,要缩小与东部发达地区的差距,只能通过人的更加积极主动的活动去实现。因此,发挥人的积极性、主动性、创造性在西北地区发展中具有决定性意义。对此,各级政府部门承担着重要职责。推动政府创新,通过政府创新实现西北地区发展,是西北地区缩小与东部差距的主要方式。

第三,各级政府要按照本地实际,采取切实可行的措施,找到符合本地实际的降低行政成本的办法。治理理论的一个基本要求,就是一切治理活动都要切合实际,没有绝对不变的、适应各种条件和环境的治理模式。政府治理中如何降低治理成本、行政成本,同样是一个可变性很强的问题。尽管中央对于如何降低行政成本、提高行政效率有统一的部署和要求,也作出了具体安排,但这并不是说地方政府就只能按部就班、照抄照搬。地方政府完全有必要根据本地实际制定一套符合本地实际的措施和办法。西北地区各级政府只要能够真正从各族人民群众的根本利益出发,而不是从政府部门利益和政府人员利益出发,从本地区经济社会发展的大局和长远利益出发,而不是从眼前利益、局部利益、短期利益出发,在深入调查研究、走群众路线、科学规划的基础上,一定能够找到一条适合本地实际的降低行政成本的路子。

第四,西北地区特别是民族地区要根据本民族区域内的情况,争取更多的中央财政支持。西北地区与全国其他地区相比,在人文领域最大的特点之一就是民族众多,宗教信仰复杂,且其民族和宗教与境外民族和宗教存在千丝万缕的联系。中央政府从国家安全稳定的大局出发,长期以来对西北地区给予高度关注,

① “中国地方政府创新奖”是一项民间奖,评奖活动由中共中央编译局比较政治与经济研究中心、中共中央党校世界政党比较研究中心、北京大学中国政府创新研究中心联合组织,每两年评选一次,由全国专家委员会依据科学的评审程序和评估标准对申请项目进行严格的评选,最后由全国选拔委员会选举产生10名优胜奖。

特别是冷战后随着世界范围内民族矛盾、宗教纠纷所引发的国际局势动荡,某些国家四分五裂,中央高度重视我国西北地区的民族问题、宗教问题。西北地区各级党政部门在这方面也确实面临极大的压力,始终把保持安全与稳定作为头等大事,严防因民族、宗教问题引发社会动荡与冲突。这给本来就有限的地方财政带来了更大困难。因此,西北地区要从本区域民族问题的长远解决出发,力争获得中央政府的更大支持,从中央政府争取更多的政策、财政支持,以缓解本地区的财政困难。事实上,世界范围内的所有民族问题、宗教问题都与经济利益有关,解决民族问题、宗教问题的关键也在于民族地区的经济社会发展。只要经济社会发展了,各民族共同富裕了,民族间的隔阂与矛盾也就减少了,至少民族间矛盾的强度和烈度会发生极大变化,逐渐趋于缓和,政府治理的成本也会相对较低。但是,我国西北地区的特殊性正在于区域自然条件严酷,经济社会发展滞后,民族与宗教多样,与东部发达地区差距拉大。这些方面相互影响、相互作用,形成了一种恶性循环:经济社会发展的相对滞后影响了民族宗教问题的解决,民族宗教问题的存在又耗费了经济社会发展所带来的成果。因此,在西北地区治理中,基于民族宗教因素,各民族地方政府较之其他地方政府要花费很多人力、物力与财力。西北民族地区如何根据本区域情况,利用好国家各项政策,获得国家更多的支持,是完成西北地区有效治理的一个重要有利条件和机遇。

主要参考文献

[1]马克思恩格斯选集.北京:人民出版社,1995.

[2]列宁全集.北京:人民出版社,1985.

[3]毛泽东文集.北京:人民出版社,1999.

[4]毛泽东著作选读.北京:人民出版社,1986.

[5]邓小平文选.北京:人民出版社,1994.

[6]江泽民文选.北京:人民出版社,2000.

[7]民族工作文献选编(1999—2002 年).北京:中央文献出版社,2003.

[8]俞可平.治理与善治.北京:社会科学文献出版社,2002.

[9]强世功.调解、法制与现代性:中国调解制度研究.北京:中国法制出版社,2001.

[10]富文.当代中国的新疆.北京:当代中国出版社,1991.

[11]孙柏瑛.当代地方治理——面向 21 世纪的挑战.北京:中国人民大学出版社,2004 .

[12]陈吉元,陈家骥,杨勋.中国农村社会经济变迁(1949—1989).太原:山西经济出版社,1993.

[13]张明亮,等.2001 年中国农村基层民主政治建设年鉴.北京:中国社会出版社,2002.

[14]詹成付.2005—2007 年全国村民委员会选举工作进展报告.北京:中国社会出版社,2008.

[15]徐勇.中国农村村民自治.武汉:华中师范大学出版社,1997.

[16]吴毅.村治变迁中的权威与秩序——20 世纪川东双村的表达.北京:中国社会科学出版社,2002.

[17]丁建伟.地缘政治中的西北边疆安全.北京:民族出版社,2004.

[18]马曼丽,安俭,艾买提.中国西北跨国民族文化变异研究.北京:民族出版社,2003.

[19]王拴乾.辉煌新疆.乌鲁木齐:新疆人民出版社,2003.

[20]吴仕民.西部大开发与民族问题.北京:民族出版社,2001.

[21]吴仕民.中国民族理论新编.北京:中央民族大学出版社,2006.

[22]周平.民族政治学.北京:高等教育出版社,2003.

[23]高永久.西北民族地区现代化与可持续发展研究.兰州:兰州大学出版社,2004.

[24]马大正.国家利益高于一切.乌鲁木齐:新疆人民出版社,2003.

[25]金炳镐.民族理论与民族政策概论.北京:中央民族大学出版社,2006.

[26]申晓梅,任勤.西部跨越式发展中政府与市场关系新论.北京:中央编译出版社,2006.

[27]聂华林.发展区域经济学通论.北京:中国社会科学出版社,2006.

[28]马凯.2007 国家西部开发报告.北京:中国水利水电出版社,2007.

[29]刘进军.西北开发的模式选择.兰州:兰州大学出版社,2001.

[30]赵显人.西部大开发与民族地区经济社会发展研究.北京:民族出版社,2001.

[31]杨发仁.西部大开发与民族问题.北京:人民出版社,2005.

[32]郝时远,王希恩.中国民族发展报告(2001—2006).北京:社会科学文献出版社,2006.

[33]徐晓萍,金鑫.中国民族问题报告.北京:中国社会科学出版社,2008.

[34]唐鸣.社会主义初级阶段的民族矛盾研究.北京:中国社会科学出版社,2002.

[35]马啸原.边疆少数民族政治发展与政治稳定.昆明:云南大学出版社,2000.

[36]金泽,邱永辉.中国宗教报告(2008).北京:社会科学文献出版社,2008.

[37]李锦,罗凉昭,等.西部生态经济建设.北京:民族出版社,2001.

[38]全国人大常委会秘书处秘书组,国家民委政法司.中国民族区域自治法律法规通典.北京:中央民族大学出版社,2002.

[39]中共中央文献研究室综合研究组,国务院宗教事务局政策法规司.新时期宗教工作文献选编.北京:宗教文化出版社,1995.

[40]西部大开发课题组.中国西部大开发指南.长春:吉林文史出版社,2000.

[41]"中国发展报告 2007"课题组.中国发展报告 2007——在发展中消除贫困.北京:中国发展出版社,2007.

[42]冯炯华.宁夏年鉴·2007.银川:宁夏人民出版社,2007.

[43]刘德然.青海年鉴·2007.西宁:青海年鉴社,2007.

[44]乌鲁木齐市党史地方志编纂委员会.乌鲁木齐市志·经济(下).乌鲁木齐:新疆人民出版社,1997.

[45]〔美〕迈克尔·琼斯.政治科学.林震,等,译.北京:华夏出版社,2001.

[46]〔美〕菲利克斯·格罗斯.公民与国家:民族、部族和族属身份.王建娥,魏强,译.北京:新华出版社,2003.

[47]〔美〕塞缪尔·亨廷顿.变化社会中的政治秩序.王冠华,刘为,等,译.上海:上海人民出版社,2008.

[48]〔美〕塞缪尔·亨廷顿.第三波:20世纪后期民主化浪潮.刘军宁,译.上海:上海三联书店,1998.

[49]〔美〕阿尔蒙德,小鲍威尔.比较政治学:体系、过程和政策.曹沛霖,等,译.上海:上海译文出版社,1987.

[50]〔英〕戴维·赫尔德,等.全球大变革.杨雪冬,等,译.北京:社会科学文献出版社,2001.

后记

本项研究始于2005年。当时应一家出版社之约，准备组织一些社会科学领域的学者就"多学科视野下的西北问题"展开系统研究。因为尽管改革开放以来，西北地区经济社会各领域取得了快速发展，但一个不争的事实是，与东部地区相比，西北地区的落后是显而易见的。长期生活和工作在西北地区的社会科学工作者，有责任和义务为西北地区发展贡献自己的智慧和力量。当时想聚集一批学者就影响和制约西北地区发展的政治、经济、文化、社会、教育、民族、环境、生态、地缘等所谓"西北问题"展开研究，但出于种种原因，这项庞大而艰巨的研究工作没有进行下去。为了让自己内心的信念不灭，我便立下"政治学视野中的西北问题"这一题目展开研究。无疑，研究过程是极其艰辛的，其间也多受凡俗事务干扰，几近放弃。但是，2008年和2009年分别在西藏和新疆发生的震撼共和国的分裂事件，又逼迫自己必须认真完成这项研究工作。令人欣喜的是，2008年该研究获得了国家社科基金规划项目的支持，也增加了我对这一问题研究的信心。另外，从2005年开始，我将"西北问题及其治理"作为指导研究生的学术方向，让他们也参与到对这一问题的研究中来。值得高兴的是，他们都对这一问题表现出了极大的兴趣，许多研究生在这方面发表了相关研究论文，并将一些问题作为毕业论文选题，撰写了较高水平的学位论文。现在，我的一些学生还在从事这方面的研究工作，我希望他们能够在这一领域取得更大的成绩。

本成果"上篇：西北地区治理状况及其评估"约请了侯选明老师写作，他对我提出的观点和研究框架心领神会，在写作中认真负责，是科研合作者中最令我满意的。我相信，在未来的学术研究中，以他的聪慧和毅力，一定能够取得优异的成绩。

学术研究工作每往前推进一步，心中便多一分感激。不是对成绩的骄傲，而是对来自方方面面的帮助与支持的感激。书稿脱手之际，得到了兰州大学社科处、兰州大学政治与行政学院的资助，并很快得以在兰州大学出版社出版。出版社编辑对本书的出版尽心尽力，在此表示感谢。本研究涉及范围较广，在研究中我们参考、吸收了学界同行的一些观点和材料，尽管在书稿中都有详细的交待，但还是要感谢他们。

在本书导论中我曾写道：用政治学的理论和方法研究“西北问题”，将是一个令人心动的宏大计划，也是展示政治学作为科学的一个极佳机会。但这需要一批热心人从事长期的努力，几篇文章或几部专著并不能对西北治理问题作出全面而详尽的分析。本研究只是提出宏观的理论分析框架和研究重点，微观的分析只能通过许多学者合力进行大量的实证研究才能达致。我真诚地期待着学界同仁对本研究的批评、指正，期待着更多更高水平的“西北问题”研究成果问世。

丁志刚

2010年9月20日